"十二五"普通高等教育本科国家级规划教材

国家级精品课程教材

U0656965

中国税收

（第十版）

马国强　主编

东北财经大学出版社

Dongbei University of Finance & Economics Press

大连

图书在版编目（CIP）数据

中国税收 / 马国强主编. —10版. —大连：东北财经大学出版社，2022.8

ISBN 978-7-5654-4573-6

Ⅰ.中…　Ⅱ.马…　Ⅲ.税收管理–中国–高等学校–教材　Ⅳ.F812.42

中国版本图书馆 CIP 数据核字（2022）第 131160 号

东北财经大学出版社出版

（大连市黑石礁尖山街217号　邮政编码　116025）

网　　址：http：//www.dufep.cn

读者信箱：dufep@dufe.edu.cn

大连永盛印业有限公司印刷　　　东北财经大学出版社发行

幅面尺寸：170mm×240mm　字数：575千字　印张：29　插页：1

2022年8月第10版　　　　　　　　2022年8月第1次印刷

责任编辑：时　博　　　　　　　　责任校对：刘谌浠

封面设计：潘　凯　　　　　　　　版式设计：原　皓

定价：59.00元

第十版前言

本版是《中国税收》第十版。

与以前各版相比,本版延续了本书定位:

1. 本书名称。"中国税收"是一个新名。中华人民共和国成立后,类似书籍多称为"国家税收"。本书不称为"国家税收"而称为"中国税收"有两个原因:第一,税收以国家为主体,历来是国家税收,在国家之外没有税收。将税收称为国家税收如画蛇添足,没有必要。第二,历史上的国家税收专指中央税收,不包括地方税收。在当代中国,税收不仅包括中央税收,而且包括地方税收。不称税收为国家税收,可以避免不必要的误解。《中国税收》与《中国税法》相比,《中国税法》属于法学,侧重于税收的法学方面,是法学专业的税收教材;《中国税收》属于经济学,侧重于税收的经济学方面,是经济学专业的税收教材。

2. 本书内容。本书包括三部分内容。第一部分为税收理论,包括税收基础理论与税收制度基础。第二部分为税收制度,包括商品课税、所得课税、财产课税、其他课税与进出口税收。商品课税又称货物与劳务课税,包括一般商品税、特殊商品税与其他商品税。一般商品税原为销售税形式,现为增值税形式。特殊商品税有不同种类与称谓。对烟征收的称烟税,对酒征收的称酒税……中国对特殊商品征收的商品税统称消费税。其他商品税包括城市维护建设税与车辆购置税、烟叶税。所得课税包括企业所得税与个人所得税。财产课税分财产占有税与财产转移税。财产占有税包括不动产税与动产税。不动产税有城镇土地使用税与房产税。动产税为车船税,包括车辆税与船舶税。财产转移税主要是契税。其他课税包括资源税、土地增值税、耕地占用税与环境保护税(污染物排放税)、印花税。进出口税收包括关税与其他进出口税。第三部分为税收管理,包括税收征收管理与税收救济。税收征收管理包括税收征收、税收稽查、税收服务、税收管理信息系统。税收救济包括税务行政复议、税务行政赔偿与税务行政诉讼。

3. 本书读者。本书为高等学校本科教材,适用于经济管理各专业。

与以前各版相比,本版的主要变化如下:

1. 调整结构。将税收制度分为国内税收与进出口税收。国内税收包括商品课税、所得课税、财产课税与其他课税。其他课税不再包括特定行为课税,由此将土地增值税单独设为一章,耕地占用税与环境保护税(污染物排放税)作为一章。进出口税收单独作为一篇,包括关税、其他进出口税收和保税制度。

2.更新内容。首先是税收理论更新。在税收收入手段职能与调节手段职能外,增加税收保护手段职能,包括维护国家主权职能和维护国家利益职能。在税收原则中,将税收总量原则改为税收收入原则,包括适度原则与弹性原则;将税收效应原则分为降低税收超额负担与消除资源配置外部成本原则;将税收管理原则分为确定原则与简便原则,取消最小成本原则。在税收制度基础中,增设中国现行税收制度一节,包括税种组合方式与税种相对地位。其次是税收制度更新。更新了截至2022年7月颁布的新的法律法规。最后是税收管理更新。在税收征收管理中增加了纳税服务和税收管理信息系统两节内容。

3.优化表述方式。为满足读者拓展知识的需要,通过二维码方式链接各章相关知识。

本书由马国强担任主编,王春雷协助主编总纂书稿。

本书共七篇二十章,各篇章编写人员及分工如下:

马国强:第一篇;

王春雷:第二篇第三、四章,第六篇,第七篇第十九章第五节;

苑新丽:第二篇第五章,第四篇,第五篇;

赵恒群:第三篇;

田　雷:第七篇第十九章第一、二、三、四节,第二十章。

由于时间与水平有限,书中疏漏在所难免,恳请读者批评、指正。

马国强

2022年8月

目 录

第七篇　税收管理

第一篇　税收概论

第一章
税收基础理论

主要内容
- 税收的本质
- 税收的职能
- 税收的原则

第一节　税收的本质

税收的本质是税收的根本性质，是税收现象中最深刻、最稳定的方面。明确税收本质，有利于把握税收运动规律，明确税收发展变化的总方向。

根据各个社会形态普遍存在的税收现象，参考中外学者对税收本质的认识，可将税收定义为：税收是政府为满足其支出需要，依据执行公共职能产生的一般利益，按照法律规定的范围与标准，对经济主体收入的强制征收。

为了完整、准确地理解税收本质，对上述税收定义，可从以下四个方面做一些具体说明：

一、税收的基本属性

直观地看，税收是一种财富转移。在文明社会，财富转移有三种类型：一是政府之间的财富转移，包括下级政府对上级政府的贡献和上级政府对下级政府的补助；二是经济主体之间的财富转移，包括以生产为依据的分配和以货币为媒介的交换；三是政府与经济主体之间的财富转移，包括经济主体到政府的财富转移和政府到经济主体的财富转移。经济主体到政府的财富转移又有两种类型：一是以财产权利为根据的财富转移，包括经济主体因占有和使用国家所有的资源或资产向政府交纳的租金、使用费；二是以公共职能为根据的财富转移，包括税收、规费等。在中外文献中，以公共职能为根据的财富转移通常称为征收。因此，在西方文献中，英国《现代经济学词典》（1981）①将税收定义为强制征收，法国《经济学词典》（2001）②将税收定义为强制性征收；在中国古代文献中，《周礼》将税收定义为"国正"③，《左传》将税收定义为"征敛"④，《墨子》将税收定义为"常征"⑤；《孟子》将税收定义为"布缕之征，粟米之征，力役之征"⑥。根据对税收现象的考察，参考中外学者的表述，可以将税收定义为政府对经济主体收入的强制征收。

作为政府对经济主体收入的强制征收，从政府角度看，税收可以形成政府的收入；从经济主体角度看，税收可以形成经济主体的负担。收入与负担都是税收这种强制征收的结果，不是税收的基本属性。

部分学者将税收定义为分配，如分配关系、分配形式、分配活动等。根据定义规则，税收的基本属性应当是税收的邻近属概念，分配不是税收的邻近属概念，因此不应当将税收定义为分配。

二、税收的主体与客体

（一）税收的主体

在社会实践中，主体一般指的是人，客体一般指的是物。税收是一种财富转移，实质上是人与人之间的一种利益关系。因此，税收的主体必然包括对立统一的两个方面：一方面是税收的课征主体；另一方面是税收的缴纳主体。

1.税收的课征主体——政府

政府是国家的权力机关与管理机关，也是社会分工形成的一个部门。广义的政府，不仅包括中央政府，而且包括各级地方政府，不仅包括行政机关，而且包括立

① 皮尔斯. 现代经济学词典 [M]. 宋承先，寿进文，章雷，等译. 上海：上海译文出版社，1988：585.
② 热叙阿，拉布鲁斯，维特里，等. 经济学词典 [M]. 李玉平，郭庆岚，等译. 北京：社会科学文献出版社，2013.
③ 《周礼·夏官司马第四·司勋》，"正"同"征"。
④ 《左传·昭公二十年》.
⑤ 《墨子·辞过》.
⑥ 《孟子·尽心下》.

法机关、司法机关和各种武装力量。政府的职能主要是保护社会和平、维持社会秩序、为人民的生产与消费创造便利条件等。在现代社会，政府还具有促进经济发展与社会进步的职能。

政府为执行其职能，首先需要占有一部分经济资源，而为了获得这部分经济资源，就需要向经济主体征税。同时，政府执行公共职能，为经济主体创造了生产与消费的共同外部条件，保护并增进了经济主体的利益，由此取得了征税的权利。这种征税需要和征税权利的统一，使政府成为税收的课征主体。

2.税收的缴纳主体——经济主体

经济主体是从事经济活动的组织与个人。这里所说的组织，在自然经济条件下，主要指的是家庭；在商品经济条件下，主要指的是企业。这里所说的个人主要指的是劳动者个人。

在任何经济社会，经济资源首先归经济主体占有和使用，物质财富由经济主体创造，实现的收入首先归经济主体所有。只有经济主体，才具有纳税的能力。同时，经济主体从事经济活动，离不开政府提供的和平的环境、安定的秩序和便利的设施。经济主体创造的财富和实现的收入，不仅包含经济主体自身的贡献，而且包含政府通过提供和平的环境、安定的秩序和便利的设施的贡献。因此，任何一个经济主体，都有义务将一部分收入缴纳给政府，作为政府的收入。这种纳税能力与纳税义务的统一，使经济主体成为税收的缴纳主体。

（二）税收的客体——国民收入

一个社会在一定时期新创造的产品或产值，通过分配划归经济主体占有，形成经济主体的收入。它们的总和就是国民收入。

国民收入成为税收客体，首先是因为国民收入是社会存在与发展的经济基础。居民消费以国民收入为基础，企业投资以国民收入为基础，政府执行公共职能所发生的各种支出也以国民收入为基础。只有国民收入，才能成为税收的客体。从税收的具体形式看，所得税、商品税无疑是以国民收入为客体的，人头税和土地税、房屋税等也是以国民收入为客体的。所谓人头税并不是将人头作为税收缴纳给政府，而是以人头作为计税依据将一部分收入缴纳给政府。所谓土地税、房屋税并不是将土地、房屋缴纳给政府，而是以土地、房屋作为计税依据将一部分收入缴纳给政府。同时，国民收入的创造，既离不开经济主体的贡献，也离不开政府提供的各种外部条件。因此，社会在一定时期所创造的国民收入，也应当作为税收客体在政府与经济主体之间进行合理的分配。

三、税收的目的与依据

税收的目的指的是政府为什么要征税，税收的依据指的是政府凭什么能征税。

二者共同构成税收主客体之间的内在联系，决定着税收的产生、存在与发展。

（一）税收的目的

在国家这种社会的最高组织形式中，政府的根本职能是提供公共物品，满足公共需要。所谓公共需要就是社会全体成员的共同需要，包括和平的需要、安定的需要和便利的需要等。所谓公共物品就是用于满足公共需要的物品，包括和平的环境、安定的秩序和便利的设施等，也就是生产与消费的共同外部条件。为提供公共物品，满足公共需要，政府就需要占有一定的经济资源。政府占有经济资源有两种办法：一种是直接办法，即以征用的形式直接占有经济资源；一种是间接办法，即以税收形式向经济主体征收一部分收入，然后再将这部分收入转化为支出，在交换环节实现经济资源由经济主体到政府的转移。在这里，税收的目的就是向经济主体取得一部分收入，满足政府间接占有经济资源的物质需要。

（二）税收的依据

政府执行职能，为社会提供了和平的环境、安定的秩序和便利的设施，满足了社会的公共需要，获得了向经济主体征收一部分收入的权利。税收的依据，只能是政府的职能，而不能是其他东西。进一步说，政府执行职能给经济主体带来的利益有两种不同类型：一种是所有经济主体共同享受的利益，如和平、安定、便利等，简称一般利益；另一种是政府职能的当事人专门享有的利益，如获得了证照、通过了检验、保护了被侵犯的权益等，简称特殊利益。在政府的各种征收形式中，税收是以政府职能产生的一般利益为依据的，行政收费是以政府职能产生的特殊利益为依据的。换句话说，行政收费的依据是政府执行公共职能为当事人带来的特殊利益，税收的依据是政府执行公共职能为所有经济主体带来的一般利益。

四、税收的特征

税收的特征是税收目的与依据的外在表现，是税收区别于政府其他收入形式的标志。根据上文对税收的目的与依据的分析，可将税收与政府其他收入形式的区别概括为以下三个方面：

（一）整体报偿性

从税收与政府其他收入形式的区别看，在政府收入中，国有资源租金与国有企业利润等财产权利收入具有报偿性，税收则具有非报偿性。从税收的目的与根据看，政府一方面向经济主体提供公共物品，一方面从经济主体取得税收，税收具有报酬性。综合考虑税收在形式上的非报偿性与在实质上的报偿性，将税收的本质特征与形式特征统一起来，可将税收特征概括为整体报偿性。

税收的整体报偿性包括两层含义：第一层含义是，税收所体现的政府与经济主体之间的利益关系是一种互利关系。从政府的角度看，政府一方面向经济主体提供和平、秩序和便利，另一方面向经济活动主体征税，二者的关系是一种互利关系。从经济主体的角度看，经济主体一方面向政府纳税，另一方面享受政府提供的和平、安定与便利，二者的关系也是一种互利关系。第二层含义是，政府与各个经济主体之间的互利关系并不像国民收入初次分配和商品交换那样是一种完全对应的互利关系，而是一种不完全对应的互利关系。在数以万计的经济主体中，总是有的纳税多，有的纳税少。所谓不完全对应的互利关系，就是纳税多的经济主体并不必然享受较大的利益，纳税少的经济主体并不必然享受较小的利益。

部分学者将税收的特征简单地概括为无偿性，并认为税收的无偿性就是政府不付任何报酬而向居民取得东西，征税后也不将税款归还给原纳税人。这种观点使用了两个判断标准来论证税收的无偿性：其一是归还标准；其二是报酬标准。我们认为，从归还标准看，除了借债之外，几乎所有的收入，如国有资源租金、国有企业利润等，都是不需要归还的，但却是有偿的。因此，归还与不归还并不是有偿与无偿的判断标准，用不归还来论证税收的无偿性不能成立。从报酬标准看，抢劫、盗窃、诈骗等非正义收入均不付任何报酬，因而具有无偿性。除此之外，几乎所有的正义收入都付出了报酬，因而具有有偿性。将税收定义为不付任何报酬而取得收入，很难将税收与抢劫、盗窃、诈骗等非正义收入区别开来。

（二）确定性

税收的确定性是指税收是按事先确定的范围和标准征收的，包括事先确定了征税对象和纳税人，确定了税基和税率，确定了纳税时间与地点等。在税收征收中，任何单位与个人都不能随意改变税收的征收范围和标准，过多或过少地向纳税人征税。

税收之所以具有确定性，是由税收的依据决定的。税收的依据是政府为经济主体提供的一般利益。这意味着，在税收的征收过程中，政府不仅不应当破坏经济主体的利益，而且应当保护并增进经济主体的利益。这就要求税收具有确定性。只有具有确定性，生产者才能从长安排自己的生产经营活动，消费者才能从长安排自己的消费活动，经济才能持续发展，社会才能不断进步。纵观历史，税收之所以能够产生与存在，也与这种确定性分不开。

（三）强制性

税收的强制性是指经济主体必须按照税收法律、法规的要求，准确、及时地履行纳税义务，否则就要受到法律的制裁。

税收之所以具有强制性，同样是由税收的依据决定的。税收的依据是政府为经济主体提供的一般利益。这种一般利益同时又是社会的整体利益。在现实经济与社会生活中，一般利益与特殊利益，整体利益与局部利益，总是既有统一的一面，又有对立的一面。并且，从政府的角度看，一般利益与特殊利益或整体利益与局部利益总是统一的，而从经济主体的角度看，一般利益与特殊利益或整体利益与局部利益总是对立的。在这种理念支配下，经济主体就会经常地为维护自己的特殊利益或局部利益而逃避税收或抗拒税收。在这种情况下，政府为维护社会的一般利益或整体利益，就要采取各种强制措施，对逃避和抗拒税收的经济主体实施必要的制裁。

第二节　税收的职能

税收的职能是税收所具有的满足政府需要的能动性。从税收本质与税收职能的关系看，税收职能是税收本质的外在表现。明确税收职能，有助于进一步理解税收本质。从税收职能与税收制度的关系看，税收职能是税收制度的内在依据。明确税收职能，有助于更好地制定税收制度。

税收的职能取决于两方面因素：一是税收的内在功能；二是政府执行职能的需要。在不同的历史时期或同一历史时期的不同国家，税收都能形成收入，影响经济活动与社会生活，但由于政府执行职能的需要不同，税收职能不完全相同。

中国现阶段的税收职能，包括收入手段、调节手段与保护手段三个方面。

一、收入手段职能

税收的收入手段职能是税收所具有的取得收入、满足政府支出需要的能动性，是各社会形态税收共同具有的职能。

在各社会形态，政府均具有多项职能，如保护和平、维持秩序、兴建公共工程、举办公共事业等。根据联合国统计司的分类，现代社会的政府职能包括十个方面：一般公共服务（立法与行政等）；国防；公共秩序与安全（警察、法庭、监狱、消防等）；经济建设；环境保护；住房开发与社区发展；医疗卫生；文化娱乐；教育；社会保护。政府执行这些职能，必然要发生相应的支出；为满足支出需要，政府必然要取得一定收入；为取得一定收入，政府必然要向经济主体征税。因此，税收必然成为政府取得收入的重要手段。

政府取得收入还有其他手段。诸如：政府可以直接占有资源与经营企业，依据财产权利收取资源租金与企业利润；政府可以提供公共设施与举办公共事业，依据公共职能向公共服务使用者收取费用；政府可以发行货币，利用货币发行获取货币购买力；政府发行公债，利用自身信用借得款项。与其他收入手段相比，税收手段具有以下优越性：

第一，来源的广泛性。政府的公共职能惠及所有经济主体。所有经济主体均有义务向政府缴纳税金。相对而言，资源租金要受政府占有自然资源与资产的限制，企业利润要受政府直接经营企业的限制，使用费要受政府可收费行政服务的限制。

第二，数额的确定性。税收按事先确定的标准征收，数额具有确定性。政府收入数额确定，可以有计划安排政府支出。纳税人负担数额确定，可以有计划安排生产与生活。相对而言，货币发行收入会导致经济波动，造成纳税人负担的不确定。

第三，占有的长久性。税收是一种强制征收，税收收入可以归政府永久占有与支配使用。相对而言，借债要到期归还，且还本付息支出最终还是来自税收。

税收的相对优越性必然使税收成为政府取得收入的主要手段。在传统社会，土地与劳动是主要生产要素，政府直接占有大量土地，拥有大量资源租金，政府收入主要来自租金与税收。在现代社会，资本与劳动成为主要生产要素，除资源型国家特别是石油输出国之外，90%以上的国家均以税收而非租金作为政府收入的主要形式。中国现阶段的政府收入主要是税收收入。"七五"至"十五"期间，税收收入占政府一般公共预算收入比重超过90%；"十一五"时期以来，税收收入大体占政府一般公共预算收入85%左右，具体情况见表1-1。

表1-1　　　　　　"七五"时期以来中国税收收入占公共预算收入的比重

时间	公共预算收入 （亿元）	税收收入 （亿元）	税收收入占公共预算 收入比重（%）
"七五"时期	12 280.60	12 170.82	99.11
"八五"时期	22 442.20	21 707.30	96.73
"九五"时期	50 774.40	47 670.75	93.89
"十五"时期	115 050.70	105 899.36	92.05
"十一五"时期	303 032.20	267 382.49	88.24
"十二五"时期	642 976.85	544 980.88	84.76
"十三五"时期	888 861.54	746 146.21	83.94
2021	202 538.88	172 730.47	85.28

资料来源　国家统计局. 中国统计年鉴［M］. 北京：中国统计出版社，2021；国家统计局网站年度数据库.

二、调节手段职能

税收的调节手段职能是税收所具有的调节经济活动与社会生活、实现经济发展与社会进步的能动性，是在传统社会转变为现代社会后，根据政府执行职能需要逐渐形成的税收职能。

（一）调节资源配置的职能

在市场经济体制下，资源配置以市场调节为基础。由于不完全竞争、不完全信息和外部性等原因，完全由市场调节的资源配置无法达到资源配置的理想状态。为使资源配置达到理想状态，需要政府对资源配置进行必要的调节。

政府调节资源配置的手段主要有三种：一是法律手段，如制定反托拉斯法与反不正当竞争法等；二是行政手段，如发布行政许可与行政命令等；三是经济手段，如财政政策与货币政策等。税收是政府取得收入的重要手段，可以影响资源配置。政府为调节资源配置，需要把税收作为一个重要杠杆。

（二）调节收入分配的职能

在市场经济体制下，收入分配主要以要素贡献为依据。由于初始条件不均等，要素禀赋存在差异，完全以要素贡献为依据进行收入分配并不符合社会公认的公平状态。为实现收入分配的社会公平，需要由政府对收入分配进行必要的调节。

政府调节收入分配的手段有三种：一是法律手段，如制定劳动者最低工资制度；二是行政手段，如实施农产品价格支持政策；三是经济手段，包括收入手段与支出手段。税收是政府的重要收入手段，可以影响收入分配。政府运用经济手段调节收入分配，需要把税收作为一个重要杠杆。

（三）调节经济总量的职能

调节经济总量包括：

1. 调节总供给

总供给是一个社会潜在的生产能力。它是经济增长的基础，也是社会福利的根源。为了促进经济增长，提高社会福利水平，必须增加总供给。这是现代政府的一项重要职能。

总供给取决于资源开发、劳动供给、资本形成与技术进步等因素。要增加总供给，就要促进资源开发、劳动供给、资本形成与技术进步。税收可以影响资源开发、劳动供给、资本形成与技术进步。政府为促进资源开发、劳动供给、资本形成与技术进步，需要把税收作为一个重要杠杆。

2. 调节总需求

总需求是一个社会在一定时期内能够并且愿意支付的货币购买力总量。一个社会的总供给或潜在生产能力，只有通过一定的货币购买力总量，才能转化为实际的总产出。为促使潜在总供给转化为实际总产出，必须对总需求即货币购买力总量进行必要调节。这同样是现代政府的一项重要职能。

总需求由总消费、总投资与出口总额所构成。要调节总需求，就要调节总消费、总投资与出口总额。税收可以影响总消费、总投资与出口总额。政府在调节总消费、总投资与出口总额时，需要将税收作为一个重要杠杆。

三、保护手段职能

税收的保护手段职能是税收所具有的维护国家权益的能动性，是在国际经济往来与贸易往来中跨国所得课税与跨国商品课税所具有的特殊职能。

（一）维护国家主权的职能

在国际经济往来中，对于同一跨国所得，资本与劳动输出国可以根据属人主义税收管辖权征税，资本与劳动输入国可以根据属地主义税收管辖权征税。为避免重复征税，减轻跨国资本与劳动的税收负担，促进国际经济的发展，需要协调税收管辖权，通过相互承认优先行使属人主义税收管辖权或属地主义税收管辖权，消除税收管辖权冲突。在协调税收管辖权冲突过程中，为维护国家主权，实现同等对待，需要保留属人主义与属地主义两种税收管辖权，同时，根据对等原则，通过平等协商，确定优先行使的税收管辖权。

在国际贸易往来中，为实现同等对待，促进国际贸易发展，对来自不同国家的同一种进口商品，各进口国通常实行差别关税制度，将进口关税分为优惠关税、普通关税与加重关税。优惠关税适用于来自相互给予最惠国待遇国家的商品；普通关税适用于来自未相互给予最惠国待遇国家的商品；加重关税适用于来自敌对国家或抵制进口国家的商品。为维护国家主权，实现对等待遇，我国同样需要制定差别关税制度，同时，根据对等原则，对来自给予我国最惠国待遇国家的进口商品征收优惠关税，对来自敌视或抵制我国出口商品的国家的进口商品，征收加重关税或报复性关税。

（二）维护国家利益的职能

在国际经济往来中，对于跨国所得，一些国家或地区构筑税收洼地，引诱各国资本与劳动力外逃，损害了资本与劳动输出国的利益。为防止资本与劳动力外逃，维护国家利益，需要制定反避税制度，加强反避税管理。

在国际贸易往来中，为扩大出口，出口国对出口商品往往给予补贴，实行商品倾销。补贴与倾销抑制了进口国某一产业或行业的发展，损害了进口国的经济利益。为维护国家利益，对给予补贴、实行倾销的进口商品，需要采取反制措施，征收反补贴税与反倾销税。

第三节　税收的原则

税收的原则是政府在运用税收取得收入与调节社会经济活动时，为正确处理政府需要与经济发展、社会进步的关系所必须遵循的准则。它是制定税收制度的指导思想，也是判断税收制度是否完善的标准。只有明确税收原则，才能更好地制定税收制度，正确发挥税收的作用。

一、税收收入原则

税收收入原则包括两个方面：

（一）适度原则

税收的适度原则是指税收的规模既不能过大，也不能过小，税收占经济总量的比重既不能过高，也不能过低。

税收的适度原则既是满足政府需要的保证，也是经济发展与社会进步的重要保证。税收规模过小或税收比重过低，无法满足政府的需要；税收规模过大或税收比重过高，不利于经济的发展和社会的进步。只有保持适度的税收规模和适度的税收比重，才能既满足政府执行职能的需要，又保证经济的发展和社会的进步。

（二）弹性原则

税收的弹性原则是指税收收入应当随着经济的发展和国民收入的增加而增加。

税收的弹性原则，不仅是经济发展与社会进步的结果，而且是经济发展与社会进步的要求。一般而言，随着经济的发展与社会的进步，税收的来源不断扩大，在税收制度不变的情况下，税收收入会自然增加。同时，随着经济的发展与社会的进步，需要政府提供更多的公共物品，政府职能的范围不断扩大、规模不断增加。为满足政府执行职能的需要，需要改革税收制度，增加税收收入。

二、税收负担原则

税收负担原则包括两个方面：

（一）税收负担公平分配原则

税收负担有广义、中义、狭义之分。广义的税收负担是纳税人因纳税而发生的经济福利损失，包括超额负担、纳税费用和缴纳的税收。中义的税收负担是纳税人因纳税而承受的经济负担，包括纳税费用和缴纳的税收。狭义的税收负担是纳税人缴纳的税收。这里所说的税收负担指的是狭义的税收负担。税收负担的分配是按照一定规则和方法把税收分摊给不同的纳税人，决定每个纳税人各自承担多少税收。税收负担的公平分配指的是使每个人各自承担一个合理份额的税收。

税收负担公平分配包括横向公平与纵向公平两个方面。横向公平要求对同等状况的纳税人同等对待，纵向公平要求对不同等状况的纳税人不同等对待。

实行税收负担的公平分配，首先有利于化解社会矛盾，保持社会稳定。世界各国的历史经验表明，税收负担分配不公平极易激化矛盾，诱发动乱，导致社会变革，如法国大革命、美国独立战争和中国历史上的农民起义等。为保持社会稳定，税收负担的分配必须公平。其次，实行税收负担的公平分配有利于减少逃税，保证政府的财政收入。各国税收管理经验表明，税收负担分配不公平是逃税的一个重要诱因。为了减少逃税，保证财政收入，必须实现税收负担的公平分配。

为实现税收负担的公平分配，首先需要明确税收负担的分配依据。对此，哲学家、政治学家、经济学家提出了两种可供选择的方法：一个被称为受益原则；另一个被称为支付能力原则。受益原则要求以受益作为税收负担分配的依据，受益大者多负担，受益小者少负担。支付能力原则要求以支付能力作为税收负担分配的依据，能力大者多负担，能力小者少负担。

为实现税收负担的公平分配，还需要明确税收负担的分配标准。对此，哲学家、政治学家、经济学家提出了两种方案：一是比例税；二是累进税。从税收思想的发展进程看，早期学者多主张比例税，现代学者多主张累进税。为在比例税与累进税之间作出选择，经济学家提出了均等牺牲原则，进而将均等牺牲概括为绝对均等牺牲、比例均等牺牲和边际均等牺牲。假定收入的边际效用递减，按绝对均等牺牲的要求，应根据效用的收入弹性确定税率，弹性大于1时实行累进税率，弹性等于1时实行比例税率，弹性小于1时实行累退税率；按比例均等牺牲的要求，应当实行累进税率；按边际均等牺牲的要求，应当实行高度的累进税率。

（二）国民收入公平分配原则

市场机制产生的分配结果是贡献大者多得，贡献小者少得，无贡献者不得。这种结果符合经济效率要求，但却不符合社会公平要求。为实现社会公平，需要政府运用转移支付手段和税收手段对收入分配进行必要的调节，缩小收入差距，实现收入的公平分配。

运用税收调节收入分配，缩小收入差距，需要对高收入者多征税、低收入者少征税、无收入者不征税。为此，政府需要征收累进所得税和奢侈品消费税。征收累进所得税，可以在收入形成环节调节收入分配，缩小收入差距；征收奢侈品消费税，可以在收入使用环节调节收入分配，缩小收入差距。

三、税收效应原则

税收效应原则包括两个方面：

（一）降低税收超额负担原则

税收的超额负担是由税收的替代效应产生的经济福利损失。超额负担的大小可用消费者剩余净损失和生产者剩余净损失来衡量。一般认为，所有以经济变量为税基设置的税种都具有替代效应，可产生超额负担。相对而言，商品税超额负担比较大，所得税超额负担比较小。就商品税或所得税而言，税基宽则超额负担小，税基窄则超额负担大；税率高则超额负担大，税率低则超额负担小。因此，为降低税收的超额负担，应当降低商品税的比重，提高所得税的比重。就所得税而言，则应当扩大税基，降低税率。

（二）消除资源配置外部成本原则

在市场机制作用下，资源配置具有外部性，包括外部收益与外部成本。在存在外部收益情况下，市场供给小于有效供给。为增加市场供给，需要政府对外部收益项目给予财政补贴。在存在外部成本情况下，市场供给大于有效供给。为减少市场供给，需要政府对外部成本项目单独征税，如污染税等。

四、税收管理原则

从税收管理方面考虑，税收制度建设应当遵循以下原则：

（一）确定原则

税收的确定原则是指由税收制度给出的答案具有唯一性，而不能含混不清、模棱两可。

遵循税收确定原则，不仅有利于保护政府的收入，而且有利于防止税收稽征人员为谋取私利而对纳税人进行敲诈勒索，加重纳税人的负担，防止纳税人为减轻税收负担而贿赂税收稽征人员，败坏吏治与民风。

为贯彻税收的确定原则，在制定税收法律、法规时，应避免使用一些模棱两可的用语。同时，根据一些国家的经验，在确定税基和税率时，也应避免按用途划定征税与免税的界限和适用高税率与低税率的界限。

（二）简便原则

税收的简便原则是指在保证税收公平与效率的前提下，应当尽可能地使税收制度简便易行。

确定税收的简便原则，不仅有利于降低税收成本，而且有利于防止逃税。这是因为，过于复杂的税收制度，一方面会增加政府的征税成本，另一方面会增加纳税人的纳税成本。随着征税成本的增加，可用于政府执行职能的税收收入会随之减少。为了保证政府的税收收入，必然要再度增加纳税人税收负担。同时，税收制度过于复杂，既不易纳税人理解，也不易纳税人执行。在这种情况下，纳税人要么会支付一笔额外费用，雇用税务律师或税务代理办理纳税事务，从而增加额外的经济负担，要么就只能选择逃税。

为贯彻税收的简便原则，应当尽可能地建立宽税基、低税率的税收制度，尽量减少免税和扣除项目，保持税基的完整性。在税收法律结构方面，应当尽可能地根据等级结构原理设计税收制度的章、节、条、款、项、目，使税收的规定条理化。

□ **复习思考题**

一、概念

税收的课征主体　税收的缴纳主体　税收的客体　税收负担　税收的横向公平　税收的纵向公平　税收的受益原则　税收的支付能力原则　税收成本

二、问题

1.税收的目的

2.税收的依据

3.税收的特征

4.税收的收入手段职能

5.税收的调节手段职能

6.税收的保护手段职能

7.税收收入原则

8.税收负担原则

9.税收效应原则

10.税收管理原则

第二章

税收制度基础

主要内容

- 税种的基本要素
- 税种的基本类型
- 中国现行税收制度

第一节　税种的基本要素

税收制度是税种的集合。任何一个税种都包括以下要素：

一、征税对象、纳税人与纳税义务发生时间

（一）征税对象

征税对象是指政府对什么征税或经济主体应就什么纳税。

从理论与实践两方面看，征税对象可以是人、事项与物件。"人"包括自然人与法人。以自然人为征税对象，可以征收人头税或（自然人）居民税；以法人为征税对象，可以征收（法人）居民税或企业（事业）税。"事项"包括普通事项与特定事项。以普通事项为征税对象，可以征收营业税等；以特殊事项为征税对象，可以征收污染税、耕地占用税等。物件包括财富存量与财富流量，财富流量又包括收入与支出。以财富存量为征税对象，可以征收财产税；以财富流量为征税对象，可以征收所得税与商品消费税。

在税收制度中，征税对象具有以下作用：（1）征税对象是确立一种税的客观基础。任何一种税的确立，首先都需要确定征税对象。只有确定征税对象，才能将与

征税对象有归属关系的组织和个人确定为纳税人，并将征税对象的某种数量确定为税基。（2）征税对象决定一种税的征税范围。无论是什么事项或者物件，只要符合征税对象的规定，就属于征税范围，否则就不属于征税范围。（3）征税对象决定一种税与另一种税的联系与区别。一种税叫什么名称，属于什么性质的税种，主要是由征税对象决定的。

征税对象的具体项目简称为税目。在税收制度中，税目具有两方面作用：（1）明确征税对象的具体范围。凡列入税目的，就应当征税，否则就不应当征税。（2）对征税对象进行归类，以便设计不同的税率。

（二）纳税人

税法中，纳税人被称为纳税义务人，是直接负有纳税义务的组织和个人。它表明政府直接向谁征税或谁有义务直接向政府纳税。

纳税人包括自然人和法人。自然人是基于出生而依法享有民事权利和承担民事义务的个人，包括本国公民和居住在本国的外国公民。不具备法人资格的独资企业和合伙企业也属于自然人。法人是按照法定程序设立、有一定的组织机构和独立的财产，并能以自己的名义享有民事权利和承担民事义务的组织，包括企业法人和事业法人。企业法人是从事生产和经营活动的经济组织；事业法人包括有独立经费的机关和具备法人条件的事业单位、社会团体。

纳税人的纳税义务包括给付义务和作为义务。给付义务是纳税义务人向政府缴纳税款的义务。作为义务是为实现给付义务所设定的做哪些事和不做哪些事的义务。

纳税人与负税人是两个不同的概念。纳税人是直接缴纳税款的组织与个人，负税人是最终负担税款的组织与个人。二者有时一致，有时不一致。对商品和劳务征税，容易引起商品和劳务价格的变化，使税收负担由生产者或销售者身上转移到消费者或购买者身上。在这种情况下，负税人与纳税人不一致。对财产持有征税，不会引起财产价格的变化，纳税人同时是负税人。

（三）纳税义务发生时间

纳税义务发生时间是纳税人发生纳税义务、应当承担纳税义务的起始时间。明确纳税义务的发生时间，不仅是确定纳税人发生纳税义务的需要，而且是明确纳税人纳税期限的需要。

二、税基与税率

（一）税基

税基是计算应纳税额的基数，是决定税额大小的基本因素，有时被称为计税依据。它表明政府按什么征税或纳税人按什么纳税。

税基用计量单位表示。这种计量单位有时被称为计税标准，包括实物单位与价值单位两种形式。前者如应税机动车以辆作为计量单位或计税标准，应税天然气以千立方米为计量单位或计税标准。在这种情况下，税基或计税依据为机动车的辆数和天然气的千立方米数。后者如应税所得以人民币元为计量单位或计税标准。在这种情况下，税基或计税依据为应税所得的金额。

税基与征税对象既有联系又有区别。税基与征税对象的联系表现为：税基是以征税对象的数量为基础的。如财产税的税基是财产的数量，所得税的税基是所得的数量。税基与征税对象的区别表现为：第一，税基的计量单位与征税对象的单位不完全相同。同一征税对象，其数量可用实物的或价值的不同计量单位来表示，如应税煤炭的数量既可用实物量"吨"来表示，也可用价值量"元"来表示。而税基只能用其中某一确定的计量单位来表示。第二，在设置起征点和免征额的情况下，税基数量可以小于征税对象数量。起征点是征税对象数量所达到的应当征税的界限。征税对象数量达不到起征点的不征税。在这种情况下，税基为零。征税对象数量达到并超过起征点的，按全部数额征税。在这种情况下，税基为征税对象的全部数额。免征额是准予从征税对象数量中扣除的免予征税的数额。征税对象数量小于免征额的，不征税。在这种情况下，税基为零。征税对象数量超过免征额的，只就超过的部分征税。在这种情况下，税基为征税对象数量超过免征额的部分。

（二）税率

税率是计算税额的比率。税率与税基相乘等于应纳税额。税率的具体形式有：

1.额式税率与率式税率

根据税率的表现形式，可将税率划分为额式税率与率式税率。额式税率是按税基的计量单位规定的固定税额，也叫单位税额，如煤矸石的环境保护税税率为每吨5元。率式税率是按税基的计量单位规定的百分比，如增值税的基本税率为13%。

2.比例税率、累进税率与累退税率

根据税额与税基的数量关系，可将税率划分为比例税率、累进税率与累退税率。

（1）比例税率

比例税率是不以税基大小为转移的税率，包括额式比例税率与率式比例税率。额式比例税率是以定额形式规定的比例税率，率式比例税率是以定率形式规定的比例税率。

（2）累进税率

累进税率是随着税基增加而提高的税率，包括额式累进税率与率式累进税率。额式累进税率是以定额形式表现的累进税率。如对机动船舶征税，净吨位151吨以下的，每吨纳税 1.2 元；151 吨至 500 吨的，每吨纳税 1.6 元；501 吨至 1 500 吨的，每吨纳税 2.2 元……率式累进税率是以定率形式表现的累进税率。如对居民个人综合所得征税，全年应纳税所得额不超过 36 000 元的部分，税率为 3%；超过 36 000 元至 144 000 元的部分，税率为 10%；超过 144 000 元至 300 000 元的部分，税率为 20%……

累进税率的累进依据有绝对数与相对数两种形式。其中，相对数又分为系数、倍数和成数、百分数、千分数等。系数和倍数是将对比的基数定为 1 而计算出来的相对数。成数、百分数、千分数是将对比的基数定为 10、100、1 000 而计算出来的相对数。实践中，累进税率的累进依据主要是绝对数。中国在 1984 年开征并于 1987 年修订的奖金税的累进税率是以系数或倍数为累进依据的。该税规定：纳税人全年发放奖金总额超过免税限额的数额相当于 1 个月标准工资以内的部分，税率为 20%；相当于 1~2 个月标准工资以内的部分，税率为 50%；相当于 2~3 个月标准工资以内的部分，税率为 100%；相当于 3 个月标准工资以上的部分，税率为 200%。中国在 1984 年开征的资源税的累进税率是以百分数为累进依据的。该税规定：销售利润超过 12%~20% 的部分，销售利润率每增加 1%，税率累进增加 0.5%；销售利润率超过 20%~25% 的部分，销售利润率每增加 1%，税率累进增加 0.6%；销售利润率超过 25% 以上的部分，销售利润率每增加 1%，税率累进增加 0.7%。

累进税率的适用税基有总量与增量两种形式。总量是税基的全部数量；增量是通过划分税基级次和级距所形成的税基的增加量。税基级次和级距的划分有两种方式：一是直接划分法，即直接以税基的数量为标准来划分税基的级次与级距。如个人所得税将"经营所得"划分为不超过 30 000 元、超过 30 000 元至 90 000 元、超过 90 000 元到 300 000 元、超过 300 000 元至 500 000 元和超过 500 000 元五个部分。二是间接划分法，即以与税基有关的某一比率作参数来划分税基的级次与级距。如原资源税将税基划分为销售利润率超过 12%、超过 12%~20%、超过 20%~25%、超过 25% 四个部分。在这种情况下，适用税基不是 12%、20%、25% 等比率，而是与其相应的利润绝对额。假设某纳税人销售收入为 10 000 元，则其税基即销售利润就分为不超过 1 200 元、超过 1 200 元 ~ 2 000 元、超过 2 000 元 ~ 2 500 元和 2 500 元以上四个部分。

根据上述分析，可将累进税率分为 12 种形式，见表 2-1。

（3）累退税率

累退税率是随着税基的增加而下降的税率。各国在税收实践中很少采用。

分析各种税率形式的税率水平，需要区分边际税率与平均税率。边际税率是税基单位数额增加所引起的应纳税额增量占税基单位增加额的比率。平均税率是税额占税基总量的比率。在比例税率条件下，边际税率等于平均税率。在累进税率条件下，边际税率通常高于平均税率。在累退税率条件下，边际税率一般低于平均税率。

表2-1   累进税率的种类

适用税基	累进依据	表现形式	具体名称
总量	按额	额式	总量按额额式累进税率
		率式	总量按额率式累进税率
	按倍	额式	总量按倍额式累进税率
		率式	总量按倍率式累进税率
	按率	额式	总量按率额式累进税率
		率式	总量按率率式累进税率
增量	按额	额式	增量按额额式累进税率
		率式	增量按额率式累进税率
	按倍	额式	增量按倍额式累进税率
		率式	增量按倍率式累进税率
	按率	额式	增量按率额式累进税率
		率式	增量按率率式累进税率

(表最左侧竖排：累进税率的种类)

三、税收优惠

税收制度除规定征税对象、纳税人、纳税义务发生时间和税基、税率等基本要素外，还设置各种各样的免税和减税。免税是免除纳税人的税收义务。减税是减轻纳税人的税收义务。在现代社会，免税和减税主要是为实现一定的财政、经济、社会目的而采取的激励措施，从这个角度说，免税或减税也被称为税收优惠。

中国现阶段的税收优惠有以下几类：

（一）财政性优惠、政策性优惠、管理性优惠与外交税收豁免

以税收优惠的目的为标准，可将税收优惠划分为：

1.财政性优惠

所谓财政性优惠就是为正确发挥财政支出和其他收入形式的作用而实行的免税和减税。在实践中，财政性优惠主要有以下两种：

（1）以发挥财政支出的作用为目的的优惠。例如，为发挥政府转移支付的作用，对纳税人从政府领取的各种补贴、补助实行免税或减税。

（2）以发挥其他财政收入形式的作用为目的的优惠。例如，为正确发挥公债的作用，对纳税人从政府取得的公债利息实行免税或减税。

2.政策性优惠

所谓政策性优惠就是为发挥税收对经济活动和社会生活的调节作用而实行的免税和减税。政策性优惠是税收优惠的主要内容，不仅种类繁多，而且形式多样。现阶段的政策性优惠有以下三种：

（1）经济性优惠，具体包括：①资源配置方面的优惠，如产业优惠、区域优惠等；②收入分配方面的优惠，如贫困地区优惠、低收入群体优惠等；③经济增长方面的优惠，如资源开发与利用优惠、就业优惠、融资与投资优惠、技术进步优惠、新办企业优惠、环境保护优惠等；④涉外优惠，如境外投资与利用外资优惠、国际交流优惠、进出口优惠等。

（2）社会性优惠，具体包括：①公共事业优惠，如教育事业优惠、科学研究事业优惠、文化体育事业优惠、医疗卫生事业优惠等；②居民生活优惠，如住房优惠、必需品优惠等；③救助事务优惠，如灾区重建优惠、救助物资优惠、抚恤优惠、残疾人优惠、鳏寡孤独人员优惠等。

（3）政治性优惠，具体包括：①政府职能优惠，如一般性政府服务优惠、公共安全优惠、国防优惠、外交优惠等；②从军人员优惠，如随军家属优惠、转业军人优惠、退役军人优惠、军烈属优惠等；③民族关系优惠，如少数民族优惠等。

3.管理性优惠

所谓管理性优惠就是为降低税收管理成本、提高税收管理的有效性而实行的免税和减税。在实践中，管理性优惠主要有以下两种：

（1）以降低税收管理成本为目的的优惠。例如，为降低税收管理成本，对一定数额以下的收入或所得实行免税。

（2）以提高税收管理有效性为目的的优惠。例如，为提高税收管理的有效性，对纳税人履行给付义务和作为义务发生的各种费用实行免税或减税；为促使逃税者悔过自新，对逃税者主动申报的逃税所得，实行免税或减税；为营造良好的税收管理环境，对举报逃税获得的奖励免税或减税等。

4.外交税收豁免

所谓外交税收豁免就是根据有关国际公约和中国的有关法律对外国国家元首、政府首脑、外交部部长和外国驻华使馆、领事馆及其人员在馆舍、车辆、物品、收费、所得等方面实行的免税或减税。例如，对外国驻华使馆、领事馆的馆舍免征城镇土地使用税和房产税，对使馆、领事馆及其工作人员的车辆免征车辆购置税、车船税、船舶吨税等。

（二）税基式优惠、税率式优惠、税额式优惠、时间式优惠

以税收优惠的形式为标准，可将税收优惠划分为：

1.税基式优惠

所谓税基式优惠就是以税基为零或缩小税基的方式来免除和减轻纳税人的税收负担。税基式优惠的具体形式主要有：

（1）税收扣除，即允许纳税义务人将某些支出或费用全部或部分地从税基中扣除。

（2）亏损结转，即允许纳税义务人用纳税年度的亏损冲抵以前或以后年度的盈利。冲抵以前年度盈利的，纳税人可以申请退税，称为向前结转。冲抵以后年度盈利的，可以减少以后年度应纳税额，称为向后结转。

2.税率式优惠

税率式优惠是以税率为零或降低税率的形式来免除和减轻纳税人的税收负担，具体形式为优惠税率，即对某些特定的征税对象或纳税义务人按照低于一般税率的税率征税。

3.税额式优惠

税额式优惠是以减少税额的形式来减轻纳税人的税收负担。具体包括：

（1）直接免税和减税。

（2）税收抵免，即允许纳税义务人用某些特定的支出冲抵其应纳税额。

4.时间式优惠

时间式优惠是以延缓纳税期限的形式来减轻或缓解纳税人的税收负担。具体包括：

（1）加速折旧。加速折旧是指允许纳税义务人在固定资产使用初期提取较多折旧。其实质是税款缴纳时间向后推移。随着纳税时间向后推移，税收负担会有所减轻。

（2）延期纳税。延期纳税是允许纳税义务人延期缴纳应纳税款，实际上相当于为纳税义务人提供无息贷款。

（三）常规性优惠、期间性优惠、过渡性优惠与临时性优惠

以税收优惠的存续时间为标准，可将税收优惠划分为：

1.常规性优惠

常规性优惠是与税收制度存续时间保持一致的优惠。税收制度中的优惠，绝大多数属于常规性优惠。

2.期间性优惠

期间性优惠是在一定期间内实行的优惠，如5年期优惠、10年期优惠等。

3.过渡性优惠

过渡性优惠是在税收制度改革时，为衔接新税制与原税制的相关规定所采取的优惠，如3年期过渡性优惠、5年期过渡性优惠等。

4.临时性优惠

临时性优惠是临时采取的优惠，如一次性优惠等。

（四）全国性优惠与地方性优惠

以税收优惠的管理权限为标准，可将税收优惠划分为：

1.全国性优惠

全国性优惠，即由全国人民代表大会或国务院统一规定的优惠。

2.地方性优惠

地方性优惠，即由地方人民代表大会或地方政府规定的优惠。

四、纳税期限与纳税地点

（一）纳税期限

纳税期限是纳税人缴纳税款的期限，包括税款计算期和税款缴纳期。税款计算期是计算税款的期限，分按次计算和按时间计算两种形式。按次计算是以发生纳税义务的次数作为税款计算期。按时间计算是以发生纳税义务的一定时段作为税款计算期，如1日、3日、5日、10日、15日、1个月等。纳税人应当按税款计算期逐一计算税款。税款缴纳期是税款计算期满后缴纳税款的期限，如规定以1个月为税款计算期的，应于期满后15日内将税款报缴入库，以1日、3日、5日、10日、15日为税款计算期的，应于期满后5日内将税款报缴入库。

纳税期限是税收确定性和强制性的体现。合理规定纳税期限，不仅有利于保证财政收入的稳定性、及时性，而且有利于控制税收成本，降低纳税人的负担。一般来说，纳税期限是根据税种的性质和纳税人的生产经营规模确定的。

（二）纳税地点

纳税地点是纳税人缴纳税款的地点。不同的税种，由于征税对象和纳税人的性质不同，对纳税地点的规定也不同。中国现阶段的纳税地点，从纳税人的角度说，主要有注册登记地、机构所在地或核算地等，从征税对象的角度说，主要有应税不动产坐落地，商品销售地、收购地，服务或应税行为的发生地等。

合理确定纳税地点，不仅有利于防止逃税，保证财政收入，而且有利于控制税收成本，降低纳税人的负担。

第二节　税种的基本类型

对税种的基本类型，可以从以下角度来考察：

一、按征税对象划分的税种类型

按征税对象划分的税种类型包括：

（一）人身课税

人身课税是以人身为征税对象的税种，包括以自然人身份为征税对象的税种，如古代的人头税，现代某些国家的（自然人）居民税；还包括以法人身份为征税对象的税种，如现代某些国家的（法人）居民税或企业（事业）税。

（二）事项课税

事项课税是以事项为征税对象的税种，包括以普通事项为征税对象的税种，如营业税，以特殊事项为征税对象的税种，如污染税、耕地占用税。

（三）物件课税

物件课税是以物件为征税对象的税种，包括：

1.商品课税

商品课税是以商品为征税对象的税，包括以实物商品即货物为征税对象的税和以劳务商品即服务为征税对象的税。从应税商品的经济属性看，商品课税有关税与国内商品税两类。关税是对通过关境的商品征收的税，国内商品税是对国内市场的商品征收的税。从应税商品的范围看，国内商品税有一般商品税和特种商品税两类。一般商品税是对国内市场的所有商品普遍征收的税，也称销售税，包括在生产与流通的某个阶段一次性征收的税和在生产与流通的各个阶段多次征收的税。从计税的价值看，多次征收的一般商品税有价款税与增值税两类。价款税是按商品的全部价值征收的税，增值税是按商品的增加值征收的税。特种商品税是对国内市场上的部分商品征收的税，如烟税、酒税、汽油税等。它们有时被统称为货物税，有时被统称为国内消费税。中国目前的商品税主要有增值税、消费税与关税等。

2.所得课税

所得课税是以所得为征收对象的税，包括个人所得税与企业所得税。个人所得税是对个人所得征收的税，企业所得税是对企业所得征收的税，也称法人所得税或公司所得税。从税款的用途看，所得税有一般所得税与社会保障税两种。一般所得税的税款主要用于政府执行公共职能，社会保障税的税款主要用于政府提供社会保障。一些学者认为，社会保障税不具有税收的一般报偿性，不属于本来意义的税收，因而常将其称为社会保障缴款。中国目前的所得税主要有企业所得税与个人所得税。

3.财产课税

财产课税是以财产为征收对象的税，包括对财产占有征收的税和对财产转移征收的税。对财产占有征收的税有不动产税和动产税两类，前者如土地税、房产税等，后者如车税、船税等。对财产转移征收的税有财产交易税和财产遗赠税。财产遗赠税又分为赠与税与遗产税，赠与税是对生前转移财产征收的税，遗产税是对死后转移财产征收的税。中国目前的财产税主要有城镇土地使用税、房产税及车船税等。

二、按纳税人与负税人关系划分的税种类型

从纳税人与负税人的关系看，可以将税种划分为直接税与间接税两种类型。直接税是由纳税人最终负担的税，也就是不发生税负转嫁的税。一般认为，所得税、财产税不发生税负转嫁，由纳税人最终承受税收负担，属于直接税。间接税是由纳税人之外的第三人最终负担的税，也就是发生税负转嫁的税。一般认为，商品税发生税负转嫁，它由商品的生产者或销售者缴纳，由商品的消费者或购买者最终承受税收负担，属于间接税。

三、按税基形式划分的税种类型

从税基的形式看，可以将税种划分为从量税与从价税两种类型。从量税是以实物量为税基的税。从价税是以价值量为税基的税。从税收与价格的关系看，从价税有价内税与价外税两种类型。价内税是以含税价格为税基的税，价外税是以不含税价格为税基的税。

四、按税额与税基关系划分的税种类型

从税额与税基的关系看，可以将税种划分为比例税、累进税、累退税三种类型。从边际税率看，比例税是以固定的税率作为边际税率的税，累进税是以不断提高的差别税率作为边际税率的税，累退税是以不断降低的差别税率作为边际税率的税。从平均税率看，比例税是税额占税基的比率保持不变的税，累进税是税额占税基的比率随着税基的增加而提高的税，累退税是税额占税基的比率随着税基的增加而降低的税。从税收负担率看，以税收负担率为标准，比例税是经济主体的税收负担占其收入的比率保持不变的税，累进税率是经济主体的税收负担占其收入的比率随着收入的增加而提高的税，累退税是经济主体的税收负担占其收入的比率随着收入的增加而不断下降的税。

五、按税收收入形式或负担形式划分的税种类型

从税收的收入形式或负担形式看，可以将税种划分为实物税与货币税两种类

型。实物税是以实物形式缴纳的税，货币税是以货币形式缴纳的税。

六、按税收收入归属划分的税种类型

从税收的收入归属看，可以将税种划分为中央税、地方税、中央与地方共享税三种类型。中央税是收入归中央政府的税，地方税是收入归地方政府的税，中央与地方共享税是收入归中央政府与地方政府共同占有并按一定比例在中央政府与地方政府之间进行分配的税。

第三节　中国现行税收制度

一、税种组合方式

税种组合方式，是各税种在取得收入与调节经济中的分工与协作关系，具体表现为各类、各具体税种在经济活动各领域、各环节的分布。从理论上说，现代市场经济条件下政府的税收主要是对国民收入生产与分配过程按经济变量征收的流程税，包括对要素收入征收的所得税、对商品和服务消费征收的商品税等流量税，对财富征收的存量税。从各国税制实践看，税收分为由税务机关负责征收的国内税收和由海关机关负责征收的进出口税收。中国现行税收制度及税种组合方式如图2-1所示。

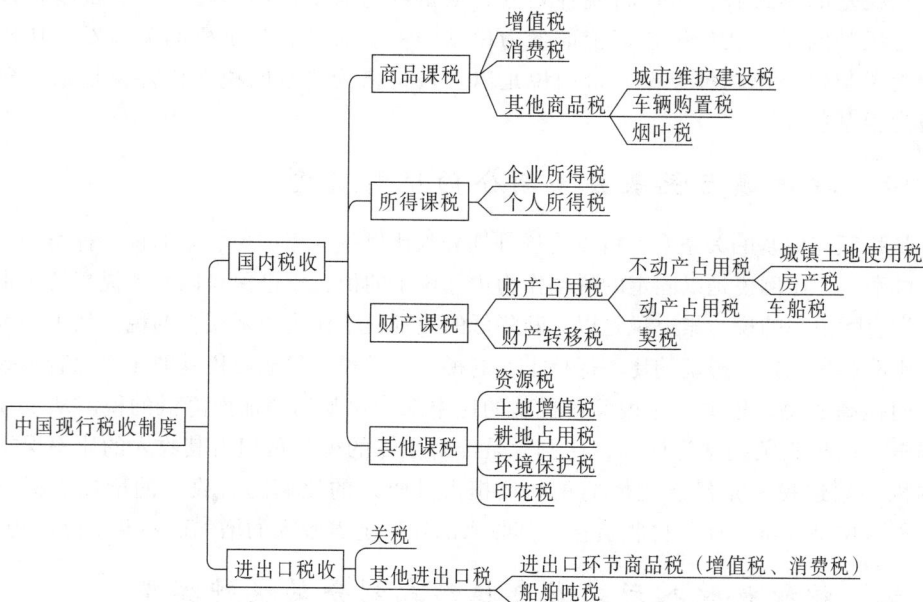

图2-1　中国现行税收制度及税种组合方式示意图

二、税种相对地位

税种的相对地位，即各税种在取得收入与调节经济中的相对重要性，具体表现为各类、各具体税种占 GDP 或税收总额的比重。中国现阶段各类税收占国内生产总值与税收总量的比重见表 2-2。

表 2-2　　中国现阶段各类税收占国内生产总值与税收总量的比重（2020年）

项　目	税种		税收收入（亿元）	占GDP比重（%）	占税收总额比重（%）
商品课税	增值税（国内）		56 791.24	5.64	33.82
	消费税（国内）		12028.10	1.20	7.16
	其他商品税	城市维护建设税	4 607.58	0.46	2.74
		车辆购置税	3 530.88	0.35	2.10
		烟叶税	108.67	0.01	0.07
	商品课税合计		77 066.47	7.66	45.89
所得课税	企业所得税		36 425.81	3.62	21.69
	个人所得税		11 568.26	1.15	6.89
	所得课税合计		47 994.07	4.77	28.58
财产课税	城镇土地使用税		2 058.22	0.20	1.23
	房产税		2 841.76	0.28	1.69
	车船税		945.41	0.09	0.56
	契税		7 061.02	0.70	4.20
	财产课税合计		12 906.41	1.27	7.68
其他课税	资源税		1 754.76	0.17	1.04
	土地增值税		6 468.51	0.64	3.85
	耕地占用税		1 257.57	0.12	0.75
	环境保护税		207.06	0.02	0.12
	印花税		3 087.45	0.31	1.84
	其他工商税		45.50	0.00	0.03
	其他课税合计		12 820.85	1.26	7.63
进出口税	关税		2 564.25	0.25	1.53
	其他进出口税	海关代征进口环节增值税	13 914.52	1.38	8.29
		海关代征进口环节消费税	620.98	0.06	0.37
		船舶吨税	53.72	0.01	0.03
	进出口税收合计		17 153.47	1.70	10.22
各类税收	总　　计		167 941.27	16.66	100

注：税收收入总计未扣除出口退税。

资料来源　根据中华人民共和国财政部预算司《2020年全国一般公共预算收入决算表》数据计算。

□ 复习思考题

一、概念

征税对象 税目 纳税人 纳税义务发生时间 税基 税率 额式税率 率式税率 比例税率 累进税率 累退税率 总量累进税率 增量累进税率 边际税率 平均税率 税收优惠 财政性税收优惠 政策性税收优惠 管理性税收优惠 外交税收豁免 减税 免税 税收抵免 税基式税收优惠 税收扣除 亏损结转 税率式税收优惠 税额式税收优惠 时间式税收优惠 加速折旧 延期纳税 常规性税收优惠 期限性税收优惠 过渡性税收优惠 临时性税收优惠 全国性税收优惠 地方性税收优惠 纳税期限 纳税地点 商品税 所得税 财产税 直接税 间接税 从量税 从价税 价内税 价外税 比例税 累进税 累退税 实物税 货币税 中央税 地方税 中央地方共享税

二、问题

1. 征税对象的作用
2. 税目设置的作用
3. 纳税人与负税人的联系与区别
4. 税基与征税对象的联系与区别
5. 税收优惠的种类
6. 中国现行税收制度

第二篇　商品课税

第三章

增值税

主要内容

- 增值税的性质与类型
- 增值税的基本原理与特殊作用
- 增值税的基本制度
- 增值税的优惠政策
- 增值税应纳税额的计算
- 增值税的出口退税

第一节　税种设置

一、增值税的性质与类型

（一）增值税的性质

增值税是对各种商品按其在生产经营过程中的增值额征收的一种税。增值额可以从两个角度来理解：

第一，从某一生产经营过程看，增值额是商品的某一生产经营者在生产经营过程中新增加的价值。用减法表示，它相当于产出减去投入后的余额。用加法表示，它相当于工资与盈利之和。在现实生活中，产出表现为销售收入额或经营收入额，投入表现为外购商品和劳务的支付金额；盈利具体表现为租金、利息、利润等。因此，用减法表示的增值额具体表现为销售收入额或经营收入额减去外购商品和劳务支付金额后的余额，用加法表示的增值额具体表现为工资与租金、利息、利润之和。即：

增值额=产出−投入=销售收入额或经营收入额−外购商品的支付金额

或 增值额=工资+盈利=工资+租金+利息+利润

第二，从某一商品看，增值额是商品在生产经营过程中新增加的价值。它等于商品在各个生产和经营环节新增加价值的总和，同时等于商品进入最终消费时的销售价格。假定A商品的生产经营包括原材料、零配件、产成品、批发、零售五个环节，各环节的销售收入额或经营收入额分别为300元、500元、800元、900元、1 000元，其中，1 000元是该商品进入最终消费时的销售收入额或经营收入额，各环节的增值额及其与商品销售收入额或经营收入额的关系见表3-1。

表3-1　　　各环节增值额及其与商品销售收入额或经营收入额的关系　　　单位：元

生产经营环节	销售收入额或经营收入额	增值额
原材料	300	300−0=300
零配件	500	500−300=200
产成品	800	800−500=300
批发	900	900−800=100
零售	1 000	1 000−900=100
合计	—	1 000

（二）增值税的基本类型

1.特定商品增值税与一般商品增值税

以征税范围为标准，可将增值税划分为特定商品增值税与一般商品增值税两种类型。特定商品增值税是只在生产与流通的某个、某些环节或只对货物与服务中的某类、某些货物或服务征收增值税。换言之，从征税范围的纵向延伸程度看，特定商品增值税是只在商品生产、批发、零售的个别环节征收增值税，而不是在所有的环节普遍征收增值税。从征税范围的横向扩展程度看，特定商品增值税是对特定的货物或服务征收增值税，而不是对所有的货物或服务征收增值税。一般商品增值税是在生产与流通的各个环节对所有的货物与服务普遍征收增值税。也就是说，从征税范围的纵向延伸程度看，一般商品增值税是在生产、批发、零售各环节普遍征收增值税。从征税范围的横向扩展程度看，一般商品增值税是对所有货物与服务普遍征收增值税。目前，世界典型国家的增值税，如OECD成员国的增值税，基本上属于一般商品增值税。中国初期增值税属于特定商品增值税。从征税范围的纵向延伸程度看，1994年之前，只在生产环节征收增值税；1994年之后，在生产、批发、零售各环节普遍征收增值税。从征税范围的横向扩展程度看，1994年之前，只对部分工业产品征收增值税，1994年始对工业产品和加工、修理修配服务征收增值税。自2012年起，在部分地区对交通运输业、邮政业、电信业和部分现代服务业试点由征收营业税逐步改为征收增值税。自2016年5月1日起，全面推开"营改增"试点，将建筑业、房地产业、金融业、生活服务业纳入试点范围。至此，中国增值税实现了由特定商品增值税向一般商品增值税的转换。

2.生产型增值税、收入型增值税与消费型增值税

以税基的价值构成为标准，可将增值税划分为生产型增值税、收入型增值税和消费型增值税三种类型。生产型增值税的税基大体上相当于国民生产总值。用减法计算，税基等于从产出中只扣除外购原材料、燃料、动力的价值，不扣除固定资产或其折旧的价值。用加法计算，构成税基的盈利不仅包括租金、利息、利润，而且包括固定资产折旧。收入型增值税的税基大体上相当于国民收入。用减法计算，税基等于从产出中扣除外购原材料、燃料、动力的价值，同时扣除固定资产折旧的价值，但不扣除未提折旧的部分。用加法计算，构成税基的盈利包括租金、利息、利润，不包括固定资产折旧。消费型增值税的税基大体上相当于消费品的价值，不包括资本品的价值。用减法计算，税基等于从产出中扣除外购原材料、燃料、动力的价值，同时扣除新增固定资产的价值。用加法计算，从构成税基的盈利中，要减去用于新增固定资产的投资。目前，世界典型国家的增值税基本上属于消费型增值税。2009年以前，中国实行的是生产型增值税，现行增值税则属于消费型增值税。

二、增值税的原理与特殊作用

（一）增值税的原理

增值税的基本原理是：商品的最终销售收入额等于商品在各个生产经营环节的增值额；对商品最终销售收入额征的税等于对商品在各个生产经营环节的增值额征的税。假定A商品增值税税率为13%，按最终销售收入额（不含增值税）征税与按各生产经营环节增值额征税的关系见表3-2。

表3-2　　　　　按最终销售收入额征税与按各生产经营环节增值额征税的关系　　　单位：元

生产经营环节	最终销售收入额	销售税税额	增值额	增值税税额	价税合计额
原材料	300	39	300	39	339
零配件	500	65	200	26	565
产成品	800	104	300	39	904
批发	900	117	100	13	1 017
零售	1 000	130	100	13	1 130
合计	—	—	1 000	130	1 130

（二）增值税的特殊作用

增值税是一种中性税，主要承担取得收入的职能。所谓中性税是指税收的经济效应是中性的。在增值税实行单一税率的条件下，无论生产者选择何种方式生产货物或提供服务，只要商品的最终销售收入额或营业收入额相同，所缴纳的增值税的税额就是相同的。这种中性效应，使得增值税不会对生产者的生产决策和消费者的消费抉择产生扭曲效应，也不会对经济活动产生调节作用。因此，增值税的职能主要是为政府取得税收收入。

在增值税产生前，各国实行的商品税是一种多环节、阶梯式的商品税。所谓多环节是指在商品生产经营的每个环节都征税；所谓阶梯式是指每个环节的税基都包括前一个环节的税基，各环节的税基之间像阶梯一样逐步增加。这种多环节、阶梯式的商品税使同一商品的税收随生产经营环节的变化而变化，生产经营环节越多，缴纳的税收越多，生产经营环节越少，缴纳的税收越少。与这种多环节、阶梯式商品税相比，实行增值税，税收不随生产经营环节的变化而变化，在消除逃税、避免重复征税和实施出口退税方面具有特殊的优越性。

（1）有利于消除逃税。实行多环节、阶梯式商品税，随着生产经营环节的减少，缴纳的税收也随之减少。纳税人为减少税收，必然会采取各种办法减少生产经营环节。实行增值税，无论生产经营环节如何变化，缴纳的税收均不发生变化，纳税人也不会为减少税收而减少生产经营环节。

（2）有利于避免重复征税。实行多环节、阶梯式商品税，每一环节的税基都包含着上一环节的税基，如零售环节销售额中包含着批发环节销售额，批发环节销售额中包含着产成品环节销售额……从而对每个环节的销售额征税都包含着对上个环节销售额的重复征税，如对零配件销售额征税包含着对原材料销售额的重复征税，对产成品销售额的征税包含着对零配件销售额的重复征税……这种重复征税会对企业的生产经营方式产生扭曲作用，鼓励企业发展纵向联合，阻碍企业发展横向联合。实行增值税，每一环节的税基均为本环节新增加的价值，不包括前一环节的转移价值，彻底消除了多环节、阶梯式商品税的重复征税问题，从而，同一商品，无论采取何种生产经营方式，只要商品的最后销售额相同，缴纳的税收就相同，彻底消除了多环节、阶梯式商品税对企业生产经营方式的扭曲作用。

（3）有利于实施出口退税。实行多环节、阶梯式商品税，一种商品在出口前经历了多少个生产经营环节，在每个生产经营环节各缴纳了多少税款，是无法准确计算出来的。在这种情况下，要实施出口退税，就必然出现征多退少或征少退多的问题。征多退少会削弱本国商品在国际市场上的竞争力，征少退多会构成出口补贴，导致相关国家的反倾销报复。实行增值税，根据商品的最终销售额即可准确计算出商品在出口前的各个生产经营环节新增加的价值，根据最终销售额乘以适用税率计算的税额即可准确计算出商品在出口前的各个生产经营环节缴纳的增值税税额。因此，实行增值税，有利于实施出口退税。

三、增值税的产生与发展

多环节、阶梯式商品税的弊病，很早就引起了世界各国的重视。彻底消除这种多环节、阶梯式商品税的弊病，也成了世界各国的努力方向。第一次世界大战后，在美国，耶鲁大学教授托马斯·S.亚当斯曾提出了开征增值税的设想。在德国，担任政府顾问的商人威尔海姆·范·西蒙斯博士也曾提出过开征增值税的设想。当时，他们的建议并未得到官方的重视和赞同，但他们提出的按增值额征税的可贵设想和巧妙构思却保留下来，为后来各国进行商品税的改革指出了方向。

1954年，法国率先进行了商品税的改革，创立了增值税。早在1936年，为解决多环节课税造成的重复征税问题，法国曾把工业生产领域的多环节课税制度改为产成品环节的一次课征制度。这项改革基本上消除了工业生产领域的重复征税问题，但又产生了新的矛盾：同样属于创造价值的企业，零部件生产企业创造了价值，但却不缴纳任何税款；产成品生产企业只创造了一部分价值，却要承担产成品应缴的全部税款，税收负担不公平；并且，由于最终产品与中间产品的界限不够清晰，在征收管理中，要确定哪些企业纳税、哪些企业不纳税，也是相当困难的。为解决这些矛盾，1954年，法国又把产成品环节的一次课征制改为在各个环节多次征税，同时实行了道道扣税，即不论是产成品还是原材料或零部件，均在按销售收入额课税的同时扣除购进生产用原材料在以前环节已缴纳的税款。至此，增值税的制度已经确立。嗣后，法国又将购入的固定资产纳入了扣除范围，实行了消费型增值税，征税范围也由工业生产领域扩大到商品流通领域，逐渐形成了一套规范的增值税制度。

法国创立并实施增值税后，很快引起国际上的广泛注意和效仿。20世纪60年代以后的几十年，是增值税从理论上到实践上横扫世界的年代。首先，欧共体各成员国于1963—1973年先后推行了增值税。此后，在世界的其他地方，许多国家也进行了增值税的改革。目前，全世界有170多个国家（地区）实行了增值税。

中华人民共和国成立后，曾在消除多环节、阶梯式商品税重复征税方面进行了一些有益的探索。例如，货物税规定对某些产品可以办理转厂手续，对应税产品的半成品不征税，由应税产品的产成品生产企业在销售时纳税；同一税目的产品加工改制减按5%的税率征税。对部分产品征税时可以扣除外购原料或半成品的已纳税款等。1979年，借鉴各国实行增值税的成功经验，中国开始在部分行业和地区进行增值税试点。1983年，开始对部分行业和产品在全国范围内统一试行增值税。1984年，正式设置了增值税，同时将增值税的征税范围扩大到整个工业生产领域。1994年，改进了增值税的计税办法，并将增值税的征税范围由工业生产领域扩大到商业批发和零售领域。自2004年7月1日起，中国在东北、中部等部分地区的部分行业先后进行扩大增值税抵扣范围改革试点，取得了成功经验。为进一步消除重复征税因素，应对国际金融危机对我国经济发展带来的不利影响，保持我国经济平稳较快增长，自2009年1月1日起，在全国推开增值税转型改革，实行消费型增值税。为消除对货物和劳务分别征收增值税与营业税所产生的重复征税，建立健全有利于科学发展的税收制度，促进经济结构调整，支持现代服务业发展，从2012年1月1日起，率先在上海市交通运输业和部分现代服务业开展营业税改征增值税（简称"营改增"）试点。自2012年8月1日起，由上海市分批扩大至北京市、天津市、江苏省、浙江省（含宁波市）、安徽省、福建省（含厦门市）、湖北省、广东省（含深圳市）等8个省（直辖市）。自2013年8月1日起，在全国范围内开展交通运输业和部分现代服务业"营改增"试点。2014年1月1日、6月1日，在全国范围内先后将铁路运输、邮政业和电信业纳入"营改增"试点。自2016年5月1日起，全面推开"营改增"试点，将建筑业、房地产业、金融业、生活服务业纳入试点范围。为营造简洁透明、更加公平的税收环境，自2017年7月1日起，简并增值税税率结构，取消13%档增值税税率。为进一步完善增值税制度，支持制造业、小微企业等实体经济发展，自2018年5月1日起，统一增值税小规模纳税人标准，将小规模纳税人的年销售额标准由50万元和80万元统一上调至500万元；将制造业等行业增值税税率从17%降至16%，将交通运输、建筑、基础电信服务等行业及农产品等货物的增值税税率从11%降至10%。为推进增值税实质性减税，自2019年4月1日起，一般纳税人发生增值税应税销售行为或者进口货物，原适用16%税率的，调整为13%；原适用10%税率的，调整为9%；6%档税率保持不变。全面试行增值税期末增量留抵税额退税制度，对符合条件的生产、生活性服务业纳税人实行加计抵减政策。为应对经济下行压力，支持小微企业和制造业等行业发展，提振市场主体信心、激发市场主体活力，自2022年4月1日起，实施大规模增值税留抵退税、小规模纳税人阶段性免征增值税等组合式税费支持政策。

增值税的法律依据主要是《中华人民共和国增值税暂行条例》（国务院1993年12月颁布，2008年11月重新修订发布，2016年2月、2017年11月两次修订，简称《增值税条例》）和《中华人民共和国增值税暂行条例实施细则》（财政部、国家税务总局2008年12月第50号令发布、2011年10月28日财政部第65号令修订，简称《增值税实施细则》）。

第二节　征税对象、纳税人与纳税义务发生时间

一、征税对象

在理论上，增值税的征税对象应当包括农业、采掘业、制造业、建筑业、交通运输业和商业、服务业所生产或提供的所有商品。在实践中，由于征收管理制度不够健全、经验不够丰富，许多国家（地区）增值税的征税范围均小于理论征税范围。按照《增值税条例》和《营业税改征增值税试点实施办法》（财税〔2016〕36号，简称《试点实施办法》）规定：中国现行增值税的征税对象为在中华人民共和国境内销售的货物或者加工、修理修配劳务（简称劳务），销售的服务、无形资产或者不动产，进口的货物。

（一）在中华人民共和国境内销售的货物

1.基本规定

在《增值税实施细则》中，货物被定义为有形动产，即具有实物形态、能够移动的财产。根据这一定义，土地、房屋等不动产不属于货物，不按货物征收增值税，但电力、热力、气体具有货物的属性，应当按货物征收增值税。销售货物指有偿转让货物的所有权。所称有偿是指从购买方取得货币、货物或者其他经济利益。在中华人民共和国境内销售货物指货物的起运地或所在地在中华人民共和国境内。所称境内指的是中国内地行政区域，目前暂不包括香港、澳门、台湾地区。

2.视同销售货物

单位或者个体工商户的下列行为，不完全具备有偿转让货物所有权的属性，为平衡税收负担，控制逃税，视同销售货物，征收增值税：（1）将货物交付其他单位或者个人代销或销售代销货物；（2）设有两个以上机构并实行统一核算的纳税人，将货物从一个机构移送至其他机构用于销售，但相关机构设在同一县（市）的除外；（3）将自产、委托加工的货物用于集体福利或者个人消费；（4）将自产、委托加工或者购买的货物作为投资，提供给其他单位或者个体工商户；分配给股东或者

投资者；无偿赠送其他单位或者个人。

（二）在中华人民共和国境内销售的劳务

为平衡货物的各种生产方式之间如自行生产与委托加工之间的税收负担，控制逃税，现行增值税将加工与修理、修配纳入增值税应税劳务。其中，加工是指由委托方提供原料和主要材料，受托方按照委托方的要求制造货物，将货物的所有权归委托方并收取加工费的业务。修理、修配是指对损伤和丧失功能的货物进行修复，使其恢复原状和功能并收取修理、修配费的业务。在中华人民共和国境内销售加工与修理、修配劳务是指加工与修理、修配劳务的发生地在中华人民共和国境内。销售加工、修理修配劳务是指境内有偿提供加工、修理修配劳务。所称有偿是指从购买方取得货币、货物或者其他经济利益。单位或者个体工商户聘用的员工为本单位或者雇主提供的加工、修理修配劳务不包括在内。

（三）在中华人民共和国境内销售的服务、无形资产或者不动产

1.基本规定

《试点实施办法》规定，在中华人民共和国境内销售服务、无形资产或者不动产，依规定缴纳增值税。

所称销售服务，是指提供交通运输服务、邮政服务、电信服务、建筑服务、金融服务、现代服务、生活服务。

知识拓展3-1

销售服务、无形资产、不动产注释

交通运输服务，是指利用运输工具将货物或者旅客送达目的地，使其空间位置得到转移的业务活动，包括陆路运输服务、水路运输服务、航空运输服务和管道运输服务。

邮政服务，是指中国邮政集团公司及其所属邮政企业提供邮件寄递、邮政汇兑和机要通信等邮政基本服务的业务活动，包括邮政普遍服务、邮政特殊服务和其他邮政服务。

电信服务，是指利用有线、无线的电磁系统或者光电系统等各种通信网络资源，提供语音通话服务，传送、发射、接收或者应用图像、短信等电子数据和信息的业务活动，包括基础电信服务和增值电信服务。

建筑服务，是指各类建筑物、构筑物及其附属设施的建造、修缮、装饰，线路、管道、设备、设施等的安装以及其他工程作业的业务活动，包括工程服务、安装服务、修缮服务、装饰服务和其他建筑服务。

金融服务，是指经营金融保险的业务活动，包括贷款服务、直接收费金融服务、保险服务和金融商品转让。

现代服务，是指围绕制造业、文化产业、现代物流产业等提供技术性、知识性服务的业务活动，包括研发和技术服务、信息技术服务、文化创意服务、物流辅助服务、租赁服务、鉴证咨询服务、广播影视服务、商务辅助服务和其他现代服务。

生活服务，是指为满足城乡居民日常生活需求提供的各类服务活动，包括文化体育服务、教育医疗服务、旅游娱乐服务、餐饮住宿服务、居民日常服务和其他生活服务。

所称销售无形资产，是指转让无形资产所有权或者使用权的业务活动。无形资产，是指不具实物形态，但能带来经济利益的资产，包括技术、商标、著作权、商誉、自然资源使用权和其他权益性无形资产。

所称销售不动产，是指转让不动产所有权的业务活动。不动产，是指不能移动或者移动后会引起性质、形状改变的财产，包括建筑物、构筑物等。

所称销售服务、无形资产或者不动产，是指有偿提供服务、有偿转让无形资产或者不动产。所称有偿，是指取得货币、货物或者其他经济利益。但属于下列非经营活动的情形除外：

（1）行政单位收取的同时满足以下条件的政府性基金或者行政事业性收费：由国务院或者财政部批准设立的政府性基金，由国务院或者省级人民政府及其财政、价格主管部门批准设立的行政事业性收费；收取时开具省级以上（含省级）财政部门监（印）制的财政票据；所收款项全额上缴财政。

（2）单位或者个体工商户聘用的员工为本单位或者雇主提供取得工资的服务。

（3）单位或者个体工商户为聘用的员工提供服务。

（4）财政部和国家税务总局规定的其他情形。

所称境内销售服务、无形资产或者不动产，是指：服务（租赁不动产除外）或者无形资产（自然资源使用权除外）的销售方或者购买方在境内；所销售或者租赁的不动产在境内；所销售自然资源使用权的自然资源在境内；财政部和国家税务总局规定的其他情形。

下列情形不属于在境内销售服务或者无形资产：境外单位或者个人向境内单位或者个人销售完全在境外发生的服务；境外单位或者个人向境内单位或者个人销售完全在境外使用的无形资产；境外单位或者个人向境内单位或者个人出租完全在境外使用的有形动产；财政部和国家税务总局规定的其他情形。

2.视同销售服务、无形资产或者不动产

下列情形视同销售服务、无形资产或者不动产：

（1）单位或者个体工商户向其他单位或者个人无偿提供服务，但用于公益事业或者以社会公众为对象的除外。

（2）单位或者个人向其他单位或者个人无偿转让无形资产或者不动产，但用于公益事业或者以社会公众为对象的除外。

（3）财政部和国家税务总局规定的其他情形。

3.混合销售的处理

混合销售是指一项销售行为既涉及货物又涉及服务的行为。如某饮食服务企业在为顾客提供饮食服务的同时销售烟酒、饮料的行为。为明确纳税人的纳税义务，《试点实施办法》规定：从事货物生产、批发、零售的单位与个体工商户以及以货物生产、批发、零售为主并兼营销售服务的单位与个体工商户的混合销售行为，按照销售货物缴纳增值税；其他单位与个体工商户的混合销售行为，按照销售服务缴纳增值税。

自 2017 年 5 月 1 日起，纳税人销售活动板房、机器设备、钢结构件等自产货物的同时提供建筑、安装服务，不属于混合销售，应分别核算货物和建筑服务的销售额，分别适用不同的税率或者征收率，计算缴纳增值税。

（四）进口货物

进口货物是指从国外进口有形动产，包括电力、热力、气体。

二、纳税人

（一）基本规定

依据《增值税条例》规定，增值税的纳税人为在中华人民共和国境内销售货物、劳务、服务、无形资产或者不动产（统称应税销售行为）和进口货物的单位和个人。

所称单位是指企业、行政单位、事业单位、军事单位、社会团体及其他单位。所称个人是指个体工商户和其他个人。

单位以承包、承租、挂靠方式经营的，承包人、承租人、挂靠人（统称承包人）以发包人、出租人、被挂靠人（统称发包人）名义对外经营并由发包人承担相关法律责任的，以该发包人为纳税人。否则，以承包人为纳税人。

两个或者两个以上的纳税人，经财政部和国家税务总局批准可以视为一个纳税人合并纳税。

中华人民共和国境外（简称境外）单位或者个人在境内发生应税行为，在境内未设有经营机构的，以购买方为增值税扣缴义务人。财政部和国家税务总局另有规定的除外。

（二）一般纳税人与小规模纳税人的划分

为提高税收管理的有效性，降低税收成本，增值税将纳税人划分为一般纳税人与小规模纳税人，对一般纳税人实行一般计税方法，对小规模纳税人采取简易计税方法。

所称一般纳税人，是指年应征增值税销售额超过规定的小规模纳税人标准的企业和企业性单位。所称小规模纳税人，是指年销售额在规定标准以下，并且会计核算不健全，不能按规定报送有关税务资料的增值税纳税人。会计核算不健全，是指不能正确核算增值税的销项税额、进项税额和应纳税额。

1.小规模纳税人标准

小规模纳税人标准的确定，综合考虑了生产经营规模、会计核算水平和税收遵从程度等因素。为完善增值税制度，进一步支持中小微企业发展，自2018年5月1日起[①]，统一增值税小规模纳税人标准为年应征增值税销售额[②]500万元及以下[③]。按照《增值税条例实施细则》第28条规定已登记为增值税一般纳税人的单位和个人，在2018年12月31日前，可转登记为小规模纳税人，其未抵扣的进项税额作转出处理。

同时符合以下条件的一般纳税人，可选择按照规定转登记为小规模纳税人，或选择继续作为一般纳税人：（1）根据《增值税条例》第13条和《增值税条例实施细则》第28条的有关规定，登记为一般纳税人。（2）转登记日前连续12个月（以1个月为1个纳税期，下同）或者连续4个季度（以1个季度为1个纳税期，下同）累计应征增值税销售额（简称应税销售额）未超过500万元。转登记日前经营期不满12个月或者4个季度的，按照月（季度）平均应税销售额估算上款规定的累计应税销售额。

销售服务、无形资产、不动产按照有关规定有扣除项目的纳税人，其年应征增值税销售额按未扣除之前的销售额计算。增值税小规模纳税人偶然发生的转让不动产的销售额，不计入年应征增值税销售额。

年应征增值税销售额超过小规模纳税人标准的其他个人按小规模纳税人纳税；年应征增值税销售额超过规定标准的非企业性单位、不经常发生应税行为的企业可选择按小规模纳税人纳税。

2.增值税一般纳税人登记管理

自2015年4月1日起，增值税一般纳税人资格实行登记制，登记事项由纳税人向其机构所在地主管税务机关办理。自2018年2月1日起，按照《增值税一般纳税人登记管理办法》进行登记管理。增值税纳税人，年应税销售额超过财政部、国家税务总局规定的小规模纳税人标准（简称"规定标准"）的，除另有规定外，应当向主管税务机关办理一般纳税人登记。年应税销售额未超过规定标准的纳税人，会计核算健全，能够提供准确税务资料的，可以向主管税务机关办理一般纳税人登记。下列纳税人不办理一般纳税人登记：按照政策规定，选择按照小规模纳税人纳税的；年应税销售额超过规定标准的其他个人。

---

① 2018年5月1日之前，小规模纳税人具体标准按行业不同分别确定为年应征增值税销售额50万元（含）、80万元（含）和500万元（含）以下。

② 这是指纳税人在连续不超过12个月的经营期内累计应征增值税销售额，包括纳税申报销售额、稽查查补销售额、纳税评估调整销售额、税务机关代开发票销售额和免税销售额。稽查查补销售额和纳税评估调整销售额计入查补税款申报当月的销售额，不计入税款所属期销售额。经营期是指在纳税人存续期间内的连续经营期间，含未取得销售收入的月份。

③ 《财政部 税务总局关于统一增值税小规模纳税人标准的通知》（财税〔2018〕33号）。

办理一般纳税人登记的程序如下：纳税人向主管税务机关填报"增值税一般纳税人登记表"，如实填写固定生产经营场所等信息，并提供税务登记证件；纳税人填报内容与税务登记信息一致的，主管税务机关当场登记；纳税人填报内容与税务登记信息不一致，或者不符合填列要求的，税务机关应当场告知纳税人需要补正的内容。年应税销售额超过规定标准的纳税人按照政策规定选择按照小规模纳税人纳税的，应当向主管税务机关提交书面说明。纳税人登记为一般纳税人后，不得转为小规模纳税人，国家税务总局另有规定的除外。

纳税人在年应税销售额超过规定标准的月份（或季度）的所属申报期结束后15日内按照有关规定办理相关手续；未按规定时限办理的，主管税务机关应当在规定时限结束后5日内制作"税务事项通知书"，告知纳税人应当在5日内向主管税务机关办理相关手续；逾期仍不办理的，次月起按销售额依照增值税税率计算应纳税额，不得抵扣进项税额，直至纳税人办理相关手续为止。

纳税人自一般纳税人生效之日起，按照增值税一般计税方法计算应纳税额，并可以按照规定领用增值税专用发票，财政部、国家税务总局另有规定的除外。所称的生效之日，是指纳税人办理登记的当月1日或者次月1日，由纳税人在办理登记手续时自行选择。

对税收遵从度低的一般纳税人，主管税务机关可以实行纳税辅导期管理，具体办法由国家税务总局另行制定。

三、纳税义务发生时点

（一）起征点

为降低个体劳动者的税收负担，节约税务机关的征税成本，增值税对个人纳税人作了起征点的规定。具体标准为：按期纳税的，起征点为月销售额 5 000~20 000元；按次纳税的，起征点为每次（日）300~500元。增值税起征点不适用于认定为一般纳税人的个体工商户。在上述规定的幅度内，省、自治区、直辖市财政厅（局）和税务局根据实际情况确定本地区适用的起征点，并报财政部、国家税务总局备案。纳税人销售额未达到国务院财政、税务主管部门规定的增值税起征点的，免征增值税；达到起征点的，依照规定全额计算缴纳增值税。

为进一步支持小微企业发展，自 2021 年 4 月 1 日至 2022 年 12 月 31 日期间，继续实施小微企业普惠性税收减免政策[①]：

对月销售额 15 万元以下（含本数）的增值税小规模纳税人，免征增值税。即对小规模纳税人发生增值税应税销售行为，合计月销售额未超过 15 万元（以 1 个季

---

① 《财政部 税务总局关于实施小微企业普惠性税收减免政策的通知》（财税〔2019〕13 号）、《财政部 税务总局关于明确增值税小规模纳税人免征增值税政策的公告》（财政部 税务总局公告 2021 年第 11 号）、《国家税务总局关于小规模纳税人免征增值税征管问题的公告》（国家税务总局公告 2021 年第 5 号）。

度为1个纳税期的，季度销售额未超过45万元，下同）的，免征增值税。

小规模纳税人发生增值税应税销售行为，合计月销售额超过15万元，但扣除本期发生的销售不动产的销售额后未超过15万元的，其销售货物、劳务、服务、无形资产取得的销售额免征增值税。

适用增值税差额征税政策的小规模纳税人，以差额后的销售额确定是否可以享受上述规定的免征增值税政策。

按规定，其他个人采取一次性收取租金形式出租不动产取得的租金收入，可在对应的租赁期内平均分摊，分摊后的月租金收入未超过15万元的，免征增值税。

为进一步支持小微企业发展，自2022年4月1日至2022年12月31日，增值税小规模纳税人适用3%征收率的应税销售收入，免征增值税；适用3%预征率的预缴增值税项目，暂停预缴增值税。①

（二）纳税义务发生时间

1.销售货物、劳务的纳税义务发生时间，一般为收讫销售款或取得索取销售款凭据的当天；先开具发票的，为开具发票的当天。根据不同的销售结算方式，分别规定如下：

（1）采取直接收款方式销售货物，无论货物是否发出，均为收到销售款或取得索取销售款凭据的当天。纳税人生产经营活动中采取直接收款方式销售货物，已将货物移送对方并暂估销售收入入账，但既未取得销售款或取得索取销售款凭据也未开具销售发票的，其增值税纳税义务发生时间为取得销售款或取得索取销售款凭据的当天；先开具发票的，为开具发票的当天。

（2）采取托收承付或委托银行收款方式销售货物，为发出货物并办妥托收手续的当天。

（3）采取赊销和分期收款方式销售货物，为书面合同约定的收款日期的当天，无书面合同的或者书面合同没有约定收款日期的，为货物发出的当天。

（4）采取预收货款方式销售货物，为货物发出的当天，但生产销售生产工期超过12个月的大型机械设备、船舶、飞机等货物，为收到预收款或者书面合同约定的收款日期的当天。

（5）委托其他纳税人代销货物，为收到代销单位的代销清单或者收到全部或者部分货款的当天。未收到代销清单及货款的，为发出代销货物满180天的当天。

（6）视同销售货物的，为货物移送的当天。

（7）设有两个机构，将货物移送另一机构的，为货物移送的当天。

2.销售服务、无形资产、不动产的纳税义务发生时间，为收讫销售款项或者取

---

① 《财政部 税务总局关于对增值税小规模纳税人免征增值税的公告》（财政部 税务总局公告2022年第15号）。

得索取销售款项凭据的当天；先开具发票的，为开具发票的当天。收讫销售款项，是指纳税人销售服务、无形资产、不动产过程中或者完成后收到款项。取得索取销售款项凭据的当天，是指书面合同确定的付款日期；未签订书面合同或者书面合同未确定付款日期的，为服务、无形资产转让完成的当天或者不动产权属变更的当天。

（1）纳税人提供租赁服务采取预收款方式的，其纳税义务发生时间为收到预收款的当天。

（2）纳税人从事金融商品转让的，为金融商品所有权转移的当天。

（3）纳税人发生视同销售服务、无形资产或者不动产情形的，其纳税义务发生时间为服务、无形资产转让完成的当天或者不动产权属变更的当天。

3.进口货物的纳税义务发生时间，为报关进口的当天。

4.增值税扣缴义务发生时间，为纳税人增值税纳税义务发生的当天。

第三节　税基与税率

一、税基

（一）一般计税方法的税基

在理论上，增值税是对增值额征的税，税基应为增值额。增值额的计算可以采用加法与减法两种方法：

用加法计算：增值额=工资+盈利=工资+租金+利息+利润

用减法计算：增值额=产出−投入=销售收入额或经营收入额−外购商品的支付金额

两种方法相比，用加法计算增值额要更多地依赖企业的经济核算，增值项目的确定也比较困难，所以在实践中，各国均采用了减法来计算增值税的增值额和应纳税额。

用减法来计算增值税的增值额和应纳税额，又有扣额法与扣税法两种方法：

用扣额法计算：应纳税额=（销售收入额或营业收入额−购进商品支付金额）×税率

用扣税法计算：应纳税额=销售收入额或营业收入额×税率−购进商品支付金额×税率

其中，"销售收入额或营业收入额×税率"被简称为销项税额，"购进商品支付金额×税率"被简称为进项税额。两种方法相比，在实行单一税率的情况下，都是可行的，计算结果也是相同的；在实行多档税率的情况下，采用扣额法则要分别计算不同税率商品的销售收入额或营业收入额与购进商品的支付金额。如果一个企业同时生产多种不同税率的商品，还要将购入商品的支付金额在不同税率的商品之间进行合理的分配，这是一个十分烦琐的过程，因此，目前实行增值税的国家都选择实行扣税法。中国现行增值税适用于一般纳税人的一般计税方法也是扣税法。

（二）简易计税方法的税基

小规模纳税人与一般纳税人销售某些特殊货物或应税行为选择按简易计税方法，税基为不含税的销售额。

不含税销售额是指纳税人发生应税行为向购买方收取的全部价款和价外费用，但是不包括增值税税额。若纳税人收取的销售额是含税的，在计税时，应将含税销售额换算为不含税销售额。其换算公式为：

销售额=含税销售额÷（1+征收率）

纳税人适用简易计税方法计税的，因销售折让、中止或者退回而退还给购买方的销售额，应当从当期销售额中扣减。扣减当期销售额后仍有余额造成多缴的税款，可以从以后的应纳税额中扣减。

（三）进口货物的税基

进口货物的税基为组成计税价格。详见第十七章第一节。

二、税率

（一）一般计税方法的税率

1.基本税率

自2019年4月1日起，增值税的基本税率调整为13%。纳税人销售货物、劳务、有形动产租赁服务或者进口货物，除适用低税率、零税率外，均适用基本税率。

2.低税率

自2019年4月1日起调整增值税税率后，增值税的低税率有9%、6%两档。

（1）销售或者进口下列货物，税率为9%：农产品（含粮食）、自来水、暖气、石油液化气、天然气、食用植物油、冷气、热水、煤气、居民用煤炭制品、食用盐、农机、饲料、农药、农膜、化肥、沼气、二甲醚、图书、报纸、杂志、音像制品、电子出版物。

（2）销售交通运输、邮政、基础电信、建筑、不动产租赁服务，销售不动产，转让土地使用权，税率为9%。

（3）销售现代服务（有形动产租赁、不动产租赁服务除外）、增值电信服务、金融服务、生活服务，销售无形资产（土地使用权除外），税率为6%。

知识拓展3-2

适用9%增值税税率货物范围注释

3.零税率

为免除出口商品或服务生产经营单位的税收负担，增值税对出口

货物或跨境应税行为实行零税率。出口货物或跨境应税行为的零税率指的是出口货物或跨境应税行为的适用税率为零。实行这种税率可使出口货物或跨境应税行为的销项税额为零，销项税额减进项税额的结果即应纳税额为负数。这个负的应纳税额，应当退还给出口货物或跨境应税行为的生产经营单位。

（二）简易计税方法的征收率

小规模纳税人增值税征收率为3%。财政部和国家税务总局另有规定的除外。征收率的调整由国务院决定。按照《试点实施办法》有关规定，小规模纳税人销售、租赁不动产等行为征收率为5%，具体适用征收率见表3-3。

表3-3　　　　　　"营改增"试点小规模纳税人适用征收率

序号	业务项目		销售额确定标准	征收率
1	跨县（市）提供建筑服务		以取得的全部价款和价外费用扣除支付的分包款后的余额为销售额	3%
2	销售不动产（不含个体工商户销售购买的住房和其他个人销售不动产）	非自建	以取得的全部价款和价外费用减去该项不动产购置原价或者取得不动产时的作价后的余额为销售额	5%
		自建	以取得的全部价款和价外费用为销售额	
3	其他个人销售其取得（不含自建）的不动产（不含其购买的住房）		以取得的全部价款和价外费用减去该项不动产购置原价或者取得不动产时的作价后的余额为销售额	
4	个人将购买住房对外销售		北京市、上海市、广州市和深圳市区：不足2年对外销售的，全额缴纳增值税；2年以上（含2年）的非普通住房，按销售收入减去购买住房价款后的差额纳税；2年以上（含2年）的普通住房，免税	
			北京市、上海市、广州市和深圳市之外的地区：不足2年对外销售的，全额缴纳增值税；2年以上（含2年）的，免税	
5	房地产开发企业销售、出租自行开发的房地产项目		以取得的全部价款和价外费用为销售额	
6	出租取得的不动产（不含个人出租住房）		以取得的全部价款和价外费用为销售额	
7	个人出租住房		以取得的全部价款和价外费用为销售额	5%，减按1.5%
8	提供劳务派遣服务		以取得的全部价款和价外费用为销售额	3%
			选择差额纳税的，以取得的全部价款和价外费用，扣除代用工单位支付给劳务派遣员工的工资、福利和为其办理社会保险及住房公积金后的余额为销售额	5%

（三）按简易计税方法征税适用征收率的规定

1.增值税一般纳税人销售自产的特定货物，自2014年7月1日起，可选择按简易计税方法依照3%征收率计算缴纳增值税。销售某些货物属于特殊情形的，自2014年7月1日起，暂按简易计税方法依照3%征收率计算缴纳增值税。一般纳税人发生特定应税行为，在试点期间可选择按照简易计税方法依照3%、5%征收率计算缴纳增值税。

知识拓展3-4

一般纳税人简易计税项目一览表

2.自2016年5月1日起，非企业性单位中的一般纳税人提供的研发和技术服务、信息技术服务、鉴证咨询服务，以及销售技术、著作权等无形资产，可以选择简易计税方法按照3%征收率计算缴纳增值税。提供《营业税改征增值税试点过渡政策的规定》的"技术转让、技术开发和与之相关的技术咨询、技术服务"，可以参照上述规定，选择简易计税方法按照3%征收率计算缴纳增值税。

3.自2017年7月1日起，建筑工程总承包单位为房屋建筑的地基与基础、主体结构（地基与基础、主体结构的范围，按照《建筑工程施工质量验收统一标准》（GB50300-2013）附录B中的"地基与基础""主体结构"分部工程的范围执行）提供工程服务，建设单位自行采购全部或部分钢材、混凝土、砌体材料、预制构件的，适用简易计税方法依照3%征收率计税。

4.自2018年1月1日起，资管产品管理人（简称管理人）运营资管产品过程中发生的增值税应税行为（简称资管产品运营业务），暂适用简易计税方法，按照3%征收率缴纳增值税。具体政策规定如下：

（1）资管产品管理人，包括银行、信托公司、公募基金管理公司及其子公司、证券公司及其子公司、期货公司及其子公司、私募基金管理人、保险资产管理公司、专业保险资产管理机构、养老保险公司。资管产品，包括银行理财产品、资金信托（包括集合资金信托、单一资金信托）、财产权信托、公开募集证券投资基金、特定客户资产管理计划、集合资产管理计划、定向资产管理计划、私募投资基金、债权投资计划、股权投资计划、股债结合型投资计划、资产支持计划、组合类保险资产管理产品、养老保障管理产品。财政部和国家税务总局规定的其他资管产品管理人及资管产品。

（2）管理人接受投资者委托或信托对受托资产提供的管理服务以及管理人发生的除上述规定的其他增值税应税行为（简称其他业务），按照现行规定缴纳增值税。

（3）管理人应分别核算资管产品运营业务和其他业务的销售额和增值税应纳税额。未分别核算的，资管产品运营业务不得适用上述政策。

（4）管理人可选择分别或汇总核算资管产品运营业务销售额和增值税应纳税额。

5.自2018年5月1日起，增值税一般纳税人生产销售和批发、零售抗癌药品，可选择按照简易办法依照3%征收率计算缴纳增值税。

6.自2018年7月25日起，一般纳税人销售自产机器设备的同时提供安装服务，应分别核算机器设备和安装服务的销售额，安装服务可以按照甲供工程选择适用简易计税方法依照3%征收率计税。

一般纳税人销售外购机器设备的同时提供安装服务，如果已经按照兼营的有关规定，分别核算机器设备和安装服务的销售额，安装服务可以按照甲供工程选择适用简易计税方法依照3%征收率计税。

7.自2019年3月1日起，增值税一般纳税人生产销售和批发、零售罕见病药品①，可选择按照简易办法依照3%征收率计算缴纳增值税。对进口罕见病药品，减按3%征收进口环节增值税。纳税人应单独核算罕见病药品的销售额。未单独核算的，不得适用上述规定的简易征收政策。

为鼓励制药产业发展，降低患者用药成本，自2020年10月1日起，对列入第二批清单中适用增值税政策的抗癌药品和罕见病药品，执行上述相关政策。

8.自2022年3月1日起，从事再生资源回收的增值税一般纳税人销售其收购的再生资源，可以选择适用简易计税方法依照3%征收率计算缴纳增值税，或适用一般计税方法计算缴纳增值税。

一般纳税人选择简易计税方法计算缴纳增值税后，36个月内不得变更。

试点纳税人中的一般纳税人兼有销售货物、劳务的，凡未规定可以选择按照简易计税方法计算缴纳增值税的，其全部销售额应一并按照一般计税方法计算缴纳增值税。

（四）兼营适用税率规定

纳税人销售货物、劳务、服务、无形资产或者不动产适用不同税率或者征收率的，应当分别核算适用不同税率或者征收率的销售额，未分别核算销售额的，按照以下方法适用税率或者征收率：

1.兼有不同税率的销售货物、劳务、服务、无形资产或者不动产，从高适用税率。

2.兼有不同征收率的销售货物、劳务、服务、无形资产或者不动产，从高适用征收率。

3.兼有不同税率和征收率的销售货物、劳务、服务、无形资产或者不动产，从高适用税率。

---

① 所称罕见病药品，是指经国家药品监督管理部门批准注册的罕见病药品制剂及原料药。罕见病药品范围实行动态调整，由财政部、海关总署、税务总局、药监局根据变化情况适时明确。

第四节　税收优惠

一、增值税免税的原理与原则

（一）增值税免税的原理

增值税的税收优惠主要指的是免税。由"增值税的应纳税额=销项税额－进项税额"可知，增值税的免税有两种类型：一种是全面免税，即不仅免除销项税，而且免除进项税（对进项所含税收给予退税），其实质是一种零税率制度，可称为无负担型免税；另一种是片面免税，即只免除销项税，不免除进项税，其实质是由纳税人负担进项所包含的税收，因而可称为有负担型免税。通常所说的免税主要指的是单独对销项实行的片面免税，即有负担型免税。在实行价外税并采用扣税法计算进项税额的情况下，实行片面的销项免税制度具有两个方面的作用：一方面，生产并销售免税货物的纳税人事实上成了免税货物进项所含税收的最终负担人；另一方面，购买免税货物的生产者和经营者，由于进项税得不到抵扣，进项税减少，应纳税额会相应增加，税收负担会相应增加，只有购买免税货物的最终消费者，才能真正地享受到免税的实惠。

（二）增值税免税的原则

根据增值税免税的基本原理，要实行规范的增值税，只能对进入最终消费的货物免税，不应对货物的生产、经营免税。确实需要对生产、经营的货物免税的，也应实行免税与退税相结合、免税与抵扣相结合的制度。

二、增值税优惠的形式与内容

依据《增值税条例》和《试点实施办法》有关规定，增值税优惠形式主要有直接免税、即征即退与先征后退、减征增值税、扣减增值税、增值税增量留抵税额退税、加计抵减税额等。

（一）直接免税

1.《增值税条例》规定免征增值税的项目

（1）农业生产者销售的自产农产品：所称农业是指种植业、养殖业、林业、牧业、水产业。农业生产者包括从事农业生产的单位和个人。农产品是指初级农产品。（2）进口直接用于科学研究、科学实验和教学的仪器、设备，由外国政府、国际组织无偿援助的物资与设备；由残疾人的组织直接进口供残疾人专用的物品。（3）销售自己使用过的物品：指其他个人自己使用过的物品。（4）向社会收购再销售的古旧图书。（5）避孕药品和用具。

增值税的免税、减税项目由国务院规定。任何地区、部门均不得规定免税、减税项目。纳税人兼营免税、减税项目的，应当分别核算免税、减税项目的销售额；未分别核算销售额的，不得免税、减税。

纳税人销售货物或者应税劳务适用免税规定的，可以放弃免税，依照《增值税条例》的规定缴纳增值税。放弃免税后，36个月内不得再申请免税。

2.按国务院规定免征增值税的项目

（1）自2012年1月1日起，对从事蔬菜批发、零售的纳税人销售的蔬菜免征增值税。蔬菜是指可作副食的草本、木本植物，包括各种蔬菜、菌类植物和少数可作副食的木本植物。经挑选、清洗、切分、晾晒、包装、脱水、冷藏、冷冻等工序加工的蔬菜，属于上述蔬菜的范围。各种蔬菜罐头不属于蔬菜的范围。

（2）自2012年10月1日起，对从事农产品批发、零售的纳税人销售的部分鲜活肉蛋产品免征增值税。免征增值税的鲜活肉产品，是指猪、牛、羊、鸡、鸭、鹅及其整块或者分割的鲜肉、冷藏或者冷冻肉，内脏、头、尾、骨、蹄、翅、爪等组织。免征增值税的鲜活蛋产品，是指鸡蛋、鸭蛋、鹅蛋，包括鲜蛋、冷藏蛋以及对其进行破壳分离的蛋液、蛋黄和蛋壳。上述产品中不包括《中华人民共和国野生动物保护法》所规定的国家珍贵、濒危野生动物及其鲜活肉类、蛋类产品。

（3）自2019年1月1日至2023年12月31日，对电影主管部门（包括中央、省、地市及县级）按照各自职能权限批准从事电影制片、发行、放映的电影集团公司（含成员企业）、电影制片厂及其他电影企业取得的销售电影拷贝（含数字拷贝）收入、转让电影版权（包括转让和许可使用）收入、电影发行收入以及在农村取得的电影放映收入，免征增值税。一般纳税人提供的城市电影放映服务，可以按现行政策规定，选择按照简易计税办法计算缴纳增值税。

（4）自2019年1月1日至2023年12月31日，对广播电视运营服务企业收取的有线数字电视基本收视维护费和农村有线电视基本收视费，免征增值税。

（5）自2021年1月1日至2023年12月31日，免征图书批发、零售环节增值税。

（6）自2021年1月1日至2025年12月31日，对具备研究和培育繁殖条件的动植物科研院所、动物园、植物园、专业动植物保护单位、养殖场、种植园进口的用于科研、育种、繁殖的野生动植物种源，以及军队、公安、安全部门（含缉私警察）进口的军警用工作犬、工作犬精液及胚胎，免征进口环节增值税。

（7）自2016年4月1日起，对境外捐赠人无偿向受赠人捐赠的直接用于慈善事业的物资，免征进口关税和进口环节增值税。

（8）自2019年1月1日至2025年12月31日，为支持脱贫攻坚，对单位或者个体工商户将自产、委托加工或购买的货物通过公益性社会组织、县级及以上人民政府及其组成部门和直属机构，或直接无偿捐赠给目标脱贫地区的单位和个人，免征增值税。自2019年1月1日至2023年12月31日，对饮水工程运营管理单位向农村居民提供生活用水取得的自来水销售收入，免征增值税。

（9）自2019年1月1日至2023年供暖期结束，对供热企业向居民个人（简称居民）供热取得的采暖费收入，免征增值税。

（10）自2019年1月1日至2023年12月31日，继续对国产抗艾滋病病毒药品免征生产环节和流通环节增值税。抗艾滋病病毒药品的生产企业和流通企业应分别核算免税药品和其他货物的销售额；未分别核算的，不得享受增值税免税政策。

（11）为促进服务业领域困难行业纾困发展，自2022年1月1日至2022年12月31日，航空和铁路运输企业分支机构暂停预缴增值税。对纳税人提供公共交通运输服务取得的收入，免征增值税。①自2022年5月1日至2022年12月31日，对纳税人为居民提供必需生活物资快递收派服务取得的收入，免征增值税。快递收派服务的具体范围，按照《销售服务、无形资产、不动产注释》（财税〔2016〕36号印发）执行。②

（12）为推动资源综合利用行业持续健康发展，自2022年3月1日起，除纳税人聘用的员工为本单位或者雇主提供的再生资源回收不征收增值税外，纳税人发生的再生资源回收并销售的业务，均应按照规定免征增值税。

3.按"营改增"试点规定免征增值税的项目

（1）按照营业税改征增值税试点过渡政策的规定，对托儿所、幼儿园提供的保育和教育服务等40多个项目免征增值税。

（2）按照跨境应税行为适用增值税零税率和免税政策的规定，境内的单位和个人销售的下列服务和无形资产免征增值税，但财政部和国家税务总局规定适用增值税零税率的除外：

①下列服务：工程项目在境外的建筑服务；工程项目在境外的工程监理服务；工程、矿产资源在境外的工程勘察勘探服务；会议展览地点在境外的会议展览服务；存储地点在境外的仓储服务；标的物在境外使用的有形动产租赁服务；在境外提供的广播影视节目（作品）的播映服务；在境外提供的文化体育服务、教育医疗服务、旅游服务。

②为出口货物提供的邮政服务、收派服务、保险服务。为出口货物提供的保险服务，包括出口货物保险和出口信用保险。

③向境外单位提供的完全在境外消费的下列服务和无形资产：电信服务；知识

知识拓展3-5

《营业税改征增值税试点过渡政策规定》中的免征增值税项目

① 《财政部　税务总局关于促进服务业领域困难行业纾困发展有关增值税政策的公告》（财政部　税务总局公告2022年第11号）。
② 《财政部　税务总局关于快递收派服务免征增值税政策的公告》（财政部　税务总局公告2022年第18号）。

产权服务；物流辅助服务（仓储服务、收派服务除外）；鉴证咨询服务；专业技术服务；商务辅助服务；广告投放地在境外的广告服务；无形资产（技术除外）。

④以无运输工具承运方式提供的国际运输服务。

⑤为境外单位之间的货币资金融通及其他金融业务提供的直接收费金融服务，且该服务与境内的货物、无形资产和不动产无关。

⑥境内保险公司向境外保险公司提供的完全在境外消费的再保险服务，免征增值税。

试点纳税人提供再保险服务（境内保险公司向境外保险公司提供的再保险服务除外），实行与原保险服务一致的增值税政策。原保险服务，是指保险分出方与投保人之间直接签订保险合同而建立保险关系的业务活动。

再保险合同对应多个原保险合同的，所有原保险合同均适用免征增值税政策时，该再保险合同适用免征增值税政策。否则，该再保险合同应按规定缴纳增值税。

⑦自2017年7月1日起，纳税人采取转包、出租、互换、转让、入股等方式将承包地流转给农业生产者用于农业生产，免征增值税。

⑧财政部和国家税务总局规定的其他服务。

按照国家有关规定应取得相关资质的国际运输服务项目，纳税人取得相关资质的，适用增值税零税率政策；未取得的，适用增值税免税政策。境内的单位和个人提供适用增值税零税率的服务或者无形资产，如果属于适用简易计税方法的，实行免征增值税办法。如果属于适用增值税一般计税方法的，生产企业实行免抵退税办法；外贸企业外购服务或者无形资产出口实行免退税办法；外贸企业直接将服务或自行研发的无形资产出口，视同生产企业连同其出口货物统一实行免抵退税办法。

境内的单位和个人销售适用增值税零税率的服务或无形资产的，可以放弃适用增值税零税率，选择免税或按规定缴纳增值税。

（二）即征即退与先征后退

1. 即征即退增值税

即征即退是指对按税法规定计算缴纳的税款，由税务机关在征税时部分或全部退还纳税人。其适用范围为：

（1）自2019年4月1日起，增值税一般纳税人销售其自行开发生产的软件产品，按13%的税率征收增值税后，对其增值税实际税负超过3%的部分实行即征即退政策。增值税一般纳税人将进口软件产品进行本地化改造后对外销售，其销售的软件产品可享受增值税即征即退政策。本地化改造是指对进口软件产品进行重新设计、改进、转换等，单纯对进口软件产品进行汉字化处理不包括在内。

知识拓展3-6

资源综合利用产品和劳务增值税优惠目录2022年版

自2019年4月1日至2023年12月31日，对动漫企业增值税一般纳税人销售其自主开发生产的动漫软件，按照13%的税率征收增值税后，对其增值税实际税负超过3%的部分，实行即征即退政策。

（2）自2015年7月1日起，纳税人销售自产的资源综合利用产品和提供资源综合利用劳务（简称销售综合利用产品和劳务），可享受增值税即征即退政策。自2022年3月1日起，一般纳税人销售自产的综合利用产品和劳务，即征即退政策按照《财政部 税务总局关于完善资源综合利用增值税政策的公告》（财政部 税务总局公告2021年第40号）规定的《资源综合利用产品和劳务增值税优惠目录2022年版》执行。

（3）自2015年7月1日起，对纳税人销售自产的列入《享受增值税即征即退政策的新型墙体材料目录》的砖类、砌块类、板材类新型墙体材料，实行增值税即征即退50%的政策。

知识拓展3-7

享受增值税即征即退政策的新型墙体材料目录

（4）自2015年7月1日起，对纳税人销售自产的利用风力生产的电力产品，实行增值税即征即退50%的政策。

（5）按照营业税改征增值税试点过渡政策的规定，下列项目实行增值税即征即退：

①一般纳税人提供管道运输服务，对其增值税实际税负超过3%的部分实行增值税即征即退政策。

②经中国人民银行、银监会或者商务部批准从事融资租赁业务的试点纳税人中的一般纳税人，提供有形动产融资租赁服务和有形动产融资性售后回租服务，对其增值税实际税负超过3%的部分实行增值税即征即退政策。商务部授权的省级商务主管部门和国家经济技术开发区批准的从事融资租赁业务和融资性售后回租业务的试点纳税人中的一般纳税人，2016年5月1日后实收资本达到1.7亿元的，从达到标准的当月起按照上述规定执行；2016年5月1日后实收资本未达到1.7亿元但注册资本达到1.7亿元的，在2016年7月31日前仍可按照上述规定执行，2016年8月1日后开展的有形动产融资租赁业务和有形动产融资性售后回租业务不得按照上述规定执行。

上述所称增值税实际税负，是指纳税人当期提供应税服务实际缴纳的增值税税额占纳税人当期提供应税服务取得的全部价款和价外费用的比例。

（6）促进残疾人就业即征即退增值税政策：

①自2016年5月1日起，对安置残疾人的单位和个体工商户（简称纳税人），实行由税务机关按纳税人安置残疾人的人数，限额即征即退增值税的办法。安置的每位残疾人每月可退还的增值税具体限额，由县级以上税务机关根据纳税人所在区县（含县级市、旗，下同）适用的经省（含自治区、直辖市、计划单列市，下同）人民政府批准的月最低工资标准的4倍确定。

②享受税收优惠政策的条件：第一，纳税人（除盲人按摩机构外）月安置的残

疾人占在职职工人数的比例不低于25%（含25%），并且安置的残疾人人数不少于10人（含10人）；盲人按摩机构月安置的残疾人占在职职工人数的比例不低于25%（含25%），并且安置的残疾人人数不少于5人（含5人）。第二，依法与安置的每位残疾人签订了1年以上（含1年）的劳动合同或服务协议。第三，为安置的每位残疾人按月足额缴纳了基本养老保险、基本医疗保险、失业保险、工伤保险和生育保险等社会保险。第四，通过银行等金融机构向安置的每位残疾人，按月支付了不低于纳税人所在区县适用的经省人民政府批准的月最低工资标准的工资。

对符合规定的特殊教育学校举办的企业，只要符合②中第一款规定的条件，即可享受上述即征即退增值税优惠政策。这类企业在计算残疾人人数时可将在企业上岗工作的特殊教育学校的全日制在校学生计算在内，在计算企业在职职工人数时也要将上述学生计算在内。

纳税人中纳税信用等级为税务机关评定为C级或D级的，不得享受上述规定的政策。

纳税人按照纳税期限向主管税务机关申请退还增值税。本纳税期已交增值税税额不足退还的，可在本纳税年度内以前纳税期已交增值税扣除已退增值税的余额中退还，仍不足退还的可结转本纳税年度内以后纳税期退还，但不得结转以后年度退还。纳税期限不为按月的，只能对其符合条件的月份退还增值税。

上述即征即退增值税优惠政策仅适用于生产销售货物，提供加工、修理修配劳务，以及提供营改增现代服务和生活服务税目（不含文化体育服务和娱乐服务）范围的服务取得的收入之和，占其增值税收入的比例达到50%的纳税人，但不适用于上述纳税人直接销售外购货物（包括商品批发和零售）以及销售委托加工的货物取得的收入。

纳税人应当分别核算上述享受税收优惠政策和不得享受税收优惠政策业务的销售额，不能分别核算的，不得享受本优惠政策。

如果既适用促进残疾人就业增值税优惠政策，又适用重点群体、退役士兵、随军家属、军转干部等支持就业的增值税优惠政策的，纳税人可自行选择适用的优惠政策，但不能累加执行。一经选定，36个月内不得变更。

2.先征后退增值税

先征后退是指对按税法规定缴纳的增值税税款，由税务机关征收入库后，再由财政部门按规定的程序给予部分或全部退还已纳税款。根据《财政部 税务总局关于延续宣传文化增值税优惠政策的公告》①（简称《公告》），自2021年1月1日起至2023年12月31日，执行下列增值税先征后退政策：

（1）对下列出版物在出版环节执行增值税100%先征后退的政策：①中国共产

_____

① 《财政部 税务总局关于延续宣传文化增值税优惠政策的公告》（财政部 税务总局公告2021年第10号）。

党和各民主党派的各级组织的机关报纸和机关期刊，各级人大、政协、政府、工会、共青团、妇联、残联、科协的机关报纸和机关期刊，新华社的机关报纸和机关期刊，军事部门的机关报纸和机关期刊。上述各级组织不含其所属部门。机关报纸和机关期刊增值税先征后退范围掌握在一个单位一份报纸和一份期刊以内。②专为少年儿童出版发行的报纸和期刊，中小学的学生课本。③专为老年人出版发行的报纸和期刊。④少数民族文字出版物。⑤盲文图书和盲文期刊。⑥经批准在内蒙古、广西、西藏、宁夏、新疆五个自治区内注册的出版单位出版的出版物。⑦列入《通知》附件1的图书、报纸和期刊。

（2）对下列出版物在出版环节执行增值税先征后退50%的政策：①除上述（1）之外的各类图书、期刊、音像制品、电子出版物；②列入《公告》附件2的报纸。

（3）对下列印刷、制作业务执行增值税100%先征后退的政策：①对少数民族文字出版物的印刷或制作业务；②列入《公告》附件3的新疆维吾尔自治区印刷企业的印刷业务。

（三）减征增值税

减征增值税是减按较低的征收率征税。自2014年7月1日起，下列按简易办法征收增值税的优惠政策继续执行，不得抵扣进项税额。

（1）一般纳税人销售自己使用过的物品

①销售自己使用过的属于《增值税条例》规定不得抵扣且未抵扣进项税额的固定资产（指使用期限超过12个月的机器、机械、运输工具以及其他与生产经营有关的设备、工具、器具等有形动产，下同），按简易办法依照3%征收率减按2%征收增值税。

②销售自己使用过的其他固定资产，应区分不同情形征收增值税：

销售自己使用过的2009年1月1日以后购进或者自制的固定资产，按照适用税率征收增值税。2008年12月31日以前未纳入扩大增值税抵扣范围试点的纳税人或已纳入扩大增值税抵扣范围试点的纳税人，销售自己使用过的2008年12月31日以前或者在本地区扩大增值税抵扣范围试点以前购进或者自制的固定资产，按照简易办法依照3%征收率减按2%征收增值税。销售自己使用过的在本地区扩大增值税抵扣范围试点以后购进或者自制的固定资产，按照适用税率征收增值税。

自2016年2月1日起，纳税人（除其他个人外）销售自己使用过的固定资产，适用简易办法依照3%征收率减按2%征收增值税政策的，可以放弃减税，按照简易办法依照3%征收率缴纳增值税，并可以自行开具或申请税务机关代开增值税专用发票。

一般纳税人销售自己使用过的本地区试点实施之日（含）后购进或者自制的固定资产，按照适用税率征收增值税；销售自己使用过的本地区试点实施之日前购进或者自制的固定资产，按照现行旧货相关增值税政策执行。

③销售自己使用过的除固定资产以外的物品，按照适用税率征收增值税。

（2）小规模纳税人（除其他个人外）销售自己使用过的物品

①销售自己使用过的固定资产，依照3%的征收率减按2%征收增值税。

②销售自己使用过的除固定资产以外的物品，按3%的征收率征收增值税。

（3）纳税人销售旧货

所称旧货是指进入二次流通的具有部分使用价值的货物（含旧汽车、旧摩托车和旧游艇），但不包括自己使用过的物品。纳税人销售旧货，按照简易办法依照3%的征收率减按2%征收增值税。

为促进汽车消费，自2020年5月1日至2023年12月31日，从事二手车经销的纳税人销售其收购的二手车，由原按照简易办法依3%征收率减按2%征收增值税，改为减按0.5%征收增值税。所称二手车，是指从办理完注册登记手续至达到国家强制报废标准之前进行交易并转移所有权的车辆，具体范围按照国务院商务主管部门出台的二手车流通管理办法执行。

（4）纳税人进口抗癌药品

自2018年5月1日起，对进口抗癌药品，减按3%征收进口环节增值税。

（5）支持个体工商户复工复业

为支持广大个体工商户在做好新冠肺炎疫情防控同时加快复工复业，自2020年3月1日至12月31日，对湖北省增值税小规模纳税人，适用3%征收率的应税销售收入，免征增值税；适用3%预征率的预缴增值税项目，暂停预缴增值税。自2021年4月1日至2022年3月31日，湖北省增值税小规模纳税人适用3%征收率的应税销售收入，减按1%征收率征收增值税；适用3%预征率的预缴增值税项目，减按1%预征率预缴增值税。自2020年3月1日至2022年3月31日，除湖北省外，其他省、自治区、直辖市的增值税小规模纳税人，适用3%征收率的应税销售收入，减按1%征收率征收增值税；适用3%预征率的预缴增值税项目，减按1%预征率预缴增值税。

为进一步支持小微企业发展，自2022年4月1日至2022年12月31日，增值税小规模纳税人适用3%征收率的应税销售收入，免征增值税；适用3%预征率的预缴增值税项目，暂停预缴增值税。

（四）扣减增值税

知识拓展3-8

扣减增值税是对符合享受优惠政策条件的纳税人按一定限额标准扣减其实际应缴纳的增值税等。按照营业税改征增值税试点过渡政策的规定，对退役士兵创业就业、重点群体创业就业实行限额扣减增值税政策。

扣减增值税
规定

（五）增值税增量留抵税额退税

为助力经济高质量发展，2018年率先对装备制造等先进制造业、研发等现代服务业和电网企业等部分行业增值税期末留抵税额予以退还。自2019年4月1日起，试行增值税期末留抵税额退税制度，不再区分行业，对符合条件的纳税人，可以向主管税务机关申请退还增量留抵税额。

为进一步促进先进制造业高质量发展，自2021年4月1日起，对符合条件的先进制造业纳税人，可以自2021年5月及以后纳税申报期向主管税务机关申请退还增量留抵税额。

为支持小微企业和制造业等行业发展，提振市场主体信心、激发市场主体活力，2022年进一步加大增值税期末留抵退税实施力度[①]。具体规定如下：

一是自2022年4月1日起，将先进制造业按月全额退还增值税增量留抵税额政策范围扩大至符合条件的小微企业（含个体工商户，下同），并一次性退还小微企业存量留抵税额。符合条件的小微企业，可以自2022年4月纳税申报期起向主管税务机关申请退还增量留抵税额。符合条件的微型企业，可以自2022年4月纳税申报期起向主管税务机关申请一次性退还存量留抵税额；符合条件的小型企业，可以自2022年5月纳税申报期起向主管税务机关申请一次性退还存量留抵税额。

二是自2022年4月1日起，加大"制造业"、"科学研究和技术服务业"、"电力、热力、燃气及水生产和供应业"、"软件和信息技术服务业"、"生态保护和环境治理业"和"交通运输、仓储和邮政业"（以下称制造业等行业）增值税期末留抵退税政策力度，将先进制造业按月全额退还增值税增量留抵税额政策范围扩大至符合条件的制造业等行业企业（含个体工商户，下同），并一次性退还制造业等行业企业存量留抵税额。符合条件的制造业等行业企业，可以自2022年4月纳税申报期起向主管税务机关申请退还增量留抵税额。符合条件的制造业等行业中型企业，可以自2022年5月纳税申报期起向主管税务机关申请一次性退还存量留抵税额；符合条件的制造业等行业大型企业，可以自2022年6月纳税申报期起向主管税务机关申请一次性退还存量留抵税额。[②]

三是自2022年7月1日起，将制造业等行业按月全额退还增值税增量留抵额、一次性退还存量留抵税额的政策范围，扩大至"批发和零售业"、"农、林、牧、渔业"、"住宿和餐饮业"、"居民服务、修理和其他服务业"、"教育"、"卫生和社会工作"和"文化、体育和娱乐业"（以下称批发零售业等行业）企业（含个体

---

① 《财政部 税务总局关于进一步加大增值税期末留抵退税政策实施力度的公告》（财政部 税务总局公告2022年第14号）；《财政部 税务总局关于扩大全额退还增值税留抵税额政策行业范围的公告》（财政部 税务总局公告2022年第21号）。
② 《财政部 税务总局关于进一步加快增值税期末留抵退税政策实施进度的公告》（财政部 税务总局公告2022年第17号）；《财政部 税务总局关于进一步持续加快增值税期末留抵退税政策实施进度的公告》（财政部 税务总局公告2022年第19号）。

工商户，下同）。符合条件的批发零售业等行业企业，可以自2022年7月纳税申报期起向主管税务机关申请退还增量留抵税额；符合条件的批发零售业等行业企业，可以自2022年7月纳税申报期起向主管税务机关申请一次性退还存量留抵税额。

上述所称符合条件，是指纳税人需同时符合以下条件：（1）纳税信用等级为A级或者B级；（2）申请退税前36个月未发生骗取留抵退税、骗取出口退税或虚开增值税专用发票情形；（3）申请退税前36个月未因偷税被税务机关处罚两次及以上；（4）2019年4月1日起未享受即征即退、先征后返（退）政策。

所称增量留抵税额，区分以下情形确定：（1）纳税人获得一次性存量留抵退税前，增量留抵税额为当期期末留抵税额与2019年3月31日相比新增加的留抵税额。（2）纳税人获得一次性存量留抵退税后，增量留抵税额为当期期末留抵税额。

所称存量留抵税额，区分以下情形确定：（1）纳税人获得一次性存量留抵退税前，当期期末留抵税额大于或等于2019年3月31日期末留抵税额的，存量留抵税额为2019年3月31日期末留抵税额；当期期末留抵税额小于2019年3月31日期末留抵税额的，存量留抵税额为当期期末留抵税额。（2）纳税人获得一次性存量留抵退税后，存量留抵税额为零。

所称中型企业、小型企业和微型企业，按照《中小企业划型标准规定》（工信部联企业〔2011〕300号）和《金融业企业划型标准规定》（银发〔2015〕309号）中的营业收入指标、资产总额指标确定。其中，资产总额指标按照纳税人上一会计年度年末值确定。营业收入指标按照纳税人上一会计年度增值税销售额确定；不满一个会计年度的，按照以下公式计算：

增值税销售额（年）=上一会计年度企业实际存续期间增值税销售额÷企业实际存续月数×12

所称增值税销售额，包括纳税申报销售额、稽查查补销售额、纳税评估调整销售额。适用增值税差额征税政策的，以差额后的销售额确定。

对于工信部联企业〔2011〕300号和银发〔2015〕309号文件所列行业以外的纳税人，以及工信部联企业〔2011〕300号文件所列行业但未采用营业收入指标或资产总额指标划型确定的纳税人，微型企业标准为增值税销售额（年）100万元以下（不含100万元）；小型企业标准为增值税销售额（年）2 000万元以下（不含2 000万元）；中型企业标准为增值税销售额（年）1亿元以下（不含1亿元）。

所称大型企业，是指除上述中型企业、小型企业和微型企业外的其他企业。

所称制造业、批发零售业等行业企业，是指从事《国民经济行业分类》中"批发和零售业"、"农、林、牧、渔业"、"住宿和餐饮业"、"居民服务、修理和其他服务业"、"教育"、"卫生和社会工作"、"文化、体育和娱乐业"、"制造业"、"科学研究和技术服务业"、"电力、热力、燃气及水生产和供应业"、"软件和信息技术服务业"、"生态保护和环境治理业"和"交通运输、仓储和邮政业"业务相应发生的增值税销售额占全部增值税销售额的比重超过50%的纳税人。上述销售额比重根据纳税人申请退税前连续 12 个月的销售额计算确定；申请退税前经营期不满 12 个月但满 3 个月的，按照实际经营期的销售额计算确定。

纳税人的行业归属，根据《国民经济行业分类》关于以主要经济活动确定行业归属的原则，以上一会计年度从事《国民经济行业分类》对应业务增值税销售额占全部增值税销售额比重最高的行业确定。

增值税期末留抵税额退税的计算详见本章第五节。

（六）加计抵减税额

自 2019 年 4 月 1 日至 2022 年 12 月 31 日，允许生产、生活性服务业纳税人按照当期可抵扣进项税额加计 10%，（生活性服务业纳税人自 2019 年 10 月 1 日起提高至15%）抵减应纳税额（简称加计抵减政策）。所称生产、生活性服务业纳税人，是指提供邮政服务、电信服务、现代服务、生活服务（简称四项服务）取得的销售额占全部销售额的比重超过 50% 的纳税人。四项服务的具体范围按照《销售服务、无形资产、不动产注释》（财税〔2016〕36 号）执行。适用加计抵减政策的生产、生活性服务业纳税人，应在年度首次确认适用加计抵减政策时，通过电子税务局（或前往办税服务厅）提交《适用加计抵减政策的声明》。适用加计抵减政策的纳税人，同时兼营邮政服务、电信服务、现代服务、生活服务的，应按照四项服务中收入占比最高的业务在《适用加计抵减政策的声明》中勾选确定所属行业。加计抵减政策具体规定及计算详见本章第五节。

第五节　税额计算

一、一般计税方法应纳税额的计算

（一）基本公式

一般纳税人适用一般计税方法计税。一般计税方法的应纳税额，是指当期销项税额抵扣当期进项税额后的余额。应纳税额的计算公式是：

应纳税额＝当期销项税额－当期进项税额

1. 销项税额

销项税额是指一般纳税人销售货物、劳务、服务、无形资产或者不动产（简称发生应税行为），按照销售额和规定的税率计算并向购买方收取的增值税税额。"向购买方收取"表明增值税是一种间接税，其税款是由购买者或消费者负担的。销项税额的计算公式是：

销项税额＝销售额×税率

（1）一般销售额的确定

确定销项税额，关键是确定销售额。依照《增值税条例》及实施细则规定：纳税人销售货物或者提供应税劳务的销售额是其向购买方收取的全部价款和价外费用，包括价款、价外费用和应征消费税的货物的消费税税金。将应征消费税的货物的消费税税金包括在销售额内，是因为消费税实行价内税，消费品价款中包括消费税的税金在内。所称价外费用是指在价外向购买方收取的手续费、补贴、基金、集资费、返还利润、奖励费、违约金、滞纳金、延期付款利息、赔偿金、代收款项、代垫款项、包装费、包装物租金、储备费、优质费、运输装卸费以及其他各种性质的价外收费。但下列项目不包括在内：

①受托加工应征消费税的消费品所代收代缴的消费税。

②同时符合以下条件的代垫运输费用：承运部门的运输费用发票开具给购买方的；纳税人将该项发票转交给购买方的。

③代为收取并符合下列规定的政府性基金或者行政事业性收费：由国务院或者财政部批准设立的政府性基金，由国务院或者省级人民政府及其财政、价格主管部门批准设立的行政事业性收费；收取时开具省级以上（含省级）财政部门监（印）制的财政票据；所收款项全额上缴财政。

④销售货物的同时代办保险等而向购买方收取的保险费，以及向购买方收取的代购买方缴纳的车辆购置税、车辆牌照费。

按照"营改增"试点规定，纳税人发生应税行为的销售额是其销售服务、无形资产和不动产取得的全部价款和价外费用，财政部和国家税务总局另有规定的除外。价外费用，是指价外收取的各种性质的收费，但不包括以下项目：第一，代为收取并符合规定的政府性基金或者行政事业性收费，条件同上③；第二，以委托方名义开具发票代委托方收取的款项。

增值税实行价外税，计税销售额中不包含收取的销项税额，对于计税销售额中包含销项税额的，应将含税的销售额还原为不含税的销售额。换算公式为：

不含税销售额=含税销售额÷（1+税率）

纳税人以人民币以外的货币结算销售额的，应当折合成人民币计算。其销售额的人民币折合率，可选择销售额发生的当天或当月1日的人民币汇率中间价。纳税人应在事先确定采用何种折合率，确定后12个月内不得变更。

（2）差额销售额的确定

①金融商品转让，按照卖出价扣除买入价后的余额为销售额。

转让金融商品出现的正负差，按盈亏相抵后的余额为销售额。若相抵后出现负差，可结转下一纳税期与下期转让金融商品销售额相抵，但年末时仍出现负差的，不得转入下一个会计年度。金融商品的买入价，可以选择按照加权平均法或者移动加权平均法进行核算，选择后36个月内不得变更。金融商品转让，不得开具增值税专用发票。

单位将其持有的限售股在解禁流通后对外转让的，按照以下规定确定买入价：一是上市公司实施股权分置改革时，在股票复牌之前形成的原非流通股股份，以及股票复牌首日至解禁日期间由上述股份孳生的送、转股，以该上市公司完成股权分置改革后股票复牌首日的开盘价为买入价。二是公司首次公开发行股票并上市形成的限售股，以及上市首日至解禁日期间由上述股份孳生的送、转股，以该上市公司股票首次公开发行（IPO）的发行价为买入价。三是因上市公司实施重大资产重组形成的限售股，以及股票复牌首日至解禁日期间由上述股份孳生的送、转股，以该上市公司因重大资产重组股票停牌前一交易日的收盘价为买入价。在重大资产重组前已经暂停上市的，以上市公司完成资产重组后股票恢复上市首日的开盘价为买入价。

自2018年1月1日起，资管产品管理人运营资管产品提供的贷款服务、发生的部分金融商品转让业务，按照以下规定确定销售额：

第一，提供贷款服务，以2018年1月1日起产生的利息及利息性质的收入为销售额；

第二，转让2017年12月31日前取得的股票（不包括限售股）、债券、基金、非货物期货，可以选择按照实际买入价计算销售额，或者以2017年最后一个交易日的股票收盘价（2017年最后一个交易日处于停牌期间的股票，为停牌前最后一个交易日收盘价）、债券估值（中债金融估值中心有限公司或中证指数有限公司提供的债券估值）、基金份额净值、非货物期货结算价格作为买入价计算销售额。

②经纪代理服务，以取得的全部价款和价外费用，扣除向委托方收取并代为支付的政府性基金或者行政事业性收费后的余额为销售额。向委托方收取的政府性基金或者行政事业性收费，不得开具增值税专用发票。

③融资租赁和融资性售后回租业务。

第一，经中国人民银行、银监会或者商务部批准从事融资租赁业务的试点纳税人，提供融资租赁服务，以取得的全部价款和价外费用，扣除支付的借款利息（包括外汇借款和人民币借款利息）、发行债券利息和车辆购置税后的余额为销售额。

第二，经人民银行、银监会或者商务部批准从事融资租赁业务的试点纳税人，提供融资性售后回租服务，以取得的全部价款和价外费用（不含本金），扣除对外支付的借款利息（包括外汇借款和人民币借款利息）、发行债券利息后的余额作为销售额。

第三，试点纳税人根据2016年4月30日前签订的有形动产融资性售后回租合同，在合同到期前提供的有形动产融资性售后回租服务，可继续按照有形动产融资租赁服务缴纳增值税。继续按照有形动产融资租赁服务缴纳增值税的试点纳税人，经人民银行、银监会或者商务部批准从事融资租赁业务的，根据2016年4月30日前签订的有形动产融资性售后回租合同，在合同到期前提供的有形动产融资性售后回租服务，可以选择以下方法之一计算销售额：

方法一：以向承租方收取的全部价款和价外费用，扣除向承租方收取的价款本金，以及对外支付的借款利息（包括外汇借款和人民币借款利息）、发行债券利息后的余额为销售额。纳税人提供有形动产融资性售后回租服务，计算当期销售额时可以扣除的价款本金，为书面合同约定的当期应当收取的本金。无书面合同或者书面合同没有约定的，为当期实际收取的本金。试点纳税人提供有形动产融资性售后回租服务，向承租方收取的有形动产价款本金，不得开具增值税专用发票，可以开具普通发票。

方法二：以向承租方收取的全部价款和价外费用，扣除支付的借款利息（包括外汇借款和人民币借款利息）、发行债券利息后的余额为销售额。

第四，经商务部授权的省级商务主管部门和国家经济技术开发区批准的从事融资租赁业务的试点纳税人，2016年5月1日后实收资本达到1.7亿元的，从达到标准的当月起按照上述第一、二、三点规定执行；2016年5月1日后实收资本未达到1.7亿元但注册资本达到1.7亿元的，在2016年7月31日前仍可按照上述第一、二、三点规定执行，2016年8月1日后开展的融资租赁业务和融资性售后回租业务不得按照上述第一、二、三点规定执行。

④航空运输企业的销售额，不包括代收的机场建设费和代售其他航空运输企业客票而代收转付的价款。

自2018年1月1日起，航空运输销售代理企业提供境外航段机票代理服务，以取得的全部价款和价外费用，扣除向客户收取并支付给其他单位或者个人的境外航段机票结算款和相关费用后的余额为销售额。其中，支付给境内单位或者个人的款项，以发票或行程单为合法有效凭证；支付给境外单位或者个人的款项，以签收单据为合法有效凭证，税务机关对签收单据有疑义的，可以要求其提供境外公证机构的确认证明。

自2018年7月25日起，航空运输销售代理企业提供境内机票代理服务，以取得的全部价款和价外费用，扣除向客户收取并支付给航空运输企业或其他航空运输销售代理企业的境内机票净结算款和相关费用后的余额为销售额。其中，支付给航空运输企业的款项，以国际航空运输协会（IATA）开账与结算计划（BSP）对账单或航空运输企业的签收单据为合法有效凭证；支付给其他航空运输销售代理企业的款项，以代理企业间的签收单据为合法有效凭证。航空运输销售代理企业就取得的全部价款和价外费用，向购买方开具行程单，或开具增值税普通发票。

航空运输销售代理企业，是指根据《航空运输销售代理资质认可办法》取得中国航空运输协会颁发的"航空运输销售代理业务资质认可证书"，接受中国航空运输企业或通航中国的外国航空运输企业委托，依照双方签订的委托销售代理合同提供代理服务的企业。

⑤一般纳税人提供客运场站服务，以其取得的全部价款和价外费用，扣除支付给承运方运费后的余额为销售额。

⑥纳税人提供旅游服务，可以选择以取得的全部价款和价外费用，扣除向旅游服务购买方收取并支付给其他单位或者个人的住宿费、餐饮费、交通费、签证费、门票费和支付给其他接团旅游企业的旅游费用后的余额为销售额。选择上述办法计算销售额的试点纳税人，向旅游服务购买方收取并支付的上述费用，不得开具增值税专用发票，可以开具普通发票。

⑦纳税人提供建筑服务适用简易计税方法的，以取得的全部价款和价外费用扣除支付的分包款后的余额为销售额。

⑧房地产开发企业中的一般纳税人销售其开发的房地产项目（选择简易计税方法的房地产老项目除外），以取得的全部价款和价外费用，扣除受让土地时向政府部门支付的土地价款后的余额为销售额。房地产老项目，是指"建筑工程施工许可证"注明的合同开工日期在2016年4月30日前的房地产项目。

⑨纳税人按照上述②~⑧规定从全部价款和价外费用中扣除的价款，应当取得符合法律、行政法规和国家税务总局规定的有效凭证。否则，不得扣除。

上述凭证是指：支付给境内单位或者个人的款项，以发票为合法有效凭证；支付给境外单位或者个人的款项，以该单位或者个人的签收单据为合法有效凭证，税务机关对签收单据有疑义的，可以要求其提供境外公证机构的确认证明；缴纳的税款，以完税凭证为合法有效凭证；扣除的政府性基金、行政事业性收费或者向政府支付的土地价款，以省级以上（含省级）财政部门监（印）制的财政票据为合法有效凭证；国家税务总局规定的其他凭证。

纳税人取得的上述凭证属于增值税扣税凭证的，其进项税额不得从销项税额中抵扣，即如果增值税扣税凭证已用于差额确定销售额时的销售额扣除凭证，则该增值税扣税凭证不得再作为进项税额的抵扣凭证。

（3）核定销售额

在确定销售额时，对于纳税人销售货物、劳务、服务、无形资产或者不动产的价格明显偏低或者偏高且不具有合理商业目的以及视同发生应税行为而无销售额的，由主管税务机关按发生同类应税行为的平均销售价格或组成计税价格确定销售额。不具有合理商业目的，是指以谋取税收利益为主要目的，通过人为安排，减少、免除、推迟缴纳增值税税款，或者增加退还增值税税款。

其顺序依次为：①按纳税人最近时期销售同类货物、劳务、服务、无形资产或者不动产平均价格确定；②按其他纳税人最近时期销售同类货物、劳务、服务、无形资产或者不动产的平均价格确定；③按组成计税价格确定。组成计税价格的公式为：

组成计税价格＝成本×（1＋成本利润率）

式中，成本：销售自产货物的，为实际生产成本；销售外购货物的，为实际采购成本。成本利润率由国家税务总局确定。成本利润率目前统一确定为10%。

其中，属于应征消费税的货物，其组成计税价格应加计消费税税额，详见第四章第三节从价定率法应税消费品的消费税税基的有关规定。

2.进项税额

进项税额是纳税人购进货物、劳务、服务、无形资产或者不动产，支付或负担的增值税税额。

进项税额的计算有账簿法和发票法两种方法。用账簿法计算的进项税额为账簿所记载的购入商品支付金额乘以税率，用发票法计算的进项税额为从销售方取得的增值税专用发票或从海关取得的完税凭证上注明的增值税税额。两种方法相比，采用发票法，不仅可以避免实行多档税率带来的核算困难，而且可以建立购货方与销货方之间的制约关系。因此，目前实行增值税的各个国家在计算增值税的进项税额时均采用了发票法。中国现行增值税在计算增值税进项税额时所采用的也是发票法。增值税扣税凭证包括：增值税专用发票、海关进口增值税专用缴款书、农产品收购发票、农产品销售发票以及完税凭证、通行费增值税电子普通发票、旅客运输增值税电子普通发票、注明旅客身份信息的铁路车票、公路和水路等客票。

（1）准予抵扣的进项税额范围

纳税人购进货物、加工修理修配劳务、服务、无形资产或者不动产支付或者负担的下列进项税额准予从销项税额中抵扣：

①从销售方或者提供方取得的增值税专用发票（含税控机动车销售统一发票，下同）上注明的增值税税额。

第一，自2016年5月1日起，对增值税一般纳税人取得的不动产以及发生的不动产在建工程实行分两年抵扣政策。自2019年4月1日起，纳税人取得不动产或者不动产在建工程的进项税额在取得进项税额的当期一次性抵扣，不再分两年抵扣，此前按照分期抵扣规定尚未抵扣完毕的待抵扣进项税额，可自2019年4月税款所属期起从销项税额中抵扣。纳税人将待抵扣的不动产进项税额转入抵扣时，需要一次性全部转入。

第二，自2018年1月1日起，纳税人租入固定资产、不动产，既用于一般计税方法计税项目，又用于简易计税方法计税项目、免征增值税项目、集体福利或者个人消费的，其进项税额准予从销项税额中全额抵扣。

②从海关取得的海关进口增值税专用缴款书上注明的增值税税额。

③依据普通发票注明金额按规定计算进项税额，准予从销项税额中抵扣。

第一，对购入免税农产品，由于免税而不能取得增值税专用发票、海关进口增值税专用缴款书，为消除重复征税、平衡税收负担，允许按购入额、支付额和规定的扣除率计算进项税额。

根据《增值税条例》第8条规定，购进农产品，除取得增值税专用发票或者海关进口增值税专用缴款书外，按照农产品收购发票或者销售发票上注明的农产品买价和规定的扣除率计算的进项税额，准予从当期销项税额中抵扣。

自2019年4月1日起，纳税人购进农产品，原适用10%扣除率的，调整为9%。纳税人购进用于生产销售或委托加工13%税率货物的农产品，按照10%的扣除率计算进项税额。

纳税人购进农产品，取得一般纳税人开具的增值税专用发票或海关进口增值税专用缴款书的，以增值税专用发票或海关进口增值税专用缴款书上注明的增值税税额为进项税；从按照简易计税方法依照3%征收率计算缴纳增值税的小规模纳税人取得增值税专用发票的，以增值税专用发票上注明的金额和9%的扣除率计算进项税额；取得（开具）农产品销售发票或收购发票的，以农产品销售发票或收购发票上注明的农产品买价和9%的扣除率计算进项税额。其进项税额计算公式为：

进项税额 = 买价 × 9%

免税农产品，是指直接从事植物的种植、收割和动物的饲养、捕捞的单位和个人销售的自产农业产品。购买免税农产品的买价，包括纳税人购进农产品在农产品收购发票或者销售发票上注明的价款和按规定缴纳的烟叶税。

纳税人购进用于生产销售或委托受托加工13%税率货物的农产品维持原扣除力度不变，加计扣除农产品进项税额。具体规定：纳税人在购进农业生产者自产农产品或者从小规模纳税人处购进农产品的当期，凭取得（开具）的农产品销售发票、收购发票和增值税专用发票按照9%扣除率计算当期可抵扣的进项税额。纳税人将购买的农产品（包括购买时取得增值税专用发票、海关进口增值税专用缴款书、农产品收购发票或者销售发票等情形）用于生产销售或委托受托加工13%税率货物，于生产领用当期按简并税率前的扣除率与9%之间的差额计算当期可加计扣除的农产品进项税额。计算公式为：

加计扣除农产品进项税额 = 当期生产领用农产品已按9%税率（扣除率）抵扣税额 ÷ 9% × （10%－9%）

第二，自2018年1月1日起，纳税人支付的道路、桥、闸通行费，按照以下规定抵扣进项税额：

纳税人支付的道路通行费，按照收费公路通行费增值税电子普通发票上注明的增值税税额抵扣进项税额。

纳税人支付的桥、闸通行费，暂凭取得的通行费发票上注明的收费金额按照下列公式计算可抵扣的进项税额：

桥、闸通行费可抵扣进项税额=桥、闸通行费发票上注明的金额÷（1+5%）×5%

通行费，是指有关单位依法或者依规设立并收取的过路、过桥和过闸费用。

第三，自2019年4月1日起纳税人购进国内旅客运输服务，其进项税额允许从销项税额中抵扣。纳税人未取得增值税专用发票的，暂按照以下规定确定进项税额：

取得增值税电子普通发票的，为发票上注明的税额。

取得注明旅客身份信息的航空运输电子客票行程单的，为按照下列公式计算的进项税额：

航空旅客运输进项税额=（票价+燃油附加费）÷（1+9%）×9%

取得注明旅客身份信息的铁路车票的，为按照下列公式计算的进项税额：

铁路旅客运输进项税额=票面金额÷（1+9%）×9%

取得注明旅客身份信息的公路、水路等其他客票的，为按照下列公式计算的进项税额：

公路、水路等其他旅客运输进项税额=票面金额÷（1+3%）×3%

④从境外单位或者个人购进服务、无形资产或者不动产，自税务机关或者扣缴义务人取得的解缴税款的完税凭证上注明的增值税税额。

上述可以抵扣的进项税额应取得合法有效的增值税扣税凭证。

（2）不得抵扣的进项税额

下列项目的进项税额不得从销项税额中抵扣：

①用于简易计税方法计税项目、免征增值税项目、集体福利或者个人消费的购进货物、劳务、服务、无形资产和不动产。其中涉及的固定资产、无形资产、不动产，仅指专用于上述项目的固定资产、无形资产（不包括其他权益性无形资产）、不动产。不动产、无形资产的具体范围，按照《销售服务、无形资产或者不动产注释》执行。固定资产，是指使用期限超过12个月的机器、机械、运输工具以及其他与生产经营有关的设备、工具、器具等有形动产。纳税人的交际应酬消费属于个人消费。

②非正常损失的购进货物，以及相关的劳务和交通运输服务。

③非正常损失的在产品、产成品所耗用的购进货物（不包括固定资产）、劳务和交通运输服务。

④非正常损失的不动产，以及该不动产所耗用的购进货物、设计服务和建筑服务。

⑤非正常损失的不动产在建工程所耗用的购进货物、设计服务和建筑服务。纳税人新建、改建、扩建、修缮、装饰不动产，均属于不动产在建工程。

⑥购进的贷款服务、餐饮服务、居民日常服务和娱乐服务。

⑦纳税人接受贷款服务向贷款方支付的与该笔贷款直接相关的投融资顾问费、

手续费、咨询费等费用，其进项税额不得从销项税额中抵扣。

⑧财政部和国家税务总局规定的其他情形。

上述第④、⑤项所称货物，是指构成不动产实体的材料和设备，包括建筑装饰材料和给排水、采暖、卫生、通风、照明、通信、煤气、消防、中央空调、电梯、电气、智能化楼宇设备及配套设施。

非正常损失，是指因管理不善造成货物被盗、丢失、霉烂变质，以及因违反法律法规造成货物或者不动产被依法没收、销毁、拆除的情形。

纳税人购进货物、劳务、服务、无形资产和不动产，取得的增值税扣税凭证不符合法律、行政法规或者国务院税务主管部门有关规定的，其进项税额不得从销项税额中抵扣。纳税人凭完税凭证抵扣进项税额的，应当具备书面合同、付款证明和境外单位的对账单或者发票。资料不全的，其进项税额不得从销项税额中抵扣。

有下列情形之一者，应当按照销售额和增值税税率计算应纳税额，不得抵扣进项税额，也不得使用增值税专用发票：一般纳税人会计核算不健全，或者不能够提供准确税务资料的；应当办理一般纳税人资格登记而未办理的。

适用一般计税方法的纳税人，兼营简易计税方法计税项目、免征增值税项目而无法划分不得抵扣的进项税额的，按下列公式计算不得抵扣的进项税额：

$$\begin{array}{l}\text{不得抵扣的}\\ \text{进项税额}\end{array} = \begin{array}{l}\text{当期无法划分的}\\ \text{全部进项税额}\end{array} \times \left(\begin{array}{l}\text{当期简易计税方法}\\ \text{计税项目销售额}\end{array} + \begin{array}{l}\text{免征增值税}\\ \text{项目销售额}\end{array} \right) \div \begin{array}{l}\text{当期全部}\\ \text{销售额}\end{array}$$

主管税务机关可以按照上述公式依据年度数据对不得抵扣的进项税额进行清算。

纳税人已抵扣进项税额的固定资产、无形资产或者不动产，发生上述不得抵扣规定情形的，按下列公式计算不得抵扣的进项税额：

$$\text{不得抵扣的进项税额} = \text{固定资产、无形资产或者不动产净值} \times \text{适用税率}$$

所称固定资产、无形资产或者不动产净值，是指纳税人按照财务会计制度计提折旧或摊销后的余额。

（3）进项税额的转出与转入

①已抵扣进项税额的购进货物（不含固定资产）、劳务、服务，发生上述不得抵扣规定情形（简易计税方法计税项目、免征增值税项目除外）的，应当将该进项税额从当期进项税额中扣减；无法确定该进项税额的，按照当期实际成本计算应扣减的进项税额。

由于当期购进的货物（不含固定资产）、劳务、服务事先并未决定将用于上述不得抵扣的进项税额所列的项目，其进项税额已在购进当期予以抵扣。因此，在发生用途改变时，应当从发生的当期进项税额中扣减。

所称从当期发生的进项税额中扣减，是指已抵扣进项税额的购进货物（不含固定资产）、劳务、服务是在哪一个时期发生的，就应当从这个发生期内纳税人的进项税额中扣减，而无须追溯到这些购进货物（不含固定资产）、劳务、服务抵扣进项税额的那个时期。

②自2019年4月1日起，已抵扣进项税额的不动产，发生非正常损失，或者改变用途，专用于简易计税方法计税项目、免征增值税项目、集体福利或者个人消费的，按照下列公式计算不得抵扣的进项税额：

不得抵扣的进项税额=已抵扣进项税额×不动产净值率

不动产净值率=（不动产净值÷不动产原值）×100%

③按照《增值税暂行条例》和"营改增"试点有关规定不得抵扣且未抵扣进项税额的固定资产、无形资产、不动产，发生用途改变，用于允许抵扣进项税额的应税项目，可在用途改变的次月按照下列公式，依据合法有效的增值税扣税凭证，计算可以抵扣的进项税额：

可以抵扣的进项税额=固定资产、无形资产、不动产净值÷（1+适用税率）×适用税率

④按照规定不得抵扣进项税额的不动产，发生用途改变，用于允许抵扣进项税额项目的，按照下列公式在改变用途的次月计算可抵扣进项税额。

可抵扣进项税额=增值税扣税凭证注明或计算的进项税额×不动产净值率

（4）准予抵扣进项税额的时限

①自2017年7月1日起，增值税一般纳税人取得的2017年7月1日及以后开具的增值税专用发票和机动车销售统一发票，应自开具之日起360日内认证或登录增值税发票选择确认平台进行确认，并在规定的纳税申报期内，向主管税务机关申报抵扣进项税额。未在规定期限内到税务机关办理认证、申报抵扣或者申请稽核比对的，不得作为合法的增值税扣税凭证，不得计算进项税额抵扣。为简化办税流程，减轻纳税人和基层税务机关负担，对纳税信用A级（自2016年3月1日起）、B级（自2016年5月1日起）、C级（自2016年12月1日起）、M级①（自2018年4月1日起）增值税一般纳税人取得销售方使用增值税发票系统升级版开具的增值税发票（包括增值税专用发票、机动车销售统一发票），可以不再进行扫描认证，通过增值税发票税控开票软件登录增值税发票查询平台，查询、选择用于申报抵扣或者出口退税的增值税发票信息。纳税人确认当月用于抵扣税款或者出口退税的增值税发票信息的最后时限为次月纳税申报期结束前2日。未查询到对应发票信息的，仍可进行扫描认证。

②增值税一般纳税人取得的2017年7月1日及以后开具的海关进口增值税专用缴款书，应自开具之日起360日内向主管税务机关报送海关完税凭证抵扣清单，申请稽核比对。逾期未申请的，其进项税额不予抵扣。

---

① 根据《国家税务总局关于纳税信用评价有关事项的公告》（国家税务总局公告2018年第8号）规定：2018年4月1日起，增设M级纳税信用级别，纳税信用级别由A、B、C、D四级变更为A、B、M、C、D五级。M级纳税信用适用未发生《信用管理办法》第20条所列失信行为的新设立企业和评价年度内无生产经营业务收入且年度评价指标得分70分以上的企业。

增值税一般纳税人进口货物时应准确填报企业名称，确保海关缴款书上的企业名称与税务登记的企业名称一致。税务机关将进口货物取得的属于增值税抵扣范围的海关缴款书信息与海关采集的缴款信息进行稽核比对。经稽核比对相符后，海关缴款书上注明的增值税税额可作为进项税额在销项税额中抵扣。稽核比对不相符，所列税额暂不得抵扣，待核查确认海关缴款书票面信息与纳税人实际进口业务一致后，海关缴款书上注明的增值税税额可作为进项税额在销项税额中抵扣。

③自2020年3月1日起，增值税一般纳税人取得2017年1月1日及以后开具的增值税专用发票、海关进口增值税专用缴款书、机动车销售统一发票、收费公路通行费增值税电子普通发票，取消认证确认、稽核比对、申报抵扣的期限。纳税人在进行增值税纳税申报时，应当通过本省（自治区、直辖市和计划单列市）增值税发票综合服务平台对上述扣税凭证信息进行用途确认。

增值税一般纳税人取得2016年12月31日及以前开具的增值税专用发票、海关进口增值税专用缴款书、机动车销售统一发票，超过认证确认、稽核比对、申报抵扣期限，但符合规定条件的，仍可按照《国家税务总局关于逾期增值税扣税凭证抵扣问题的公告》（2011年第50号，国家税务总局公告2017年第36号、2018年第31号修改）、《国家税务总局关于未按期申报抵扣增值税扣税凭证有关问题的公告》（2011年第78号，国家税务总局公告2018年第31号修改）规定，继续抵扣进项税额。

（5）销售折让、中止或者退回的税务处理

纳税人适用一般计税方法计税的，因销售折让、中止或者退回而退还给购买方的增值税税额，应当从当期的销项税额中扣减；因销售折让、中止或者退回而收回的增值税税额，应当从当期的进项税额中扣减。

一般纳税人销售货物或者应税劳务，开具增值税专用发票后，发生销售货物退回或者折让、开票有误等情形，应按国家税务总局的规定开具红字增值税专用发票。未按规定开具红字增值税专用发票的，增值税税额不得从销项税额中扣减。

知识拓展3-10

深化增值税改革即问即答

（二）例题

【例3-1】某机械制造厂（一般纳税人，增值税纳税期限为1个月）2022年9月有关业务资料如下：

（1）购进生产用钢材一批，取得增值税专用发票，发票上注明的价款、税款分别为200 000元、26 000元；支付运费4 000元，取得增值税专用发票，发票上注明的增值税税额360元。该批钢材已运抵企业，款项已转账付讫。

（2）购进生产经营用低值易耗品（工器具）一批，取得增值税专用发票，发票上注明的价款、税款分别为50 000元、6 500元。工器具已验收入库并部分地投入使用，款项已转账付讫。

（3）购进小轿车1辆供厂部管理部门使用，取得的税控机动车销售统一发票上注明的价款、税款分别为180 000元、23 400元；取得的保险公司开具的增值税专用发票上注明的价款、税款分别为5 000元、300元。

（4）购进办公用消耗性材料一批，取得增值税专用发票，发票上注明的价款、税款分别为1 000元、130元。该批办公用材料直接交付办公科室使用，货款已付讫。

（5）生产用设备发生故障，交付某厂修理。支付修理费时取得增值税专用发票，发票上注明的修理费、税款分别为8 000元、1 040元。

（6）支付水费，取得自来水公司开具的增值税专用发票，发票中注明的价款、税款分别为20 000元、600元；支付电费，取得供电部门开具的增值税专用发票，发票中注明的价款、税款分别为25 000元、3 250元。上述水电均为生产、经营管理耗用。

（7）支付生产、经营管理用车油料费，取得增值税专用发票，发票中注明的价款、税款分别为30 000元、3 900元。

（8）该厂营销人员张某、王某到广州参加机械产品展销会，取得航空运输电子客票行程单注明的票价5 450元、民航发展基金100元、燃油附加费0；取得注明张某、王某旅客信息的高铁票，铁路车票注明票价金额合计为1 635元；取得广州某酒店开具的"住宿费"增值税专用发票注明的价款、税款分别为2 500元、150元。

（9）扩建职工食堂领用上月购进的生产用钢材一批，实际成本50 000元；该批钢材在购进时已取得增值税专用发票并在当期申报抵扣。

（10）销售自制货物，向购买方开具增值税专用发票上列明的销售额（不含税）为1 560 000元；结算时给予购买方5%的销售折扣。

（11）销售设备配件，开具增值税普通发票，价税合计为67 800元，款项已收讫。

（12）其他资料：该厂上月无留抵税额；本例涉及的增值税专用发票已纳入防伪税控系统，在本申报期均通过主管税务机关认证或已登录发票查询平台查询并确认。

要求：根据上述资料，回答下列问题：

（1）该厂本月实现的销项税额是多少？

（2）该厂本月可申报抵扣的进项税额是多少？

（3）该厂本月应纳的增值税税额是多少？

解：

（1）计算本月实现的销项税额：

销项税额=1 560 000×13%+67 800÷（1+13%）×13%=210 600（元）

（2）计算本月可申报抵扣的进项税额：

进项税额=26 000+360+6 500+23 400+300+130+1 040+600+3 250+3 900+5 450÷（1+9%）×

9%+1 635÷（1+9%）×9%+150－50 000×13%

=59 715（元）

（3）计算本月应纳的增值税税额：

该厂本月应纳的增值税税额=210 600－59 715=150 885（元）

（三）一般纳税人留抵税额退税与加计抵减税额的计算

1.留抵税额退税的计算

（1）增值税期末留抵税额退税额的计算

除小微企业、制造业等行业企业纳税人外，其他符合条件的纳税人当期允许退还的增量留抵税额，按照以下公式计算：

允许退还的增量留抵税额=增量留抵税额×进项构成比例×60%

自2021年4月1日起，同时符合条件的先进制造业纳税人，可以自2021年5月及以后纳税申报期向主管税务机关申请退还增量留抵税额。先进制造业纳税人当期允许退还的增量留抵税额，按照以下公式计算：

允许退还的增量留抵税额=增量留抵税额×进项构成比例×100%

自2022年4月1日起，加大小微企业、制造业等行业增值税期末留抵退税政策力度，将先进制造业按月全额退还增值税增量留抵税额政策范围扩大至符合条件的小微企业（含个体工商户，下同）和制造业等行业企业（含个体工商户，下同），并一次性退还小微企业和制造业等行业企业存量留抵税额。

自2022年7月1日起，将制造业等行业按月全额退还增值税增量留抵税额、一次性退还存量留抵税额的政策范围扩大至"批发和零售业"、"农、林、牧、渔业"、"住宿和餐饮业"、"居民服务、修理和其他服务业"、"教育"、"卫生和社会工作"和"文化、体育和娱乐业"企业（含个体工商户）。

适用上述政策的纳税人，按照以下公式计算允许退还的留抵税额：

允许退还的增量留抵税额=增量留抵税额×进项构成比例×100%

允许退还的存量留抵税额=存量留抵税额×进项构成比例×100%

进项构成比例，为2019年4月至申请退税前一税款所属期内已抵扣的增值税专用发票（含带有"增值税专用发票"字样全面数字化的电子发票、税控机动车销售统一发票）、收费公路通行费增值税电子普通发票、海关进口增值税专用缴款书、解缴税款完税凭证注明的增值税税额占同期全部已抵扣进项税额的比重。

（2）与其他增值税政策的衔接与管理

纳税人出口货物劳务、发生跨境应税行为，适用免抵退税办法的，应先办理免抵退税。免抵退税办理完毕后，仍符合规定条件的，可以申请退还留抵税额；适用免退税办法的，相关进项税额不得用于退还留抵税额。

　　纳税人自 2019 年 4 月 1 日起已取得留抵退税款的，不得再申请享受增值税即征即退、先征后返（退）政策。纳税人可以在 2022 年 10 月 31 日前一次性将已取得的留抵退税款全部缴回后，按规定申请享受增值税即征即退、先征后返（退）政策。

　　纳税人自 2019 年 4 月 1 日起已享受增值税即征即退、先征后返（退）政策的，可以在 2022 年 10 月 31 日前一次性将已退还的增值税即征即退、先征后返（退）税款全部缴回后，按规定申请退还留抵税额。

　　纳税人可以选择向主管税务机关申请留抵退税，也可以选择结转下期继续抵扣。纳税人应在纳税申报期内，完成当期增值税纳税申报后申请留抵退税。2022 年 4 月至 6 月的留抵退税申请时间，延长至每月最后一个工作日。

　　纳税人可以在规定期限内同时申请增量留抵退税和存量留抵退税。同时符合小微企业、制造业、批发零售业等行业增值税期末留抵退税政策的纳税人，可任意选择申请适用上述留抵退税政策。

　　纳税人取得退还的留抵税额后，应相应调减当期留抵税额。

　　如果发现纳税人存在留抵退税政策适用有误的情形，纳税人应在下个纳税申报期结束前缴回相关留抵退税款。

　　以虚增进项、虚假申报或其他欺骗手段，骗取留抵退税款的，由税务机关追缴其骗取的退税款，并按照《中华人民共和国税收征收管理法》等有关规定处理。

　　2.加计抵减额的计算

　　（1）加计抵减政策具体规定如下：

　　2019 年 3 月 31 日前设立的纳税人，自 2018 年 4 月至 2019 年 3 月期间的销售额（经营期不满 12 个月的，按照实际经营期的销售额）符合上述规定条件的，自 2019 年 4 月 1 日起适用加计抵减政策。

　　2019 年 4 月 1 日后设立的纳税人，自设立之日起 3 个月的销售额符合上述规定条件的，自登记为一般纳税人之日起适用加计抵减政策。

　　纳税人确定适用加计抵减政策后，当年内不再调整，以后年度是否适用，根据上年度销售额计算确定。

　　纳税人可计提但未计提的加计抵减额，可在确定适用加计抵减政策当期一并计提。

　　（2）加计抵减额的计算

　　①纳税人应按照当期可抵扣进项税额的 10%（生活性服务业纳税人为 15%）计提当期加计抵减额。按照现行规定不得从销项税额中抵扣的进项税额，不得计提加计抵减额；已计提加计抵减额的进项税额，按规定作进项税额转出的，应在进项税额转出当期，相应调减加计抵减额。按下列公式计算：

　　当期计提加计抵减额＝当期可抵扣进项税额×10%（或15%）

　　当期可抵减加计抵减额＝上期末加计抵减额余额＋当期计提加计抵减额－当期调减加计抵减额

②纳税人应按照现行规定计算一般计税方法下的应纳税额（简称抵减前的应纳税额）后，区分以下情形加计抵减：

一是抵减前的应纳税额等于零的，当期可抵减加计抵减额全部结转下期抵减；

二是抵减前的应纳税额大于零，且大于当期可抵减加计抵减额的，当期可抵减加计抵减额全额从抵减前的应纳税额中抵减；

三是抵减前的应纳税额大于零，且小于或等于当期可抵减加计抵减额的，以当期可抵减加计抵减额抵减应纳税额至零。未抵减完的当期可抵减加计抵减额，结转下期继续抵减。

③纳税人出口货物劳务、发生跨境应税行为不适用加计抵减政策，其对应的进项税额不得计提加计抵减额。

纳税人兼营出口货物劳务、发生跨境应税行为且无法划分不得计提加计抵减额的进项税额，按照下列公式计算：

$$\text{不得计提加计抵减额的进项税额} = \text{当期无法划分的全部进项税额} \times \frac{\text{当期出口货物劳务和发生跨境应税行为的销售额}}{\text{当期全部销售额}}$$

（3）加计抵减额的后续操作与管理

①纳税人应单独核算加计抵减额的计提、抵减、调减、结余等变动情况。骗取适用加计抵减政策或虚增加计抵减额的，按照《税收征收管理法》等有关规定处理。

②加计抵减政策属于阶段性税收优惠，该政策执行到期后，纳税人不再计提加计抵减额，结余的加计抵减额停止抵减。

二、简易计税方法应纳税额的计算

（一）基本公式

简易计税方法计税适用于小规模纳税人和一般纳税人销售某些特殊货物或发生应税行为选择按简易计税方法征税的情形。

基本计算公式为：

应纳税额＝销售额×征收率

（二）例题

【例3-2】某摩托车修配厂（小规模纳税人），2022年第一季度取得维修收入494 900元，计算该厂本期应纳的增值税。

解：

（1）不含税销售额=494 900÷（1+1%）=490 000（元）

（2）本期应纳增值税税额=490 000×1%=4 900（元）

三、进口货物应纳税额的计算

详见第十七章第一节。

四、几种特殊情形应纳税额的计算

（一）销售自己使用过的物品和旧货应纳税额的计算

1.一般纳税人销售自己使用过的物品和旧货应纳税额的计算

（1）销售自己使用过的物品，按照适用税率征收增值税的，按下列公式确定销售额和应纳税额：

销售额=含税销售额÷（1+13%）

应纳税额=销售额×13%

（2）销售自己使用过的物品和旧货，适用按简易计税方法依照3%征收率减按2%征收增值税政策的，按下列公式确定销售额和应纳税额：

销售额=含税销售额÷（1+3%）

应纳税额=销售额×2%

一般纳税人销售自己使用过的固定资产，选择放弃减按2%征收增值税政策的：

应纳税额=销售额×3%

2.小规模纳税人销售自己使用过的物品和旧货应纳税额的计算

小规模纳税人销售自己使用过的固定资产和旧货，按下列公式确定销售额和应纳税额：

销售额=含税销售额÷（1+3%）

应纳税额=销售额×2%

3.纳税人销售二手车应纳税额的计算

自2020年5月1日至2023年12月31日，从事二手车经销业务的纳税人销售其收购的二手车，按下列公式计算销售额和应纳税额：

销售额=含税销售额÷（1+0.5%）

应纳税额=销售额×0.5%

（二）转让不动产应纳税额计算

1.一般纳税人转让不动产应纳税额计算

（1）一般纳税人转让其2016年4月30日前取得（不含自建）的不动产，可以选择适用简易计税方法计税，或选择适用一般计税方法计税。无论选择何种计税方法，均以取得的全部价款和价外费用扣除不动产购置原价或者取得不动产时的作价后的余额，按照5%的预征率向不动产所在地主管税务机关预缴税款，向机构所在地主管税务机关申报纳税。

向不动产所在地主管税务机关预缴税款时，计算公式为：

$$应预缴税款 = \left(\begin{array}{c} 全部价款和 \\ 价外费用 \end{array} - \begin{array}{c} 不动产购置原价 \\ 或者取得不动产时的作价 \end{array} \right) \div (1 + 5\%) \times 5\%$$

向机构所在地主管税务机关申报纳税时，计算公式为：

①选择适用简易计税方法计税的：

$$应纳税额 = \left(\begin{array}{c} 全部价款和 \\ 价外费用 \end{array} - \begin{array}{c} 不动产购置原价 \\ 或者取得不动产时的作价 \end{array} \right) \div (1 + 5\%) \times 5\% - \begin{array}{c} 已预缴 \\ 税款 \end{array}$$

②选择适用一般计税方法计税的：

应纳税额＝全部价款和价外费用÷（1+9%）×9%-进项税额-已预缴税款

（2）一般纳税人转让其2016年5月1日后取得（不含自建）的不动产，适用一般计税方法，以取得的全部价款和价外费用为销售额计算应纳税额。纳税人应以取得的全部价款和价外费用扣除不动产购置原价或者取得不动产时的作价后的余额，按照5%的预征率向不动产所在地主管税务机关预缴税款，向机构所在地主管税务机关申报纳税。

向不动产所在地主管税务机关预缴税款时，计算公式为：

$$应预缴税款 = \left(\begin{array}{c} 全部价款 \\ 和价外费用 \end{array} - \begin{array}{c} 不动产购置原价 \\ 或者取得不动产时的作价 \end{array} \right) \div (1 + 5\%) \times 5\%$$

向机构所在地主管税务机关申报纳税时，计算公式为：

应纳税额＝全部价款和价外费用÷（1+9%）×9%-进项税额-已预缴税款

（3）一般纳税人转让其2016年4月30日前自建的不动产，可以选择适用简易计税方法计税，或选择适用一般计税方法计税。无论选择何种计税方法，均以取得的全部价款和价外费用为销售额，按照5%的预征率向不动产所在地主管税务机关预缴税款，向机构所在地主管税务机关申报纳税。

向不动产所在地主管税务机关预缴税款时，计算公式为：

应预缴税款＝全部价款和价外费用÷（1+5%）×5%

向机构所在地主管税务机关申报纳税时，计算公式为：

①选择适用简易计税方法计税的：

应纳税额＝全部价款和价外费用÷（1+5%）×5%-已预缴税款

②选择适用一般计税方法计税的：

应纳税额＝全部价款和价外费用÷（1+9%）×9%-进项税额-已预缴税款

【例3-3】A市某增值税一般纳税人，2022年8月30日转让其位于B市2013年自建的厂房一间，取得转让收入2 100万元。2013年厂房自建的建造成本为1 300万元。该纳税人选择按简易计税方法计税，应如何计算应纳税额并申报纳税？

解：

①向不动产所在地B市主管税务机关预缴税款：

应预缴税款=2 100÷（1+5%）×5%=100（万元）

②回机构所在地向 A 市主管税务机关申报纳税：

应纳税额=2 100÷（1+5%）×5%-100=0

可以看出，纳税人选择简易计税方法后，向不动产所在地主管税务机关预缴的税款，与回机构所在地计算申报的应纳税额是一致的。

（4）一般纳税人转让其 2016 年 5 月 1 日后自建的不动产，适用一般计税方法，以取得的全部价款和价外费用为销售额计算应纳税额。纳税人应以取得的全部价款和价外费用，按照 5% 的预征率向不动产所在地主管税务机关预缴税款，向机构所在地主管税务机关申报纳税。

向不动产所在地主管税务机关预缴税款时，计算公式为：

应预缴税款=全部价款和价外费用÷（1+5%）×5%。

向机构所在地主管税务机关申报纳税时，计算公式为：

应纳税额=全部价款和价外费用÷（1+9%）×9%-进项税额-已预缴税款

2.小规模纳税人转让不动产应纳税额计算

（1）其他个人以外的纳税人转让不动产应纳税额计算

小规模纳税人转让其取得的不动产（房地产开发企业销售自行开发的房地产项目除外），除个人转让其购买的住房外，按照以下规定缴纳增值税：转让其取得（不含自建）的不动产，以取得的全部价款和价外费用扣除不动产购置原价或者取得不动产时的作价后的余额为销售额，按照 5% 的征收率计算应纳税额；转让其自建的不动产，以取得的全部价款和价外费用为销售额，按照 5% 的征收率计算应纳税额。

其他个人以外的纳税人转让其取得的不动产，区分以下情形计算应向不动产所在地主管税务机关预缴的税款：

以转让不动产取得的全部价款和价外费用作为预缴税款计算依据的，计算公式为：

应预缴税款=全部价款和价外费用÷（1+5%）×5%

以转让不动产取得的全部价款和价外费用扣除不动产购置原价或者取得不动产时的作价后的余额作为预缴税款计算依据的，计算公式为：

$$应预缴税款 = \left(\begin{array}{c}全部价款\\和价外费用\end{array} - \begin{array}{c}不动产购置原价\\或者取得不动产时的作价\end{array}\right) \div (1 + 5\%) \times 5\%$$

向不动产所在地主管税务机关预缴税款后，除其他个人之外的小规模纳税人应向机构所在地主管税务机关申报纳税。

转让非自建不动产的，计算公式为：

$$应纳税额 = \left(\begin{array}{c}全部价款\\和价外费用\end{array} - \begin{array}{c}不动产购置原价\\或者取得不动产时的作价\end{array}\right) \div (1 + 5\%) \times 5\% - 已预缴税款$$

转让自建不动产的，计算公式为：

应纳税额=全部价款和价外费用÷（1+5%）×5%-已预缴税款

（2）个人转让其购买的住房应纳税额计算

个人转让其购买的住房，向不动产所在地主管税务机关申报纳税。计算公式分别为：

按照有关规定差额缴纳增值税的：

$$应纳税额=\left(\begin{array}{c}全部价款\\和价外费用\end{array}-\begin{array}{c}不动产购置原价\\或者取得不动产时的作价\end{array}\right)÷(1+5\%)×5\%$$

按照有关规定全额缴纳增值税的：

应纳税额=全部价款和价外费用÷（1+5%）×5%

（三）房地产开发企业销售自行开发房地产项目应纳税额计算

1.一般纳税人销售自行开发房地产项目应纳税额计算

（1）预缴税款计算

一般纳税人采取预收款方式销售自行开发的房地产项目，应在收到预收款时按照3%的预征率预缴增值税。在取得预收款的次月纳税申报期向主管税务机关预缴税款。

应预缴税款按照以下公式计算：

应预缴税款=预收款÷（1+适用税率或征收率）×3%

适用一般计税方法计税的，按照9%的适用税率计算；适用简易计税方法计税的，按照5%的征收率计算。

（2）申报应纳税额计算

①房地产开发企业中的一般纳税人（简称一般纳税人）销售自行开发的房地产项目，适用一般计税方法计税，按照取得的全部价款和价外费用，扣除当期销售房地产项目对应的土地价款后的余额计算销售额。销售额的计算公式如下：

销售额=（全部价款和价外费用-当期允许扣除的土地价款）÷（1+9%）

当期允许扣除的土地价款按照以下公式计算：

$$当期允许扣除的土地价款=\left(\frac{当期销售房地产项目建筑面积}{房地产项目可供销售建筑面积}\right)×支付的土地价款$$

当期销售房地产项目建筑面积，是指当期进行纳税申报的增值税销售额对应的建筑面积。房地产项目可供销售建筑面积，是指房地产项目可以出售的总建筑面积，不包括销售房地产项目时未单独作价结算的配套公共设施的建筑面积。支付的土地价款，是指向政府、土地管理部门或受政府委托收取土地价款的单位直接支付的土地价款。在计算销售额时从全部价款和价外费用中扣除土地价款，应当取得省级以上（含省级）财政部门监（印）制的财政票据。

一般纳税人销售自行开发的房地产项目，兼有一般计税方法计税、简易计税方法计税、免征增值税的房地产项目而无法划分不得抵扣的进项税额的，应以"建筑工程施工许可证"注明的"建设规模"为依据进行划分。

$$\begin{array}{l}\text{不得抵扣的}\\\text{进项税额}\end{array}=\begin{array}{l}\text{当期无法划分的}\\\text{全部进项税额}\end{array}\times\left(\begin{array}{l}\text{简易计税、免税}\\\text{房地产项目建设规模}\end{array}\div\begin{array}{l}\text{房地产项目}\\\text{总建设规模}\end{array}\right)$$

申报纳税计算公式如下：

$$\begin{array}{l}\text{应纳}\\\text{税额}\end{array}=\left(\begin{array}{l}\text{全部价款}\\\text{和价外费用}\end{array}-\begin{array}{l}\text{当期允许扣除的}\\\text{土地价款}\end{array}\right)\div(1+9\%)\times9\%-\left(\begin{array}{l}\text{进项}\\\text{税额}\end{array}-\begin{array}{l}\text{不得抵扣的}\\\text{进项税额}\end{array}\right)-\begin{array}{l}\text{已预缴}\\\text{税款}\end{array}$$

一般纳税人销售自行开发的房地产项目适用一般计税方法计税的，按照《试点实施办法》第45条规定的纳税义务发生时间，以当期销售额和9%的适用税率计算当期应纳税额，抵减已预缴税款后，向主管税务机关申报纳税。未抵减完的预缴税款可以结转下期继续抵减。

②一般纳税人销售自行开发的房地产老项目，可以选择适用简易计税方法按照5%的征收率计税。计算公式如下：

应纳税额=全部价款和价外费用÷（1+5%）×5%-已预缴税款

2.小规模纳税人销售自行开发房地产项目应纳税额计算

（1）预缴税款计算

房地产开发企业中的小规模纳税人采取预收款方式销售自行开发的房地产项目，应在收到预收款时按照3%的预征率预缴增值税。在取得预收款的次月纳税申报期或主管税务机关核定的纳税期限向主管税务机关预缴税款。

应预缴税款按照以下公式计算：

应预缴税款=预收款÷（1+5%）×3%

（2）申报应纳税额计算

小规模纳税人销售自行开发的房地产项目，应按照《试点实施办法》规定的纳税义务发生时间，以当期销售额和5%的征收率计算当期应纳税额，抵减已预缴税款后，向主管税务机关申报纳税。未抵减完的预缴税款可以结转下期继续抵减。

申报纳税计算公式如下：

应纳税额=含税销售额÷（1+5%）×5%-已预缴税款

（四）提供不动产经营租赁服务应纳税额计算

1.一般纳税人提供不动产经营租赁服务应纳税额计算

一般纳税人出租不动产所在地与机构所在地不在同一县（市、区）的，应向不动产所在地主管税务机关预缴税款，向机构所在地主管税务机关申报纳税。

（1）预缴税款计算

一般纳税人出租其2016年4月30日前取得的不动产，可以选择适用简易计税方法，按照5%的征收率计算应纳税额；也可选择适用一般计税方法计税。出租其

2016年5月1日后取得的不动产，适用一般计税方法计税。

适用简易计税方法计税的，按照以下公式计算应预缴税款：

应预缴税款=含税销售额÷（1+5%）×5%

适用一般计税方法计税的，按照以下公式计算应预缴税款：

应预缴税款=含税销售额÷（1+9%）×3%

（2）应纳税额计算

①出租不动产所在地与机构所在地不在同一县（市、区）的，向机构所在地主管税务机关申报纳税，计算公式如下：

适用简易计税方法计税的：

应纳税额=含税销售额÷（1+5%）×5%-已预缴税款

适用一般计税方法计税的：

应纳税额=含税销售额÷（1+9%）×9%-进项税额-已预缴税款

②出租不动产所在地与机构所在地在同一县（市、区）的，向机构所在地主管税务机关申报纳税。计算公式如下：

适用简易计税方法计税的：

应纳税额=含税销售额÷（1+5%）×5%

适用一般计税方法计税的：

应纳税额=含税销售额÷（1+9%）×9%-进项税额

2.小规模纳税人提供不动产经营租赁服务应纳税额计算

（1）单位和个体工商户出租不动产应纳税额计算

单位和个体工商户出租不动产（不含个体工商户出租住房），按照5%的征收率计算应纳税额。个体工商户出租住房，按照5%的征收率减按1.5%计算应纳税额。

①出租不动产所在地与机构所在地不在同一县（市、区）的，纳税人应向不动产所在地主管税务机关预缴税款，向机构所在地主管税务机关申报纳税。

单位和个体工商户出租不动产，除个人出租住房外，按照以下公式计算应预缴税款：

应预缴税款=含税销售额÷（1+5%）×5%

个体工商户出租住房，按照以下公式计算应预缴税款：

应预缴税款=含税销售额÷（1+5%）×1.5%

出租不动产所在地与机构所在地不在同一县（市、区）的，向不动产所在地主管税务机关预缴税款后，应向机构所在地主管税务机关申报纳税，计算公式如下：

单位和个体工商户出租不动产：

应纳税额=含税销售额÷（1+5%）×5%-已预缴税款

个体工商户出租住房：

应纳税额=含税销售额÷（1+5%）×1.5% –已预缴税款

②出租不动产所在地与机构所在地在同一县（市、区）的，向机构所在地主管税务机关申报纳税。计算公式如下：

单位和个体工商户出租不动产：

应纳税额=含税销售额÷（1+5%）×5%

个体工商户出租住房：

应纳税额=含税销售额÷（1+5%）×1.5%

（2）其他个人出租不动产应纳税额计算

其他个人出租不动产，按照以下公式计算应纳税款：

①出租住房：

应纳税款=含税销售额÷（1+5%）×1.5%

②出租非住房：

应纳税款=含税销售额÷（1+5%）×5%

（五）跨县（市、区）提供建筑服务应纳税额计算

纳税人跨县（市、区）（在同一地级行政区范围内跨县（市、区）除外，下同）提供建筑服务，应按照规定的纳税义务发生时间和计税方法，向建筑服务发生地主管税务机关预缴税款，向机构所在地主管税务机关申报纳税。

自2017年7月1日起，纳税人提供建筑服务取得预收款，应在收到预收款时，以取得的预收款扣除支付的分包款后的余额，按照下列规定的预征率预缴增值税：适用一般计税方法计税的项目预征率为2%，适用简易计税方法计税的项目预征率为3%。按照现行规定应在建筑服务发生地预缴增值税的项目，纳税人收到预收款时在建筑服务发生地预缴增值税。按照现行规定无须在建筑服务发生地预缴增值税的项目，纳税人收到预收款时在机构所在地预缴增值税。

1. 一般纳税人跨县（市、区）提供建筑服务应纳税额计算

（1）预缴税款计算

纳税人跨县（市、区）提供建筑服务，分别按照以下公式计算应预缴税款：

①适用一般计税方法计税的：

应预缴税款=（全部价款和价外费用–支付的分包款）÷（1+9%）×2%

②适用简易计税方法计税的：

应预缴税款=（全部价款和价外费用–支付的分包款）÷（1+3%）×3%

纳税人取得的全部价款和价外费用扣除支付的分包款后的余额为负数的，可结转下次预缴税款时继续扣除。纳税人应按照工程项目分别计算应预缴税款，分别预缴。

（2）应纳税额计算

纳税人跨县（市、区）提供建筑服务，向机构所在地主管税务机关申报纳税。

计算公式如下：

适用简易计税方法计税的：

应纳税额=含税销售额÷（1+3%）×3%-已预缴税款

适用一般计税方法计税的：

应纳税额=含税销售额÷（1+9%）×9%-进项税额-已预缴税款

2.小规模纳税人跨县（市、区）提供建筑服务应纳税额计算

（1）小规模纳税人跨县（市、区）提供建筑服务，以取得的全部价款和价外费用扣除支付的分包款后的余额，按照3%的征收率计算应预缴税款。

小规模纳税人跨县（市、区）提供建筑服务，按照以下公式计算应预缴税款：

应预缴税款=（全部价款和价外费用-支付的分包款）÷（1+3%）×3%

纳税人取得的全部价款和价外费用扣除支付的分包款后的余额为负数的，可结转下次预缴税款时继续扣除。纳税人应按照工程项目分别计算应预缴税款，分别预缴。

（2）纳税人跨县（市、区）提供建筑服务，向建筑服务发生地主管税务机关预缴税款后，应向机构所在地主管税务机关申报纳税。计算公式如下：

应纳税额=（全部价款和价外费用-支付的分包款）÷（1+3%）×3%-已预缴税款

第六节 税款缴纳

一、纳税期限

增值税的纳税期限分别为1日、3日、5日、10日、15日、1个月或者1个季度。以1个季度为纳税期限的规定仅适用于小规模纳税人、银行、财务公司、信托投资公司、信用社，以及财政部和国家税务总局规定的其他纳税人。自2016年4月1日起，增值税小规模纳税人原则上实行按季申报缴纳增值税。纳税人的具体纳税期限由主管税务机关根据纳税人应纳税额的大小分别核定；不能按照固定期限纳税的，可以按次纳税。

按照《总分机构试点纳税人增值税计算缴纳暂行办法》，航空运输企业的总机构，中国铁路总公司，各省、自治区、直辖市和计划单列市邮政企业的增值税纳税期限为1个季度。

纳税人以1个月或者1个季度为1个纳税期的，自期满之日起15日内申报纳税；以1日、3日、5日、10日或者15日为1个纳税期的，自期满之日起5日内预缴税款，于次月1日起15日内申报纳税并结清上月应纳税款。

纳税人进口货物，应当自海关填发税款缴纳证之日起15日内缴纳税款。

二、纳税地点

增值税由税务机关征收。进口货物的增值税由海关代征。个人携带或者邮寄进境自用物品的增值税,连同关税一并计征。纳税地点具体规定如下:

(一)销售货物、劳务、服务、无形资产和不动产的纳税地点

1.固定业户应当向其机构所在地或者居住地的主管税务机关申报纳税。总机构和分支机构不在同一县(市)的,应当分别向各自所在地的主管税务机关申报纳税;经财政部和国家税务总局或者其授权的财政、税务机关批准,可以由总机构汇总向总机构所在地的主管税务机关申报纳税。

2.固定业户到外县(市)销售货物或者提供应税劳务,应当向其机构所在地的主管税务机关报告外出经营事项,并向其机构所在地的主管税务机关申报纳税;未报告的,应当向销售地或者劳务发生地的主管税务机关申报纳税;未向销售地或者劳务发生地的主管税务机关申报纳税的,由其机构所在地的主管税务机关补征税款。

3.非固定业户应当向应税行为发生地主管税务机关申报纳税;未申报纳税的,由其机构所在地或者居住地主管税务机关补征税款。

4.其他个人提供建筑服务,销售或者租赁不动产,转让自然资源使用权,应向建筑服务发生地、不动产所在地、自然资源所在地主管税务机关申报纳税。

5.跨县(市、区)提供建筑服务,销售或者租赁不动产纳税地点具体规定如下:

(1)纳税人跨县(市、区)提供建筑服务,应按照规定的纳税义务发生时间和计税方法,向建筑服务发生地主管税务机关预缴税款,向机构所在地主管税务机关申报纳税。

纳税人在同一直辖市、计划单列市范围内跨县(市、区)提供建筑服务的,由直辖市、计划单列市税务局决定是否适用上述规定。纳税人在同一地级行政区范围内跨县(市、区)提供建筑服务,不适用上述规定。

(2)纳税人转让不动产(房地产开发企业销售自行开发的房地产项目除外)应向不动产所在地主管税务机关预缴税款,向机构所在地主管税务机关申报纳税。

个人转让其购买的住房,向不动产所在地主管税务机关申报纳税。

(3)房地产开发企业采取预收款方式销售自行开发的房地产项目,应在取得预收款的次月纳税申报期向主管税务机关预缴税款。按照《试点实施办法》第45条规定的纳税义务发生时间,计算当期应纳税额,抵减已预缴税款后,向主管税务机关申报纳税。

(4)纳税人出租不动产所在地与机构所在地不在同一县(市、区)的,应向不

动产所在地主管税务机关预缴税款，向机构所在地主管税务机关申报纳税。出租不动产所在地与机构所在地在同一县（市、区）的，向机构所在地主管税务机关申报纳税。纳税人出租的不动产所在地与其机构所在地在同一直辖市或计划单列市但不在同一县（市、区）的，由直辖市或计划单列市税务局决定是否在不动产所在地预缴税款。

其他个人出租不动产，向不动产所在地主管税务机关申报纳税。

6.扣缴义务人应当向其机构所在地或者居住地的主管税务机关申报缴纳其扣缴的税款。

（二）进口货物的纳税地点

进口货物，应当向报关地海关申报纳税。

第七节　出口退税

一、出口退税的基本原理与原则

（一）出口退税的基本原理

出口退税是对出口商品，按照适用零税率的规定，将其在生产与流通环节已经缴纳的国内商品税退还给出口商。实行出口退税，可以使出口商品以不含国内商品税的价格进入国际市场，与其他国家的商品开展平等竞争。出口退税的理论根据是：税收的依据是政府执行职能产生的一般利益，所有享受政府执行职能产生的一般利益的主体，都负有向政府纳税的义务；商品税是一种间接税，是由商品的消费者负担的；出口商品的消费者为国外的居民，他们没有享受出口国政府执行职能产生的一般利益，也没有义务向出口国政府缴纳税金。因此，在当今世界，对出口商品实行退税已经成为一项国际惯例。

（二）出口退税的原则

实行出口退税，应当遵循以下原则：

1.针对性原则

出口退税只限于出口商品，所退税收只限于国内商品税。中国现阶段实行出口退税的税种仅限于增值税、消费税。对出口货物按增值税、消费税税额附加征收的城市维护建设税不在出口退税之列。

2.彻底性原则

实行出口退税，应当将出口货物在出口以前各环节所承担的国内商品税税款，全部退还给出口企业。承担税款多的多退，承担税款少的少退，没有承担税款的不予退税。

二、增值税出口退（免）税的基本制度

（一）出口退（免）税的范围

1.适用增值税退（免）税政策的出口货物劳务

对下列出口货物劳务，除另有规定的外，实行免征和退还增值税（简称增值税退（免）税）政策：

（1）出口企业出口货物。所称出口企业，是指依法办理工商登记、税务登记、对外贸易经营者备案登记，自营或委托出口货物的单位或个体工商户，以及依法办理工商登记、税务登记但未办理对外贸易经营者备案登记，委托出口货物的生产企业。所称出口货物，是指向海关报关后实际离境并销售给境外单位或个人的货物，分为自营出口货物和委托出口货物两类。所称生产企业，是指具有生产能力（包括加工修理修配能力）的单位或个体工商户。

（2）出口企业或其他单位视同出口货物。具体是指：①出口企业对外援助、对外承包、境外投资的出口货物。②出口企业经海关报关进入国家批准的出口加工区、保税物流园区、保税港区、综合保税区、珠澳跨境工业区（珠海园区）、中哈霍尔果斯国际边境合作中心（中方配套区域）、保税物流中心（B型）（统称特殊区域）并销售给特殊区域内单位或境外单位、个人的货物。③免税品经营企业销售的货物（国家规定不允许经营和限制出口的货物、卷烟和超出免税品经营企业的企业法人营业执照规定经营范围的货物除外）。具体是指：中国免税品（集团）有限责任公司向海关报关运入海关监管仓库，专供其经国家批准设立的统一经营、统一组织进货、统一制定零售价格、统一管理的免税店销售的货物；国家批准的除中国免税品（集团）有限责任公司外的免税品经营企业，向海关报关运入海关监管仓库，专供其所属的首都机场口岸海关隔离区内的免税店销售的货物；国家批准的除中国免税品（集团）有限责任公司外的免税品经营企业所属的上海虹桥、浦东机场海关隔离区内的免税店销售的货物。④出口企业或其他单位销售给用于国际金融组织或外国政府贷款国际招标建设项目的中标机电产品（简称中标机电产品）。上述中标机电产品，包括外国企业中标再分包给出口企业或其他单位的机电产品。⑤生产企业向海上石油天然气开采企业销售的自产的海洋工程结构物。⑥出口企业或其他单位销售给国际运输企业用于国际运输工具上的货物。上述规定暂仅适用于外轮供应公司、远洋运输供应公司销售给外轮、远洋国轮的货物，国内航空供应公司生产销售给国内和国外航空公司国际航班的航空食品。⑦出口企业或其他单位销售给特殊区域内生产企业生产耗用且不向海关报关而输入特殊区域的水（包括蒸汽）、电力、燃气（简称输入特殊区域的水电气）。除财政部和国家税务总局另有规定外，视同

出口货物适用出口货物的各项规定。

（3）出口企业对外提供加工修理修配劳务。对外提供加工修理修配劳务，是指对进境复出口货物或从事国际运输的运输工具进行的加工修理修配。

2.适用增值税免税政策的出口货物劳务

对符合下列条件的出口货物劳务，按下列规定实行免征增值税（简称增值税免税）政策：

（1）出口企业或其他单位出口规定的货物。具体是指：①增值税小规模纳税人出口的货物；②避孕药品和用具，古旧图书；③软件产品；④含黄金、铂金成分的货物，钻石及其饰品；⑤国家计划内出口的卷烟；⑥已使用过的设备，其具体范围是指购进时未取得增值税专用发票、海关进口增值税专用缴款书但其他相关单证齐全的已使用过的设备；⑦非出口企业委托出口的货物；⑧非列名生产企业出口的非视同自产货物；⑨农业生产者自产农产品；⑩油画、花生果仁、黑大豆等财政部和国家税务总局规定的出口免税的货物；外贸企业取得普通发票、废旧物资收购凭证、农产品收购发票、政府非税收入票据的货物；来料加工复出口的货物；特殊区域内的企业出口的特殊区域内的货物；以人民币现金作为结算方式的边境地区出口企业从所在省（自治区）的边境口岸出口到接壤国家的一般贸易和边境小额贸易出口货物；以旅游购物贸易方式报关出口的货物。

（2）出口企业或其他单位视同出口的货物劳务：①国家批准设立的免税店销售的免税货物（包括进口免税货物和已实现退（免）税的货物）；②特殊区域内的企业为境外的单位或个人提供加工修理修配劳务；③同一特殊区域、不同特殊区域内的企业之间销售特殊区域内的货物。

（3）出口企业或其他单位未按规定申报或未补齐增值税退（免）税凭证的出口货物劳务。具体是指：①未在国家税务总局规定的期限内申报增值税退（免）税的出口货物劳务；②未在规定期限内申报开具代理出口货物证明的出口货物劳务。已申报增值税退（免）税，却未在国家税务总局规定的期限内向税务机关补齐增值税退（免）税凭证的出口货物劳务。

对于适用增值税免税政策的出口货物劳务，出口企业或其他单位可以依照现行增值税有关规定放弃免税，并依照规定缴纳增值税。

3.适用增值税征税政策的出口货物劳务

下列出口货物劳务，不适用增值税退（免）税和免税政策，按规定征收增值税：

（1）出口企业出口或视同出口财政部和国家税务总局根据国务院决定明确地取消出口退（免）税的货物（不包括来料加工复出口货物、中标机电产品、列名原材料、输入特殊区域的水电气、海洋工程结构物）。

（2）出口企业或其他单位销售给特殊区域内的生活消费用品和交通运输工具。

（3）出口企业或其他单位因骗取出口退税被税务机关停止办理增值税退（免）税期间出口的货物。

（4）出口企业或其他单位提供虚假备案单证的货物。

（5）出口企业或其他单位增值税退（免）税凭证有伪造或内容不实的货物。

（6）出口企业或其他单位未在国家税务总局规定期限内申报免税核销以及经主管税务机关审核不予免税核销的出口卷烟。

（7）出口企业或其他单位具有以下情形之一的出口货物劳务：①将空白的出口货物报关单、出口收汇核销单等退（免）税凭证交由除签有委托合同的货代公司、报关行，或由境外进口方指定的货代公司（提供合同约定或者其他相关证明）以外的其他单位或个人使用的。②以自营名义出口，其出口业务实质上是由本企业及其投资的企业以外的单位或个人借该出口企业名义操作完成的。③以自营名义出口，其出口的同一批货物既签订购货合同，又签订代理出口合同（或协议）的。④出口货物在海关验放后，自己或委托货代承运人对该笔货物的海运提单或其他运输单据等上的品名、规格等进行修改，造成出口货物报关单与海运提单或其他运输单据有关内容不符的。⑤以自营名义出口，但不承担出口货物的质量、收款或退税风险之一的，即出口货物发生质量问题不承担购买方的索赔责任（合同中有约定质量责任承担者除外）；不承担未按期收款导致不能核销的责任（合同中有约定收款责任承担者除外）；不承担因申报出口退（免）税的资料、单证等出现问题造成不退税责任的。⑥未实质参与出口经营活动、接受并从事由中间人介绍的其他出口业务，但仍以自营名义出口的。

知识拓展3-11

出口货物退税范围的判定问题

（二）出口退税率

根据出口退税的基本原则，出口退税率应当与税率保持一致。中国现行退税率是在增值税税率的基础上综合考虑实际含税情况确定的，因此，部分出口货物的征税率与退税率并不一致。1994年以来我国增值税出口退税率进行了多次大幅调整。其中，2008年下半年以来，为应对全球金融危机对我国经济发展带来的不利影响，我国多次调整出口退税率。2019年4月1日起，我国增值税出口退税率随增值税税率同步下调。依照国家税务总局制定的2022 A版出口退税率文库，现行增值税出口退税率设有13%、10%、9%、6%、0等5档。

1.增值税出口退税率的一般规定

除财政部和国家税务总局根据国务院决定而明确的增值税出口退税率（简称退税率）外，出口货物的退税率为其适用税率。国家税务总局根据上述规定将退税率通过出口货物劳务退税率文库予以发布，供征纳双方执行。退税率有调整的，除另有规定外，其执行时间以货物（包括被加工修理修配的货物）出口货物报关单（出口退税专用）上注明的出口日期为准。应税服务的增值税退税率为其在境内提供对应服务适用的增值税税率。

2.退税率的特殊规定

（1）外贸企业购进按简易办法征税的出口货物、从小规模纳税人购进的出口货物，其退税率分别为简易办法实际执行的征收率、小规模纳税人征收率。上述出口货物取得增值税专用发票的，退税率按照增值税专用发票上的税率和出口货物退税率孰低的原则确定。

（2）出口企业委托加工修理修配货物，其加工修理修配费用的退税率，为出口货物的退税率。

（3）中标机电产品、出口企业向海关报关进入特殊区域销售给特殊区域内生产企业生产耗用的列名原材料、输入特殊区域的水电气，其退税率为适用税率。如果国家调整列名原材料的退税率，列名原材料应当自调整之日起按调整后的退税率执行。

3.适用不同退税率的货物劳务，应分开报关、核算并申报退（免）税，未分开报关、核算或划分不清的，从低适用退税率。

（三）增值税退（免）税的计税依据

出口货物劳务的增值税退（免）税的计税依据，按出口货物劳务的出口发票（外销发票）、其他普通发票或购进出口货物劳务的增值税专用发票、海关进口增值税专用缴款书确定。

（1）生产企业出口货物劳务（进料加工复出口货物除外）增值税退（免）税的计税依据，为出口货物劳务的实际离岸价（FOB）。实际离岸价应以出口发票上的离岸价为准，但如果出口发票不能反映实际离岸价，主管税务机关有权予以核定。

（2）生产企业进料加工复出口货物增值税退（免）税的计税依据，按出口货物的离岸价（FOB）扣除出口货物所含的海关保税进口料件的金额后确定。所称海关保税进口料件，是指海关以进料加工贸易方式监管的出口企业从境外和特殊区域等进口的料件，包括出口企业从境外单位或个人购买并从海关保税仓库提取且办理海关进料加工手续的料件，以及保税区外的出口企业从保税区内的企业购进并办理海关进料加工手续的进口料件。

（3）生产企业国内购进无进项税额且不计提进项税额的免税原材料加工后出口的货物的计税依据，按出口货物的离岸价（FOB）扣除出口货物所含的国内购进免税原材料的金额后确定。

（4）外贸企业出口货物（委托加工修理修配货物除外）增值税退（免）税的计税依据，为购进出口货物的增值税专用发票注明的金额或海关进口增值税专用缴款书注明的完税价格。

（5）外贸企业出口委托加工修理修配货物增值税退（免）税的计税依据，为加工修理修配费用增值税专用发票注明的金额。外贸企业应将加工修理修配使用的原材料（进料加工海关保税进口料件除外）作价销售给受托加工修理修配的生产企业，受托加工修理修配的生产企业应将原材料成本并入加工修理修配费用开具发票。

（6）出口进项税额未计算抵扣的已使用过的设备增值税退（免）税的计税依据，按下列公式确定：

$$\frac{\text{退（免）税}}{\text{计税依据}} = \frac{\text{增值税专用发票上的金额或海关}}{\text{进口增值税专用缴款书注明的完税价格}} \times \frac{\text{已使用过的设备}}{\text{固定资产净值}} \div \frac{\text{已使用过的}}{\text{设备原值}}$$

已使用过的设备固定资产净值＝已使用过的设备原值－已使用过的设备已提累计折旧

所称已使用过的设备，是指出口企业根据财务会计制度已经计提折旧的固定资产。

（7）免税品经营企业销售的货物增值税退（免）税的计税依据，为购进货物的增值税专用发票注明的金额或海关进口增值税专用缴款书注明的完税价格。

（8）中标机电产品增值税退（免）税的计税依据，生产企业为销售机电产品的普通发票注明的金额，外贸企业为购进货物的增值税专用发票注明的金额或海关进口增值税专用缴款书注明的完税价格。

（9）生产企业向海上石油天然气开采企业销售的自产的海洋工程结构物增值税退（免）税的计税依据，为销售海洋工程结构物的普通发票注明的金额。

（10）输入特殊区域的水电气增值税退（免）税的计税依据，为作为购买方的特殊区域内生产企业购进水（包括蒸汽）、电力、燃气的增值税专用发票注明的金额。

三、增值税免抵退税和免退税的计算

（一）生产企业出口货物劳务增值税免抵退税的计算

1. 当期应纳税额的计算

当期应纳税额＝当期销项税额－（当期进项税额－当期不得免征和抵扣税额）

$$\frac{\text{当期不得免征}}{\text{和抵扣税额}} = \frac{\text{当期出口}}{\text{货物离岸价}} \times \frac{\text{外汇人民币}}{\text{折合率}} \times \left(\frac{\text{出口货物}}{\text{适用税率}} - \frac{\text{出口货物}}{\text{退税率}}\right) - \frac{\text{当期不得免征}}{\text{和抵扣税额抵减额}}$$

$$\frac{\text{当期不得免征}}{\text{和抵扣税额抵减额}} = \frac{\text{当期免税}}{\text{购进原材料价格}} \times \left(\frac{\text{出口货物}}{\text{适用税率}} - \frac{\text{出口货物}}{\text{退税率}}\right)$$

2. 当期免抵退税额的计算

$$\frac{\text{当期免抵}}{\text{退税额}} = \frac{\text{当期出口}}{\text{货物离岸价}} \times \frac{\text{外汇人民币}}{\text{折合率}} \times \frac{\text{出口货物}}{\text{退税率}} - \frac{\text{当期免抵退税}}{\text{额抵减额}}$$

当期免抵退税额抵减额＝当期免税购进原材料价格×出口货物退税率

3. 当期应退税额和免抵税额的计算

（1）当期期末留抵税额≤当期免抵退税额，则：

当期应退税额=当期期末留抵税额

当期免抵税额=当期免抵退税额-当期应退税额

（2）当期期末留抵税额>当期免抵退税额，则：

当期应退税额=当期免抵退税额

当期免抵税额=0

当期期末留抵税额为当期增值税纳税申报表中"期末留抵税额"。

4.当期免税购进原材料价格包括当期国内购进的无进项税额且不计提进项税额的免税原材料的价格和当期进料加工保税进口料件的价格，其中当期进料加工保税进口料件的价格为组成计税价格

$$
\begin{array}{c}\text{当期进料加工保税} \\ \text{进口料件的组成计税价格}\end{array} = \begin{array}{c}\text{当期进口料件} \\ \text{到岸价格}\end{array} + \begin{array}{c}\text{海关} \\ \text{实征关税}\end{array} + \begin{array}{c}\text{海关} \\ \text{实征消费税}\end{array}
$$

（1）采用"实耗法"的，当期进料加工保税进口料件的组成计税价格为当期进料加工出口货物耗用的进口料件组成计税价格。其计算公式为：

$$
\begin{array}{c}\text{当期进料加工保税} \\ \text{进口料件的组成计税价格}\end{array} = \begin{array}{c}\text{当期进料加工} \\ \text{出口货物离岸价}\end{array} \times \begin{array}{c}\text{外汇人民币} \\ \text{折合率}\end{array} \times \begin{array}{c}\text{计划} \\ \text{分配率}\end{array}
$$

计划分配率=计划进口总值÷计划出口总值×100%

实行纸质手册和电子化手册的生产企业，应根据海关签发的加工贸易手册或加工贸易电子化纸质单证所列的计划进出口总值计算计划分配率。

实行电子账册的生产企业，计划分配率按前一期已核销的实际分配率确定；新启用电子账册的，计划分配率按前一期已核销的纸质手册或电子化手册的实际分配率确定。

（2）采用"购进法"的，当期进料加工保税进口料件的组成计税价格为当期实际购进的进料加工进口料件的组成计税价格。

若当期实际不得免征和抵扣税额抵减额大于当期出口货物离岸价×外汇人民币折合率×（出口货物适用税率-出口货物退税率）的，则：

$$
\begin{array}{c}\text{当期不得免征和} \\ \text{抵扣税额抵减额}\end{array} = \begin{array}{c}\text{当期出口} \\ \text{货物离岸价}\end{array} \times \begin{array}{c}\text{外汇人民币} \\ \text{折合率}\end{array} \times \left(\begin{array}{c}\text{出口货物} \\ \text{适用税率}\end{array} - \begin{array}{c}\text{出口货物} \\ \text{退税率}\end{array}\right)
$$

【例3-4】某生产企业（有进出口经营权）本期有关资料如下：报关离境出口货物，离岸价折合人民币840万元。国内销售货物取得销售额（不含税）250万元。购进生产经营用货物和应税劳务，按扣税凭证确定的进项税额为136万元。在建职工福利设施工程领用生产用材料，实际成本50万元，该材料在购进时已取得增值税专用发票。该企业各类货物适用的增值税税率均为13%，且无免税购进货物；出口退税率为10%；该企业采用"免、抵、退"办法办理出口货物退（免）税。计算该企业本期出口退税额和抵税额。

解：

（1）不得免征或不得抵扣税额=840×（13%-10%）=25.20（万元）

（2）当期应纳税额=250×13%－（136－50×13%－25.20）=－71.80（万元）

（3）当期免抵退税额=840×10%=84（万元）

（4）因退税前的期末留抵税额71.80万元小于当期免抵退税额84万元，故当期应退税额为71.80万元。

当期抵税额=84－71.80=12.20（万元）

【例3-5】某生产企业（有进出口经营权）本期有关资料如下：报关离境出口货物，离岸价折合人民币420万元。国内销售货物取得销售额（不含税）250万元。购进生产经营用货物和应税劳务，按扣税凭证确定的进项税额为136万元；上期留抵税额10万元。该企业各类货物适用的增值税税率均为13%，且无免税购进货物；出口退税率为10%；该企业采用"免、抵、退"办法办理出口货物退（免）税。计算该企业本期出口退税额和抵税额。

解：

（1）不得免征或不得抵扣税额=420×（13%－10%）=12.60（万元）

（2）当期应纳税额=250×13%－（10+136－12.60）=－100.90（万元）

（3）当期免抵退税额=420×10%=42（万元）

（4）因退税前的期末留抵税额100.90万元大于当期免抵退税额42万元，故当期实际应退税额为42万元。

当期抵税额=0

当期期末留抵税额=100.90－42=58.90（万元）

（二）外贸企业出口货物劳务增值税免退税的计算

1.外贸企业出口委托加工修理修配货物以外的货物

增值税应退税额=增值税退（免）税计税依据×出口货物退税率

2.外贸企业出口委托加工修理修配货物

出口委托加工修理修配货物的增值税应退税额=委托加工修理修配货物的增值税退(免)税计税依据×出口货物退税率

需要注意的是，在增值税免抵退税和免退税的计算时，退税率低于适用税率的，相应计算出的差额部分的税款计入出口货物劳务成本。

出口企业既有适用增值税免抵退项目，也有增值税即征即退、先征后退项目的，增值税即征即退和先征后退项目不参与出口项目免抵退税计算。出口企业应分别核算增值税免抵退项目和增值税即征即退、先征后退项目，并分别申请享受增值税即征即退、先征后退和免抵退税政策。用于增值税即征即退或者先征后退项目的进项税额无法划分的，按照下列公式计算：

无法划分进项税额中用于增值税即征即退或者先征后退项目的部分=当月无法划分的全部进项税额×（当月增值税即征即退或者先征后退项目销售额÷当月全部销售额、营业额合计）

（三）适用增值税免税政策的出口货物劳务进项税额的处理计算

1.适用增值税免税政策的出口货物劳务，其进项税额不得抵扣和退税，应当转入成本。

2.出口卷烟，依下列公式计算：

$$\text{不得抵扣的进项税额} = \text{出口卷烟含消费税金额} \div \left(\text{出口卷烟含消费税金额} + \text{内销卷烟销售额} \right) \times \text{当期全部进项税额}$$

（1）当生产企业销售的出口卷烟在国内有同类产品销售价格时：

出口卷烟含消费税金额=出口销售数量×销售价格

"销售价格"为同类产品生产企业国内实际调拨价格。实际调拨价格低于税务机关公示的计税价格的，"销售价格"为税务机关公示的计税价格；高于公示计税价格的，销售价格为实际调拨价格。

（2）当生产企业销售的出口卷烟在国内没有同类产品销售价格时：

出口卷烟含税金额=（出口销售额+出口销售数量×消费税定额税率）÷（1−消费税比例税率）

"出口销售额"以出口发票上的离岸价为准。若出口发票不能如实反映离岸价，生产企业应按实际离岸价计算，否则，税务机关有权按照有关规定予以核定调整。

3.除出口卷烟外，适用增值税免税政策的其他出口货物劳务的计算，按照增值税免税政策的统一规定执行。其中，如果涉及销售额，除来料加工复出口货物为其加工费收入外，其他均为出口离岸价或销售额。

（四）适用增值税征税政策的出口货物劳务应纳增值税的计算

1.一般纳税人出口货物

$$\text{销项税额} = \left(\text{出口货物离岸价} - \text{出口货物耗用的进料加工保税进口料件金额} \right) \div \left(1 + \text{适用税率} \right) \times \text{适用税率}$$

出口货物若已按征退税率之差计算不得免征和抵扣税额并已经转入成本的，相应的税额应转回进项税额。

（1）

$$\text{出口货物耗用的进料加工保税进口料件金额} = \text{主营业务成本} \times \left(\text{投入的保税进口料件金额} \div \text{生产成本} \right)$$

主营业务成本、生产成本均为不予退（免）税的进料加工出口货物的主营业务成本、生产成本。当耗用的保税进口料件金额大于不予退（免）税的进料加工出口货物金额时，耗用的保税进口料件金额为不予退（免）税的进料加工出口货物金额。

（2）出口企业应分别核算内销货物和增值税征税的出口货物的生产成本、主营业务成本。未分别核算的，其相应的生产成本、主营业务成本由主管税务机关核定。

进料加工手册海关核销后，出口企业应对出口货物耗用的保税进口料件金额进行清算。清算公式为：

$$\begin{array}{l}清算耗用的 \\ 保税进口 \\ 料件总额\end{array} = \begin{array}{l}实际保税 \\ 进口料件 \\ 总额\end{array} - \begin{array}{l}退（免）税出口 \\ 货物耗用的保税 \\ 进口料件总额\end{array} - \begin{array}{l}进料加工副产品 \\ 耗用的保税 \\ 进口料件总额\end{array}$$

若耗用的保税进口料件总额与各纳税期扣减的保税进口料件金额之和存在差额时，应在清算的当期相应调整销项税额。当耗用的保税进口料件总额大于出口货物离岸金额时，其差额部分不得扣减其他出口货物金额。

2.小规模纳税人出口货物

$$应纳税额 = 出口货物离岸价 ÷（1+征收率）× 征收率$$

（五）零税率应税服务增值税免抵退税

1.适用零税率应税服务范围

（1）境内的单位和个人提供的国际运输服务、向境外单位提供的研发服务和设计服务。国际运输服务，是指在境内载运旅客或货物出境；在境外载运旅客或货物入境；在境外载运旅客或货物。向境外单位提供的设计服务，不包括对境内不动产提供的设计服务。

航天运输服务参照国际运输服务，适用增值税零税率。

境内的单位和个人取得交通部门颁发的国际班轮运输经营资格登记证或加注国际客货运输的水路运输许可证，并以水路运输方式提供国际运输服务的，适用增值税零税率。

（2）境内的单位和个人提供的往返我国香港、澳门、台湾的交通运输服务以及在香港、澳门、台湾提供的交通运输服务。

（3）自2013年8月1日起，境内的单位或个人向境内单位或个人提供期租、湿租服务，如果承租方利用租赁的交通工具向其他单位或个人提供国际运输服务和港澳台运输服务，由承租方按规定申请适用增值税零税率。境内的单位或个人向境外单位或个人提供期租、湿租服务，由出租方按规定申请适用增值税零税率。

境内的单位和个人提供适用增值税零税率应税服务的，可以放弃适用增值税零税率，选择免税或按规定缴纳增值税。放弃适用增值税零税率后，36个月内不得再申请适用增值税零税率。

依照《应税服务适用增值税零税率和免税政策的规定》，境内的单位和个人提供适用增值税零税率的应税服务，如果属于适用简易计税方法的，实行免征增值税办法。如果属于适用增值税一般计税方法的，生产企业实行免抵退税办法，外贸企业外购研发服务和设计服务出口实行免退税办法，外贸企业自己开发的研发服务和设计服务出口，视同生产企业连同其出口货物统一实行免抵退税办法。应税服务退税率为其按照《试点实施办法》规定适用的增值税税率。实行退（免）税办法的研发服务和设计服务，如果主管税务机关认定出口价格偏高的，有权按照核定的出口价格计算退（免）税，核定的出口价格低于外贸企业购进价格的，低于部分对应的进项税额不予退税，转入成本。

2.零税率应税服务增值税免抵退税的计算

依照《适用增值税零税率应税服务退（免）税管理办法（暂行）》规定，零税率应税服务增值税免抵退税计算程序和方法如下：

（1）当期免抵退税额的计算

$$\begin{array}{c}\text{当期零税率应税}\\\text{服务免抵退税额}\end{array} = \begin{array}{c}\text{当期零税率应税}\\\text{服务免抵退税计税依据}\end{array} \times \begin{array}{c}\text{外汇人民币}\\\text{折合率}\end{array} \times \begin{array}{c}\text{零税率应税服务}\\\text{增值税退税率}\end{array}$$

实行免抵退税办法的零税率应税服务免抵退税计税依据，为提供零税率应税服务取得的全部价款。

（2）当期应退税额和当期免抵税额的计算

①当期期末留抵税额≤当期免抵退税额时：

当期应退税额=当期期末留抵税额

当期免抵税额=当期免抵退税额-当期应退税额

②当期期末留抵税额>当期免抵退税额时：

当期应退税额=当期免抵退税额

当期免抵税额=0

"当期期末留抵税额"为当期增值税纳税申报表的"期末留抵税额"。

依照《适用增值税零税率应税服务退（免）税管理办法（暂行）》规定，外贸企业兼营的零税率应税服务，免征增值税，其对应的外购应税服务的进项税额予以退还。

$$\begin{array}{c}\text{外贸企业兼营的零税率}\\\text{应税服务应退税额}\end{array} = \begin{array}{c}\text{外贸企业兼营的零税率}\\\text{应税服务免退税计税依据}\end{array} \times \begin{array}{c}\text{零税率应税}\\\text{服务增值税退税率}\end{array}$$

外贸企业兼营的零税率应税服务免退税计税依据：从境内单位或者个人购进出口零税率应税服务的，为取得提供方开具的增值税专用发票上注明的金额；从境外单位或者个人购进出口零税率应税服务的，为取得的解缴税款的中华人民共和国税收缴款凭证上注明的金额。

实行免抵退税办法的零税率应税服务提供者如同时有货物劳务（劳务指对外加工修理修配劳务，下同）出口的，可结合现行出口货物免抵退税计算公式一并计算。税务机关在审批时，按照出口货物劳务、零税率应税服务免抵退税额比例划分出口货物劳务、零税率应税服务的退税额和免抵税额。

四、税款的征收与退还

为进一步落实税务系统"放管服"改革要求，简化出口退（免）税手续，优化出口退（免）税服务，持续加快退税进度，支持外贸出口，国家税务总局于2018年发布了《出口退（免）税企业分类管理办法》，自9月1日起，对出口退（免）税企业实施分类管理。为深入贯彻党中央、国务院决策部署，积极落实《税务总局等十部门关于进一步加大出口退税支持力度 促进外贸平稳发展的通知》（税总货劳发〔2022〕36号），进一步助力企业纾解困难，激发出口企业活力潜力，更优打造外贸营商环境，更好促进外贸平稳发展，国家税务总局于2022年4月29日发布《关于进一步便利出口退税办理 促进外贸平稳发展有关事项的公告》（国家税务总局公告2022年第9号），进一步加大助企政策支持力度，提升退税办理便利程度。主要内容有：完善出口退（免）税企业分类管理；优化出口退（免）税备案单证管理；完善加工贸易出口退税政策；精简出口退（免）税报送资料；拓展出口退（免）税提醒服务；简化出口退（免）税办理流程；简便出口退（免）税办理方式；完善出口退（免）税收汇管理。

知识拓展3-12

国家税务总局关于发布修订后的《出口退（免）税企业分类管理办法》的公告

经过认定的出口企业及其他单位，应在规定的增值税纳税申报期内向主管税务机关申报增值税退（免）税和免税；委托出口的货物，由委托方申报增值税退（免）税和免税；输入特殊区域的水电气，由作为购买方的特殊区域内生产企业申报退税。出口企业或其他单位骗取国家出口退税款的，经省级以上税务机关批准可以停止其退（免）税资格。

出口企业或其他单位出口货物劳务适用免税政策的，除特殊区域内企业出口的特殊区域内货物、出口企业或其他单位视同出口的免征增值税的货物劳务外，如果未按规定申报免税，应视同内销货物和加工修理修配劳务征收增值税。开展进料加工业务的出口企业若发生未经海关批准将海关保税进口料件作价销售给其他企业加工的，应按规定征收增值税、消费税。

出口商自营或委托出口的货物劳务，除另有规定外，可在货物劳务报关出口并在财务上作销售核算后，凭有关凭证报送所在地税务局批准退还或免征增值税。

发生增值税不应退税或免税但已实际退税或免税的，出口企业和其他单位应当补缴已退或已免税款。

复习思考题

一、概念

增值额　增值税　特定商品增值税　一般商品增值税　生产型增值税　收入型增值税　消费型增值税　视同销售货物行为　混合销售行为　兼营非应税劳务行为　一般纳税人　小规模纳税人　销项税额　进项税额　增量留抵退税　加计抵减税额　零税率　出口退税　即征即退　先征后退

二、问题

1. 增值税的性质与类型
2. 增值税的基本原理
3. 增值税的特殊作用
4. 增值税的发展演变过程
5. 增值税的征税对象
6. 增值税的纳税人
7. 增值税的销项税额与进项税额
8. 增值税的税率
9. 一般纳税人应纳税额的计算
10. 小规模纳税人应纳税额的计算
11. 进口货物应纳税额的计算
12. 增值税出口退税的退税范围、退税计税依据、退税率及退税额计算

第四章

消费税

主要内容
- 消费税的性质与类型
- 消费税的特殊作用
- 消费税的基本制度
- 消费税应纳税额的计算
- 消费税的出口退税

第一节　税种设置

一、消费税的性质与类型

(一) 消费税的性质

一般而言，消费税是对消费征收的各种税的总称，包括消费支出税和消费品税。其中，消费支出税是对消费者的支出征收的一种税，亦称综合消费税，是个人所得税的一种转化形式。消费品税是对消费者消费的物品征的税，包括货物消费税和劳务消费税。实践中的消费税主要是消费品税，即对货物与劳务的消费征的税。消费支出税（或综合消费税）只是一种理想的税收形式，基本上没有被各国所采用。

对于消费品税，人们也有两种不同的理解：一是泛指对消费品征收的各种税，包括国内货物税、服务税及进出口税。在税收的经济分析中，人们经常在这种意义上使用消费税一词。二是特指以消费品为对象的具体税种。中国现行消费税就是一个具体的税种。它是对规定的消费品，向其生产者或销售者征收的税。

（二）消费税的基本类型

1.收入性消费税与调节性消费税

根据消费税的征税目的，可将消费税分为收入性消费税与调节性消费税。收入性消费税是以取得收入为目的而征收的消费税，又称为一般消费税。其征税对象主要是需求缺乏弹性或无弹性的日常消费品，如火柴、米、面、食盐、糖、茶、布匹等。调节性消费税是为实施特定的经济和社会政策而征收的消费税。其征税对象主要是一些需要限制消费的消费品，如奢侈品、具有外部成本的物品和以稀缺资源为原料生产的物品等。目前，世界各国的消费税基本上属于调节性消费税，征税对象主要是一些需要限制消费的消费品。中国现行消费税基本上也属于调节性消费税，但其中的个别税目如化妆品税等仍然具有收入性消费税的性质。

2.有限型消费税、中间型消费税和延伸型消费税

根据消费税的征税范围，可将消费税分为有限型消费税、中间型消费税和延伸型消费税。有限型消费税的征税对象主要是一些传统的应税消费品，包括劣质品和混合品。劣质品主要是烟、酒等，混合品主要是汽车等。中间型消费税的征税对象除包括传统的应税消费品外，还包括一些奢侈品和生活必需品。奢侈品主要有珠宝首饰、视听器材等，生活必需品主要包括食物、衣物等。延伸型消费税的征税对象除包括有限型消费税、中间型消费税的征税对象外，还包括更多的奢侈品和一些用于生产消费的物品。目前，发达国家的消费税多为有限型消费税，发展中国家的消费税多为中间型或延伸型消费税。中国现行消费税的征税对象为15类消费品，是一种范围较大的有限型消费税。

3.直接消费税和间接消费税

根据消费税的纳税人，可将消费税分为直接消费税和间接消费税。直接消费税是向消费者直接征收的消费税。它以消费者为纳税人，也由消费者负担。间接消费税是向消费品的生产者或销售者征收的消费税。它由生产者或销售者缴纳，由消费者最终承担。目前，世界各国的消费税大都为直接消费税；中国现行消费税则属于间接消费税。

二、消费税的特殊作用

（一）矫正外部成本，优化资源配置

消费品有"有益品"与"无益品"之分。有益品的消费，有利于人们的生存与发展。无益品的消费，如吸烟、饮酒等，不仅不利于消费者本人的生存与发展，而且通常会产生外部成本，如吸烟不仅有害健康，而且污染环境；酗酒不仅会造成身体损伤，而且会扰乱社会秩序。这种外部成本不包括在消费者个人的私人成本即消费者购买商品的价格中。如果不加矫正，消费者消费得过多，会造成社会危害；生

产者生产得过多，会造成资源浪费。对这类无益品征收消费税，将社会成本加入消费者的私人成本之中，实现外部成本内部化，有利于抑制消费者的消费需求，减少生产者的商品供应，优化资源配置，提高经济效益。

（二）缩小贫富差距，实现社会公平

消费品有必需品与奢侈品之分。它们各占消费者消费支出的比重，主要取决于消费者的收入水平。一般来说，低收入者的消费，主要限于生活必需品，高收入者的消费，除了生活必需品外，还包括相当数量的奢侈品。设置消费税，对必需品实行免税或轻税，对奢侈品征收重税，可以起到调节收入分配的作用，实现社会公平。

（三）鼓励储蓄，激励投资，促进经济增长

消费者占有的收入一部分要用于消费，另一部分要用于储蓄。设置消费税，有利于抑制消费，增加储蓄，实现从消费到储蓄的转化。储蓄是投资的来源，投资是经济增长的必要条件。增加储蓄有利于扩大投资，促进经济的增长。

（四）节约资源、保护环境，实现经济的可持续发展

资源的稀缺性决定了其不能无限地供人类利用。某些自然资源属于不可再生性资源。一些高能耗的消费品的消费，不仅消耗了大量稀缺性的资源，而且在生产和消费过程中的排放还对生态环境造成污染。对这些高能耗的消费品和稀缺性的资源产品征收消费税，有利于节约资源、保护环境，实现经济的可持续发展。

三、消费税的产生与发展

消费税是世界上产生时间最早、存续时间最长的一种税。在西方，早在古罗马时期，就出现了对特定消费品征收的税。中世纪，世界各国曾普遍征收消费税。近代社会初期，消费税曾一度成为各国税收制度中的主要税种。目前，世界上有120多个国家征收消费税。在一些发展中国家，消费税还是政府收入的主要来源。

中国早在2 000多年前就开始征收消费税。公元前81年，汉昭帝为避免酒专卖"与商人争市利"，改酒的专卖为酒税，这可以说是中国最早的消费税。从唐、宋到明、清，一直存在各种形式的消费税。近代中国的消费税始于1931年民国政府开征的统税，征税对象主要是卷烟、棉纱、火柴、麦粉、水泥等。后来，统税演变为货物统税、货物税，征税对象几乎包括所有商品，成为一种普遍征收的消费税。

中华人民共和国成立初期，在普遍征收货物税、工商业税的同时，曾对筵席、娱乐、冷饮、旅店等行业开征特种消费行为税。1953年，为简化税制，取消了特种消费行为税，将其中的电影、戏剧及娱乐部分的税目改征文化娱乐税，其余的税目并入按营业额征收的工商业税。1966年，停征了文化娱乐税。1989年，为限制彩色电视机、小轿车的消费，对彩色电视机、小轿车开征了特别消费税。1994年，在对货物普遍征收增值税的同时，对部分消费品开始征收消费税，征税对象为11类消费品，同时取消了特别消费税。2006年，为进一步限制高档消费品的消费，保护自然资源和环境，将消费税的征税范围扩大到14类消费品。为建立完善的成品油价格形成机制和规范的交通税费制度，促进节能减排和结构调整，公平负担，依法筹措交通基础设施维护和建设资金，自2009年1月1日实施成品油价格和税费改革。不新设燃油税，利用现有税制、征收方式和征管手段，实现成品油税费改革相关工作的有效衔接。其主要内容是取消公路养路费、航道养护费、公路运输管理费、公路客货运附加费、水路运输管理费、水运客货运附加费六项收费；逐步有序地取消政府还贷二级公路收费；提高成品油消费税单位税额。为促进环境治理和节能减排，2014年、2015年调整消费税政策。2014年11月至2015年1月，三次提高成品油消费税税率。自2014年12月1日起，取消气缸容量250毫升（不含）以下的小排量摩托车、车用含铅汽油、酒精消费税；取消汽车轮胎税目。自2015年2月1日起，将电池、涂料列入消费税征收范围，征收消费税。自2015年5月10日起，将卷烟批发环节从价税税率由5%提高至11%，并按0.005元/支加征从量税。自2016年10月1日起，调整化妆品消费税政策，将高档化妆品税率降至15%。自2016年12月1日起，对超豪华小汽车在零售环节加征10%消费税。

消费税的法律依据主要是《中华人民共和国消费税暂行条例》（国务院1993年12月13日颁布，2008年11月修订，简称《消费税条例》）和财政部、国家税务总局颁发的《中华人民共和国消费税暂行条例实施细则》（财政部、国家税务总局2008年12月第51号令发布，简称《消费税实施细则》）。

第二节　征税对象、纳税人与纳税义务发生时间

一、征税对象

（一）应税消费品的种类

中国现行消费税属于调节性有限型消费税。《消费税条例》以列举税目方式确定了应当缴纳消费税的消费品范围。经多次消费税政策调整，现行消费税的应税消费品有以下15类：

1. 烟

烟是指以烟叶为原料加工生产的产品，包括卷烟、雪茄烟和烟丝。其中，卷烟又按价格和来源分为两类：甲类卷烟是每标准条（200支）调拨价格在70元（不含增值税）以上（含70元）的卷烟、进口卷烟和政府规定的其他卷烟；乙类卷烟是

每标准条（200支）调拨价格不足70元（不含增值税）的卷烟。烟丝包括斗烟、莫合烟、烟末、水烟和黄红烟丝等。

2.酒

酒是指酒精度在1度以上的各种酒类饮料，包括白酒、黄酒、啤酒和其他酒。其中，啤酒又按价格和来源分为两类：甲类是每吨出厂价格（不含增值税）在3 000元以上的啤酒和娱乐业、饮食业自制的啤酒；乙类是每吨出厂价格（不含增值税）不足3 000元的啤酒。其他酒包括糠麸酒、其他原料白酒、土甜酒、复制酒、果木酒、汽酒、药酒等。

3.高档化妆品

化妆品指日常生活中用于修饰美化人体表面的用品，包括美容及修饰类化妆品、高档护肤类化妆品和成套化妆品。其中，美容、修饰类化妆品包括香水、香水精、香粉、口红、指甲油、胭脂、眉笔、唇笔、蓝眼油、眼睫毛等。

自2016年10月1日起，取消对普通美容、修饰类化妆品征收消费税，将"化妆品"税目名称更名为"高档化妆品"，征收范围包括高档美容、修饰类化妆品、高档护肤类化妆品和成套化妆品。高档美容、修饰类化妆品和高档护肤类化妆品是指生产（进口）环节销售（完税）价格（不含增值税）在10元/毫升（克）或15元/片（张）及以上的美容、修饰类化妆品和护肤类化妆品。

4.贵重首饰及珠宝玉石

贵重首饰包括各种金银珠宝首饰，即以金、银、白金、宝石、珍珠、钻石、翡翠、珊瑚、玛瑙等高贵、稀有物质及其他金属、人造宝石等制作的纯金银首饰及镶嵌首饰（含人造金银、合成金银首饰等）。珠宝玉石指经过采掘、打磨、加工的各种珠宝玉石，包括钻石、珍珠、松石、青金石、欧泊石、橄榄石、长石、玉、石英、玉髓、石榴石、锆石、尖晶石、黄玉、碧玺、金绿玉、绿柱石、刚玉、琥珀、珊瑚、煤玉、龟甲、合成刚玉、合成宝石、双合石、玻璃仿制品。

5.鞭炮、焰火

鞭炮指用多层纸密裹火药，接以药引线，制成的一种爆炸品。焰火指烟火剂，一般系包扎品。

6.成品油

成品油包括汽油、柴油、石脑油、溶剂油、航空煤油、润滑油、燃料油。

（1）汽油是指用原油或其他原料加工生产的辛烷值不小于66的可用作汽油发动机燃料的各种轻质油。

（2）柴油是指用原油或其他原料加工生产的倾点或凝点在−50℃~30℃的可用作柴油发动机燃料的各种轻质油和以柴油组分为主、经调和精制可用作柴油发动机燃料的非标油。利用废弃的动物油和植物油为原料生产的纯生物柴油免征消费税。

（3）石脑油又叫化工轻油，是以原油或其他原料加工生产的用于化工原料的轻质油。

（4）溶剂油是用原油或其他原料加工生产的用于涂料、油漆、食用油、印刷油墨、皮革、农药、橡胶、化妆品生产和机械清洗、胶粘行业的轻质油。

（5）航空煤油也叫喷气燃料，是用原油或其他原料加工生产的用作喷气发动机和喷气推进系统燃料的各种轻质油。航空煤油暂缓征收消费税。

（6）润滑油是用原油或其他原料加工生产的用于内燃机、机械加工过程的润滑产品。

（7）燃料油也称重油、渣油，是用原油或其他原料加工生产，主要用作电厂发电、锅炉用燃料、加热炉燃料、冶金和其他工业炉燃料。

境内生产石脑油、燃料油的企业对外销售（包括对外销售用于生产乙烯、芳烃类化工产品的石脑油、燃料油）或用于其他方面的石脑油、燃料油征收消费税。但下列情形免征消费税：生产企业将自产的石脑油、燃料油用于本企业连续生产乙烯、芳烃类化工产品的；生产企业按照国家税务总局下发的石脑油、燃料油定点直供计划销售自产石脑油、燃料油的。

7.摩托车

摩托车包括轻便摩托车和摩托车。轻便摩托车指最大设计车速不超过50公里/小时，发动机汽缸总工作容积不超过50毫升的两轮机动车。摩托车指最大设计车速超过50公里/小时，发动机汽缸总工作容积超过50毫升，空车质量不超过400公斤的两轮和三轮机动车。

8.小汽车

小汽车包括乘用车、中轻型商用车、超豪华小汽车。乘用车指不超过9个座位（含）的汽车，包括用排气量小于1.5升（含）乘用车底盘（车架）改装、改制的车辆。中轻型商用车指10~23个座位（含）的汽车，包括用排气量大于1.5升的乘用车底盘（车架）和中轻型商用车底盘（车架）改装、改制的车辆。超豪华小汽车为每辆零售价格130万元（不含增值税）及以上的乘用车和中轻型商用客车。

9.高尔夫球及球具

高尔夫球及球具指从事高尔夫运动所需的各种专用装备，包括高尔夫球、高尔夫球杆及高尔夫球包（袋）等。

10.高档手表

高档手表指每只销售价格（不含增值税）在10 000元以上的各类手表。

11.游艇

游艇指长度大于8米（含）小于90米（含），内置发动机，可在水上移动，主要用于水上运动和休闲娱乐的各类机动艇等。

12.木制一次性筷子

木制一次性筷子指以木材为原料，经锯段、浸泡、旋切、刨切、烘干、筛选、包装等环节加工而成的一次性使用的筷子。

13.实木地板

实木地板指以木材为原料，经锯割、干燥、刨光、截断、开榫等工序加工而成的地面装饰材料，包括独木地板、指接地板、复合地板和用于装饰墙壁、天棚的侧端面为榫、槽的装饰板。

14.电池

电池是一种将化学能、光能等直接转换为电能的装置，一般由电极、电解质、容器、极端，通常还有隔离层组成的基本功能单元，以及用一个或多个基本功能单元装配成的电池组。其范围包括：原电池、蓄电池、燃料电池、太阳能电池和其他电池。

对无汞原电池、金属氢化物镍蓄电池（又称"氢镍蓄电池"或"镍氢蓄电池"）、锂原电池、锂离子蓄电池、太阳能电池、燃料电池和全钒液流电池，免征消费税。2015年12月31日前对铅蓄电池缓征消费税；自2016年1月1日起，对铅蓄电池按4%的税率征收消费税。

15.涂料

涂料是指涂于物体表面能形成具有保护、装饰或特殊性能的固态涂膜的一类液体或固体材料之总称。涂料由主要成膜物质、次要成膜物质等构成。按主要成膜物质涂料可分为油脂类、天然树脂类、酚醛树脂类、沥青类、醇酸树脂类、氨基树脂类、硝基类、过滤乙烯树脂类、烯类树脂类、丙烯酸酯类树脂类、聚酯树脂类、环氧树脂类、聚氨酯树脂类、元素有机类、橡胶类、纤维素类、其他成膜物类等。

对施工状态下挥发性有机物（VOC）含量低于420克/升（含）的涂料，免征消费税。

（二）应税消费品的性质

现行消费税的应税消费品，具有以下经济属性：

1.在中华人民共和国境内生产的应税消费品

它包括生产并对外销售和自产自用的应税消费品。所称的对外销售是指有偿转让应税消费品的所有权。所称的有偿包括从受让方取得货币、货物或者其他经济利益。自产自用的应税消费品，分用于连续生产应税消费品和用于其他方面两类。用于连续生产应税消费品的，不征税；用于其他方面的，在移送使用时征税。所称的用于连续生产应税消费品是指纳税人将自产自用的应税消费品作为直接材料生产最终应税消费品，自产自用应税消费品构成最终应税消费品的实体。所称的用于其他方面是指纳税人将自产自用应税消费品用于生产非应税消费品、在建工程、管理部门、非生产机构、提供劳务、馈赠、赞助、集资、广告、样品、职工福利、奖励等方面。

自2013年1月1日起，工业企业以外的单位和个人的下列行为视为应税消费品的生产行为，按规定征收消费税：将外购的消费税非应税产品以消费税应税产品对外销售的；将外购的消费税低税率应税产品以高税率应税产品对外销售的。

2.在中华人民共和国境内委托加工的应税消费品

委托加工的应税消费品是指由委托方提供原料和主要材料，受托方只收取加工费和代垫部分辅助材料加工的应税消费品。对于由受托方提供原材料生产的应税消费品，或者受托方先将原材料卖给委托方，然后再接受加工的应税消费品，以及由受托方以委托方名义购进原材料生产的应税消费品，不论在财务上是否作销售处理，都不得作为委托加工应税消费品，而应当按照销售自制应税消费品缴纳消费税。委托加工的应税消费品，除受托方为个人外，由受托方在向委托方交货时代收代缴税款。委托个人加工的应税消费品，由委托方收回后缴纳消费税。委托方将收回的应税消费品，以不高于受托方的计税价格出售的，为直接出售，不再缴纳消费税；委托方以高于受托方的计税价格出售的，不属于直接出售，需按照规定申报缴纳消费税，在计税时准予扣除受托方已代收代缴的消费税。用于连续生产应税消费品的，所缴纳的税款准予按规定抵扣；用于其他方面的，应负担应税消费品所包含的税金。

3.在中华人民共和国境内批发、零售的应税消费品

境内批发应税消费品是指从事卷烟批发业务的单位和个人批发销售所有牌号规格的卷烟。从事卷烟批发业务的单位和个人相互之间销售的卷烟不征收消费税。

境内零售应税消费品是指在零售环节销售的金银首饰、钻石及饰品、超豪华小汽车。

知识拓展4-1

应税消费品的
判定问题

4.在中华人民共和国境内进口的应税消费品

以上所说的在中华人民共和国境内是指生产、委托加工、进口应当缴纳消费税的消费品的起运地或所在地在中华人民共和国境内。

（三）以已税消费品连续生产应税消费品的处理

消费税实行"一物一税，税不重征"原则。按照这一原则，纳税人以外购、委托加工收回已税消费品连续生产应税消费品的，对于用于生产的已税消费品，不再征消费税，应当从生产的应税消费品的应纳消费税中扣除其已纳消费税。

准予从应纳消费税中扣除已纳消费税的应税消费品的范围为：

（1）以外购或委托加工收回的已税烟丝为原料生产的卷烟；

（2）以外购或委托加工收回的已税高档化妆品为原料生产的高档化妆品；

（3）以外购或委托加工收回的已税珠宝玉石为原料生产的贵重首饰及珠宝

玉石；

（4）以外购或委托加工收回的已税鞭炮、焰火为原料生产的鞭炮、焰火；

（5）以外购或委托加工收回的已税杆头、杆身和握把为原料生产的高尔夫球杆；

（6）以外购或委托加工收回的已税木制一次性筷子为原料生产的木制一次性筷子；

（7）以外购或委托加工收回的已税实木地板为原料生产的实木地板；

（8）以外购或委托加工收回的已税石脑油为原料生产的应税消费品；

（9）以外购或委托加工收回的已税润滑油为原料生产的润滑油；

（10）以外购或委托加工收回的汽油、柴油为原料生产的甲醇汽油、生物柴油。

上列应税消费品中，在零售环节纳税的金银首饰，不得扣除外购或委托加工收回的珠宝玉石已经缴纳的消费税。在批发环节纳税的卷烟，不得扣除已含的生产环节已纳的消费税税款。

二、纳税人

知识拓展4-2

已纳消费税是否准予抵扣的判别问题

消费税的纳税人是在中华人民共和国境内生产、委托加工、进口应税消费品的单位和个人，以及国务院确定的销售应税消费品的其他单位和个人。所称单位是指企业、行政单位、事业单位、军事单位、社会团体及其他单位。所称个人是指个体工商户及其他个人。境内是指生产、委托加工和进口属于应当缴纳消费税的消费品的起运地或者所在地在境内。所称销售是指有偿转让应税消费品的所有权。有偿是指从购买方取得货币、货物或者其他经济利益。

国务院确定的销售应税消费品的其他单位和个人包括：在我国境内从事卷烟批发业务的单位和个人；从事金银首饰、钻石及钻石饰品、超豪华小汽车零售的单位和个人。

委托加工的应税消费品除受托方为个人外，一般由受托方在向委托方交货时代收代缴税款。委托个人加工的应税消费品，由委托方收回后缴纳消费税。

三、纳税义务发生时间

（1）纳税人生产销售的应税消费品，于销售时纳税。纳税义务发生时间按不同的销售结算方式分别为：

①采取赊销和分期收款结算方式的，为书面合同约定的收款日期的当天，书面合同没有约定收款日期或者无书面合同的，为发出应税消费品的当天。

②采取预收货款结算方式的，为发出应税消费品的当天。

③采取托收承付和委托银行收款方式销售的应税消费品，为发出应税消费品并

办妥托收手续的当天。

④采取其他结算方式的，为收讫销售款或者取得索取销售款的凭据的当天。

（2）纳税人自产自用的消费品，为移送使用的当天。

（3）纳税人委托加工的消费品，为纳税人提货的当天。

（4）纳税人进口的消费税，为报关进口的当天。

第三节　税基与税率

一、税基

现行消费税的计税方法有从价定率、从量定额、从价定率与从量定额复合计税（简称复合计税）三种形式。

（一）从价定率法应税消费品的税基

在现行消费税制度中，采用从价定率法的应税消费品包括：①烟中的雪茄烟和烟丝；②酒中的其他酒；③高档化妆品；④贵重首饰及珠宝玉石；⑤鞭炮和焰火；⑥摩托车；⑦小汽车；⑧高尔夫球及球具；⑨高档手表；⑩游艇；⑪木制一次性筷子；⑫实木地板；⑬电池；⑭涂料。上述消费品，除金银首饰、钻石和钻石饰品外，纳税环节均为生产、委托加工和进口环节。金银首饰、钻石及钻石饰品的纳税环节为零售环节。自2016年12月1日起，对超豪华小汽车，在生产（进口）环节按现行税率征收消费税基础上，在零售环节加征一道消费税。

依据应税消费品的经济属性，从价定率法应税消费品的税基分为：

1.生产并对外销售的，税基为销售额

所称的销售额是指纳税人销售应税消费品向购买方收取的全部价款和价外费用。其中，价款是按商品价格计算的款项，不包括向购买方收取的增值税税款。所称价外费用是指价外向购买方收取的手续费、补贴、基金、集资费、返还利润、奖励费、违约金、滞纳金、延期付款利息、赔偿金、代收款项、代垫款项、包装费、包装物租金、储备费、优质费、运输装卸费以及其他各种性质的价外收费。但下列项目不包括在内：

（1）同时符合以下条件的代垫运输费用：承运部门的运输费用发票开具给购买方的；纳税人将该项发票转交给购买方的。

（2）同时符合以下条件代为收取的政府性基金或者行政事业性收费：由国务院或者财政部批准设立的政府性基金，由国务院或者省级人民政府及其财政、价格主管部门批准设立的行政事业性收费；收取时开具省级以上财政部门印制的财政票据；所收款项全额上缴财政。

如果纳税人应税消费品的销售额中未扣除增值税税款或者因不得开具增值税专用发票而发生价款和增值税税款合并收取的，在计算消费税时，应当换算为不含增值税税款的销售额。其换算公式为：

应税消费品的销售额＝含增值税的销售额÷（1+增值税税率或征收率）

应税消费品连同包装物销售的，无论包装物是否单独计价以及在会计上如何核算，均应并入应税消费品的销售额中缴纳消费税。如果包装物不作价随同产品销售，而是收取押金，此项押金则不应并入应税消费品的销售额中征税。但对因逾期未收回的包装物不再退还的或者已收取的时间超过12个月的押金，应并入应税消费品的销售额，按照应税消费品的适用税率缴纳消费税。对酒类产品生产企业销售酒类产品（黄酒、啤酒除外）而收取的包装物押金，无论押金是否返还与会计上如何核算，均须并入酒类产品销售额中，依酒类产品的适用税率征收消费税。

对既作价随同应税消费品销售，又另外收取押金的包装物的押金，凡纳税人在规定的期限内没有退还的，均应并入应税消费品的销售额，按照应税消费品的适用税率缴纳消费税。

纳税人销售的应税消费品，以人民币计算销售额。纳税人以人民币以外的货币结算销售额的，应当折合成人民币计算。其销售额的人民币折合率可以选择销售额发生的当天或者当月1日的人民币汇率中间价。纳税人应事先确定采用何种折合率，确定后1年内不得变更。

2.自产自用且应当纳税的，税基为同类消费品的销售价格或组成计税价格

所称同类消费品的销售价格是指纳税人当月销售的同类消费品的销售价格，如果当月同类消费品各期销售价格高低不同，应按销售数量加权平均计算。但销售的应税消费品有下列情况之一的，不得列入加权平均计算：一是销售价格明显偏低又无正当理由的；二是无销售价格的。如果当月无销售或者当月未完结，应按照同类消费品上月或最近月份的销售价格计算纳税。

没有同类消费品的销售价格的，按照组成计税价格计算纳税。所称组成计税价格是在没有同类消费品销售价格的情况下，根据计税价格的构成要素组成的计税价格。组成计税价格的计算公式为：

组成计税价格＝（成本+利润）÷（1-消费税税率）

所称成本是指应税消费品的产品生产成本。所称利润是指根据应税消费品的全国平均成本利润率计算的利润。应税消费品全国平均成本利润率由国家税务总局确定。各类应税消费品的全国平均成本利润率规定如下：

（1）甲类卷烟　10%

（2）乙类卷烟　5%

（3）雪茄烟　5%

（4）烟丝　5%

（5）粮食白酒　10%

（6）薯类白酒　5%

（7）其他酒　5%

（8）高档化妆品　5%

（9）高尔夫球及球具　10%

（10）高档手表　20%

（11）游艇　10%

（12）木制一次性筷子　5%

（13）实木地板　5%

（14）鞭炮、焰火　5%

（15）贵重首饰及珠宝玉石　6%

（16）摩托车　6%

（17）乘用车　8%

（18）中轻型商用客车　5%

（19）电池　4%

（20）涂料　7%

3.委托加工的应税消费品，税基为受托方同类消费品的销售价格或组成计税价格

受托方同类消费品的销售价格是指受托方当月销售的同类消费品的销售价格。如果受托方当月同类消费品各期销售价格高低不同，应按各期销售数量加权平均计算销售价格。但是，无销售价格或销售价格明显偏低又无正当理由的，不得列入加权平均计算。如果受托方当月无销售或者销售未完结的，应按照同类消费品上月或最近月份的销售价格计算纳税。

在没有同类应税消费品销售价格的情况下，应当计算组成计税价格。组成计税价格的计算公式为：

组成计税价格=（材料成本+加工费）÷（1-消费税税率）

材料成本是指委托方所提供加工材料的实际成本。委托加工应税消费品的纳税人，必须在委托加工合同上如实注明（或者以其他方式提供）材料成本，凡未提供材料成本的，受托方主管税务机关有权核定其材料成本。加工费是指受托方加工应税消费品向委托方所收取的全部费用（包括代垫辅助材料的实际成本），不包括收取的增值税税额。

4.进口的应税消费品，税基为组成计税价格

组成计税价格计算公式为：

组成计税价格=（关税完税价格+关税）÷（1-消费税税率）

5.在零售环节纳税的应税消费品，税基为不含增值税的销售额

现行消费税制度中，金银首饰、钻石及钻石饰品、超豪华小汽车的纳税环节为零售环节，税基为不含增值税的销售额。

在确定从价定率法应税消费品的税基时，纳税人应税消费品的计税价格明显偏低并无正当理由的，由主管税务机关核定其计税价格。应税消费品的计税价格的核定权限规定如下：卷烟、白酒和小汽车的计税价格由国家税务总局核定，送财政部备案；其他应税消费品的计税价格由省、自治区和直辖市税务局核定；进口的应税消费品的计税价格由海关核定。纳税人用于换取生产资料和消费资料、投资入股和抵偿债务等方面的应税消费品，以纳税人同类消费品的最高销售价格为税基计算消费税。

（二）从量定额法应税消费品的税基

现行消费税制度中，采用从量定额法计税的应税消费品包括：①酒中的黄酒、啤酒；②成品油。它们的纳税环节，均为生产、委托加工和进口环节。

从量定额法应税消费品的税基为：①自制并对外销售的，税基为销售数量；纳税人通过自设门市部销售自产应税消费品的，为门市部的对外销售数量。②自产自用且应当纳税的，税基为应税消费品的移送使用数量。③委托加工的应税消费品，税基为收回的应税消费品数量。④进口的应税消费品，税基为海关核定的应税消费品进口征税数量。

实行从量定额办法计算应纳税额的，计算单位的换算标准如下：

（1）啤酒为　　1吨=988升

（2）黄酒为　　1吨=962升

（3）汽油为　　1吨=1 388升

（4）柴油为　　1吨=1 176升

（5）石脑油为　　1吨=1 385升

（6）溶剂油为　　1吨=1 282升

（7）润滑油为　　1吨=1 126升

（8）燃料油为　　1吨=1 015升

（9）航空煤油为　　1吨=1 246升

（三）复合计税法应税消费品的税基

在现行消费税制度中，采用复合计税法的应税消费品包括：生产、进口、委托加工、自产自用环节的卷烟、白酒；批发销售环节的卷烟。复合计税法应税消费品的税基为：

1.白酒

实行从量定额计税的部分，其税基为应税消费品的数量，具体规定为：生产销

售白酒的，以实际销售数量为税基；进口、委托加工、自产自用白酒的，分别以海关核定的进口征税数量、委托方收回数量、移送使用数量为税基。

实行从价定率计税的部分，其税基确定办法见从价定率方法的税基。其中，需要以组成计税价格为税基的，分别按下列公式计算：

进口白酒：

组成计税价格＝（关税完税价格＋关税＋进口数量×定额税率）÷（1-比例税率）

委托加工白酒：

组成计税价格＝（材料成本＋加工费＋委托加工数量×定额税率）÷（1-比例税率）

自产自用白酒：

组成计税价格＝（成本＋利润＋自产自用数量×定额税率）÷（1-比例税率）

为保全税基，自2009年8月1日起，白酒生产企业销售给销售单位的白酒，生产企业消费税计税价格低于销售单位对外销售价格（不含增值税，下同）70%以下的，税务机关应核定消费税最低计税价格。销售单位是指销售公司、购销公司以及委托境内其他单位或个人包销本企业生产白酒的商业机构。销售公司、购销公司是指专门购进并销售白酒生产企业生产的白酒，并与该白酒生产企业存在关联性质的企业。包销是指销售单位依据协定价格从白酒生产企业购进白酒，同时承担大部分包装材料等成本费用，并负责销售白酒。

白酒消费税最低计税价格由白酒生产企业自行申报，税务机关核定。主管税务机关应将白酒生产企业申报的销售给销售单位的消费税计税价格低于销售单位对外销售价格70%以下、年销售额1 000万元以上的各种白酒，按照要求在规定的时限内逐级上报至国家税务总局。税务总局选择其中部分白酒核定消费税最低计税价格。除税务总局已核定消费税最低计税价格的白酒外，其他需要核定消费税最低计税价格的白酒，消费税最低计税价格由各省、自治区、直辖市和计划单列市税务局核定。

白酒消费税最低计税价格核定标准如下：①白酒生产企业销售给销售单位的白酒，生产企业消费税计税价格高于销售单位对外销售价格70%（含70%）以上的，税务机关暂不核定消费税最低计税价格。②白酒生产企业销售给销售单位的白酒，生产企业消费税计税价格低于销售单位对外销售价格70%以下的，消费税最低计税价格由税务机关根据生产规模、白酒品牌、利润水平等情况在销售单位对外销售价格50%~70%范围内自行核定。其中生产规模较大，利润水平较高的企业生产的需要核定消费税最低计税价格的白酒，税务机关核价幅度原则上应选择在销售单位对外销售价格60%~70%范围内。

已核定最低计税价格的白酒，生产企业实际销售价格高于消费税最低计税价格的，按实际销售价格申报纳税；实际销售价格低于消费税最低计税价格的，按最低计税价格申报纳税。已核定最低计税价格的白酒，销售单位对外销售价格持续上涨或下降时间达到 3 个月以上、累计上涨或下降幅度在 20%（含）以上的白酒，税务机关重新核定最低计税价格。

自 2015 年 6 月 1 日起，纳税人将委托加工收回的白酒销售给销售单位，消费税计税价格低于销售单位对外销售价格（不含增值税）70% 以下，属于《消费税条例》第 10 条规定的情形，应该按照上述规定的核价办法，核定消费税最低计税价格。

2. 卷烟

（1）生产、进口、委托加工、自产自用卷烟

实行从量定额计税方法的卷烟，以应税消费品的数量为税基，具体为：生产销售卷烟的，以实际销售数量为税基；进口、委托加工、自产自用卷烟，分别以海关核定的进口征税数量、委托方收回数量、移送使用数量为税基。

实行从价定率计税方法的卷烟，生产销售卷烟的，其税基规定如下：

自 2012 年 1 月 1 日起，按照《卷烟消费税计税价格信息采集和核定管理办法》规定，卷烟消费税最低计税价格（简称计税价格）由国家税务总局按照卷烟批发环节销售价格扣除卷烟批发环节批发毛利核定并发布。计税价格的核定公式为：

某牌号、规格卷烟计税价格=批发环节销售价格×（1-适用批发毛利率）

卷烟批发环节销售价格，按照税务机关采集的所有卷烟批发企业在价格采集期内销售的该牌号、规格卷烟的数量、销售额进行加权平均计算。其计算公式为：

$$批发环节销售价格 = \frac{\sum 该牌号、规格卷烟各采集点的销售额}{\sum 该牌号、规格卷烟各采集点的销售数量}$$

卷烟批发毛利率具体标准为：调拨价格满 146.15 元的一类烟 34%；其他一类烟 29%；二类烟 25%；三类烟 25%；四类烟 20%；五类烟 15%。

一类卷烟，是指每标准条（200 支，下同）调拨价格满 100 元的卷烟。二类卷烟，是指每标准条调拨价格满 70 元不满 100 元的卷烟。三类卷烟，是指每标准条调拨价格满 30 元不满 70 元的卷烟。四类卷烟，是指每标准条调拨价格满 16.5 元不满 30 元的卷烟。五类卷烟，是指每标准条调拨价格不满 16.5 元的卷烟。

未经国家税务总局核定计税价格的新牌号、新规格卷烟，生产企业应按卷烟调拨价格申报纳税。已经国家税务总局核定计税价格的卷烟，生产企业实际销售价格高于计税价格的，按实际销售价格确定适用税率，计算应纳税款并申报纳税；实际销售价格低于计税价格的，按计税价格确定适用税率，计算应纳税款并申报纳税。

"新牌号卷烟"，是指在国家知识产权局商标局新注册商标牌号，且未经国家税务总局核定计税价格的卷烟。"新规格卷烟"，是指 2009 年 5 月 1 日卷烟消费税政策调整后，卷烟名称、产品类型、条与盒包装形式、包装支数等主要信息发生变更时，必须作为新产品重新申请新的卷烟商品条码的卷烟。"卷烟调拨价格"，是指卷烟生产企业向商业企业销售卷烟的价格，不含增值税。

对自产自用、委托加工、进口卷烟，需要以组成计税价格为税基的，分别按下列公式计算：

自产自用卷烟：

组成计税价格＝（成本+利润+自产自用数量×定额税率）÷（1-比例税率）

委托加工卷烟：

组成计税价格＝（材料成本+加工费+委托加工数量×定额税率）÷（1-比例税率）

进口卷烟：

组成计税价格＝（关税完税价格+关税+进口数量×定额税率）÷（1-比例税率）

进口卷烟消费税适用比例税率按以下办法确定：

首先，每标准条进口卷烟（200支）确定消费税适用比例税率的价格＝（关税完税价格+关税+消费税定额税）÷（1-消费税税率）。其中，关税完税价格和关税为每标准条的关税完税价格及关税税额；定额税率为每标准条（200支）0.6元（依据现行消费税定额税率折算而成）；消费税税率固定为36%。

其次，每标准条进口卷烟（200支）确定消费税适用比例税率的价格≥70元人民币的，适用比例税率为56%；每标准条进口卷烟（200支）确定消费税适用比例税率的价格＜70元人民币的，适用比例税率为36%。依据上述确定的消费税适用比例税率，计算进口卷烟消费税组成计税价格和应纳消费税税额。

$$进口卷烟消费税组成计税价格=\frac{关税完税价格 + 关税 + 消费税定额税}{1 - 进口卷烟消费税适用比例税率}$$

$$\begin{matrix}应纳消费税\\税额\end{matrix}=\begin{matrix}进口卷烟消费税\\组成计税价格\end{matrix}×\begin{matrix}进口卷烟消费税\\适用比例税率\end{matrix}+\begin{matrix}消费税\\定额税\end{matrix}$$

其中，消费税定额税＝海关核定的进口卷烟数量×消费税定额税率，消费税定额税率为每支0.003元。

（2）批发销售卷烟

对卷烟在批发环节实行从价定率计税的税基为批发销售额（不含增值税）；实行从量定额计税的税基为批发销售数量。

纳税人兼营卷烟批发和零售业务的，应当分别核算批发和零售环节的销售额、销售数量；未分别核算批发和零售环节销售额、销售数量的，按照全部销售额、销售数量计征批发环节消费税。

二、税率

税率由消费税的计税方法所决定，中国现行消费税的税率有定额、定率、定额与定率相结合三种形式。消费税的税率水平是根据应税消费品的价值构成、相关税种的税率水平和运用消费税矫正外部成本、缩小收入差距及保护资源与环境的需要分别确定的。目前，消费税税目、税率表见表4-1。

表4-1   消费税税目、税率表

税 目	税 率
一、烟	
1.卷烟	
工业生产环节	
（1）甲类卷烟	56%加0.003元/支
（2）乙类卷烟	36%加0.003元/支
商业批发环节	11%加0.005元/支
2.雪茄烟	36%
3.烟丝	30%
二、酒	
1.白酒	20%加0.5元/500克（或500毫升）
2.黄酒	240元/吨
3.啤酒	
（1）甲类啤酒	250元/吨
（2）乙类啤酒	220元/吨
4.其他酒	10%
三、高档化妆品	15%
四、贵重首饰及珠宝玉石	
1.金银首饰、铂金首饰和钻石及钻石饰品	5%
2.其他贵重首饰和珠宝玉石	10%
五、鞭炮、焰火	15%
六、成品油	
1.汽油	1.52元/升
2.柴油	1.20元/升
3.航空煤油	1.20元/升
4.石脑油	1.52元/升
5.溶剂油	1.52元/升
6.润滑油	1.52元/升
7.燃料油	1.20元/升
七、摩托车	
1.气缸容量（排气量，下同）250毫升的	3%
2.气缸容量在250毫升以上的	10%

续表

税　目	税　率	
八、小汽车	生产（进口）	零售
1.乘用车		
（1）气缸容量（排气量，下同）在1.0升（含）以下的	1%	
（2）气缸容量在1.0升以上至1.5升（含）的	3%	
（3）气缸容量在1.5升以上至2.0升（含）的	5%	
（4）气缸容量在2.0升以上至2.5升（含）的	9%	
（5）气缸容量在2.5升以上至3.0升（含）的	12%	
（6）气缸容量在3.0升以上至4.0升（含）的	25%	
（7）气缸容量在4.0升以上的	40%	
2.中轻型商用客车	5%	
3.超豪华小汽车	按子税目1和子税目2的规定征收	10%
九、高尔夫球及球具	10%	
十、高档手表	20%	
十一、游艇	10%	
十二、木制一次性筷子	5%	
十三、实木地板	5%	
十四、电池	4%	
十五、涂料	4%	

纳税人兼营不同税率的应税消费品，应当分别核算不同税率应税消费品的销售额和销售数量，未分别核算销售额、销售数量或将不同税率的应税消费品组成成套消费品销售的，从高适用税率。

第四节　税额计算

一、基本公式

（一）从价定率法应税消费品的应纳税额

1.生产销售应税消费品的

应纳税额=销售额×比例税率

2.自产自用、委托加工应税消费品的

应纳税额=同类应税消费品的销售价格（或组成计税价格）×比例税率

3.零售应税消费品的

应纳税额=零售销售额×比例税率

4.进口应税消费品的

应纳税额=组成计税价格×比例税率

（二）从量定额法应税消费品的应纳税额

1.生产销售应税消费品的

应纳税额=销售数量×定额税率

2.自产自用应税消费品的

应纳税额=移送使用数量×定额税率

3.委托加工应税消费品的

应纳税额=委托方收回数量×定额税率

4.进口应税消费品的

应纳税额=海关核定的进口数量×定额税率

（三）复合计税法应税消费品的应纳税额

1.生产、批发销售应税消费品的

应纳税额=销售额×比例税率+销售数量×定额税率

2.自产自用应税消费品的

应纳税额=同类应税消费品的销售价格（或组成计税价格）×比例税率+移送使用数量×定额税率

3.委托加工应税消费品的

应纳税额=同类应税消费品的销售价格（或组成计税价格）×比例税率+委托方收回数量×定额税率

4.进口应税消费品的

应纳税额=组成计税价格×比例税率+海关核定的进口数量×定额税率

（四）以已税消费品连续生产应税消费品的应纳税额

纳税人以外购或委托加工收回的已税消费品生产的应税消费品，应当从上述应纳税额计算公式中扣除已纳消费税税款。

当期准予扣除的已税消费品已纳消费税税款的计算公式为：

1.以外购已税消费品生产应税消费品的

当期准予扣除的应税消费品税款=当期准予扣除的应税消费品买价×应税消费品适用税率

其中：

当期准予扣除的应税消费品买价=期初库存的应税消费品买价+当期购进的应税消费品买价-期末库存的应税消费品买价

适用从量定额计税办法的应税消费品，其抵扣税款的计算公式为：

$$\frac{\text{当期准予扣除的外购}}{\text{应税消费品已纳税款}} = \frac{\text{当期准予扣除外购}}{\text{应税消费品数量}} \times \frac{\text{外购应税}}{\text{消费品单位税额}}$$

其中：

$$\frac{\text{当期准予扣除的}}{\text{应税消费品数量}} = \frac{\text{期初库存的}}{\text{应税消费品数量}} + \frac{\text{当期购进的}}{\text{应税消费品数量}} - \frac{\text{期末库存的}}{\text{应税消费品数量}}$$

上述外购应税消费品的买价，是纳税人取得的增值税外购应税消费品增值税专用发票（抵扣联）原件和复印件注明的应税消费品的销售额。外购应税消费品的数量，是纳税人取得的增值税外购应税消费品增值税专用发票（抵扣联）原件和复印件注明的应税消费品的销售数量。纳税人从增值税小规模纳税人购进应税消费品，外购应税消费品的抵扣凭证为主管税务机关代开的增值税专用发票。

2.以委托加工已税消费品生产应税消费品的

$$\frac{\text{当期准予扣除的}}{\text{应税消费品税款}} = \frac{\text{期初库存的}}{\text{应税消费品税款}} + \frac{\text{当期收回的}}{\text{应税消费品税款}} - \frac{\text{期末库存的}}{\text{应税消费品税款}}$$

委托加工应税消费品的已纳税款，为代扣代缴税款凭证注明的受托方代收代缴的消费税。

3.以进口已税消费品生产应税消费品的

$$\frac{\text{当期准予扣除的}}{\text{应税消费品税款}} = \frac{\text{期初库存的}}{\text{应税消费品税款}} + \frac{\text{当期进口的}}{\text{应税消费品税款}} - \frac{\text{期末库存的}}{\text{应税消费品税款}}$$

进口应税消费品的已纳税款，为海关进口消费税专用缴款书上注明的进口环节消费税。

二、例题

【例4-1】南方某化妆品生产公司系增值税一般纳税人，2022年10月有关购销情况如下：

（1）从某农业生产者购入一批农产品作生产用材料，填开的农产品收购发票上列明的买价200 000元；发生运输费用2 000元，取得的增值税专用发票上注明的增值税税额180元；该批农产品已运抵企业，并于本月全部领用，用于生产高档化妆品。

（2）从某生产企业购进生产用材料并取得增值税专用发票，发票上注明的价款、税款分别为400 000元、52 000元；发生运输费用5 000元，取得的铁路运输部门开具的增值税专用发票上注明的增值税税额450元；该批材料已运抵企业。

（3）将定做的生产经营用包装物运回企业并取得增值税专用发票，发票上注明的价款、税款分别为2 000元、260元。

（4）支付生产设备修理费并取得增值税专用发票，发票上注明的修理费、增值税分别为800元、104元；支付道路通行费，取得的收费公路通行费增值税电子普通发票上注明的增值税税额 80 元。

（5）购进办公用品，取得增值税普通发票，支付金额 1 500 元；取得增值税专用发票，发票中注明的价款、税款分别为 5 000 元、650 元。

（6）支付水费，取得自来水公司开具的增值税专用发票，发票中注明的价款、税款分别为 30 000 元、900 元；支付电费，取得供电部门开具的增值税专用发票，发票中注明的价款、税款分别为 45 000 元、5 850 元；上述水电均为生产经营管理耗用。

（7）支付某广告媒体公司广告费 200 000 元，取得的增值税专用发票上注明的增值税税额 12 000 元。

（8）支付生产、经营管理用车辆保险费 300 000 元，取得的增值税专用发票上注明的增值税税额 18 000 元。

（9）公司员工本月报销境内出差差旅费，取得的航空客票行程单票面的票价和燃油附加费共计 14 170 元，民航发展基金为 300 元；取得的客运大巴的发票上注明金额合计为 1 018 元，其中有 400 元的客运大巴的发票没有旅客身份信息；取得的某酒店开具的住宿业增值税专用发票上注明的价款、税款分别为 5 000 元、300 元。

（10）向某大型商场销售高档化妆品，开具的增值税专用发票上注明的销售额为 1 000 000 元；结算时，给予对方 5% 的现金折扣，另开红字发票入账。

（11）向某日用品零售商店销售高档化妆品，开具增值税普通发票上注明的金额为 67 800 元，货款已收讫。

其他资料：该公司上月无留抵税额；本例涉及的增值税专用发票已纳入防伪税控系统，均通过主管税务机关认证或已登录发票查询平台查询并确认；高档化妆品消费税税率为 15%。

要求：根据上述资料，回答下列问题：

（1）该公司本月应纳的增值税税额是多少？

（2）该公司本月应纳的消费税税额是多少？

解：

（1）销项税额 $=1\,000\,000×13\%+67\,800÷（1+13\%）×13\%$

　　　　　　$=137\,800$（元）

进项税额 $=200\,000×9\%+180+52\,000+450+260+104+80+650+900+5\,850+12\,000+$

　　　　　$18\,000+14\,170÷（1+9\%）×9\%+（1\,018-400）÷（1+3\%）×3\%+300+$

　　　　　$\dfrac{200\,000×9\%}{9\%}×(10\%-9\%)$

　　　　$=111\,962$（元）

应纳增值税税额 $=137\,800-111\,962=25\,838$（元）

（2）应纳消费税税额 $=1\,000\,000×15\%+67\,800÷（1+13\%）×15\%$

　　　　　　　　　$=159\,000$（元）

【例4-2】某石化公司2022年10月销售汽油240吨、柴油190吨、润滑油50吨、航空煤油20吨。计算该公司本月应纳消费税税额。

解：

汽油应纳消费税税额=240×1 388×1.52=506 342.4（元）

柴油应纳消费税税额=190×1 176×1.20=268 128（元）

润滑油应纳消费税税额=50×1 126×1.52=85 576（元）

航空煤油暂缓征收消费税。

应纳消费税税额合计=506 342.4+268 128+85 576=860 046.4（元）

【例4-3】某企业从境外进口一批小轿车，已知核定的关税完税价格为500万元，进口关税税率为15%，消费税税率为12%，计算该企业应纳的消费税税额。

解：

组成计税价格=（500+500×15%）÷（1-12%）=653.41（万元）

应纳消费税税额=653.41×12%=78.41（万元）

第五节　税款缴纳

一、纳税期限

消费税的纳税期限分别为1日、3日、5日、10日、15日、1个月或者1个季度。纳税人的具体纳税期限，由主管税务机关根据纳税人应纳税额的大小分别核定；不能按照固定期限纳税的，可以按次纳税。

纳税人以1个月或者1个季度为1个纳税期的，自期满之日起15日内申报纳税；以1日、3日、5日、10日或者15日为一个纳税期的，自期满之日起5日内预缴税款，于次月1日起15日内申报纳税并结清上月应纳税款。

纳税人进口应税消费品，应当自海关填发海关进口消费税专用缴款书之日起15日内缴纳税款。

二、纳税地点

消费税由税务机关征收，进口的应税消费品的消费税由海关代征。个人携带或者邮寄进境的应税消费品的消费税，连同关税一并计征。其具体规定如下：

1.纳税人销售的应税消费品，以及自产自用的应税消费品，除国务院财政、税务主管部门另有规定外，应当向纳税人机构所在地或者居住地的主管税务机关申报纳税。

2.委托加工的应税消费品，除受托方为个人外，由受托方向机构所在地或者居住地的主管税务机关解缴消费税税款。委托个人加工的应税消费品，由委托方向其机构所在地或者居住地主管税务机关申报纳税。

3.进口的应税消费品，由进口人或者其代理人向报关地海关申报纳税。

4.纳税人到外县（市）销售或委托外县（市）代销自产应税消费品的，于应税消费品销售后，向机构所在地或者居住地主管税务机关申报纳税。

5.纳税人的总机构与分支机构不在同一县（市）的，应当分别向各自机构所在地的主管税务机关申报纳税；经财政部、国家税务总局或者其授权的财政、税务机关批准，可以由总机构汇总向总机构所在地的主管税务机关申报纳税。

三、销货退回

纳税人销售的应税消费品，如因质量等原因由购买者退回时，经机构所在地或者居住地主管税务机关审核批准后，可退还已缴纳的消费税税款。

第六节　出口退（免）税

一、出口退（免）税的范围

出口货物，如果属于消费税应税消费品，实行下列消费税政策：

1.出口企业出口或视同出口适用增值税退（免）税的货物，免征消费税，如果属于购进出口的货物，退还前一环节对其已征的消费税。

2.出口企业出口或视同出口适用增值税免税政策的货物，免征消费税，但不退还其以前环节已征的消费税，且不允许在内销应税消费品应纳消费税税款中抵扣。

3.出口企业出口或视同出口适用增值税征税政策的货物，应按规定缴纳消费税，不退还其以前环节已征的消费税，且不允许在内销应税消费品应纳消费税税款中抵扣。

二、消费税退税的计税依据

出口货物的消费税应退税额的计税依据，按购进出口货物的消费税专用缴款书和海关进口消费税专用缴款书确定。

属于从价定率计征消费税的，为已征且未在内销应税消费品应纳税额中抵扣的购进出口货物金额；属于从量定额计征消费税的，为已征且未在内销应税消费品应纳税额中抵扣的购进出口货物数量；属于复合计征消费税的，按从价定率和从量定额的计税依据分别确定。

三、消费税退税的计算

消费税应退税额按下列公式计算：

$$\begin{aligned}应退消费税\\税额\end{aligned} = \begin{aligned}从价定率计征消费税的\\退税计税依据\end{aligned} \times \begin{aligned}比例\\税率\end{aligned} + \begin{aligned}从量定额计征消费税的\\退税计税依据\end{aligned} \times \begin{aligned}定额\\税率\end{aligned}$$

【例4-4】 某外贸公司10月从某化妆品厂购进一批高档化妆品，支付价款800 000元、增值税税额104 000元，已取得化妆品厂开具的增值税专用发票。11月该公司将该批化妆品全部出口，离岸价格为115 000美元，折合人民币954 500元。该高档化妆品增值税退税率为13%，消费税退税率为15%。计算该公司应退的增值税税额和消费税税额。

解：

应退增值税税额=800 000×13%=104 000（元）

应退消费税税额=800 000×15%=120 000（元）

四、消费税退（免）税处理

适用消费税退（免）税或免税政策的出口企业或其他单位，应办理退（免）税认定。出口企业或其他单位退（免）税认定之前的出口货物劳务，在办理退（免）税认定后，可按规定适用增值税退（免）税或免税及消费税退（免）税政策。

经过认定的出口企业及其他单位，应在规定的增值税纳税申报期内向主管税务机关申报消费税退（免）税和免税。委托出口的货物，由委托方申报消费税退（免）税和免税。出口企业或其他单位骗取国家出口退税款的，经省级以上税务机关批准可以停止其退（免）税资格。

出口企业或其他单位出口货物劳务适用免税政策的，除特殊区域内企业出口的特殊区域内货物、出口企业或其他单位视同出口的免征增值税的货物劳务外，如果未按规定申报免税，应视同内销货物征收消费税。开展进料加工业务的出口企业若发生未经海关批准将海关保税进口料件作价销售给其他企业加工的，应按规定征收消费税。卷烟出口企业经主管税务机关批准按国家批准的免税出口卷烟计划购进的卷烟免征消费税。发生消费税不应退税或免税但已实际退税或免税的，出口企业和其他单位应当补缴已退或已免税款。

□ 复习思考题

一、概念

消费税 消费支出税 消费品税 收入性消费税 调节性消费税 有限型消费税 中间型消费税 延伸型消费税 直接消费税 间接消费税

二、问题

1.消费税的性质

2.消费税的特殊作用

3.消费税的发展演变过程

4.消费税的征税对象

5.消费税的纳税人

6.消费税的税基

7.消费税的税率

8.生产并销售或自用的应税消费品的税额计算

9.委托加工应税消费品的税额计算

10.进口应税消费品的税额计算

11.连续生产应税消费品的税额计算

12.消费税出口退税的退税范围、退税计税依据及退税额计算

第五章

其他国内商品税

主要内容
- 车辆购置税的基本制度
- 城市维护建设税的基本制度
- 烟叶税的基本制度

第一节　城市维护建设税

一、税种设置

　　城市维护建设税是对从事工商经营并缴纳增值税和消费税的单位和个人，按照增值税、消费税的税额征收的一种附加税。

　　1979年之前，中国的城市维护建设资金主要来源于工商税附加、城市公用事业附加和政府拨付的城市维护费，城市维护建设资金一直不足。1979年，国家在部分大中城市，采用从工商企业按上年利润提取5%用作城市维护建设资金的办法，但仍未从根本上解决城市维护建设资金不足的问题。为此，1985年2月，国务院发布了《中华人民共和国城市维护建设税暂行条例》（简称《城市维护建设税暂行条例》），开始征收城市维护建设税，规定城市维护建设税税款遵循"专款专用"原则，专用于城市以及乡镇的公用事业和公共设施的维护建设。1994年税制改革时，保留了该税种，并作了进一步的规范。《城市维护建设税暂行条例》施行以来，为筹集城市维护建设资金，加强城市维护建设发挥了重要作用。随着预算管理制度改革深化，自2016年起城市维护建设税收入已由预算统筹安排，不再指定专项用途。为贯彻落实党中央、国务院决策部署，根据《贯彻落实税收法定原则的实施意见》对相关立法工作的安排，按照积极、稳妥、有序、先易后难的原则，2020年8月城市维护建设税完成了立法工作，由暂行条例上升为税收法律。

目前，城市维护建设税的法律依据主要是2020年8月11日第十三届全国人民代表大会常务委员会第二十一次会议通过、自2021年9月1日起施行的《中华人民共和国城市维护建设税法》（简称《城市维护建设税法》）。

二、纳税人

城市维护建设税的纳税人是在中华人民共和国境内缴纳增值税、消费税的单位和个人。

城市维护建设税的扣缴义务人为负有增值税、消费税扣缴义务的单位和个人，在扣缴增值税、消费税的同时扣缴城市维护建设税。

三、纳税义务发生时间

城市维护建设税的纳税义务发生时间与增值税、消费税的纳税义务发生时间一致，分别与增值税、消费税同时缴纳。

四、税基与税率

（一）税基

城市维护建设税以纳税人依法实际缴纳的增值税、消费税（简称两税）税额为税基。

依法实际缴纳的增值税税额，是指纳税人依照增值税相关法律法规和税收政策规定计算应当缴纳的增值税税额，加上增值税免抵税额，扣除直接减免的增值税税额和期末留抵退税退还的增值税税额（简称留抵退税额）后的金额。

依法实际缴纳的消费税税额，是指纳税人依照消费税相关法律法规和税收政策规定计算应当缴纳的消费税税额，扣除直接减免的消费税税额后的金额。

应当缴纳的两税税额，不含因进口货物或境外单位和个人向境内销售劳务、服务、无形资产缴纳的两税税额。即对进口货物或者境外单位和个人向境内销售劳务、服务、无形资产缴纳的增值税、消费税税额，不征收城市维护建设税。

直接减免的增值税或消费税税额，是指依照增值税、消费税相关法律法规和税收政策规定，直接减征或免征的两税税额，不包括实行先征后返、先征后退、即征即退办法退还的两税税额。

城市维护建设税税基的具体计算公式如下：

城市维护建设税税基=依法实际缴纳的增值税税额+依法实际缴纳的消费税税额

$$\begin{aligned}依法实际缴纳的\\增值税税额\end{aligned} = \begin{aligned}纳税人依照增值税相关法律法规和\\税收政策规定计算应当缴纳的增值税税额\end{aligned} + \begin{aligned}增值税\\免抵税额\end{aligned} - \begin{aligned}直接减免的\\增值税税额\end{aligned} - \begin{aligned}留抵\\退税额\end{aligned}$$

$$\begin{aligned}依法实际缴纳的\\消费税税额\end{aligned} = \begin{aligned}纳税人依照消费税相关法律法规和税收\\政策规定计算应当缴纳的消费税税额\end{aligned} - \begin{aligned}直接减免的\\消费税税额\end{aligned}$$

【例5-1】位于某市市区的甲企业，2021年10月申报期，享受直接减免增值税优惠（不包含先征后退、即征即退）后申报缴纳增值税50万元，9月已核准增值税免抵税额10万元（其中涉及出口货物6万元，涉及增值税零税率应税服务4万元），9月收到增值税留抵退税额5万元。计算该企业10月申报缴纳城市维护建设税的税基。

解：

城市维护建设税税基=50+6+4-5=55（万元）

纳税人自收到留抵退税额之日起，应当在下一个纳税申报期从城市维护建设税税基中扣除。

留抵退税额仅允许在按照增值税一般计税方法确定的城市维护建设税税基中扣除。当期未扣除完的余额，在以后纳税申报期按规定继续扣除。

对于增值税小规模纳税人更正、查补此前按照一般计税方法确定的城市维护建设税税基，允许扣除尚未扣除完的留抵退税额。

【例5-2】位于某市市区的甲企业，2021年9月收到增值税留抵退税200万元。2021年10月申报期，申报缴纳增值税120万元（其中按照一般计税方法产生100万元，按照简易计税方法产生20万元）。2021年11月申报期，该企业申报缴纳增值税200万元，均为按照一般计税方法产生的。计算该企业10月和11月申报缴纳的城市维护建设税的税基。

解：

该企业10月申报缴纳的城市维护建设税税基=（100-100）+20=20（万元）

该企业11月申报缴纳的城市维护建设税税基=200-100=100（万元）

（二）税率

城市维护建设税的税率为地区差别比例税率。纳税人所在地区不同，享受的公用事业和基础设施不同，税率也不同。总的来说，市区的税率高于县城、镇，县城、镇的税率又高于农村。税率的具体水平为：

（1）纳税人所在地在市区的，税率为7%；

（2）纳税人所在地在县城、镇的，税率为5%；

（3）纳税人所在地不在市区、县城或者镇的，税率为1%。

纳税人所在地，是指纳税人住所地或者与纳税人生产经营活动相关的其他地点，具体地点由省、自治区、直辖市确定。

纳税人按所在地在市区、县城、镇和不在上述区域适用不同税率。市区、县城、镇按照行政区划确定。

行政区划变更的，自变更完成当月起适用新行政区划对应的城市维护建设税税率，纳税人在变更完成当月的下一个纳税申报期按新税率申报缴纳。

五、税收优惠

根据国民经济和社会发展的需要，国务院对重大公共基础设施建设、特殊产业和群体以及重大突发事件应对等情形可以规定减征或者免征城市维护建设税，报全国人民代表大会常务委员会备案。

知识拓展 5-1

[二维码]

城市维护建设税其他优惠政策

依据《财政部 税务总局关于进一步实施小微企业"六税两费"减免政策的公告》（财政部 税务总局公告 2022 年第 10 号）规定，自 2022 年 1 月 1 日至 2024 年 12 月 31 日，对增值税小规模纳税人、小型微利企业和个体工商户可以在 50% 的税额幅度内减征城市维护建设税。

六、税额计算

（一）基本公式

城市维护建设税税额计算的基本公式为：

应纳税额＝（依法实际缴纳的增值税税额+依法实际缴纳的消费税税额）×适用税率

（二）例题

【例 5-3】位于某县县城的甲企业（城市维护建设税适用税率为 5%），2021 年 10 月申报期，享受直接减免增值税优惠后申报缴纳增值税 90 万元，享受直接减免消费税优惠后申报缴纳消费税 30 万元。计算该企业当月应申报缴纳的城市维护建设税。

解：

应纳税额＝（90+30）×5%=6（万元）

【例 5-4】位于某市市区的乙企业（城市维护建设税适用税率为 7%），2021 年 10 月申报期，申报缴纳增值税 100 万元，其中 50 万元增值税是进口货物产生的。计算该企业当月应申报缴纳的城市维护建设税。

解：

应纳税额＝（100-50）×7%=3.5（万元）

七、税款缴纳

（一）缴纳地点与缴纳期限

城市维护建设税分别与增值税、消费税同时缴纳。同时缴纳是指在缴纳增值税、消费税时，应当在增值税、消费税同一缴纳地点、同一缴纳期限内，一并缴纳对应的城市维护建设税。

采用委托代征、代扣代缴、代收代缴、预缴、补缴等方式缴纳增值税、消费税的，应当同时缴纳城市维护建设税。这里所称的代扣代缴，不含因境外单位和个人向境内销售劳务、服务、无形资产代扣代缴增值税情形。

为进一步优化税收营商环境，自2021年8月1日起，税务总局推行增值税、消费税分别与附加税费（城市维护建设税、教育费附加、地方教育附加）申报表整合（简称申报表整合）。申报表整合实现了两税和附加税费"一表申报、同征同管"。《城市维护建设税法》施行后，申报表整合内容不变。

（二）税款退还

对因纳税人多缴发生的增值税、消费税退税，应同时退还已缴纳的城市维护建设税。增值税、消费税实行先征后返、先征后退、即征即退的，除另有规定外，不予退还随增值税、消费税附征的城市维护建设税。"另有规定"主要指在增值税实行即征即退等情形下，城市维护建设税可以给予免税的特殊规定，比如，《财政部国家税务总局关于黄金税收政策问题的通知》（财税〔2002〕142号）规定，黄金交易所会员单位通过黄金交易所销售标准黄金（持有黄金交易所开具的"黄金交易结算凭证"），发生实物交割的，由税务机关按照实际成交价格代开增值税专用发票，并实行增值税即征即退的政策，同时免征城市维护建设税。

城市维护建设税的征收管理等事项，比照增值税、消费税的有关规定办理。

【例5-5】位于某市市区的甲公司（城市维护建设税适用税率为7%），由于申报错误未享受优惠政策，2021年12月申报期，申请退还了多缴的增值税和消费税共150万元，同时当月享受增值税即征即退税款100万元。计算该公司12月应退还的城市维护建设税。

解：

应退税额=150×7%=10.5（万元）

第二节 车辆购置税

一、税种设置

车辆购置税是对购置的车辆向购置者征收的一种税。

车辆购置税是一种特定用途税，目的是筹集公路建设资金，满足公路建设需要。早在1985年，经国务院批准，就在全国范围内征收车辆购置附加费。车辆购置附加费的收入，主要用于公路建设，特别是国道、省道主干线公路的建设。为规范政府收入形式，强化预算管理，稳定税（费）负担，降低征税（费）的费用，借鉴市场经济国家筹集交通设施维护与建设资金的经验，2000年10月，国务院公布《中华人民共和国车辆购置税暂行条例》（简称《车辆购置税暂行条例》），将车辆购置附加费改为车辆购置税，规定自2001年1月1日起，对购置汽车、摩托车等车辆的单位和个人征收车辆购置税。《车辆购置税暂行条例》实施以来运行比较平稳，对组织财政收入、促进交通基础设施建设以及引导汽车产业健康发展，发挥了重要作用。2013年中共十八届三中全会明确提出"落实税收法定原则"的重大改革任务，根据2015年党中央审议通过的《贯彻落实税收法定原则的实施意见》对相关立法工作的安排，按照积极、稳妥、有序、先易后难的原则，2018年12月车辆购置税完成了立法工作，由暂行条例上升为税收法律。

现行车辆购置税的法律依据是2018年12月29日第十三届全国人民代表大会常务委员会第七次会议通过的《中华人民共和国车辆购置税法》（2018年12月29日中华人民共和国主席令第19号发布，简称《车辆购置税法》），自2019年7月1日起施行。

二、征税对象与纳税人

（一）征税对象

车辆购置税的征税对象是在中华人民共和国境内购置的汽车、有轨电车、汽车挂车、排气量超过150毫升的摩托车（统称应税车辆）。所称购置，是指以购买、进口、自产、受赠、获奖或者其他方式取得并自用应税车辆的行为。

地铁、轻轨等城市轨道交通车辆，装载机、平地机、挖掘机、推土机等轮式专用机械车，以及起重机（吊车）、叉车、电动摩托车，不属于应税车辆。

（二）纳税人

车辆购置税的纳税人是在中华人民共和国境内购置汽车、有轨电车、汽车挂车、排气量超过150毫升的摩托车的单位和个人。

已经办理免税、减税手续的车辆因转让、改变用途等原因不再属于免税、减税范围的，纳税人按以下规定执行：发生转让行为的，以受让人为车辆购置税纳税人；未发生转让行为的，以车辆所有人为车辆购置税纳税人。

（三）纳税义务发生时间

纳税义务发生时间为纳税人购置应税车辆的当日，即以纳税人购置应税车辆所取得的车辆相关凭证上注明的时间为准。具体说来，按照下列情形确定：

（1）购买自用应税车辆的为购买之日，即车辆相关价格凭证的开具日期。

（2）进口自用应税车辆的为进口之日，即"海关进口增值税专用缴款书"或者其他有效凭证的开具日期。

（3）自产、受赠、获奖或者以其他方式取得并自用应税车辆的为取得之日，即合同、法律文书或者其他有效凭证的生效或者开具日期。

已经办理免税、减税手续的车辆因转让、改变用途等原因不再属于免税、减税范围的，纳税义务发生时间为车辆转让或者用途改变等情形发生之日。

三、税基与税率

（一）税基

车辆购置税的税基为应税车辆的计税价格。由于应税车辆的来源不同，发生的应税行为不同，计税价格的组成也不同。

（1）纳税人购买自用的应税车辆，计税价格为纳税人实际支付给销售者的全部价款，不包含增值税税款。纳税人购买自用应税车辆实际支付给销售者的全部价款，依据纳税人购买应税车辆时相关凭证载明的价格确定，不包括增值税税款。

（2）纳税人进口自用的应税车辆，计税价格为关税完税价格加上关税和消费税。所称"纳税人进口自用的应税车辆"，是指纳税人直接从境外进口或者委托代理进口自用的应税车辆，不包括在境内购买的进口车辆。

计税价格=关税完税价格+关税+消费税

关税完税价格是海关核定的关税计税价格；关税是海关根据关税完税价格和关税税率计算并征收的关税税额；消费税是由海关代征的进口环节消费税。

（3）纳税人自产自用的应税车辆，计税价格按照纳税人生产的同类应税车辆（即车辆配置序列号相同的车辆）的销售价格确定，不包括增值税税款；没有同类应税车辆销售价格的，按照组成计税价格确定。组成计税价格计算公式如下：

组成计税价格=成本×（1+成本利润率）

属于应征消费税的应税车辆，其组成计税价格中应加计消费税税额。

上述公式中的成本利润率，由国家税务总局各省、自治区、直辖市和计划单列市税务局确定。

（4）纳税人以受赠、获奖或者其他方式取得自用的应税车辆，计税价格按照购置应税车辆时相关凭证载明的价格确定，不包括增值税税款。"购置应税车辆时相关凭证"，是指原车辆所有人购置或者以其他方式取得应税车辆时载明价格的凭证。无法提供相关凭证的，参照同类应税车辆市场平均交易价格确定其计税价格。原车辆所有人为车辆生产或者销售企业，未开具机动车销售统一发票的，按照车辆生产或者销售同类应税车辆的销售价格确定应税车辆的计税价格。无同类应税车辆销售价格的，按照组成计税价格确定应税车辆的计税价格。

（5）免税、减税车辆因转让、改变用途等原因不再属于免税、减税范围的，纳税人应当在办理车辆转移登记或者变更登记前缴纳车辆购置税。计税价格以免税、减税车辆初次办理纳税申报时确定的计税价格为基准，每满一年扣减10%。

纳税人申报的应税车辆计税价格明显偏低，又无正当理由的，由税务机关依照《税收征收管理法》的规定核定其应纳税额。

（二）税率

车辆购置税实行比例税率，税率为10%。

四、税收优惠

（一）法定免税

《车辆购置税法》规定免税的具体情形包括：

1.依照法律规定应当予以免税的外国驻华使馆、领事馆和国际组织驻华机构及其有关人员自用的车辆免征车辆购置税。

2.中国人民解放军和中国人民武装警察部队列入装备订货计划的车辆免征车辆购置税。

3.悬挂应急救援专用号牌的国家综合性消防救援车辆免征车辆购置税。

4.设有固定装置的非运输专用作业车辆免征车辆购置税。"设有固定装置的非运输专用作业车辆"，是指列入国家税务总局下发的《设有固定装置的非运输专用作业车辆免税图册》（简称免税图册）的车辆。纳税人在办理设有固定装置的非运输专用作业车辆免税申报时，除按照规定提供车辆合格证明和车辆相关价格凭证资料外，还应当提供车辆内、外观彩色5寸照片，主管税务机关依据免税图册办理免税手续。

知识拓展5-2

《财政部 国家税务总局关于防汛专用等车辆免征车辆购置税的通知》

5.城市公交企业购置的公共汽电车辆免征车辆购置税。"城市公交企业"，是指由县级以上（含县级）人民政府交通运输主管部门认定的，依法取得城市公交经营资格，为公众提供公交出行服务，并纳入《城市公共交通管理部门与城市公交企业名录》的企业；"公共汽电车辆"，是指按规定的线路、站点票价营运，用于公共交通服务，为运输乘客设计和制造的车辆，包括公共汽车、无轨电车和有轨电车。

（二）国务院规定的减免税

1.回国服务的在外留学人员用现汇购买1辆个人自用国产小汽车和长期来华定居专家进口1辆自用小汽车免征车辆购置税。防汛部门和森林消防部门用于指挥、检查、调度、报汛（警）、联络的由指定厂家生产的设有固定装置的指定型号的车辆免征车辆购置税。具体操作按照《财政部 国家税务总局关于防汛专用等车辆免征车辆购置税的通知》（财税〔2001〕39号）有关规定执行。

2.自 2021 年 1 月 1 日至 2022 年 12 月 31 日，对购置的新能源汽车免征车辆购置税。免征车辆购置税的新能源汽车是指纯电动汽车、插电式混合动力（含增程式）汽车、燃料电池汽车。具体操作按照《财政部 税务总局 工业和信息化部关于新能源汽车免征车辆购置税有关政策的公告》（财政部 税务总局 工业和信息化部公告 2020 年第 21 号）有关规定执行。

3.自 2018 年 7 月 1 日至 2021 年 6 月 30 日，对购置挂车减半征收车辆购置税。具体操作按照《财政部 税务总局 工业和信息化部关于对挂车减征车辆购置税的公告》（财政部 税务总局 工业和信息化部公告 2018 年第 69 号）有关规定执行。根据《财政部 税务总局关于延长部分税收优惠政策执行期限的公告》（财政部 税务总局公告 2021 年第 6 号），该项优惠政策执行期限延长至 2023 年 12 月 31 日。

4.根据《财政部 税务总局关于减征部分乘用车车辆购置税的公告》（财政部 税务总局公告 2022 年第 20 号）规定，对购置日期在 2022 年 6 月 1 日至 2022 年 12 月 31 日期间内且单车价格（不含增值税）不超过 30 万元的 2.0 升及以下排量乘用车，减半征收车辆购置税。

5.中国妇女发展基金会"母亲健康快车"项目的流动医疗车免征车辆购置税。

6.原公安现役部队和原武警黄金、森林、水电部队改制后换发地方机动车牌证的车辆（公安消防、武警森林部队执行灭火救援任务的车辆除外），一次性免征车辆购置税。

纳税人在办理车辆购置税免税、减税时，除按规定提供车辆合格证明和车辆相关价格凭证等资料外，还应当根据不同的免税、减税情形，分别提供相关资料的原件、复印件。

（1）外国驻华使馆、领事馆和国际组织驻华机构及其有关人员自用车辆，提供机构证明和外交部门出具的身份证明。

（2）城市公交企业购置的公共汽电车辆，提供所在地县级以上（含县级）交通运输主管部门出具的公共汽电车辆认定表。

（3）悬挂应急救援专用号牌的国家综合性消防救援车辆，提供中华人民共和国应急管理部批准的相关文件。

（4）回国服务的在外留学人员购买的自用国产小汽车，提供海关核发的"中华人民共和国海关回国人员购买国产汽车准购单"。

（5）长期来华定居专家进口自用小汽车，提供国家外国专家局或者其授权单位核发的专家证或者 A 类和 B 类"外国人工作许可证"。

知识拓展 5-3

《财政部 税务总局 工业和信息化部关于新能源汽车免征车辆购置税有关政策的公告》

知识拓展 5-4

《财政部 税务总局 工业和信息化部关于对挂车减征车辆购置税的公告》

五、税额计算

(一) 一般规定

车辆购置税实行从价定率征收，应纳税额的计算公式为：

应纳税额=应税车辆计税价格×税率

纳税人以外汇结算应税车辆价款的，按照申报纳税之日的人民币汇率中间价折合成人民币计算缴纳税款。

(二) 特殊规定

已经办理免税、减税手续的车辆发生转让行为，不再属于免税、减税范围的，应纳税额按以下规定执行：

应纳税额=初次办理纳税申报时确定的计税价格×（1-使用年限×10%）×10%-已纳税额

应纳税额不得为负数。

使用年限的计算方法是，自纳税人初次办理纳税申报之日起，至不再属于免税、减税范围的情形发生之日止。使用年限取整计算，不满一年的不计算在内。

(三) 例题

【例 5-6】李先生从某汽车销售店购买一辆小轿车供自己使用，支付了含增值税税款在内的款项 226 000 元，所支付的款项已由该店开具"机动车销售统一发票"，该轿车适用的车辆购置税税率为 10%。计算李先生应纳的车辆购置税。

解：

（1）计税价格 =226 000÷（1+13%）=200 000（元）

（2）应纳车辆购置税税额 = 200 000×10% = 20 000（元）

【例 5-7】某公司从国外进口 3 辆 A 型号的小轿车用于本单位使用。公司报关进口这批小轿车时，经报关地口岸海关审定，确定其关税完税价格为人民币 190 000 元/辆，关税税率为 15%，消费税税率为 5%。计算该公司应纳的车辆购置税。

解：

（1）组成计税价格=关税完税价格+关税+消费税

关税完税价格=190 000×3=570 000（元）

应纳关税税额=570 000×15%=85 500（元）

应纳消费税税额=［（570 000+85 500）÷（1-5%）］×5% =34 500（元）

组成计税价格=570 000+85 500+34 500 =690 000（元）

（2）应纳车辆购置税税额=组成计税价格×税率=690 000×10% =69 000（元）

六、税款缴纳

(一) 纳税申报

车辆购置税实行一车一申报制度。纳税人应当自纳税义务发生之日起60日内申报缴纳车辆购置税。纳税人办理纳税申报时应当如实填报"车辆购置税纳税申报表",同时提供车辆合格证明和车辆相关价格凭证。所称车辆合格证明,是指整车出厂合格证或者"车辆电子信息单"。所称车辆相关价格凭证是指:境内购置车辆为机动车销售统一发票或者其他有效凭证;进口自用车辆为"海关进口关税专用缴款书"或者海关进出口货物征免税证明,属于应征消费税车辆的还包括"海关进口消费税专用缴款书"。

购置应税车辆的纳税人,应当到下列地点申报纳税:

(1) 需要办理车辆登记的,向车辆登记地的主管税务机关申报缴纳车辆购置税。

(2) 不需要办理车辆登记的,单位纳税人向其机构所在地的主管税务机关申报缴纳车辆购置税,个人纳税人向其户籍所在地或者经常居住地的主管税务机关申报缴纳车辆购置税。

免税、减税车辆因转让、改变用途等原因不再属于免税、减税范围的,纳税人在办理纳税申报时,应当如实填报"车辆购置税纳税申报表"。发生二手车交易行为的,提供二手车销售统一发票;属于其他情形的,按照相关规定提供申报材料。

纳税人应当如实申报应税车辆的计税价格,税务机关应当按照纳税人申报的计税价格征收税款。纳税人编造虚假计税依据的,税务机关应当依照《税收征收管理法》及其实施细则的相关规定处理。

(二) 税款征收

车辆购置税由税务机关负责征收。

车辆购置税实行一次性征收。购置已征车辆购置税的车辆,不再征收车辆购置税。

纳税人应当在向公安机关交通管理部门办理车辆注册登记前,缴纳车辆购置税。

公安机关交通管理部门办理车辆注册登记,应当根据税务机关提供的应税车辆完税或者免税电子信息对纳税人申请登记的车辆信息进行核对,核对无误后依法办理车辆注册登记。

纳税人名称、车辆厂牌型号、发动机号、车辆识别代号(车架号)、证件号码等应税车辆完税或者免税电子信息与原申报资料不一致的,纳税人可以到税务机关办理完税或者免税电子信息更正,但是不包括以下情形:(1) 车辆识别代号(车架号）和发动机号同时与原申报资料不一致；（2）完税或者免税信息更正影响到车辆购置税税款；（3）纳税人名称和证件号码同时与原申报资料不一致。税务机关核实后，办理更正手续，重新生成应税车辆完税或者免税电子信息，并且及时传送给公安机关交通管理部门。

免税、减税车辆因转让、改变用途等原因不再属于免税、减税范围的，纳税人应当在办理车辆转移登记或者变更登记前缴纳车辆购置税。

税务机关和公安、商务、海关、工业和信息化等部门应当建立应税车辆信息共享和工作配合机制，及时交换应税车辆和纳税信息资料。

税务机关应当在税款足额入库或者办理免税手续后，将应税车辆完税或者免税电子信息，及时传送给公安机关交通管理部门。税款足额入库包括以下情形：纳税人到银行缴纳车辆购置税税款（转账或者现金），由银行将税款缴入国库的，国库已传回《税收缴款书（银行经收专用）》联次；纳税人通过横向联网电子缴税系统等电子方式缴纳税款的，税款划缴已成功；纳税人在办税服务厅以现金方式缴纳税款的，主管税务机关已收取税款。

七、退税

纳税人将已征车辆购置税的车辆退回车辆生产企业或者销售企业的，可以向主管税务机关申请退还车辆购置税。纳税人向原征收机关申请退税时，应当如实填报"车辆购置税退税申请表"，提供纳税人身份证明（单位纳税人为"统一社会信用代码证书"，或者营业执照或者其他有效机构证明；个人纳税人为居民身份证，或者居民户口簿或者入境的身份证件），并区别不同情形提供相关资料。

1.车辆退回生产企业或者销售企业的，提供生产企业或者销售企业开具的退车证明和退车发票。

2.其他依据法律法规规定应当退税的，根据具体情形提供相关资料。

车辆购置税的退税额以已缴税款为基准，自缴纳税款之日至申请退税之日，每满一年扣减10%。

应退税额计算公式如下：

应退税额＝已纳税额×（1－使用年限×10%）

应退税额不得为负数。

使用年限的计算方法是，自纳税人缴纳税款之日起，至申请退税之日止。

【例5-8】某汽车租赁公司一年前购买的1辆小汽车存在严重质量问题，整车退回汽车厂，当时缴纳车辆购置税10 000元，已取得汽车厂的退车证明和退车发票。计算应退的车辆购置税。

解：

应退车辆购置税＝10 000×（1－10%）＝9 000（元）

第三节　烟叶税

一、税种设置

烟叶税是对收购烟叶的单位，按其收购金额征收的一种税，是在取消农业税及农林特产农业税的情况下，为保留对烟叶征税而设置的一个税种。

烟叶是一种特殊产品，历来由政府专卖，同时由政府对烟叶的生产征收较高的税收。1994年之前，我国对烟叶的征税隶属于产品税和工商统一税。1994年之后，对烟叶开征的烟叶特产税，隶属于农业税。2006年，为减轻农民的税收负担，我国废除了农业税，作为农业税组成部分的烟叶特产税随之取消。为了保证烟叶产区的地方财政收入，在取消农业税的同时，国家又开征了烟叶税，并于2006年4月28日由国务院颁布了《中华人民共和国烟叶税暂行条例》。2013年中共十八届三中全会明确提出"落实税收法定原则"的重大改革任务，按照《贯彻落实税收法定原则的实施意见》对相关立法工作的安排，2015年国务院相关部门启动了烟叶税立法工作，并于2017年12月完成，烟叶税由暂行条例上升为税收法律。

目前，烟叶税的法律依据主要是2017年12月27日第十二届全国人大常委会第三十一次会议通过并于2018年7月1日起施行的《中华人民共和国烟叶税法》（简称《烟叶税法》）。

二、征税对象、纳税人与纳税义务发生时间

（一）征税对象

烟叶税的征税对象为烟叶，所称烟叶是指烤烟叶、晾晒烟叶。其中，晾晒烟叶包括列入名晾晒烟名录的晾晒烟叶和未列入名晾晒烟名录的其他晾晒烟叶。

（二）纳税人

烟叶税是一种法律规定上的逆转税，纳税人不是烟叶的生产者，而是在中华人民共和国境内收购烟叶的单位。这里的收购烟叶的单位是指依照《中华人民共和国烟草专卖法》（简称《烟草专卖法》）的规定有权收购烟叶的烟草公司或者受其委托收购烟叶的单位。依照《烟草专卖法》查处没收的违法收购的烟叶，以收购罚没烟叶的单位为纳税人。

（三）纳税义务发生时间

烟叶税的纳税义务发生时间为纳税人收购烟叶的当天。所称收购烟叶的当天是指纳税人向烟叶销售者付讫收购烟叶款项或者开具收购烟叶凭据的当天。

三、税基与税率

(一)税基

烟叶税的税基为纳税人收购烟叶实际支付的价款总额。纳税人收购烟叶实际支付的价款总额包括纳税人支付给烟叶生产销售单位和个人的烟叶收购价款和价外补贴。其中,价外补贴统一按烟叶收购价款的10%计算。

纳税人收购烟叶实际支付的价款总额计算公式如下:

纳税人收购烟叶实际支付的价款总额=收购价款×(1+10%)

(二)税率

烟叶税的税率为比例税率。为统一规划烟叶的种植,统一烟叶市场的收购价格,防止烟叶生产与流通中的不正当竞争,税率水平统一确定为20%。

四、税额计算

(一)基本公式

烟叶税应纳税额的计算公式为:

应纳税额=纳税人收购烟叶实际支付的价款总额×税率

(二)例题

【例5-9】某烟草公司向烟农(与烟草公司签订了烟叶收购合同)收购一批烟叶,实际支付的价款总额为66 000元。计算该烟草公司应纳的烟叶税。

解:

应纳税额=66 000×20% =13 200(元)

五、税款缴纳

烟叶税由税务机关依照《烟叶税法》和《税收征收管理法》的有关规定征收管理。

烟叶税按月计征,纳税人应当于纳税义务发生月终了之日起15日内,向烟叶收购地的主管税务机关申报纳税。

☐ 复习思考题

一、概念

车辆购置税　城市维护建设税　烟叶税

二、问题

1.车辆购置税的性质与作用

2.城市维护建设税的性质与作用

3.烟叶税的性质与作用

4.车辆购置税的基本制度

5.城市维护建设税的基本制度

6.烟叶税的基本制度

第三篇　所得课税

第六章

企业所得税

主要内容
- 企业所得税的性质与类型
- 企业所得税的特殊作用
- 企业所得税的基本制度
- 企业所得税的优惠政策
- 企业所得税的计算与缴纳

第一节　税种设置

一、企业所得税的性质与类型

（一）企业所得税的性质

企业所得税是对企业取得的所得征收的一种税，是政府直接参与各类企业收入分配的主要形式。

企业是独立的经济实体，是将土地、资本与劳动力结合起来从事生产、经营活动的经济组织。企业从事生产、经营活动的目的，是在为社会提供财富的同时实现越来越多的盈利。因此，所谓企业所得税，就是对企业从事生产、经营活动取得的盈利征的税。

在现代社会，企业有多种形式。从资本的构成来看，企业有独资企业、合伙企业与有限或无限责任公司等形式。从法律地位来看，企业有非法人企业与法人企业等形式。企业所得税主要是对公司或具有法人地位的企业征收的所得税。因此，在世界各国，企业所得税又被称为公司所得税或法人所得税。中国的企业所得税之所以不称为公司所得税或法人所得税，一方面是由于沿袭已久的习惯；另一方面是因为它不仅包括了公司制企业，而且还包括了非公司制企业，不仅包括了法人企业，而且还包括了某些非法人组织。

与增值税、消费税等税种相比，企业所得税通常被划归直接税，是政府参与企业收入分配的直接形式。与土地税、房产税等直接税相比，企业所得税是对国民经济的流量征的税，是政府参与企业收入分配的主要形式。

（二）企业所得税的类型

1.归并式企业所得税与独立式企业所得税

以企业所得税的存在形式为标准，可将企业所得税划分为归并式企业所得税与独立式企业所得税。归并式企业所得税是企业所得税的一种早期形式，其特点是在统一的所得税法中规定了对企业所得征税的有关事项，按统一的所得税法对企业所得征税。独立式企业所得税是目前世界各国普遍采用的企业所得税形式，其特点是在所得税法或个人所得税法之外单独制定企业所得税法，设置独立的企业所得税税种。

中国现行的企业所得税是一种独立式企业所得税。

2.统征式企业所得税、分率式企业所得税与免税式企业所得税

以对企业分配利润的处理办法为标准，可将企业所得税划分为统征式企业所得税、分率式企业所得税和免税式企业所得税。统征式企业所得税是对企业的全部利润，包括分配利润和保留利润，按照统一的税率征收所得税。在实践中，这种企业所得税又有两种具体形式：一种是无抵免的统征式企业所得税，在现有的文献中，又称为古典式企业所得税，其特点是在征收个人所得税时，对个人来自企业分配利润的所得不给予抵免；另一种是有抵免的统征式企业所得税，在已有的文献中，又称为归集式企业所得税，其特点是在征收个人所得税时，对个人来自企业分配利润的所得给予抵免。分率式企业所得税是将企业的全部利润划分为分配利润和保留利润两个部分，对分配利润按较低的税率征税，对保留利润按正常税率征税。免税式企业所得税是将企业的全部利润划分为分配利润和保留利润两个部分，对分配利润不征收企业所得税，只对保留利润征收企业所得税。

中国现行的企业所得税属于无抵免的统征式企业所得税。

二、企业所得税的特殊作用

企业所得税是目前世界各国普遍征收的一种税，其特殊作用主要有以下几个方面：

（一）正确处理政府与企业的利益关系，实现政府的经济权益

企业是独立的经济实体，有独立的名称、独立的机构、独立的决策程序和独立的物质利益。在经济社会中，它们不仅是联结生产要素的纽带、创造财富的机器，而且是政府公共职能的独立受益者。按照正义的要求，政府为企业提供的独立利益总要在企业的收入分配中以某种适当的形式体现出来。其中，属于资源、资本方面的利益，要以租金、利息的形式体现出来；属于特殊的行政事务方面的利益，要通过行政收费的形式体现出来；属于一般的公共服务方面的利益，则要通过税收的形式体现出来。企业所得税就是政府为企业提供的一般性公共服务在收入分配中的经济体现。它是政府参与企业收入分配、实现自身经济权益的正当要求，也是企业必须履行的经济义务。

（二）平衡企业与其他经济活动主体的税收负担，实现税收负担的公平分配

经济活动主体是一个十分复杂的群体，其中有个人，也有企业；企业中又有独资企业、合伙企业和公司制企业等。根据公平原则的要求，所有的经济活动主体，都应当缴纳一部分税款，成为税收的负担主体。对个人所得征税，可以包括独资企业所得与合伙企业所得，也可以包括公司制企业的股东所得，但不能包括公司制企业的保留利润。只对个人所得征税，不对公司所得征税，保留在公司内部的未分配利润就全部逃避了税收负担，违背税收负担分配的公平原则。同时，对个人所得征税，按照公平原则、支付能力原则的要求，应当实行税率累进制度，所得多的多纳税，所得少的少纳税。这种制度不适于公司制企业。我们不能说，公司的所得多，公司中每个股东的所得也都多，因为大多数小股东的所得仍很少。同样也不能说，公司的所得少，公司中每个股东的所得也都少，因为少数大股东的所得仍很多。按个人所得税的办法对公司制企业征收累进的所得税，必然会使大公司收入低微的小股东多纳税，小公司收入丰厚的大股东少纳税，同样违背了税收负担分配的公平原则。为正确处理公司制企业与其他经济活动主体的税收关系，实现税收负担的公平分配，需要单独设置企业所得税。

（三）贯彻政府的经济政策，实现经济的稳定增长

在现代社会，企业是国民经济的细胞。无论是经济总量的变化，还是经济结构的调整，都与企业行为紧密相关。对企业所得征税，是政府调节企业行为的重要杠杆，也是实现经济稳定与增长的有效手段。比如，通过特定产业或区域的税

收优惠，可以调节企业的投资方向，有利于改变经济结构。通过加速折旧和投资税收抵免，可以引导企业增加投资，有利于提高经济增长速度。通过资源与环境保护税收措施，可以促使企业合理开发与利用资源，有利于实现国民经济的可持续发展。

三、企业所得税的产生与发展

企业所得税或公司（法人）所得税是一个产生时间较晚的税种。据考证，1894年，日本最早开征了法人所得税。1909年，美国开征了具有公司所得税性质的特许税。1916年、1918年和1920年，加拿大、荷兰、德国分别开征了公司所得税。在公司所得税产生后的20多年里，其并没有引起各国的广泛重视。除上述国家外，开征的国家并不多。第二次世界大战前后，个人所得税已经风靡世界并成为许多国家税收制度中的主要税种，涉及公司所得税的问题逐渐增多，各国才开始重视公司所得税问题，并先后开征了独立的公司所得税，如1948年法国开征了公司所得税，1954年意大利开征了公司所得税，1965年英国开征了公司所得税，一些后独立的发展中国家，也陆续开征了公司所得税。目前，公司所得税已经成为世界各国普遍开征的一种税。

在中国，1936年，民国政府开始创立所得税体系，对公司或企业征收营利事业所得税。中华人民共和国成立后，在工商业税中，曾包括对所得额征税的部分，是一种特殊形式的归并式企业所得税。1958年，对企业所得的征税成为一个独立的税种，称工商所得税，主要对非国有企业征收，后被集体企业所得税、私营企业所得税等税种所替代。国营企业的盈利只上缴利润，不上缴所得税。20世纪80年代，中国对国营企业实施"利改税"改革，将国营企业上缴利润改为上缴所得税，创立了国营企业所得税。改革开放初期，为适应吸引、利用外商投资的需要，分别对中外合资经营企业、外国企业开征了中外合资经营企业所得税和外国企业所得税。1991年，将中外合资经营企业所得税和外国企业所得税合并，创立了统一的外商投资企业和外国企业所得税。1994年，为简化税制、公平税负，合并了国营企业所得税、集体企业所得税和私营企业所得税，创立了统一的企业所得税（内资）。2008年，为平衡内、外资企业的税收负担，合并了内资企业所得税与外商投资企业和外国企业所得税，创立了完全统一的企业所得税。

目前，中国企业所得税的法律依据，主要是2007年3月16日第十届全国人民代表大会第五次会议通过的《中华人民共和国企业所得税法》（简称《企业所得税法》）和同年11月28日国务院通过的《中华人民共和国企业所得税法实施条例》（简称《企业所得税法实施条例》）。

第二节　纳税人、征税对象与所得来源地

一、纳税人

企业所得税的纳税人是在中国境内取得收入的企业和其他组织（统称企业），但不包括个人独资企业和合伙企业。企业所得税的纳税人分为居民企业和非居民企业，分别承担不同的纳税义务。

（一）居民企业

1.居民企业的界定

国际上，居民企业的界定标准有登记注册地标准、实际管理机构地标准和总机构所在地标准等，大多数国家都采用了多个标准相结合的办法。中国对居民企业的界定，采用了登记注册地标准和实际管理机构地标准相结合的办法。

税法规定，居民企业是指依法在中国境内成立，或者依照外国（地区）法律成立但实际管理机构在中国境内的企业。居民企业包括以下两类：

（1）依照中国法律、行政法规在中国境内成立的企业、事业单位、社会团体以及其他取得收入的组织；

（2）依照外国（地区）法律成立但实际管理机构在中国境内的企业和其他取得收入的组织。

所称实际管理机构，是指对企业的生产经营、人员、账务、财产等实施实质性全面管理和控制的机构。从各国的税收实践来看，实际管理机构所在地一般是指对企业的生产经营活动实施日常管理的地点，但在法律层面上，也包括作出重要经营决策的地点。为防止纳税人通过一些主观安排逃避纳税义务，中国采取了适当扩展实际管理机构范围的做法，以利于今后根据企业的实际情况作出判断，更好地维护国家的税收权益。

2.居民企业的纳税义务

居民企业承担全面纳税义务，应当就其来源于中国境内、境外的所得缴纳企业所得税。

（二）非居民企业

1.非居民企业的界定

非居民企业是指依照外国（地区）法律成立且实际管理机构不在中国境内，但在中国境内设立机构、场所的，或者在中国境内未设立机构、场所，但有来源于中国境内所得的企业。

所称机构、场所是指在中国境内从事生产经营活动的机构、场所，包括：

（1）管理机构、营业机构、办事机构；

（2）工厂、农场、开采自然资源的场所；

（3）提供劳务的场所；

（4）从事建筑、安装、装配、修理、勘探等工程作业的场所；

（5）其他从事生产经营活动的机构、场所。

非居民企业委托营业代理人在中国境内从事生产经营活动的，包括委托单位或个人经常代其签订合同，或储存、交付货物等，该营业代理人视为非居民企业在中国境内设立的机构、场所。

2.非居民企业的纳税义务

非居民企业承担有限纳税义务，一般只就其来源于我国境内的所得纳税。

（1）非居民企业在中国境内设立机构、场所的，应就其所设机构、场所取得的来源于中国境内的所得，以及发生在中国境外但与其所设机构、场所有实际联系的所得，缴纳企业所得税。

（2）非居民企业在中国境内未设立机构、场所的，或者虽设立机构、场所但取得的所得与其所设机构、场所没有实际联系的，应就其来源于中国境内的所得缴纳企业所得税。

所称实际联系，是指非居民企业在中国境内设立的机构、场所拥有据以取得所得的股权、债权，以及拥有、管理、控制据以取得所得的财产等。

二、征税对象

企业所得税的征税对象是企业取得的各项应税所得，包括：销售货物所得；提供劳务所得；转让财产所得；股息、红利等权益性投资所得；利息所得；租金所得；特许权使用费所得；接受捐赠所得；其他所得。

三、所得来源地

为使居民企业和非居民企业正确履行纳税义务，必须确定所得来源地，即确定纳税人的所得是来源于中国境内还是来源于境外的。

所得来源地，按照以下原则确定：

（1）销售货物所得，按照交易活动发生地确定所得来源地。

（2）提供劳务所得，按照劳务发生地确定所得来源地。比如，境外机构为中国境内居民提供金融保险服务，向境内居民收取的保险费就属于来源于中国境内的所得。

（3）不动产转让所得，按照不动产所在地确定所得来源地；动产转让所得，按照转让动产的企业或者机构、场所所在地确定所得来源地；权益性投资资产转让所得，按照被投资企业所在地确定所得来源地，比如，境外企业之间转让中国居民企业发行的股票，其所得属于来源于中国境内的所得。

（4）股息、红利等权益性投资所得，按照分配所得的企业所在地确定所得来源地。

（5）利息所得、租金所得、特许权使用费所得，按照负担、支付所得的企业或者机构、场所所在地确定所得来源地，或者按照负担、支付所得的个人的住所地确定所得来源地。

（6）其他所得，由国务院财政、税务主管部门确定所得来源地。

第三节　税基与税率

一、税基

企业所得税的税基是企业的应纳税所得额。应纳税所得额是企业每一纳税年度的收入总额，减去不征税收入、免税收入、各项扣除以及允许弥补的以前年度亏损后的余额。其计算公式为：

应纳税所得额=收入总额-不征税收入-免税收入-各项扣除-允许弥补的以前年度亏损

应纳税所得额的计算依据是税收法律、行政法规。企业的财务、会计处理办法与税收法律、行政法规的规定不一致的，依照税收法律、行政法规的规定计算。

应纳税所得额的计算原则是权责发生制。凡属于当期的收入和费用，不论款项是否收付，均作为当期的收入和费用；不属于当期的收入和费用，即使款项已经在当期收付，也不作为当期的收入和费用，但税收法规另有规定的除外。

（一）收入总额

收入总额是指企业以货币形式和非货币形式取得的各种收入。货币形式，包括现金、存款、应收账款、应收票据、准备持有至到期的债券投资以及债务的豁免等。非货币形式，包括固定资产、生物资产、无形资产、股权投资、存货、不准备持有至到期的债券投资、劳务以及有关权益等。企业以非货币形式取得的收入，按照公允价值确定收入额。公允价值是指按照市场价格确定的价值。

1.一般规定

收入总额包括：销售货物收入；提供劳务收入；转让财产收入；股息、红利等权益性投资收益；利息收入；租金收入；特许权使用费收入；接受捐赠收入；其他收入。

（1）销售货物收入，是指企业销售商品、产品、原材料、包装物、低值易耗品以及其他存货取得的收入。

除税法及其实施条例另有规定外，企业销售收入的确认，必须遵循权责发生制原则和实质重于形式原则。

　　企业销售商品同时满足以下条件的，应确认收入的实现：第一，商品销售合同已经签订，企业已将商品所有权相关的主要风险和报酬转移给购货方；第二，企业对已售出的商品既没有保留通常与所有权相联系的继续管理权，也没有实施有效控制；第三，收入的金额能够可靠地计量；第四，已发生或将发生的销售方的成本能够可靠地核算。

　　符合上述收入确认条件的，分别下列销售方式确认收入实现：采用托收承付方式销售商品的，在办妥托收手续时确认收入；采用预收款方式销售商品的，在发出商品时确认收入；采用支付手续费方式委托代销商品的，在收到代销清单时确认收入；销售商品需要安装和检验的，在购买方接受商品以及安装和检验完毕时确认收入，如果安装程序比较简单，可在发出商品时确认收入。

　　企业采取以旧换新方式销售商品的，销售的商品按照销售收入确认条件确认收入，回收的商品作为购进商品处理。

　　企业采取"买一赠一"等方式组合销售本企业商品的，不属于捐赠，应将总的销售金额按照各项商品公允价值的比例来分摊确认各项的销售收入。

　　企业为促进商品销售而在商品价格上给予的价格扣除属于商业折扣。商品销售涉及商业折扣的，按照扣除商业折扣后的金额确定销售收入金额。

　　债权人为鼓励债务人在规定的期限内付款而向债务人提供的债务扣除属于现金折扣。销售商品涉及现金折扣的，按扣除现金折扣前的金额确定销售收入金额；现金折扣在实际发生时作为财务费用扣除。

　　企业因售出商品的质量不合格等原因而在售价上给予的减让属于销售折让；企业因售出商品质量、品种不符合要求等原因而发生的退货属于销售退回。企业已经确认销售收入的售出商品发生销售折让和销售退回的，在发生当期冲减当期销售商品收入。

　　企业采用售后回购方式销售商品的，销售的商品按售价确认收入；回购的商品作为购进商品处理。有证据表明不符合销售收入确认条件的，如以销售商品方式进行融资，收到的款项应确认为负债，回购价格大于原售价的，差额应在回购期间确认为利息费用。

　　在融资性售后回租业务中，承租人出售资产的行为，不确认为销售收入；对融资性租赁的资产，仍按承租人出售前原账面价值作为计税基础计提折旧。租赁期间，承租人支付的属于融资利息的部分，作为企业财务费用在税前扣除。

　　（2）提供劳务收入，是指企业从事建筑安装、修理修配、交通运输、仓储租赁、金融保险、邮电通信、咨询经纪、文化体育、科学研究、技术服务、教育培训、餐饮住宿、中介代理、卫生保健、社区服务、旅游、娱乐、加工以及其他劳务服务活动取得的收入。

①企业在各个纳税期末，提供劳务交易的结果能够可靠估计的，采用完工进度（完工百分比）法确认提供劳务收入。

提供劳务交易的结果能够可靠估计，是指同时满足以下条件：第一，收入的金额能够可靠地计量；第二，交易的完工进度能够可靠地确定；第三，交易中已发生和将发生的成本能够可靠地核算。

企业提供劳务完工进度的确定，可以选用下列方法：已完工作的测量；已提供劳务占劳务总量的比例；发生成本占总成本的比例。

劳务收入总额按照从接受劳务方已收或者应收的合同或协议价款确定。当期劳务收入和当期劳务成本，按以下办法确认：

当期劳务收入=提供劳务收入总额×完工进度-以前纳税期间累计已确认的劳务收入

当期劳务成本=提供劳务估计总成本×完工进度-以前纳税期间累计已确认的劳务成本

②下列劳务，满足收入确认条件的，按照以下规定确认收入：

安装费：根据安装完工进度确认收入。安装工作是商品销售附带条件的，安装费在确认商品销售实现时确认收入。

宣传媒介的收费：在相关的广告或商业行为出现在公众面前时确认收入；广告的制作费，根据制作广告的完工进度确认收入。

软件费（为特定客户开发软件的收费）：根据开发的完工进度确认收入。

服务费（包含在商品售价内可区分的服务费）：在提供服务的期间分期确认收入。

艺术表演、招待宴会和其他特殊活动的收费：在相关活动发生时确认收入；收费涉及几项活动的，预收的款项应合理分配给每项活动，分别确认收入。

会员费：申请入会或加入会员，只允许取得会籍，所有其他服务或商品需要另行收费的，在取得该会员费时确认收入；申请入会或加入会员后，会员在会员期内不再付费就可以得到各种服务或商品，或者以低于非会员的价格取得商品或服务的，该会员费应当在整个受益期内分期确认收入。

特许权费：属于提供设备和其他有形资产的特许权费，在交付资产或转移资产所有权时确认收入；属于提供初始及后续服务的特许权费，在提供服务时确认收入。

劳务费：长期为客户提供重复的劳务收取的劳务费，在相关劳务活动发生时确认收入。

（3）转让财产收入，是指企业转让固定资产、生物资产、无形资产、股权、债权等财产取得的收入。

执行中，注意以下问题：

①企业转让股权收入，应于转让协议生效，且完成股权变更手续时，确认收入的实现。转让股权收入扣除为取得该股权所发生的成本后的余额，为股权转让所

得。企业在计算股权转让所得时，不得扣除被投资企业未分配利润等股东留存收益中按该项股权所可能分配的金额。

【例6-1】某企业持有A公司（未上市）60%的股权，实际投资成本2 000万元。2022年7月份，该企业将持有的A公司股权全部转让给B公司，成交价格（公允价值）2 350万元。转让该项股权时，A公司"盈余公积"和"未分配利润"累计500万元。

解：

该企业转让股权收入2 350万元，股权实际成本2 000万元，故：

该企业实现的股权转让所得=2 350-2 000=350（万元）

值得注意的是，投资企业从被投资企业撤回或减少投资，其取得的资产中，相当于初始出资的部分，应确认为投资收回；相当于被投资企业累计未分配利润和累计盈余公积按减少实收资本比例计算的部分，应确认为股息所得；其余部分确认为投资资产转让所得。

【例6-2】沿用【例6-1】资料。假如该企业于2022年7月份将持有的A公司股权全部收回，取得价款（公允价值）2 350万元。其他资料同【例6-1】。

解：

投资成本收回2 000万元，

实现的股息所得=500×60%=300（万元）

实现的股权转让所得=2 350-300-2 000=50（万元）

企业对外进行权益性（股权）投资所发生的损失，在经确认的损失发生年度，作为企业损失在计算应纳税所得额时一次性扣除。

②企业转让国债，应在转让国债合同、协议生效的日期，或者国债移交时确认转让收入的实现。企业投资购买国债，到期兑付的，在国债发行时约定的应付利息的日期，确认国债转让收入的实现。

国债转让收益或损失，按照下列公式计算：

$$\begin{array}{l}\text{转让收益}\\\text{或损失}\end{array} = \begin{array}{l}\text{转让或到期兑付}\\\text{国债取得的价款}\end{array} - \begin{array}{l}\text{国债}\\\text{成本}\end{array} - \begin{array}{l}\text{持有期间按照税收}\\\text{规定计算的利息收入}\end{array} - \begin{array}{l}\text{交易过程中}\\\text{相关税费}\end{array}$$

国债成本，按照以下规定确定：通过支付现金方式取得的国债，以买入价和支付的相关税费为成本；通过支付现金以外的方式取得的国债，以该资产的公允价值和支付的相关税费为成本。

企业在不同时间购买同一品种国债的，其转让时的成本计算方法，可在先进先出法、加权平均法、个别计价法中选用一种。计价方法一经选用，不得随意改变。

（4）股息、红利等权益性投资收益，是指企业因权益性投资从被投资方取得的收入。除国务院财政、税务主管部门另有规定外，股息、红利等权益性投资收益，按照被投资方作出利润分配决定的日期确认收入的实现。

具体地说，企业权益性投资取得股息、红利等收入，以被投资企业股东会或股东大会作出利润分配或转股决定的日期确定收入的实现。被投资企业将股权（票）溢价所形成的资本公积转为股本的，不作为投资方企业的股息、红利收入，投资方企业也不得增加该项长期投资的计税基础。

被投资企业发生的经营亏损，由被投资企业按规定结转弥补；投资企业不得调整减低其投资成本，也不得将其确认为投资损失。

（5）利息收入，是指企业将资金提供他人使用但不构成权益性投资，或者因他人占用本企业资金而取得的收入，包括存款利息、贷款利息、债券利息、欠款利息等收入。利息收入，按照合同约定的债务人应付利息的日期确认收入的实现。

金融企业按规定发放的贷款，属于未逾期贷款（含展期，下同），根据先收利息后收本金的原则，按贷款合同确认的利率和结算利息的期限计算利息，并于债务人应付利息的日期确认收入的实现；属于逾期贷款，其逾期后发生的应收利息，应于实际收到的日期，或者虽未实际收到，但会计上确认为利息收入的日期，确认收入的实现。

金融企业已确认为利息收入的应收利息，逾期90天仍未收回，且会计上已冲减了当期利息收入的，准予抵扣当期应纳税所得额。金融企业已冲减了利息收入的应收未收利息，以后年度收回时，应计入当期应纳税所得额计算纳税。

（6）租金收入，是指企业提供固定资产、包装物或者其他有形资产的使用权取得的收入。租金收入，按照合同约定的承租人应付租金的日期确认收入的实现。如果交易合同或协议中规定租赁期限跨年度，且租金提前一次性支付的，根据收入与费用配比原则，出租人可将上述已确认的收入，在租赁期内，分期均匀计入相关年度收入。

（7）特许权使用费收入，是指企业提供专利权、非专利技术、商标权、著作权以及其他特许权的使用权取得的收入。特许权使用费收入，按照合同约定的特许权使用人应付特许权使用费的日期确认收入的实现。

（8）接受捐赠收入，是指企业接受的来自其他企业、组织或者个人无偿给予的货币性资产、非货币性资产。接受捐赠收入，按照实际收到捐赠资产的日期确认收入的实现。

（9）其他收入，是指上述各项收入外的其他收入，包括企业资产溢余收入、逾期未退包装物押金收入、确实无法偿付的应付款项、已作坏账损失处理后又收回的应收款项、债务重组收入、补贴收入、违约金收入、汇兑收益等。

值得注意的是，企业取得财产（包括各类资产、股权、债权等）转让收入、债务重组收入、接受捐赠收入、无法偿付的应付款收入等，不论是以货币形式还是非货币形式体现，除另有规定外，均应一次性地计入确认收入年度的应纳税所得额。

2.特殊规定

（1）分期确认收入。企业下列生产经营业务，可以分期确认收入的实现：

①以分期收款方式销售货物的，按照合同约定的收款日期确认收入的实现；

②企业受托加工制造大型机械设备、船舶、飞机等，以及从事建筑、安装、装配工程业务或者提供劳务等，持续时间超过12个月的，按照纳税年度内完工进度或者完成的工作量确认收入的实现。

（2）产品分成收入。采取产品分成方式取得收入的，按照企业分得产品的时间确认收入的实现，其收入额按照产品的公允价值确定。

（3）视同销售收入。企业发生非货币性资产交换，以及将货物、财产、劳务用于捐赠、偿债、赞助、集资、广告、样品、职工福利和利润分配等用途的，应视同销售货物、转让财产和提供劳务，但国务院财政、税务主管部门另有规定的除外。

企业处置（移送）资产，按照以下规定处理：

①企业发生下列情形的处置资产，除将资产转移至境外以外，由于资产所有权属在形式和实质上均不发生改变，可作为内部处置资产，不视同销售确认收入，相关资产的计税基础延续计算：将资产用于生产、制造、加工另一产品；改变资产形状、结构或性能；改变资产用途（如自建商品房转为自用或经营）；将资产在总机构及其分支机构之间转移；上述两种或两种以上情形的混合；其他不改变资产所有权属的用途。

②企业将资产移送他人的下列情形，因资产所有权属已发生改变而不属于内部处置资产，应按规定视同销售确定收入：用于市场推广或销售；用于交际应酬；用于职工奖励或福利；用于股息分配；用于对外捐赠；其他改变资产所有权属的用途。

③企业发生视同销售行为，除另有规定外，按照被移送资产的公允价值确定销售收入。

【例6-3】某企业（一般纳税人）将一批自制产品以福利形式分给本单位职工。该批产品售价金额（不含增值税）50 000元，实际成本40 000元，增值税税率为13%。

解：

由于产品所有权已发生改变，所以视同销售处理：视同销售收入50 000元，计入收入总额；视同销售成本40 000元，准予在计算应纳税所得额时扣除。

另外，按照增值税制度规定，对该项业务也视同销售处理：销售额50 000元，销项税额6 500元（50 000×13%）。

【例6-4】某企业（一般纳税人）将一批自制产品通过希望工程基金会捐赠给某学校，取得合法的公益性捐赠票据。该批产品售价金额（不含增值税）100 000

元，实际成本80 000元，增值税税率为13%。

解：

由于产品所有权已发生改变，所以视同销售处理：视同销售收入100 000元，计入收入总额；视同销售成本80 000元，准予在计算应纳税所得额时扣除。同时，按照税收规定确认的公益性捐赠额113 000元（100 000+13 000）。

另外，按照增值税制度规定，对该项业务也视同销售处理：销售额100 000元，销项税额13 000元（100 000×13%）。

值得注意的是，自2016年1月1日起，企业向中国境内公益性社会团体实施的股权捐赠，视同转让股权，股权转让收入额以企业所捐赠股权取得时的历史成本确定。股权是指企业持有的其他企业的股权、上市公司股票等。企业向公益性社会团体实施股权捐赠后，以其股权历史成本为依据确定公益性捐赠额。

3.不征税收入

不征税收入包括以下内容：

（1）财政拨款，是指各级人民政府对纳入预算管理的事业单位、社会团体等组织拨付的财政资金，但国务院和国务院财政、税务主管部门另有规定的除外。

（2）依法收取并纳入财政管理的行政事业性收费、政府性基金。行政事业性收费，是指依照法律法规等有关规定，按照国务院规定程序批准，在实施社会公共管理，以及在向公民、法人或其他组织提供特定公共服务过程中，向特定对象收取并纳入财政管理的费用。政府性基金，是指企业依照法律、行政法规等有关规定，代政府收取的具有专项用途的财政资金。

（3）国务院规定的其他不征税收入，是指企业取得的，由国务院财政、税务主管部门规定专项用途并经国务院批准的财政性资金。

财政性资金是指企业取得的来源于政府及其有关部门的财政补助、补贴、贷款贴息，以及其他各类财政专项资金，包括直接减免的增值税和即征即退、先征后退、先征后返的各种税收，但不包括企业按规定取得的出口退税款。

企事业单位取得的财政性资金，按照以下规定处理：

①企业取得的各类财政性资金，除属于国家投资和资金使用后要求归还本金的以外，均应计入企业当年收入总额。

自2021年起，企业按照市场价格销售货物、提供劳务服务等，凡由政府财政部门根据企业销售货物、提供劳务服务的数量、金额的一定比例给予全部或部分资金支付的，应当按照权责发生制原则确认收入。除上述情形外，企业取得的各种政府财政支付，如财政补贴、补助、补偿、退税等，应当按照实际取得收入的时间确认收入。

②企业取得的由国务院财政、税务主管部门规定专项用途并经国务院批准的财政性资金，准予作为不征税收入，在计算应纳税所得额时从收入总额中减除。比

如，符合条件的软件企业按照规定取得的即征即退增值税税款，由企业专项用于软件产品研发和扩大再生产并单独进行核算，可以作为不征税收入，在计算应纳税所得额时从收入总额中减除。

③企业从县级以上各级人民政府财政部门及其他部门取得的应计入收入总额的财政性资金，凡同时符合以下3个条件的，可以作为不征税收入，在计算应纳税所得额时，准予从收入总额中减除：第一，企业能够提供规定资金专项用途的资金拨付文件；第二，财政部门或其他拨付资金的政府部门对该资金有专门的资金管理办法或具体管理要求；第三，企业对该资金以及以该资金发生的支出单独进行核算。企业将符合上述条件的财政性资金作为不征税收入处理后，在5年（60个月）内未发生支出且未缴回财政或其他拨付资金的政府部门的部分，应重新计入取得该资金第6年的收入总额；重新计入收入总额的财政性资金发生的支出，允许在计算应纳税所得额时扣除。

④纳入预算管理的事业单位、社会团体等组织按照核定的预算和经费报领关系收到的由财政部门或上级单位拨入的财政补助收入，作为不征税收入，在计算应纳税所得额时从收入总额中减除，但国务院和国务院财政、税务主管部门另有规定的除外。

4.免税收入

（1）国债利息收入，免征企业所得税。

国债利息收入，是指企业持有国务院财政部门发行的国债取得的利息收入。国债利息收入按照以下规定确认：

①以国债发行时约定应付利息的日期，确认利息收入的实现。企业转让国债，在国债转让收入确认时，确认利息收入的实现。

②企业在国债到期前转让国债，或者从非发行者处投资购买的国债，其持有期间尚未兑付的国债利息收入，按照以下公式计算确定：

国债利息收入＝国债金额×（适用年利率÷365）×持有天数

公式中的"国债金额"按照国债发行面值或发行价格确定；"适用年利率"按照国债票面年利率或折合年收益率确定；若企业不同时间多次购买同一品种国债的，"持有天数"可以按照平均持有天数计算确定。

③企业从发行者直接投资购买的国债持有至到期，从发行者取得的国债利息收入，全额免征企业所得税。企业在到期前转让国债，或者从非发行者投资购买的国债，按上述公式计算的国债利息收入，免征企业所得税。

（2）符合条件的居民企业之间的股息、红利等权益性投资收益，免征企业所得税。

符合条件的居民企业之间的股息、红利等权益性投资收益，是指居民企业直接投资于其他居民企业取得的投资收益，但不包括连续持有居民企业公开发行并上市流通的股票不足 12 个月取得的投资收益。也就是说，对居民企业来自于所有非上市居民企业，以及连续持有上市公司（居民企业）股票 12 个月以上取得的股息、红利收入，给予免税。但考虑企业以股票方式取得且连续持有时间较短（短于 12 个月）的投资，其主要目的不是为了获取股息、红利收入，而是从二级市场获得股票处置收益，所以它不是税收优惠鼓励的目标，不给予免税。

（3）在中国境内设立机构、场所的非居民企业从居民企业取得与该机构、场所有实际联系的股息、红利等权益性投资收益，免征企业所得税。但是，免税的权益性投资收益，不包括连续持有居民企业公开发行并上市流通的股票短于 12 个月取得的投资收益。

（4）符合条件的非营利组织的收入，免征企业所得税。

符合条件的非营利组织，是指同时符合下列条件的组织：依法履行非营利组织登记手续；从事公益性或者非营利性活动；取得的收入除用于与该组织有关的、合理的支出外，全部用于登记核定或者章程规定的公益性或者非营利性事业；财产及其孳息不用于分配；按照登记核定或者章程规定，该组织注销后的剩余财产用于公益性或者非营利性目的，或者由登记管理机关转赠给与该组织性质、宗旨相同的组织，并向社会公告；投入人对投入该组织的财产不保留或者享有任何财产权利；工作人员工资福利开支控制在规定的比例内，不变相分配该组织的财产。

免税的非营利组织的收入，不包括非营利组织从事营利性活动取得的收入，但国务院财政、税务主管部门另有规定的除外。

非营利组织的下列收入为免税收入：

①接受其他单位或者个人捐赠的收入；

②除财政拨款（不征税收入）以外的其他政府补助收入，但不包括因政府购买服务取得的收入；

③按照省级以上民政、财政部门规定收取的会费；

④不征税收入和免税收入孳生的银行存款利息收入；

⑤财政部、国家税务总局规定的其他收入。

（二）扣除项目

在计算应纳税所得额时，准予从收入总额中扣除的项目是企业实际发生的与取得收入有关的、合理的支出，包括成本、费用、税金、损失和其他支出。

1.税前扣除的基本要求

（1）真实性。准予在税前扣除的支出，必须是实际发生的支出。

（2）相关性。准予在税前扣除的支出，必须是实际发生的与取得收入有关的支出，即从性质和根源上与取得应税收入相关的支出，包括为产生、收取收入，或为管理、保护和维修用于产生收入的财产而发生的支出。

值得注意的是，企业的不征税收入用于支出所形成的费用，不得在计算应纳税所得额时扣除；企业的不征税收入用于支出所形成的资产，其折旧额或摊销额，不得在计算应纳税所得额时扣除。

企业取得的各项免税收入所对应的各项成本费用，除另有规定者外，可以在计算企业应纳税所得额时扣除。

（3）合理性。准予在税前扣除的支出，必须是实际发生的与取得收入有关的、合理的支出。合理的支出是指符合生产经营活动常规，应计入当期损益或有关资产成本的必要和正常的支出。

（4）收益性。企业发生的支出，应区分收益性支出和资本性支出。收益性支出在发生当期直接扣除；资本性支出应分期扣除或计入有关资产成本，不得在发生当期直接扣除。

（5）不重复性。除税收法规另有规定外，企业实际发生的成本、费用、税金、损失和其他支出，不得重复扣除。

2.税前扣除的基本范围

（1）成本，是指企业在生产经营活动中发生的销售成本、销货成本、业务支出以及其他耗费。

（2）费用，是指企业在生产经营活动中发生的销售费用、管理费用和财务费用，已经计入成本的有关费用除外。

（3）税金，是指企业发生的除企业所得税和允许抵扣的增值税以外的各项税金及其附加。

（4）损失，是指企业在生产经营活动中发生的固定资产和存货的盘亏、毁损、报废损失，转让财产损失，呆账损失，坏账损失，自然灾害等不可抗力因素造成的损失以及其他损失。

企业发生的损失，减除责任人赔偿和保险赔款后的余额，依照国务院财政、税务主管部门的规定扣除。企业已经作为损失处理的资产，在以后纳税年度又全部收回或者部分收回时，应计入当期收入。

（5）其他支出，是指除成本、费用、税金、损失外，企业在生产经营活动中发生的与生产经营活动有关的、合理的支出。

3.税前扣除的基本标准

下列项目，按照规定的范围和标准扣除：

（1）工资薪金支出。企业发生的合理的工资薪金支出，准予扣除。

①工资薪金支出范围。工资薪金是指企业每一纳税年度支付给在本企业任职或者受雇的员工的所有现金形式或者非现金形式的劳动报酬，包括基本工资、奖金、津贴、补贴、年终加薪、加班工资，以及与员工任职或者受雇有关的其他支出。

企业列入工资薪金制度、固定与工资薪金一起发放的、"合理的"福利性补贴，可以作为工资薪金支出，按照规定在税前扣除；否则，作为职工福利费处理。

企业因雇用季节工、临时工、实习生、返聘离退休人员所实际发生的费用，区分为工资薪金支出和职工福利费支出，并按照规定在税前扣除。其中属于工资薪金支出的，准予计入企业工资薪金总额的基数，作为计算其他各项相关费用扣除的依据。

企业接受外部劳务派遣用工实际发生的费用，分别以下两种情况，按照规定在税前扣除：第一，按照协议（合同）约定直接支付给劳务派遣公司的费用，作为劳务费支出；第二，直接支付给员工个人的费用，作为工资薪金支出和职工福利费支出。其中属于工资薪金支出的费用，准予计入企业工资薪金总额的基数，作为计算其他各项相关费用扣除的依据。

②工资薪金合理性确认。合理的工资薪金，是指企业按照股东大会、董事会、薪酬委员会或相关管理机构制定的工资薪金制度规定，实际发放给员工的工资薪金。实际发放，是指在当年度企业所得税汇缴结束前实际发放，即企业在年度汇算清缴结束前，向员工实际支付的已预提汇缴年度工资薪金，准予在汇缴年度按规定扣除。

关于工资薪金支出的合理性，按照以下原则确认：第一，企业制定了较为规范的工资薪金制度；第二，企业制定的工资薪金制度符合行业及地区水平；第三，企业在一定时期发放的工资薪金是相对固定的，工资薪金的调整是有序进行的；第四，企业对实际发放的工资薪金，已依法履行了代扣代缴个人所得税义务；第五，有关工资薪金的安排，不以减少或逃避税款为目的。

（2）社会保障性缴款。企业依照国务院有关主管部门或省级人民政府规定的范围和标准为职工缴纳的基本养老保险费、基本医疗保险费、失业保险费、工伤保险费、生育保险费等基本社会保险费和住房公积金，准予扣除。

企业根据国家有关政策规定，为在本企业任职或者受雇的全体员工支付的补充养老保险费、补充医疗保险费，分别在不超过职工工资总额5%标准内的部分，在计算应纳税所得额时准予扣除；超过的部分，不予扣除。

补充养老保险费扣除限额＝职工工资总额×扣除比例（5%）

补充医疗保险费扣除限额＝职工工资总额×扣除比例（5%）

值得注意的是，除企业依照国家有关规定为特殊工种职工支付的人身安全保险费和国务院财政、税务主管部门规定可以扣除的其他商业保险费外，企业为投资者或者职工支付的商业保险费，不得扣除。但是，企业职工因公出差乘坐交通工具发生的人身意外保险费支出，准予企业在计算应纳税所得额时扣除。

（3）三项费用支出，包括职工福利费、职工教育经费和工会经费，按照以下规定扣除：

①企业发生的职工福利费支出，不超过工资薪金总额14%的部分，准予扣除。

职工福利费支出扣除限额=工资薪金总额×扣除比例

企业实际发生的职工福利费支出超过扣除限额的部分，不得在计算应纳税所得额时扣除。

企业职工福利费，包括以下内容：第一，尚未实行分离办社会职能的企业，其内设福利部门所发生的设备、设施和人员费用，包括职工食堂、职工浴室、理发室、医务所、托儿所、疗养院等集体福利部门的设备、设施及维修保养费用和福利部门工作人员的工资薪金、社会保险费、住房公积金、劳务费等；第二，为职工卫生保健、生活、住房、交通等发放的各项补贴和非货币性福利，包括企业向职工发放的因公外地就医费用、未实行医疗统筹企业职工医疗费用、职工供养直系亲属医疗补贴、供暖费补贴、职工防暑降温费、职工困难补贴、救济费、职工食堂经费补贴、职工交通补贴等；第三，按照其他规定发生的其他职工福利费，包括丧葬补助费、抚恤费、安家费、探亲假路费等。

②自2018年1月1日起，企业发生的职工教育经费支出，不超过工资薪金总额8%的部分，准予在计算应纳税所得额时扣除；超过部分，准予在以后纳税年度结转扣除。

职工教育经费支出扣除限额=工资薪金总额×扣除比例

值得注意的是，集成电路设计企业和符合条件的软件企业发生的职工培训费用，可以按照实际发生额在计算应纳税所得额时扣除。

③企业拨缴的工会经费，不超过工资薪金总额2%的部分，准予扣除。

工会经费扣除限额=工资薪金总额×扣除比例

值得注意的是，在计算上述"三项费用支出"扣除限额时所依据的工资薪金总额，是指企业实际发放的准予在税前扣除的工资薪金总和，不包括企业的职工福利费、职工教育经费、工会经费以及为员工缴纳的基本养老保险费、基本医疗保险费、失业保险费、工伤保险费、生育保险费等社会保险费和住房公积金。属于国有性质的企业，其工资薪金不得超过政府有关部门给予的限定数额；超过部分，不得计入企业工资薪金总额，也不得在计算企业应纳税所得额时扣除。

（4）借款费用。企业在生产经营活动中发生的合理的不需要资本化的借款费用，准予扣除。企业为购置、建造固定资产、无形资产和经过12个月以上的建造才能达到预定可销售状态的存货发生借款的，在有关资产购置、建造期间发生的合理的借款费用，作为资本性支出计入有关资产的成本，依照税法实施条例的规定扣除。

执行中，注意以下问题：

①企业在生产经营活动中发生的下列借款费用，准予扣除：

非金融企业向金融企业借款的利息支出、金融企业的各项存款利息支出和同业拆借利息支出、企业经批准发行债券的利息支出，准予扣除。

非金融企业向非金融企业借款的利息支出，不超过按照金融企业同期同类贷款利率计算的数额的部分，准予扣除。同期同类贷款利率，是指在贷款期限、贷款金额、贷款担保以及企业信誉等条件基本相同的情况下，金融企业提供贷款的利率。它既可以是金融企业公布的同期同类平均利率，也可以是金融企业对某些企业提供的实际贷款利率。

值得注意的是，非金融企业向与其有关联关系的非金融企业（统称关联方）借款，超过税收规定的标准债资比例（接受关联方债权性投资与其权益性投资比例2∶1）的部分，除特别规定外，其利息支出不得在税前扣除。具体内容见本章"第五节特别纳税调整"。

②企业向自然人借款的利息支出，按照以下规定处理：

企业向内部职工或其他人员借款，同时符合以下条件的，其利息支出不超过按照金融企业同期同类贷款利率计算的数额的部分，准予扣除：第一，企业与个人之间的借贷是真实、合法、有效的，并且不具有非法集资目的或其他违反法律、法规的行为；第二，企业与个人之间签订了借款合同。

企业向股东或其他与企业有关联关系的自然人（统称关联方）借款，同时符合上述条件，且未超过税收规定的标准债资比例（接受关联方债权性投资与其权益性投资比例2∶1）的，其利息支出不超过按照金融企业同期同类贷款利率计算的数额的部分，准予扣除。超过标准债资比例的借款部分，其利息支出不得在税前扣除。

③企业因投资者投资未到位而发生的借款利息支出，按照以下规定处理：

企业因投资者在规定期限内未缴足其应缴资本额而对外借款所发生的利息支出，相当于投资者实缴资本额与在规定期限内应缴资本额的差额应计付的利息，不属于企业合理的支出，应由企业投资者负担，不得在计算应纳税所得额时扣除。

在计算不得扣除的借款利息时，以企业一个年度内每一账面实收资本与借款余额保持不变的期间作为一个计算期，每一计算期内不得扣除的借款利息按该期间借款利息发生额乘以该期间企业未缴足的注册资本占借款总额的比例计算。

$$企业每一计算期内不得扣除的借款利息 = 该期间借款利息发生额 \times \left(该期间未缴足注册资本 \div 该期间借款总额 \right)$$

$$企业一个年度内不得扣除的借款利息总额 = \sum 该年度内每一计算期不得扣除的借款利息额$$

（5）汇兑损失。企业在货币交易中，以及纳税年度终了时，将人民币以外的货币性资产、负债按照期末即期人民币汇率中间价折算为人民币时产生的汇兑损失，除已经计入有关资产成本以及与向所有者进行利润分配相关的部分外，准予扣除。

（6）业务招待费。企业发生的与生产经营活动有关的业务招待费支出，按照发生额的60%扣除，但最高不得超过当年销售（营业）收入的5‰。这样规定，主要是考虑业务招待费是由商业招待和个人消费混合而成的，而个人消费部分属于非经营性支出，不应该在税前扣除。但商业招待和个人消费通常是难以区分的，国际上的处理办法一般是在两者之间人为规定一个划分比例。对此，中国借鉴国际做法，结合过去按销售收入比例限制扣除的经验，采取了两者相结合的控制办法。

业务招待费最高扣除额=当年销售（营业）收入×5‰

实际发生额的60%=业务招待费实际发生额×60%

以业务招待费最高扣除额与实际发生额的60%相比较，低者为税前扣除限额。

当年销售（营业）收入，是指企业根据国家统一会计制度确认的当年主营业务收入、其他业务收入，以及根据税法规定确认的商品劳务视同销售收入。从事股权投资业务的企业（包括集团公司总部、创业投资企业等）从被投资企业所分配的股息、红利以及股权转让收入，可以按照规定比例计算业务招待费扣除限额。另外，房地产开发企业销售未完工开发产品取得的收入，可以作为测算业务招待费最高扣除额的收入基数。

【例6-5】某生产企业2021年实现销售收入8 000万元，其中：主营业务收入7 600万元，其他业务收入400万元；当年实际发生业务招待费30万元。

解：

业务招待费最高扣除额=8 000×5‰=40（万元）

实际发生额的60%=30×60%=18（万元）<40万元

故2021年度准予在税前扣除的业务招待费为18万元。

不得在税前扣除的业务招待费=30-18=12（万元）

【例6-6】假如该生产企业2021年实际发生业务招待费70万元，其他资料同【例6-5】。

解：

业务招待费最高扣除额=8 000×5‰=40（万元）

实际发生额的60%=70×60%=42（万元）>40万元

故2021年度准予在税前扣除的业务招待费为40万元。

不得在税前扣除的业务招待费=70-40=30（万元）

（7）广告费和业务宣传费。企业发生的符合条件的广告费和业务宣传费支出，除国务院财政、税务主管部门另有规定外，不超过当年销售（营业）收入15%的部分，准予扣除；超过部分，准予在以后纳税年度结转扣除。

税前扣除限额=当年销售（营业）收入×扣除比例

如果实际发生额大于扣除限额，按照限额扣除；超过扣除限额的部分，可以结转以后年度扣除。如果实际发生额小于扣除限额，按照实际发生额扣除；此时，可以两者的差额为限，扣除以前年度尚未税前扣除的金额。

测算广告费和业务宣传费扣除限额依据的收入基数，与测算业务招待费最高扣除额所依据的收入基数相同。除另有规定外，测算扣除限额时适用的扣除比例为

15%。在 2025 年 12 月 31 日前，化妆品制造或销售、医药制造和饮料制造（不含酒类制造）企业发生的广告费和业务宣传费支出，不超过当年销售（营业）收入 30% 的部分，准予扣除；超过部分，准予在以后纳税年度结转扣除。

签订广告费和业务宣传费分摊协议的关联企业，其中一方发生的不超过当年销售（营业）收入税前扣除限额比例内的广告费和业务宣传费支出可以在本企业扣除，也可以将其中的部分或全部按照分摊协议归集至另一方扣除。另一方在计算本企业广告费和业务宣传费支出税前扣除限额时，可将按照上述办法归集至本企业的广告费和业务宣传费不计算在内。

烟草企业的烟草广告费和业务宣传费支出，一律不得在计算应纳税所得额时扣除。

【例6-7】某电器生产企业 2021 年实现销售收入 5 000 万元，其中：主营业务收入 4 800 万元，其他业务收入 200 万元；实际发生广告费和业务宣传费 800 万元。

解：

税前扣除限额=5 000×15%=750（万元）

2021 年实际发生广告费和业务宣传费 800 万元，超过扣除限额，故准予在税前扣除的金额为 750 万元。超过扣除限额的 50 万元（800-750），可以结转以后年度扣除。

【例6-8】假设该电器生产企业 2022 年实现销售收入 6 000 万元，其中：主营业务收入 5 800 万元，其他业务收入 200 万元；实际发生广告费和业务宣传费 780 万元。

解：

税前扣除限额=6 000×15%=900（万元）

因 2022 年实际发生广告费和业务宣传费 780 万元与上年结转金额 50 万元，共计 830 万元，未超过扣除限额 900 万元。故 2022 年可在税前扣除的金额为 830 万元。

（8）环境保护、生态恢复等专项资金。企业依照法律、行政法规有关规定提取的用于环境保护、生态恢复等方面的专项资金，准予扣除。上述专项资金提取后改变用途的，不得扣除。

（9）固定资产租赁费。企业根据生产经营活动的需要，租入固定资产支付的租赁费，按照以下方法扣除：以经营租赁方式租入固定资产发生的租赁费支出，按照租赁期限均匀扣除；以融资租赁方式租入固定资产发生的租赁费支出，按照规定构成融资租入固定资产价值的部分应提取折旧费用，分期扣除。

（10）管理费及内部支出。企业之间支付的管理费、企业内营业机构之间支付的租金和特许权使用费，以及非银行企业内营业机构之间支付的利息，不得扣除。

非居民企业在中国境内设立的机构、场所，就其中国境外总机构发生的与该机构、场所生产经营有关的费用，能够提供总机构出具的费用汇集范围、定额、分配依据和方法等证明文件，并合理分摊的，准予扣除。

（11）母子公司之间的费用支出。在中国境内，属于不同独立法人的母子公司之间发生的费用支出，按照以下规定处理：母公司为其子公司提供各种服务而发生的费用，按照独立企业之间公平交易原则确定服务价格的，作为企业正常的劳务费用进行税务处理；母公司以管理费形式向子公司提取费用，子公司因此支付给母公司的管理费，不得在税前扣除。

（12）手续费及佣金支出，分别以下情况处理：

①一般情况下，企业发生与生产经营有关的手续费及佣金支出，不超过按照以下规定计算限额以内的部分，准予扣除：

保险企业：从2019年1月1日起，保险企业发生与其经营活动有关的手续费及佣金支出，不超过当年全部保费收入扣除退保金等后余额的18%（含本数）的部分，在计算应纳税所得额时准予扣除；超过部分，允许结转以后年度扣除。保险企业汇算清缴2018年度企业所得税时，可以按照上述规定执行。

其他企业：按与具有合法经营资格的中介服务机构或个人（不含交易双方及其雇员、代理人和代表人等）所签订的服务协议或合同确认的收入金额的5%计算限额；超过部分，不得扣除。

②从事代理服务、主营业务收入为手续费、佣金的企业（如证券、期货、保险代理等企业），为取得该类收入而实际发生的营业成本（包括手续费及佣金支出），准予在企业所得税前据实扣除。

电信企业在发展客户、拓展业务等过程中，因委托销售电话入网卡、电话充值卡所发生的手续费及佣金支出，不超过企业当年收入总额5%的部分，准予在企业所得税前据实扣除。

（13）公益性捐赠支出。企业发生的公益性捐赠支出，在年度利润总额12%以内的部分，准予在计算应纳税所得额时扣除。超过年度利润总额12%的部分，准予结转以后3年内在计算应纳税所得额时扣除。

公益性捐赠是指企业通过公益性社会组织或者县级以上人民政府及其部门，用于符合法律规定的慈善活动、公益事业的捐赠。

年度利润总额，是指企业依照国家统一会计制度的规定计算的年度会计利润（大于零的数额）。

执行中，注意以下问题：

①企业当年发生以及以前年度结转的公益性捐赠支出，不超过年度利润总额12%的部分，准予扣除。在计算公益性捐赠税前扣除额时，将当年发生额和以前年度结转金额加总，不超过当年利润总额12%的，准予在当年度扣除；超过的部分，结转以后年度扣除，结转年限自捐赠发生年度的次年起计算，最长不得超过3年。扣除顺序为：先扣除以前年度结转的捐赠支出，再扣除当年发生的捐赠支出。

【例6-9】某生产企业2020年通过市民政局向遭受水灾的地区捐款150万元，取得市民政局开具的公益性捐赠票据。假定该企业2020年度实现利润总额1000万元。

解：

公益性捐赠扣除限额=1 000×12%=120（万元）

因实际捐赠额为150万元，超过扣除限额，故2020年度可在税前扣除的公益性捐赠为120万元。超过扣除限额的30万元，不得在2020年度税前扣除，但可以结转至2021年度扣除。

【例6-10】接续【例6-9】资料。假如该生产企业于2021年度发生公益性捐赠100万元，取得公益性捐赠票据；2021年度实现利润总额1 050万元；上年度尚未税前扣除的公益性捐赠30万元。

解：

2021年度公益性捐赠扣除限额=1 050×12%=126（万元）

2021年度和上年结转扣除金额=100+30=130（万元）>126万元

故2021年度可在税前扣除的公益性捐赠为126万元：先扣除上年结转额30万元，再扣除2021年发生额96万元（126-30），其余4万元（100-96）结转以后年度扣除（不得超过3年）。

②自2019年1月1日至2023年12月31日，企事业单位、社会团体以及其他组织捐赠住房作为公租房（公共租赁住房），符合税收法律法规规定的，对其公益性捐赠支出在年度利润总额12%以内的部分，准予在计算应纳税所得额时扣除，超过年度利润总额12%的部分，准予结转以后3年内在计算应纳税所得额时扣除。

③自2019年1月1日至2025年12月31日，企业通过公益性社会组织或者县级（含县级）以上人民政府及其组成部门和直属机构，用于目标脱贫地区的扶贫捐赠支出，准予在计算应纳税所得额时据实扣除。在政策执行期限内，目标脱贫地区实现脱贫的，可以继续适用上述政策。"目标脱贫地区"包括832个国家扶贫开发工作重点县、集中连片特困地区县（新疆阿克苏地区6县1市享受片区政策）和建档立卡贫困村。

企业同时发生扶贫捐赠支出和其他公益性捐赠支出，在计算公益性捐赠支出年度扣除限额时，符合上述条件的扶贫捐赠支出不计算在内。

【例6-11】某企业2022年度发生符合条件的扶贫捐赠支出200万元，发生符合条件的其他公益性捐赠支出150万元，共计350万元。该企业2022年度利润总额为1 000万元；无上年度结转扣除的其他公益性捐赠。

解：

2022年度发生的符合条件的扶贫捐赠支出200万元，准予在税前据实扣除。

2022年度其他公益性捐赠扣除限额=1 000×12%=120（万元）<150万元

故2022年度发生的其他公益性捐赠支出150万元中，准予在税前扣除的120万元；不得在税前扣除的30万元（150-120），可以结转以后年度（不得超过3年）扣除。

2022年度在税前扣除的公益性捐赠支出共计320万元（200+120）。

④企业发生公益性捐赠，应通过公益性社会组织（取得公益性捐赠税前扣除资格的慈善组织、其他社会组织和群众团体）和县级以上人民政府及其部门等国家机关，并取得公益事业捐赠票据。企业发生对"目标脱贫地区"的捐赠支出时，应要求开具方在公益事业捐赠票据中注明目标脱贫地区的具体名称。

除另有规定外，公益性社会组织、县级以上人民政府及其部门等国家机关在接受企业捐赠时，按照以下原则确认捐赠额：第一，接受的货币性资产捐赠，以实际收到的金额确认捐赠额；第二，接受的非货币性资产捐赠，以其公允价值确认捐赠额。捐赠方在向公益性社会组织、县级以上人民政府及其部门等国家机关捐赠时，应当提供注明捐赠非货币性资产公允价值的证明；不能提供证明的，接受捐赠方不得向其开具捐赠票据。

值得注意的是，自2016年1月1日起，企业向中国境内公益性社会团体实施的股权（包括上市公司股票）捐赠，以其股权历史成本为依据确定公益性捐赠额。公益性社会团体接受股权捐赠后，按照捐赠企业提供的股权历史成本开具捐赠票据。

（14）财产保险费。企业参加财产保险，按照规定缴纳的保险费，准予扣除。

《保险法》规定的财产保险业务包括责任保险。自2018年度起，企业参加雇主责任险、公众责任险等责任保险，按照规定缴纳的保险费，准予扣除。

（15）劳动保护支出。企业发生的合理的劳动保护支出，准予扣除。

企业根据工作性质和特点，由企业统一制作并要求员工工作时统一着装所发生的工作服饰费用，可以作为企业合理的支出，准予税前扣除。

（16）煤矿企业维简费和高危行业安全生产费用支出。自2011年5月1起，煤矿企业实际发生的维简费支出和高危行业企业实际发生的安全生产费用支出，属于收益性支出的，可以直接作为当期费用在税前扣除；属于资本性支出的，计入有关资产成本，按照税法规定计提折旧或摊销费用在税前扣除。企业按照有关规定预提的维简费和安全生产费用，不得在税前扣除。

（17）其他企业维简费支出。自2013年1月1日起，企业实际发生的维简费支出，属于收益性支出的，可以作为当期费用税前扣除；属于资本性支出的，计入有关资产成本，并按税法规定计提折旧或摊销费用在税前扣除。企业按照有关规定预提的维简费，不得在当期税前扣除。

（18）扣除项目的追补确认。企业发现以前年度实际发生的、按照税收规定应在企业所得税前扣除而未扣除或者少扣除的支出，企业作出专项申报及说明后，准予追补至该项目发生年度计算扣除，但追补确认期限不得超过5年。企业由此多缴纳的企业所得税税款，可以在追补确认年度企业所得税应纳税款中抵扣，不足抵扣的，可以向以后年度递延抵扣或申请退税。亏损企业追补确认以前年度未在企业所得税前扣除的支出，或盈利企业经过追补确认后出现亏损的，先调整该项支出所属年度的亏损额，再按照弥补亏损的原则计算以后年度多缴的企业所得税税款，并按上述规定处理。

值得注意的是，企业当年度实际发生的相关成本、费用，由于各种原因未能及时取得该成本、费用的有效凭证，企业在预缴季度所得税时，可暂按账面发生金额进行核算；但是，在汇算清缴所得税时，应补充提供该成本、费用的有效凭证。

4.不得扣除项目

在计算应纳税所得额时，下列支出不得扣除：

（1）向投资者支付的股息、红利等权益性投资收益款项；

（2）企业所得税税款；

（3）税收滞纳金；

（4）罚金、罚款和被没收财物的损失；

（5）公益性捐赠以外的捐赠支出；

（6）赞助支出，是指企业发生的与生产经营活动无关的各种非广告性质支出；

（7）未经核定的准备金支出，是指不符合国务院财政、税务主管部门规定的各项资产减值准备、风险准备等准备金支出；

（8）与取得收入无关的其他支出。

（三）亏损弥补

1.基本规定

企业纳税年度发生的亏损，准予向以后年度结转，用以后年度的所得弥补，但结转年限最长不得超过5年。

（1）亏损的界定。亏损是指企业依照税法及其实施条例的规定将每一纳税年度的收入总额减除不征税收入、免税收入和各项扣除后小于零的数额。

企业筹办期间不计算为亏损年度。企业自开始生产经营的年度，为开始计算企业损益的年度。企业从事生产经营之前进行筹办活动期间发生筹办费用支出，不得计算为当期的亏损。

（2）亏损的弥补。企业纳税年度发生的亏损，从发生亏损年度的次年起弥补，但弥补年限最长不得超过规定年限。弥补年限是连续计算的，弥补年限内不论是否

知识拓展6-1

税前扣除凭证管理

知识拓展6-2

不得作为资产损失扣除的债权

有所得，都要计算在内。弥补期限届满后，尚未弥补的亏损，不再用应纳税所得额弥补。

企业在汇总计算缴纳企业所得税时，其境外营业机构的亏损不得抵减境内营业机构的盈利。但境外营业机构的盈利，可按税法规定弥补该境外营业机构以前年度的亏损和境内营业机构的亏损。

税务机关对企业以前年度纳税情况进行检查时调增的应纳税所得额，凡企业以前年度发生亏损，且该亏损属于税法规定允许弥补的，允许以调增的应纳税所得额弥补该亏损。弥补该亏损后仍有余额的，按照税法规定计算缴纳企业所得税。同时，对检查调增的应纳税所得额，根据其情节，依照《税收征收管理法》有关规定处罚。

2.特殊规定

（1）高新技术企业和科技型中小企业的亏损弥补。为支持高新技术企业和科技型中小企业发展，自2018年1月1日起，当年具备高新技术企业或科技型中小企业资格的企业（统称资格），其具备资格年度之前5个年度发生的尚未弥补完的亏损，准予结转以后年度弥补，最长结转年限由5年延长至10年。

（2）困难行业企业2020年度发生亏损的弥补。为做好新型冠状病毒感染的肺炎疫情防控工作，支持相关企业发展，受疫情影响较大的困难行业企业2020年度发生的亏损，最长结转年限由5年延长至8年。

困难行业企业，包括交通运输、餐饮、住宿、旅游（指旅行社及相关服务、游览景区管理两类）四大类，具体判断标准按照现行《国民经济行业分类》执行。困难行业企业2020年度主营业务收入须占收入总额（剔除不征税收入和投资收益）的50%以上。

（3）电影行业企业2020年度发生亏损的弥补。为支持电影行业企业发展，电影行业企业2020年度发生的亏损，最长结转年限由5年延长至8年。

电影行业企业限于电影制作、发行和放映等企业，不包括通过互联网、电信网、广播电视网等信息网络传播电影的企业。

（4）集成电路生产企业的亏损弥补。自2020年1月1日起，国家鼓励的线宽小于130纳米（含）的集成电路生产企业，属于国家鼓励的集成电路生产企业清单年度之前5个纳税年度发生的尚未弥补完的亏损，准予向以后年度结转，总结转年限最长不得超过10年。

（四）预提所得税应纳税所得额的计算

非居民企业在中国境内未设立机构、场所而有来源于中国境内的所得，或虽设立机构、场所但取得的来源于中国境内的所得与其所设机构、场所没有实际联系的，其应缴纳的企业所得税，实行源泉扣缴，以支付人为扣缴义务人。这种采取源泉扣缴方式征收所得税，习惯上被称为预提所得税。

应纳税所得额按照以下规定确定：

（1）股息、红利等权益性投资收益和利息、租金、特许权使用费所得，以收入全额为应纳税所得额；

（2）转让财产所得，以收入全额减除财产净值后的余额为应纳税所得额；

（3）其他所得，参照前两项规定的方法计算应纳税所得额。

二、税率

（一）居民企业和非居民企业在中国境内设立的机构、场所适用税率

企业所得税实行比例税率。参照世界各国和中国周边国家企业所得税的税率水平，现行企业所得税的税率定为25%。其适用范围包括：

（1）居民企业取得的各项所得；

（2）非居民企业在中国境内设立的机构、场所取得的来源于中国境内的所得，以及发生在中国境外但与其所设机构、场所有实际联系的所得。

（二）非居民企业预提所得税适用税率

非居民企业预提所得税的法定税率为20%。实际执行中，减按10%的税率征收企业所得税。

同时，对下列所得免征企业所得税：

（1）外国政府向中国政府提供贷款取得的利息所得；

（2）国际金融组织（包括国际货币基金组织、世界银行、亚洲开发银行、国际开发协会、国际农业发展基金、欧洲投资银行以及财政部和国家税务总局确定的其他国际金融组织）向中国政府和居民企业提供优惠贷款（指低于金融企业同期同类贷款利率水平的贷款）取得的利息所得；

（3）经国务院批准的其他所得。

第四节　资产税务处理

企业的各项资产，包括固定资产、生物资产、无形资产、长期待摊费用、投资资产、存货等，以历史成本为计税基础。历史成本是指企业取得该项资产时实际发生的支出。企业持有各项资产期间资产增值或减值，除国务院财政、税务主管部门规定可确认损益外，不得调整该资产的计税基础。

一、固定资产的税务处理

固定资产是指企业为生产产品、提供劳务、出租或经营管理而持有的、使用时

间超过 12 个月的非货币性资产，包括房屋、建筑物、机器、机械、运输工具以及其他与生产经营活动有关的设备、器具、工具等。

（一）固定资产的计税基础

（1）外购的固定资产，以购买价款和支付的相关税费以及直接归属于使该资产达到预定用途发生的其他支出为计税基础。

（2）自行建造的固定资产，以竣工结算前发生的支出为计税基础。

（3）融资租入的固定资产，以租赁合同约定的付款总额和承租人在签订租赁合同过程中发生的相关费用为计税基础；租赁合同未约定付款总额的，以该资产的公允价值和承租人在签订租赁合同过程中发生的相关费用为计税基础。

（4）盘盈的固定资产，以同类固定资产的重置完全价值为计税基础。

（5）通过捐赠、投资、非货币性资产交换、债务重组等方式取得的固定资产，以该资产的公允价值和支付的相关税费为计税基础。

（6）未足额提取折旧前改建的固定资产，以改建过程中发生的改建支出增加计税基础。具体地说，房屋、建筑物在未足额提取折旧前进行改建扩建，如属于推倒重置的，该资产原值减除提取折旧后的净值，并入重置后的固定资产计税成本，并从该固定资产投入使用后的次月起，按照税法规定的折旧年限，一并计提折旧。如属于提升功能、增加面积的，该固定资产的改扩建支出，并入该固定资产计税基础，并从改扩建完工投入使用后的次月起，重新按税法规定的该固定资产折旧年限计提折旧，如该改扩建后的固定资产尚可使用的年限低于税法规定的最低年限的，可以按尚可使用的年限计提折旧。

企业固定资产投入使用后，由于工程款项尚未结清未取得全额发票的，可暂按合同规定的金额计入固定资产计税基础计提折旧，待发票取得后进行调整。但该项调整应在固定资产投入使用后 12 个月内进行。

（二）固定资产折旧

1.折旧范围

在计算应纳税所得额时，企业按照规定计算的固定资产折旧，准予扣除。

但是，下列固定资产不得计算折旧扣除：

（1）房屋、建筑物以外未投入使用的固定资产；

（2）以经营租赁方式租入的固定资产；

（3）以融资租赁方式租出的固定资产；

（4）已足额提取折旧仍继续使用的固定资产；

（5）与经营活动无关的固定资产；

（6）单独估价作为固定资产入账的土地；

（7）其他不得计算折旧扣除的固定资产。

值得注意的是，自2021年起，企业购买的文物、艺术品用于收藏、展示、保值增值的，作为投资资产进行税务处理。在文物、艺术品资产持有期间，企业对其计提的折旧、摊销费用，不得税前扣除。

2.折旧办法

除符合加速折旧优惠条件而采取加速折旧办法外，固定资产按直线法计算折旧。企业自固定资产投入使用月份的次月起计算折旧；停止使用的固定资产，自停止使用月份的次月起停止计算折旧。

企业应根据固定资产的性质和使用情况，合理确定固定资产的预计净残值。固定资产的预计净残值一经确定，不得变更。

3.折旧年限

除国务院财政、税务主管部门另有规定外，固定资产计算折旧的最低年限如下：

（1）房屋、建筑物，为20年；

（2）飞机、火车、轮船、机器、机械和其他生产设备，为10年；

（3）与生产经营活动有关的器具、工具、家具等，为5年；

（4）飞机、火车、轮船以外的运输工具，为4年；

（5）电子设备，为3年。

改建的固定资产延长使用年限的，除已足额提取折旧的固定资产和租入固定资产外，应适当延长折旧年限。

二、生产性生物资产的税务处理

生产性生物资产是指企业为生产农产品、提供劳务或者出租等而持有的生物资产，包括经济林、薪炭林、产畜和役畜等。

（一）生产性生物资产的计税基础

企业外购的生产性生物资产，以购买价款和支付的相关税费为计税基础。

企业通过捐赠、投资、非货币性资产交换、债务重组等方式取得的生产性生物资产，以该资产的公允价值和支付的相关税费为计税基础。

（二）生产性生物资产的折旧

生产性生物资产按照直线法计算的折旧，准予扣除。企业应自生产性生物资产投入使用月份的次月起计算折旧；停止使用的生产性生物资产，应自停止使用月份的次月起停止计算折旧。

企业应根据生产性生物资产的性质和使用情况，合理确定生产性生物资产的预计净残值。生产性生物资产的预计净残值一经确定，不得变更。

生产性生物资产计算折旧的最低年限如下：林木类生产性生物资产，为10年；

畜类生产性生物资产，为3年。

三、无形资产的税务处理

无形资产是指企业为生产产品、提供劳务、出租或者经营管理而持有的、没有实物形态的非货币性长期资产，包括专利权、商标权、著作权、土地使用权、非专利技术、商誉等。

（一）无形资产计税基础

1. 外购的无形资产，以购买价款和支付的相关税费以及直接归属于使该资产达到预定用途发生的其他支出为计税基础。

2. 自行开发的无形资产，以开发过程中该资产符合资本化条件后至达到预定用途前发生的支出为计税基础。

3. 通过捐赠、投资、非货币性资产交换、债务重组等方式取得的无形资产，以该资产的公允价值和支付的相关税费为计税基础。

（二）无形资产摊销

1. 摊销范围

在计算应纳税所得额时，企业按照规定计算的无形资产摊销费用，准予扣除。但是，下列无形资产不得计算摊销费用扣除：

（1）自行开发的支出已在计算应纳税所得额时扣除的无形资产；

（2）自创商誉；

（3）与经营活动无关的无形资产；

（4）其他不得计算摊销费用扣除的无形资产。

2. 摊销方法

无形资产按直线法计算的摊销费用，准予扣除。外购商誉的支出，在企业整体转让或清算时，准予扣除。

3. 摊销年限

无形资产的摊销年限不得低于10年。投资或受让的无形资产，有关法律规定或合同约定了使用年限的，可按照规定或约定的使用年限分期摊销。

四、长期待摊费用的税务处理

（一）已足额提取折旧的固定资产的改建支出

改建支出是指改变房屋或者建筑物结构、延长使用年限等发生的支出。对已足额提取折旧的固定资产的改建支出，按照固定资产预计尚可使用年限分期摊销。

（二）租入固定资产的改建支出

对租入固定资产的改建支出，按照合同约定的剩余租赁期限分期摊销。

（三）固定资产的大修理支出

固定资产的大修理支出是指同时符合下列条件的支出：

（1）修理支出达到取得固定资产时的计税基础50%以上；

（2）修理后固定资产的使用年限延长2年以上。

固定资产的大修理支出，按照固定资产尚可使用年限分期摊销。

（四）其他长期待摊费用支出

其他长期待摊费用支出，自支出发生月份的次月起，分期摊销，摊销年限不得低于3年。

企业在筹建期间发生的开办费，税法没有明确规定列作长期待摊费用，企业可以在开始经营之日的当年一次性扣除，也可以按照税法有关长期待摊费用的规定处理，但一经选定，不得改变。自2011年起，企业在筹建期间发生的与筹建活动有关的业务招待费支出，可按实际发生额的60%计入企业筹办费，并按有关规定在税前扣除；发生的广告费和业务宣传费，可按实际发生额计入企业筹办费，并按有关规定在税前扣除。

五、投资资产的税务处理

投资资产是指企业对外进行权益性投资和债权性投资形成的资产。

（一）投资资产的计税基础

企业通过支付现金方式取得的投资资产，以购买价款为计税基础；通过支付现金以外的方式取得的投资资产，以该资产的公允价值和支付的相关税费为计税基础。

（二）投资资产成本扣除

企业对外投资期间，投资资产的成本在计算应纳税所得额时不得扣除。企业在转让或处置投资资产时，投资资产的成本准予扣除。

六、存货的税务处理

存货是指企业持有以备出售的产品或者商品、处在生产过程中的在产品、在生产或者提供劳务过程中耗用的材料和物料等。

（一）存货的计税基础

通过支付现金方式取得的存货，以购买价款和支付的相关税费为计税基础；通过支付现金以外的方式取得的存货，以该存货的公允价值和支付的相关税费为计税基础；生产性生物资产收获的农产品，以产出或者采收过程中发生的材料费、人工费和分摊的间接费用等必要支出为计税基础。

（二）存货成本扣除

企业使用或销售存货，按照规定计算的存货成本，准予在计算应纳税所得额时扣除。

企业使用或销售存货的成本计算方法，可以在先进先出法、加权平均法、个别计价法中选用一种。计价方法一经选用，不得随意变更。

知识拓展6-3

资产划转的税务处理

第五节　特别纳税调整

为防范各种避税行为，中国借鉴国际惯例，对关联企业的转让定价、成本分摊、资本弱化、利润分配等问题作出管理规定，强化反避税管理，维护国家税收利益。

一、关联交易的纳税调整

（一）关联交易及原则

1.关联方的认定

关联方是指与企业有下列关联关系之一的企业、其他组织或个人：

（1）在资金、经营、购销等方面存在直接或者间接的控制关系；

（2）直接或者间接地同为第三者控制；

（3）在利益上具有相关联的其他关系。

2.关联交易应遵循的原则

企业与其关联方之间的业务往来，应按照独立交易原则收取或支付价款、费用。独立交易原则是指没有关联关系的交易各方，按照公平成交价格和营业常规进行业务往来所遵循的原则。

（二）预约定价安排

预约定价，是指企业就其未来年度关联交易的定价原则和计算方法，向税务机关提出申请，与税务机关按照独立交易原则协商、确认后达成的协议。税法规定，企业可以向税务机关提出与其关联方之间业务往来的定价原则和计算方法，税务机关与企业协商、确认后，达成预约定价安排。

预约定价安排的谈签与执行，通常经过预备会谈、正式申请、审核评估、磋商、签订安排和监控执行六个阶段。预约定价安排的类型，包括单边、双边和多边三种。预约定价安排由设区的市、自治州以上的税务机关受理。

预约定价安排，一般适用于同时满足以下条件的企业：年度发生的关联交易金额在4 000万元人民币以上；依法履行关联申报义务；按规定准备、保存和提供同期资料。

（三）关联申报与同期资料准备

1.关联申报

企业向税务机关报送年度企业所得税纳税申报表时，应当就其与关联方之间的业务往来，附送年度关联业务往来报告表。

实行查账征收的居民企业和在中国境内设立机构、场所并据实申报缴纳企业所得税的非居民企业，年度内与其关联方发生业务往来的，均应进行关联申报。

2.同期资料准备

企业应按纳税年度准备并按税务机关要求提供其关联交易的同期资料。同期资料包括主体文档、本地文档和特殊事项文档。

企业执行预约定价安排的，可以不准备预约定价安排涉及关联交易的本地文档和特殊事项文档。企业仅与境内关联方发生关联交易的，可以不准备主体文档、本地文档和特殊事项文档。

同期资料自税务机关要求之日起30日内提供。企业因不可抗力无法按期提供同期资料的，在不可抗力消除后30日内提供同期资料。

同期资料自税务机关要求的准备完毕之日起保存10年。企业合并、分立的，由合并、分立后的企业保存同期资料。

（四）成本费用分摊

企业与其关联方共同开发、受让无形资产，或者共同提供、接受劳务发生的成本，在计算应纳税所得额时，按照独立交易原则进行分摊。

企业按照独立交易原则与其关联方分摊共同发生的成本，达成成本分摊协议。分摊成本时，按照成本与预期收益相配比的原则进行，并在税务机关规定的期限内报送有关资料。违反上述规定的，其自行分摊的成本不得在计算应纳税所得额时扣除。

（五）转让定价的纳税调整

企业与其关联方之间的业务往来，不符合独立交易原则而减少企业或其关联方应纳税收入或所得额的，税务机关有权按照合理方法进行调整。合理方法主要是指以下方法：

1.可比非受控价格法

可比非受控价格法，是指按照没有关联关系的交易各方进行相同或者类似业务往来的价格进行定价的方法。该方法适用于所有类型的关联交易。

2.再销售价格法

再销售价格法，是指按照从关联方购进商品再销售给没有关联关系的交易方的价格，减除相同或者类似业务的销售毛利进行定价的方法。该方法通常适用于再销售者未对商品进行改变外形、性能、结构或更换商标等实质性增值加工的简单加工或单纯购销业务。

公平成交价格=再销售给非关联方的价格×（1-可比非关联交易毛利率）

可比非关联交易毛利率=可比非关联交易毛利÷可比非关联交易收入净额×100%

3.成本加成法

成本加成法，是指按照成本加合理的费用和利润进行定价的方法。该方法通常适用于有形资产的购销、转让和使用，以及劳务提供或资金融通的关联交易。

公平成交价格=关联交易的合理成本×（1+可比非关联交易成本加成率）

可比非关联交易成本加成率=可比非关联交易毛利÷可比非关联交易成本×100%

4.交易净利润法

交易净利润法，是指按照没有关联关系的交易各方进行相同或者类似业务往来取得的净利润水平确定利润的方法。该方法通常适用于有形资产的购销、转让和使用，无形资产的转让和使用，以及劳务提供等关联交易。

5.利润分割法

利润分割法，是指将企业与其关联方的合并利润或者亏损在各方之间采用合理标准进行分配的方法。该方法通常适用于各参与方关联交易高度整合且难以单独评估各方交易结果的情况。

利润分割法分为一般利润分割法和剩余利润分割法。一般利润分割法根据关联交易各参与方所执行的功能、承担的风险以及使用的资产，确定各自应取得的利润。剩余利润分割法将关联交易各参与方的合并利润减去分配给各方的常规利润的余额作为剩余利润，再根据各方对剩余利润的贡献程度进行分配。

6.其他符合独立交易原则的方法

其他符合独立交易原则的方法包括成本法、市场法和收益法等资产评估方法，以及其他能够反映利润与经济活动发生地和价值创造地相匹配原则的方法。

（六）资本弱化的纳税调整

1.基本规定

税法规定，企业从其关联方接受的债权性投资与权益性投资的比例超过规定标准而发生的利息支出，不得在计算应纳税所得额时扣除。

债权性投资，是指企业直接或者间接从关联方获得的，需要偿还本金和支付利息或者需要以其他具有支付利息性质的方式予以补偿的融资。企业间接从关联方获得的债权性投资，包括关联方通过无关联第三方提供的债权性投资，无关联第三方提供的、由关联方担保且负有连带责任的债权性投资，其他间接从关联方获得的具有负债实质的债权性投资。权益性投资，是指企业接受的不需要偿还本金和支付利息，投资人对企业净资产拥有所有权的投资。

在计算应纳税所得额时，企业实际支付给关联方的利息支出，若其接受关联方债权性投资与其权益性投资比例不超过规定比例（金融企业为 5∶1，其他企业为 2∶1）和按税法及其实施条例有关规定计算的部分，准予扣除，超过的部分不得在发生当期和以后年度扣除。但是，如果企业能够按照税法及其实施条例的有关规定提供相关资料，并证明相关交易活动符合独立交易原则的；或者该企业的实际税负不高于境内关联方的，其实际支付给境内关联方的利息支出，在计算应纳税所得额时准予扣除。

企业同时从事金融业务和非金融业务，其实际支付给关联方的利息支出，应按照合理方法分开计算；没有按照合理方法分开计算的，一律按照上述有关其他企业的比例计算准予税前扣除的利息支出。

2.具体处理办法

（1）企业关联债资比例超过标准比例的利息支出，不得在计算应纳税所得额时扣除。

不得扣除利息支出=年度实际支付的全部关联方利息×（1-标准比例÷关联债资比例）

其中：标准比例，是指税收规定的企业接受关联方债权性投资与其权益性投资的比例，金融企业为 5∶1，其他企业为 2∶1。关联债资比例，是指企业从其全部关联方接受的债权性投资（简称关联债权投资）占企业接受的权益性投资（简称权益投资）的比例，关联债权投资包括关联方以各种形式提供担保的债权性投资。

关联债资比例=年度各月平均关联债权投资之和÷年度各月平均权益投资之和

其中：

各月平均关联债权投资=（关联债权投资月初账面余额+月末账面余额）÷2

各月平均权益投资=（权益投资月初账面余额+月末账面余额）÷2

权益投资为企业资产负债表所列示的所有者权益金额。如果所有者权益小于实收资本（股本）与资本公积之和，则权益投资为实收资本（股本）与资本公积之和；如果实收资本（股本）与资本公积之和小于实收资本（股本）金额，则权益投资为实收资本（股本）金额。

（2）不得在税前扣除的利息支出，不得结转到以后纳税年度，应按照实际支付给各关联方利息占关联方利息总额的比例，在各关联方之间进行分配。其中，分配给实际税负高于企业的境内关联方的利息准予扣除；直接或间接实际支付给境外关联方的利息应视同分配的股息，按照股息和利息分别适用的所得税税率差补征企业所得税，如已扣缴的所得税款多于按股息计算应征所得税款，多出的部分不予退税。

（3）企业关联债资比例超过标准比例的利息支出，如要在计算应纳税所得额时扣除，应按纳税年度准备、保存，并按税务机关要求提供其关联交易的相关资料，证明关联债权投资金额、利率、期限、融资条件以及债资比例等均符合独立交易原则。企业未按规定准备、保存和提供相关资料，不能证明关联债权投资金额、利率、期限、融资条件以及债资比例符合独立交易原则的，其超过标准比例的关联方利息支出，不得在计算应纳税所得额时扣除。

所称利息支出，包括直接或间接关联债权投资实际支付的利息、担保费、抵押费和其他具有利息性质的费用。企业实际支付关联方利息存在转让定价问题的，首先应实施转让定价调查与调整，然后再按照上述办法处理。

（七）应纳税所得额的核定

税务机关在进行关联业务调查时，企业不提供与其关联方之间业务往来资料，或提供虚假、不完整资料，未能真实反映其关联业务往来情况的，税务机关有权依照下列办法核定其应纳税所得额：

（1）参照同类或者类似企业的利润率水平核定；

（2）按照企业成本加合理的费用和利润的方法核定；

（3）按照关联企业集团整体利润的合理比例核定；

（4）按照其他合理方法核定。

企业对税务机关按照上述办法核定的应纳税所得额有异议的，应提供相关证据，经税务机关认定后，调整核定的应纳税所得额。

（八）受控外国企业管理

由居民企业或者由居民企业和中国居民控制的设立在实际税负明显低于税法规定的税率水平（25%）的国家（地区）的企业，并非由于合理的经营需要而对利润不作分配或者减少分配的，上述利润中应归属于该居民企业的部分，应计入该居民企业的当期收入。

中国居民是指根据中国个人所得税法的规定，就其从中国境内、境外取得的所得在中国缴纳个人所得税的个人。居民企业和居民个人，统称为中国居民股东，包括中国居民企业股东和中国居民个人股东。受中国居民股东控制的外国企业，简称受控外国企业。

所称控制，是指在股份、资金、经营、购销等方面构成实质控制。其中，股份控制是指由中国居民股东在纳税年度任何一天单层直接或多层间接单一持有外国企业 10% 以上有表决权股份，且由其共同持有该外国企业 50% 以上股份。中国居民股东多层间接持有股份，按各层持股比例相乘计算。中间层持有股份超过 50% 的，按 100% 计算。

实际税负明显低于企业所得税法规定税率水平，是指低于企业所得税法规定税率（25%）的 50%。

1.视同股息分配所得的计算

受控外国企业并非由于合理的经营需要而对利润不作分配或者减少分配的，中国居民企业股东按以下办法计算应归属于当期的视同受控外国企业股息分配的所得。

$$中国居民企业股东当期所得 = 视同股息分配额 × 实际持股天数 ÷ 受控外国企业纳税年度天数 × 股东持股比例$$

中国居民股东多层间接持有股份的，股东持股比例按各层持股比例相乘计算。

受控外国企业与中国居民企业股东纳税年度存在差异的，应将视同股息分配所得计入受控外国企业纳税年度终止日所属的中国居民企业股东的纳税年度。

受控外国企业实际分配的利润已按照中国税法规定征税的，不再计入中国居民企业股东的当期所得。

2.当期所得的税收抵免

计入中国居民企业股东的当期所得，已在境外缴纳的企业所得税款，可以按照税法或税收协定的有关规定抵免。

3.免于计入当期所得的视同股息分配额

中国居民企业股东能够提供资料证明其控制的外国企业满足以下条件之一的，可免于将外国企业不作分配或减少分配的利润视同股息分配额计入中国居民企业股东的当期所得：

（1）设立在国家税务总局指定的非低税率国家（地区）；

（2）主要取得积极经营活动所得；

（3）年度利润总额低于 500 万元人民币。

为简化判定受控外国企业的实际税负，国家税务总局规定，中国居民企业或居民个人能够提供资料证明其控制的外国企业设立在美国、英国、法国、德国、日本、意大利、加拿大、澳大利亚、印度、南非、新西兰和挪威的，可免于将该外国企业不作分配或者减少分配的利润视同股息分配额计入中国居民企业的当期所得。

（九）其他安排的税务处理

企业实施其他不具有合理商业目的的安排而减少其应纳税收入或所得额的，税务机关有权按照合理方法调整。不具有合理商业目的是指以减少、免除或推迟缴纳税款为主要目的。

企业与其关联方之间的业务往来，不符合独立交易原则，或企业实施其他不具有合理商业目的安排的，税务机关有权在该业务发生的纳税年度起10年内，进行纳税调整。

二、补税与加收利息

（一）基本规定

税务机关依照"特别纳税调整"规定作出纳税调整，需要补征税款的，应当补征税款。同时，对补征的税款，自税款所属纳税年度的次年6月1日起至补缴税款之日止的期间，按日加收利息。利息按照税款所属纳税年度中国人民银行公布的与补税期间同期的人民币贷款基准利率加5个百分点计算。企业依照税法规定提供有关资料的，可以只按人民币贷款基准利率计算利息。

企业被加收的利息，不得在计算应纳税所得额时扣除。

（二）具体规定

特别纳税调查调整补缴的税款，按照应补缴税款所属年度的先后顺序，确定补缴税款的所属年度，以入库日为截止日，分别计算应加收的利息额。

（1）企业在"特别纳税调查调整通知书"送达前缴纳或者送达后补缴税款的，自税款所属纳税年度的次年6月1日起至缴纳或者补缴税款之日止计算加收利息。企业超过"特别纳税调查调整通知书"补缴税款期限仍未缴纳税款的，自补缴税款期限届满次日起，按照《税收征收管理法》及其实施细则的有关规定加收滞纳金，在加收滞纳金期间不再加收利息。

（2）利息率按照税款所属纳税年度12月31日公布的与补税期间同期的中国人民银行人民币贷款基准利率（简称基准利率）加5个百分点计算，并按照一年365天折算日利息率。

（3）企业按照有关规定提供同期资料及有关资料的，或者按照有关规定不需要准备同期资料但根据税务机关要求提供其他相关资料的，可以只按照基准利率加收利息。

企业自行调整补税且主动提供同期资料等有关资料，或者按照有关规定不需要准备同期资料但根据税务机关要求提供其他相关资料的，其2008年1月1日以后发生交易的自行调整补税，按照基准利率加收利息。

但是，经税务机关调查，企业实际关联交易额达到准备同期资料标准，但未按照规定向税务机关提供同期资料的，税务机关补征税款加收的利息，按照基准利率加5个百分点计算。

第六节　税收优惠

企业所得税优惠政策体现了国家经济政策和社会政策。从优惠目的看，包括经济政策性优惠和社会政策性优惠。从优惠方式看，包括税基式优惠、税率式优惠、税额式优惠和时间式优惠，具体包括减计收入、加计扣除、减免税、减低税率、税额抵免、固定资产加速折旧等。

一、免税收入与减计收入

（一）免税收入

除本章第三节述及的免税收入外，下列收入，免征企业所得税。

1.地方政府债券利息收入

企业取得的地方政府债券利息收入，免征企业所得税。地方政府债券是指经国务院批准，以省、自治区、直辖市和计划单列市政府为发行和偿还主体的债券。

2.从证券投资基金分配中取得的收入

为支持证券投资基金发展，对证券投资基金从证券市场中取得的收入，包括买卖股票、债券的差价收入，股权的股息、红利收入，债券的利息收入及其他收入，暂不征收企业所得税。

对证券投资基金管理人运用基金买卖股票、债券的差价收入，暂不征收企业所得税。

对投资者从证券投资基金分配中取得的收入，暂不征收企业所得税。

（二）减计收入

1.综合利用资源生产产品取得收入减计收入

企业以《资源综合利用企业所得税优惠目录》规定的资源作为主要原材料，生产国家非限制和非禁止并符合国家和行业相关标准的产品取得的收入，减按90%计入收入总额。

2.金融、保险等机构取得涉农利息、保费减计收入

自2017年1月1日至2023年12月31日，执行以下优惠政策：

（1）金融机构农户小额贷款的利息收入，在计算应纳税所得额时，按90%计入收入总额。小额贷款是指单笔且该农户贷款余额总额在10万元（含本数）以下的贷款。

（2）经省级金融管理部门（金融办、局等）批准成立的小额贷款公司取得的农户小额贷款利息收入，在计算应纳税所得额时，按90%计入收入总额。

（3）保险公司为种植业、养殖业提供保险业务取得的保费收入，在计算应纳税所得额时，按90%计入收入总额。保费收入是指原保险保费收入加上分保费收入减去分出保费后的余额。

3.提供社区养老、托育、家政服务减计收入

自2019年6月1日至2025年12月31日，为社区提供养老、托育、家政等服务的机构，提供社区养老、托育、家政服务取得的收入，在计算应纳税所得额时，减按90%计入收入总额。社区包括城市社区和农村社区。

4.取得铁路债券利息收入减半征税

企业持有2016—2023年发行的铁路债券取得的利息收入，减半征收企业所得税。铁路债券是指以中国铁路总公司为发行和偿还主体的债券，包括中国铁路建设债券、中期票据、短期融资券等债务融资工具。

二、研究开发费用加计扣除

《企业所得税法实施条例》规定，企业开发新技术、新产品、新工艺发生的研究开发费用，未形成无形资产计入当期损益的，在按照规定据实扣除的基础上，按照研究开发费用的50%加计扣除；形成无形资产的，按照无形资产成本的150%摊销。为进一步激励企业加大研发投入，支持科技创新，企业开展研发活动中实际发生的研发费用，未形成无形资产计入当期损益的，在按规定据实扣除的基础上，在2018年1月1日至2023年12月31日期间，再按照实际发生额的75%在税前加计扣除；形成无形资产的，在上述期间按照无形资产成本的175%在税前摊销。

制造业企业开展研发活动中实际发生的研发费用，未形成无形资产计入当期损益的，在按规定据实扣除的基础上，自2021年1月1日起，再按照实际发生额的100%在税前加计扣除；形成无形资产的，自2021年1月1日起，按照无形资产成本的200%在税前摊销。制造业企业，是指以制造业业务为主营业务，享受优惠当年主营业务收入占收入总额的比例达到50%以上的企业。制造业的范围按照《国民经济行业分类》（GB/T4574-2017）确定，如国家有关部门更新《国民经济行业分类》，从其规定。收入总额按照企业所得税法的规定执行。

科技型中小企业开展研发活动中实际发生的研发费用，未形成无形资产计入当期损益的，在按规定据实扣除的基础上，自2022年1月1日起，再按照实际发生额的100%在税前加计扣除；形成无形资产的，自2022年1月1日起，按照无形资产成本的200%在税前摊销。科技型中小企业条件和管理办法按照《科技型中小企业评价办法》执行。

（一）研发活动的界定

适用加计扣除政策的研发活动，是指企业为获得科学与技术新知识，创造性运

用科学技术新知识，或实质性改进技术、产品（服务）、工艺而持续进行的具有明确目标的系统性活动。

1.不适用加计扣除政策的活动

不适用加计扣除政策的活动，包括：企业产品（服务）的常规性升级；对某项科研成果的直接应用（比如，直接采用公开的新工艺、材料、装置、产品、服务或知识等）；企业在商品化后为顾客提供的技术支持活动；对现存产品、服务、技术、材料或工艺流程进行的重复或简单改变；市场调查研究、效率调查或管理研究；作为工业（服务）流程环节或常规的质量控制、测试分析、维修维护；社会科学、艺术或人文学方面的研究。

2.不适用加计扣除政策的行业

不适用加计扣除政策的行业，包括：烟草制造业；住宿和餐饮业；批发和零售业；房地产业；租赁和商务服务业；娱乐业；财政部和国家税务总局规定的其他行业。上述行业以《国民经济行业分类》（GB/T4574-2017）为准，并随之更新。

不适用加计扣除政策行业的企业，是指以上述所列行业业务为主营业务，其研发费用发生当年的主营业务收入占企业收入总额减除不征税收入和投资收益的余额50%（不含）以上的企业。

3.适用加计扣除政策的特别事项

企业为获得创新性、创意性、突破性的产品进行创意设计活动而发生的相关费用，可以按照规定进行加计扣除。

创意设计活动，是指以下活动：多媒体软件、动漫游戏软件开发，数字动漫、游戏设计制作；房屋建筑工程设计（绿色建筑评价标准为三星）、风景园林工程专项设计；工业设计、多媒体设计、动漫及衍生产品设计、模型设计等。

（二）允许加计扣除的研发费用

1.人员人工费用

人员人工费用，包括直接从事研发活动人员的工资薪金、基本养老保险费、基本医疗保险费、失业保险费、工伤保险费、生育保险费和住房公积金，以及外聘研发人员的劳务费用。

执行中，注意以下问题：

（1）直接从事研发活动人员，包括研究人员、技术人员、辅助人员；

（2）工资薪金包括按规定可以在税前扣除的对研发人员股权激励的支出；

（3）直接从事研发活动的人员、外聘研发人员同时从事非研发活动的，应将其实际发生的相关费用按实际工时占比等合理方法在研发费用和生产经营费用间分配，未分配的不得加计扣除。

2.直接投入费用

直接投入费用，包括：研发活动直接消耗的材料、燃料和动力费用；用于中间试验和产品试制的模具、工艺装备开发及制造费，不构成固定资产的样品、样机及一般测试手段购置费，试制产品的检验费；用于研发活动的仪器、设备的运行维护、调整、检验、维修等费用，以及通过经营租赁方式租入的用于研发活动的仪器、设备租赁费。

执行中，注意以下问题：

（1）以经营租赁方式租入的用于研发活动的仪器、设备，同时用于非研发活动的，应将其实际发生的租赁费按实际工时占比等合理方法在研发费用和生产经营费用间分配，未分配的不得加计扣除；

（2）企业研发活动直接形成产品或作为组成部分形成的产品对外销售的，研发费用中对应的材料费用不得加计扣除。

产品销售与对应的材料费用发生在不同纳税年度且材料费用已计入研发费用的，可在销售当年以对应的材料费用发生额直接冲减当年的研发费用，不足冲减的，结转以后年度继续冲减。

3.折旧费用

折旧费用，仅指用于研发活动的仪器、设备的折旧费。

执行中，注意以下问题：

（1）用于研发活动的仪器、设备，同时用于非研发活动的，应将其实际发生的折旧费按实际工时占比等合理方法在研发费用和生产经营费用间分配，未分配的不得加计扣除；

（2）企业用于研发活动的仪器、设备，符合税法规定且选择加速折旧优惠政策的，在享受研发费用税前加计扣除政策时，就税前扣除的折旧部分计算加计扣除。

4.无形资产摊销费用

无形资产摊销费用，仅指用于研发活动的软件、专利权、非专利技术（包括许可证、专有技术、设计和计算方法等）的摊销费用。

执行中，注意以下问题：

（1）用于研发活动的无形资产，同时用于非研发活动的，应将其实际发生的摊销费按实际工时占比等合理方法在研发费用和生产经营费用间分配，未分配的不得加计扣除；

（2）用于研发活动的无形资产，符合税法规定且选择缩短摊销年限的，在享受研发费用税前加计扣除政策时，就税前扣除的摊销部分计算加计扣除。

5.新产品设计费、新工艺规程制定费、新药研制的临床试验费、勘探开发技术的现场试验费

这部分费用仅指企业在新产品设计、新工艺规程制定、新药研制的临床试验、勘探开发技术的现场试验过程中发生的与开展该项活动有关的各类费用。

6.其他相关费用

其他相关费用，仅指与研发活动直接相关的其他费用，包括：技术图书资料费、资料翻译费、专家咨询费、高新科技研发保险费；研发成果的检索、分析、评议、论证、鉴定、评审、评估、验收费用；知识产权的申请费、注册费、代理费，差旅费、会议费；职工福利费、补充养老保险费、补充医疗保险费。此类费用总额不得超过可加计扣除研发费用总额的10%。

企业在一个纳税年度内进行多项研发活动的，自2021年度起，按照以下公式计算"其他相关费用"限额，其中资本化项目发生的费用在形成无形资产的年度统一纳入计算：

全部研发项目的其他相关费用限额=全部研发项目的人员人工等五项费用之和×10%÷（1-10%）

"人员人工等五项费用"是指允许加计扣除的"人员人工费用"、"直接投入费用"、"折旧费用"、"无形资产摊销"和"新产品设计费、新工艺规程制定费、新药研制的临床试验费、勘探开发技术的现场试验费"。

当"其他相关费用"实际发生数小于限额时，按实际发生数计算税前加计扣除额；当"其他相关费用"实际发生数大于限额时，按限额计算税前加计扣除额。

（三）与研发费用相关的其他事项

1.财政性资金的处理

企业取得作为不征税收入处理的财政性资金用于研发活动所形成的费用或无形资产，不得计算加计扣除或摊销。

企业取得的政府补助，会计处理时采用直接冲减研发费用方法且税务处理时未将其确认为应税收入的，应按冲减后的余额计算加计扣除数额。

2.不允许加计扣除的费用

法律、行政法规和国务院财税主管部门规定不允许企业所得税前扣除的费用和支出项目，不得计算加计扣除。

已计入无形资产但不属于允许加计扣除研发费用范围的，企业摊销时不得计算加计扣除。

3.特殊收入的扣减

企业取得的研发过程中形成的下脚料、残次品、中间试制品等特殊收入，在计算确认收入当年的加计扣除研发费用时，应从已归集研发费用中扣减该特殊收入，不足扣减的，加计扣除研发费用按零计算。

4.资本化时点

企业开展研发活动中实际发生的研发费用形成无形资产的，其资本化的时点与会计处理保持一致。

5.失败的研发活动

失败的研发活动所发生的研发费用，可享受税前加计扣除政策。

（四）委托、合作、集中研发的税务处理

1.委托研发的税务处理

企业委托外部机构或者个人进行研发活动所发生的费用，可以按规定税前扣除。加计扣除时，按照费用实际发生额的80%计入委托方研发费用并计算加计扣除，即以委托方实际支付给受托方的费用的80%作为加计扣除基数。受托方不得进行加计扣除。

执行中，注意以下问题：

（1）委托外部研究开发费用实际发生额，按照独立交易原则确定。委托方委托关联方开展研发活动的，受托方需向委托方提供研发过程中实际发生的研发项目费用支出明细情况。

委托个人研发的，应凭个人出具的发票等合法有效凭证在税前加计扣除。

（2）从2018年1月1日起，企业委托境外进行研发活动所发生的费用，按照费用实际发生额的80%计入委托方的委托境外研发费用。委托境外研发费用不超过境内符合条件的研发费用2/3的部分，可以按规定在税前加计扣除。

委托境外研发费用实际发生额，按照独立交易原则确定。委托方与受托方存在关联关系的，受托方应向委托方提供研发项目费用支出明细情况。

委托境外进行研发活动应签订技术开发合同，并由委托方到科技行政主管部门进行登记。

值得注意的是，委托境外进行研发活动不包括委托境外个人进行的研发活动。

2.合作开发的税务处理

企业共同合作开发的项目，由合作各方就自身实际承担的研发费用，分别计算加计扣除。

3.集中研发的税务处理

企业集团根据生产经营和科技开发的实际情况，对技术要求高、投资数额大，需要集中研发的项目，其实际发生的研发费用，可以按照权利和义务相一致、费用支出和收益分享相配比的原则，合理确定研发费用的分摊方法，在受益成员企业间进行分摊，由相关成员企业分别计算加计扣除。

（五）研发费用扣除与加计扣除

企业在预缴企业所得税时，可以据实扣除研发费用；在汇算清缴企业所得

税时，按照规定加计扣除研发费用。自2022年1月1日起，企业10月份预缴申报第三季度（按季预缴）或9月份（按月预缴）企业所得税时，可以自主选择就当年前三季度研发费用享受加计扣除优惠政策。对10月份预缴申报期末选择享受研发费用加计扣除优惠政策的，可以在办理当年度企业所得税汇算清缴时统一享受。

企业符合规定的研发费用加计扣除条件，而在2016年1月1日以后未及时享受该项税收优惠的，可以追溯享受并履行相关手续，追溯期限最长为3年。

【例6-12】某制造业企业2021年自行研究开发一项新产品专利技术，在研究开发过程中发生材料费4 000万元、人工费1 000万元、其他费用3 000万元，总计8 000万元。其中：符合资本化条件的支出为4 800万元，费用化支出为3 200万元。2021年12月1日，该专利技术达到预定可使用状态并开始摊销，摊销年限10年。该项目研发费用符合加计扣除政策。

解：

（1）2021年度：

①计入当期损益的研究开发费用3 200万元，准予在税前据实扣除。

同时，加计扣除额=3 200×100%=3 200（万元）

②会计上计提无形资产摊销额=4 800÷10÷12=40（万元）

按照税法规定准予在税前扣除的无形资产摊销额=4 800×200%÷10÷12=80（万元）

无形资产摊销加计扣除额=80-40=40（万元）

（2）2022年度：

会计上计提的无形资产摊销额为480万元（4 800÷10），按照税法规定准予在税前扣除的无形资产摊销额为960万元（4 800×200%÷10）。

无形资产摊销加计扣除额=960-480=480（万元）

（3）2023年度，比照2022年办法处理。

三、残疾职工工资加计扣除

企业安置残疾人员就业的，在据实扣除其支付给残疾职工工资的基础上，再按照支付给残疾职工工资的100%加计扣除。

残疾人员的范围适用《残疾人保障法》的有关规定。

企业享受安置残疾职工工资100%加计扣除，应同时具备以下条件：

（1）依法与安置的每位残疾人签订了1年以上（含1年）的劳动合同或服务协议，并且安置的每位残疾人在企业实际上岗工作；

（2）为安置的每位残疾人按月足额缴纳了企业所在区县人民政府根据国家政策规定的基本养老保险、基本医疗保险、失业保险和工伤保险等社会保险；

（3）定期通过银行等金融机构向安置的每位残疾人实际支付了不低于企业所在

区县适用的经省级人民政府批准的最低工资标准的工资;

(4)具备安置残疾人上岗工作的基本设施。

四、固定资产加速折旧

符合优惠条件的固定资产,可以采用加速折旧办法。固定资产加速折旧属于时间式优惠。

(一)加速折旧适用范围

1.一般规定

企业拥有并用于生产经营的主要或关键的固定资产,由于以下原因确需加速折旧的,可以缩短折旧年限或者采取加速折旧的方法:

(1)由于技术进步,产品更新换代较快的;

(2)常年处于强震动、高腐蚀状态的。

2.软件和集成电路生产企业的生产设备

(1)企业外购的软件,凡符合固定资产或无形资产确认条件的,可以按照固定资产或无形资产进行核算,其折旧或摊销年限可以适当缩短,最短可为2年(含);

(2)集成电路生产企业的生产设备,其折旧年限可以适当缩短,最短可为3年(含)。

3.特定行业企业适用的加速折旧政策

(1)自2014年1月1日起,生物药品制造业,专用设备制造业,铁路、船舶、航空航天和其他运输设备制造业,计算机、通信和其他电子设备制造业,仪器仪表制造业,信息传输、软件和信息技术服务业等6个行业的企业新购进的固定资产,可以缩短折旧年限或采取加速折旧方法。上述行业的小型微利企业新购进的研发和生产经营共用的仪器、设备,单位价值不超过100万元的,允许一次性计入当期成本费用在计算应纳税所得额时扣除,不再分年度计算折旧;单位价值超过100万元的,可以缩短折旧年限或采取加速折旧方法。

(2)自2015年1月1日起,轻工、纺织、机械、汽车等四个领域重点行业的企业新购进的固定资产,可以缩短折旧年限或采取加速折旧方法。上述行业的小型微利企业新购进的研发和生产经营共用的仪器、设备,单位价值不超过100万元的,允许一次性计入当期成本费用在计算应纳税所得额时扣除,不再分年度计算折旧;单位价值超过100万元的,可以缩短折旧年限或采取加速折旧方法。

(3)自2019年1月1日起,上述(1)(2)规定的加速折旧优惠的行业范围,扩大至全部制造业领域。制造业按照国家统计局《国民经济行业分类与代码》(GB/T 4754-2017)确定,以后更新国民经济行业分类与代码的,从其规定。

4.自2014年起所有行业企业适用的加速折旧政策

（1）自2014年1月1日起，所有行业企业新购进的专门用于研发的仪器、设备，单位价值不超过100万元的，允许一次性计入当期成本费用在计算应纳税所得额时扣除，不再分年度计算折旧；单位价值超过100万元的，可缩短折旧年限或采取加速折旧方法。

（2）自2014年1月1日起，所有行业企业持有的单位价值不超过5 000元的固定资产，允许一次性计入当期成本费用在计算应纳税所得额时扣除，不再分年度计算折旧。

5.自2018年至2023年所有行业企业适用的加速折旧政策

企业在2018年1月1日至2023年12月31日期间新购进（仅限于以货币形式购进或自行建造）的设备、器具（不包括房屋、建筑物），单位价值不超过500万元的，允许在投入使用月份的次月所属年度，一次性计入当期成本费用在计算应纳税所得额时扣除，不再分年度计算折旧；单位价值超过500万元的，仍按照税法实施条例及相关文件规定执行。

企业可以根据自身生产经营核算需要，自行选择享受一次性税前扣除政策。未选择享受一次性税前扣除政策的，以后年度不得再变更。

6.中小微企业2022年度适用的加速折旧政策

中小微企业在2022年1月1日至2022年12月31日期间新购置的设备、器具，单位价值在500万元以上的，按照单位价值的一定比例自愿选择在企业所得税税前扣除。其中，《企业所得税法实施条例》规定最低折旧年限为3年的设备器具，单位价值的100%可在当年一次性税前扣除；最低折旧年限为4年、5年、10年的，单位价值的50%可在当年一次性税前扣除，其余50%按规定在剩余年度计算折旧进行税前扣除。中小微企业可根据自身生产经营核算需要自行选择享受上述政策，当年度未选择享受的，以后年度不得再变更享受。

所称中小微企业是指从事国家非限制和禁止行业，且符合以下条件的企业：

（1）信息传输业、建筑业、租赁和商务服务业：从业人员2 000人以下，或营业收入10亿元以下或资产总额12亿元以下；

（2）房地产开发经营：营业收入20亿元以下或资产总额1亿元以下；

（3）其他行业：从业人员1 000人以下或营业收入4亿元以下。

所称从业人数，包括与企业建立劳动关系的职工人数和企业接受的劳务派遣用工人数。从业人数和资产总额指标，按企业全年的季度平均值确定。

季度平均值=（季初值+季末值）÷2

全年季度平均值=全年各季度平均值之和÷4

年度中间开业或者终止经营活动的，以其实际经营期作为一个纳税年度确定上述相关指标。

（二）加速折旧办法

除适用规定的一次性扣除外，可以缩短折旧年限或者采用加速折旧方法。

采取缩短折旧年限办法的，对其购置的新固定资产，最低折旧年限不得低于税法实施条例规定的折旧年限的60%；若购置已使用过的固定资产，其最低折旧年限不得低于税法实施条例规定的最低折旧年限减去已使用年限后剩余年限的60%。最低折旧年限一经确定，一般不得变更。

采取加速折旧方法的，可采用双倍余额递减法或者年数总和法。加速折旧方法一经确定，一般不得变更。

五、项目所得减免

项目所得减免是针对某一项目所得实施的税收减免。

（一）农、林、牧、渔业项目

1.免税项目

企业从事下列项目的所得，免征企业所得税：

（1）蔬菜、谷物、薯类、油料、豆类、棉花、麻类、糖料、水果、坚果的种植；

（2）农作物新品种的选育；

（3）中药材的种植；

（4）林木的培育和种植；

（5）牲畜、家禽的饲养；

（6）林产品的采集；

（7）灌溉、农产品初加工、兽医、农技推广、农机作业和维修等农、林、牧、渔服务业项目；

（8）远洋捕捞。

2.减半征税项目

企业从事下列项目的所得，减半征收企业所得税：

（1）花卉、茶以及其他饮料作物和香料作物的种植；

（2）海水养殖、内陆养殖。

值得注意的是，企业从事国家限制和禁止发展的项目，不得享受减免税优惠。

（二）国家重点扶持的公共基础设施项目

国家重点扶持的公共基础设施项目，是指《公共基础设施项目企业所得税优惠目录》规定的港口码头、机场、铁路、公路、城市公共交通、电力、水利等项目。

企业从事国家重点扶持的公共基础设施项目的投资经营所得，自项目取得第1笔生产经营收入所属纳税年度起，第1年至第3年免征企业所得税，第4年至第6年减半征收企业所得税。上述享受减免税优惠的项目，在减免税期限内转让的，受让方自受让之日起，可以在剩余期限内享受规定的减免税优惠；减免税期限届满后转让的，受让方不得就该项目重复享受减免税优惠。

执行中，注意以下问题：

（1）享受税收优惠的投资经营所得是指符合《公共基础设施项目企业所得税优惠目录》内规定的条件、技术标准和国家投资管理规定的公共基础设施项目的投资经营所得；

（2）第1笔生产经营收入是指公共基础设施项目已建成并投入运营后所取得的第1笔收入；

（3）企业同时从事不在目录范围内的项目取得的所得，应与享受优惠的公共基础设施项目所得分开核算，并合理分摊期间费用；没有分开核算的，不得享受上述优惠政策；

（4）企业承包经营、承包建设和内部自建自用公共基础设施项目，不得享受上述税收优惠。

（三）符合条件的环境保护、节能节水项目

符合条件的环境保护、节能节水项目，包括：公共污水处理；公共垃圾处理；沼气综合开发利用；节能减排技术改造；海水淡化等。

企业从事符合条件的环境保护、节能节水项目的所得，自项目取得第1笔生产经营收入所属纳税年度起，第1年至第3年免征企业所得税，第4年至第6年减半征收企业所得税。上述享受减免税优惠的项目，在减免税期限内转让的，受让方自受让之日起，可以在剩余期限内享受规定的减免税优惠；减免税期限届满后转让的，受让方不得就该项目重复享受减免税优惠。

（四）符合条件的技术转让项目

一个纳税年度内，居民企业技术转让所得不超过500万元的部分，免征企业所得税；超过500万元的部分，减半征收企业所得税。

（1）技术所有权或者5年以上（含5年）全球独占许可使用权的转让所得，按照以下公式计算：

技术转让所得=技术转让收入−技术转让成本−相关税费−合理分摊的期间费用

知识拓展6-4

（2）符合条件的5年以上非独占许可使用权技术转让所得，按照以下公式计算：

技术转让所得=技术转让收入−无形资产摊销费用−相关税费−应分摊期间费用

技术转让所得减免税相关问题

值得注意的是，居民企业取得禁止出口和限制出口技术转让所得，不享受技术转让减免所得税政策。居民企业从直接或间接持有股权之和达到100%的关联方取得的技术转让所得，也不享受技术转

让减免所得税政策。

（五）节能服务企业实施合同能源管理项目

符合条件的节能服务企业实施合同能源管理项目，自项目取得第1笔生产经营收入所属纳税年度起，第1年至第3年免征企业所得税，第4年至第6年按照25%的法定税率减半征收企业所得税。节能服务企业的分享型合同约定的效益分享期短于6年的，按照实际分享期享受优惠。

在优惠期限内，将享受优惠的项目转让给其他符合条件的节能服务企业，受让企业承续经营该项目的，可自项目受让之日起，在剩余期限内享受规定的优惠；优惠期限届满后转让的，受让企业不得就该项目重复享受优惠。

知识拓展6-5

合同能源管理项目减免税相关问题

六、抵扣应纳税所得额

（一）创业投资企业抵扣应纳税所得额

创业投资企业从事国家需要重点扶持和鼓励的创业投资，可以按照投资额的一定比例抵扣应纳税所得额。

1.创业投资企业以股权投资方式投资于未上市的中小高新技术企业

创业投资企业采取股权投资方式投资于未上市的中小高新技术企业2年（24个月）以上的，可以按照其投资额的70%在股权持有满2年的当年抵扣该创业投资企业的应纳税所得额；当年不足抵扣的，可以在以后纳税年度结转抵扣。

中小高新技术企业，是指职工人数不超过500人、年销售（营业）额不超过2亿元、资产总额不超过2亿元的高新技术企业。中小企业接受创业投资之后，经认定符合高新技术企业标准的，自其被认定为高新技术企业的年度起，计算创业投资企业的投资期限。该期限内，中小企业接受创业投资后，企业规模超过中小企业标准，但仍符合高新技术企业标准的，不影响创业投资企业享受有关税收优惠。

【例6-13】某创业投资公司于2018年2月以股权投资方式向某未上市的中型高新技术企业投资，投资额1 000万元。

解：

2年后，可抵扣应纳税所得额700万元（1 000×70%）。

假如2020年该创业投资公司实现应纳税所得额（抵扣前）600万元，则抵扣后的应纳税所得额为0；尚未抵扣金额100万元（700-600）。

假如2021年该创业投资公司实现应纳税所得额（抵扣前）680万元，抵扣后的应纳税所得额为580万元（680-100）。

两年共抵扣应纳税所得额700万元。如果未抵扣完，可以结转以后年度抵扣，直至扣完为止。

2.公司制创业投资企业以股权投资方式直接投资于初创科技型企业

自2018年1月1日起，公司制创业投资企业采取股权投资方式直接投资于种子期、初创期科技型企业（简称初创科技型企业）满2年（24个月）的，可以按照投资额的70%在股权持有满2年的当年抵扣该公司制创业投资企业的应纳税所得额；当年不足抵扣的，可以在以后纳税年度结转抵扣。

享受优惠政策的投资，仅限于通过向被投资初创科技型企业直接支付现金方式取得的股权投资，不包括受让其他股东的存量股权。投资额，按照创业投资企业对初创科技型企业的实缴投资额确定。满2年是指对初创科技型企业的实缴投资满2年，投资时间从初创科技型企业接受投资并完成工商变更登记的日期算起（下同）。

（二）法人合伙人抵扣应纳税所得额

1.合伙创投企业以股权投资方式投资于未上市的中小高新技术企业

自2015年10月1日起，有限合伙制创业投资企业（简称合伙创投企业）采取股权投资方式投资于未上市的中小高新技术企业满2年（24个月）的，合伙创投企业的法人合伙人，可以按照对未上市中小高新技术企业投资额的70%，抵扣其从合伙创投企业分得的应纳税所得额；当年不足抵扣的，可以在以后纳税年度结转抵扣。

法人合伙人对未上市中小高新技术企业的投资额，按照合伙创投企业对未上市中小高新技术企业的投资额和合伙协议约定的法人合伙人占合伙创投企业的出资比例计算确定。

2.合伙创投企业以股权投资方式投资于初创科技型企业

自2018年1月1日起，有限合伙制创业投资企业（简称合伙创投企业）采取股权投资方式直接投资于种子期、初创期科技型企业（简称初创科技型企业）满2年（24个月）的，合伙创投企业的法人合伙人，可以按照对初创科技型企业投资额的70%，抵扣其从合伙创投企业分得的应纳税所得额；当年不足抵扣的，可以在以后纳税年度结转抵扣。

知识拓展6-6

创业投资企业与初创科技型企业

法人合伙人对初创科技型企业的投资额，按照合伙创投企业对初创科技型企业的投资额和合伙协议约定的法人合伙人占合伙创投企业的出资比例计算确定。

合伙人出资比例，按投资满2年当年年末各合伙人对合伙创投企业的实缴出资额占所有合伙人全部实缴出资额的比例计算。

法人合伙人投资于多个符合条件的合伙创投企业，可以合并计算其可抵扣的投资额和分得的所得。当年不足抵扣的，可结转以后纳税年度继续抵扣；当年抵扣后有结余的，按照税法规定计算缴纳企业所得税。

七、特定企业减免税

特定企业减免税，是指对某些特定企业，就其全部生产经营所得或者特定区域内所得应缴纳的企业所得税税额，给予免征或者减征。

（一）符合条件的小型微利企业减免税

自2019年1月1日至2021年12月31日，小型微利企业年应纳税所得额不超过100万元的部分，减按25%计入应纳税所得额，按20%的税率缴纳企业所得税（相当于按5%计算纳税）；年应纳税所得额超过100万元但不超过300万元的部分，减按50%计入应纳税所得额，按20%的税率缴纳企业所得税（相当于按10%计算纳税）。

自2021年1月1日至2022年12月31日，对小型微利企业年应纳税所得额不超过100万元的部分，在上述规定的优惠政策基础上，再减半征收企业所得税（相当于按2.5%计算纳税）。

自2022年1月1日至2024年12月31日，对小型微利企业年应纳税所得额超过100万元但不超过300万元的部分，减按25%计入应纳税所得额，按20%的税率缴纳企业所得税（相当于按5%计算纳税）。

小型微利企业，是指从事国家非限制和非禁止行业，且同时符合年度应纳税所得额不超过300万元、从业人数不超过300人、资产总额不超过5 000万元等三个条件的企业。从业人数，包括与企业建立劳动关系的职工人数和企业接受的劳务派遣用工人数。从业人数和资产总额指标，按照企业全年的季度平均值确定。

季度平均值=（季初值+季末值）÷2

全年季度平均值=全年各季度平均值之和÷4

企业年度中间开业或者终止经营活动的，以其实际经营期作为一个纳税年度确定上述相关指标。企业设立不具有法人资格分支机构的，应当汇总计算总机构及其各分支机构的从业人数、资产总额、年度应纳税所得额，依据合计数判断是否符合小型微利企业条件。

执行中，注意以下问题：

（1）小型微利企业无论按查账征收方式还是核定征收方式缴纳企业所得税，均可享受上述优惠政策。

（2）小型微利企业所得税统一实行按季度预缴。预缴企业所得税时，小型微利企业的资产总额、从业人数、年度应纳税所得额指标，暂按当年度截至本期申报所属期末的情况进行判断。其中，资产总额、从业人数指标比照"全年季度平均值"的计算公式，计算截至本期申报所属期末的季度平均值；年度应纳税所得额指标，暂按截至本期申报所属期末不超过300万元的标准判断。

（3）小型微利企业在预缴和汇算清缴企业所得税时，通过填写纳税申报表相关内容，即可享受小型微利企业所得税减免政策。

企业预缴企业所得税时已享受小型微利企业所得税减免政策，汇算清缴企业所得税时不符合小型微利企业条件的，应按照规定补缴企业所得税税款。

【例6-14】某生产企业从事国家非限制和非禁止行业。该企业2022年度应纳税所得额280万元，从业人数200人，资产总额3 500万元。该企业2022年度应纳的企业所得税税额和减免的企业所得税税额各是多少？

解：

该企业符合小型微利企业条件，可以享受小型微利企业优惠政策。

应纳税额=100×25%×20%÷2+（280-100）×25%×20%=11.50（万元）

或者：应纳税额=100×2.5%+（280-100）×5%=11.50（万元）

减免税额=280×25%-11.50=58.50（万元）

或者：减免税额=100×（25%-2.5%）+（280-100）×（25%-5%）=58.50（万元）

知识拓展6-7

高新技术企业

（二）国家需要重点扶持的高新技术企业减免税

国家需要重点扶持的高新技术企业，减按15%的税率征收企业所得税。

（三）特定区域内高新技术企业区内所得减免税

对经济特区和上海浦东新区内在2008年1月1日（含）之后完成登记注册的国家需要重点扶持的高新技术企业，在经济特区和上海浦东新区内取得的所得，自取得第1笔生产经营收入所属纳税年度起，第1年至第2年免征企业所得税，第3年至第5年按照25%的法定税率减半征收企业所得税。

经济特区和上海浦东新区内新设高新技术企业，同时在经济特区和上海浦东新区以外的地区从事生产经营的，其区内所得享受定期减免税优惠；而区外所得适用15%的优惠税率。定期减免税期满后，仍为高新技术企业的，其区内、区外所得均适用15%的优惠税率。

（四）民族自治地方企业减免税

民族自治地方的自治机关对本民族自治地方的企业应缴纳的企业所得税中属于地方分享的部分，可以决定减征或者免征。

民族自治地方，是指依照《中华人民共和国民族区域自治法》实行民族区域自治的自治区、自治州、自治县。自治州、自治县决定减征或者免征的，须报省、自治区、直辖市人民政府批准。但是，对民族自治地方内国家限制和禁止行业的企业，不得减征或免征企业所得税。

（五）西部地区鼓励类产业企业减免税

为深入实施西部大开发战略，自 2011 年 1 月 1 日至 2020 年 12 月 31 日，对设在西部地区的鼓励类产业企业减按 15% 的税率征收企业所得税。鼓励类产业企业是指以《西部地区鼓励类产业目录》中规定的产业项目为主营业务，且其主营业务收入占企业收入总额 70% 以上的企业。

为推进西部大开发形成新格局，自 2021 年 1 月 1 日至 2030 年 12 月 31 日，对设在西部地区的鼓励类产业企业减按 15% 的税率征收企业所得税。鼓励类产业企业是指以修订后的《西部地区鼓励类产业目录》中规定的产业项目为主营业务，且其主营业务收入占企业收入总额 60% 以上的企业。

西部地区，包括内蒙古自治区、广西壮族自治区、重庆市、四川省、贵州省、云南省、西藏自治区、陕西省、甘肃省、青海省、宁夏回族自治区、新疆维吾尔自治区和新疆生产建设兵团。湖南省湘西土家族苗族自治州、湖北省恩施土家族苗族自治州、吉林省延边朝鲜族自治州和江西省赣州市，可以比照西部地区的企业所得税政策执行。

值得注意的是，执行西部大开发优惠政策的企业，在定期减免税的减半征税期间，可以按照企业适用税率计算的应纳税额减半征税。其他各类情形的定期减免税，均应按照企业所得税 25% 的法定税率计算的应纳税额减半征税。

（六）集成电路企业和软件企业减免税

自 2020 年 1 月 1 日起，执行以下优惠政策：

1. 集成电路生产企业或项目减免税

（1）国家鼓励的集成电路线宽小于 28 纳米（含），且经营期在 15 年以上的集成电路生产企业或项目，第 1 年至第 10 年免征企业所得税；

（2）国家鼓励的集成电路线宽小于 65 纳米（含），且经营期在 15 年以上的集成电路生产企业或项目，第 1 年至第 5 年免征企业所得税，第 6 年至第 10 年按照 25% 的法定税率减半征收企业所得税；

（3）国家鼓励的集成电路线宽小于 130 纳米（含），且经营期在 10 年以上的集成电路生产企业或项目，第 1 年至第 2 年免征企业所得税，第 3 年至第 5 年按照 25% 的法定税率减半征收企业所得税。

国家鼓励的集成电路生产企业或项目清单由国家发展和改革委员会、工业和信息化部会同财政部、税务总局等相关部门制定。

值得注意的是，按照"集成电路生产企业"享受税收优惠政策的，属于"税额式优惠"，优惠期自获利年度起计算。按照"集成电路生产项目"享受税收优惠政策的，属于"税基式优惠"，优惠期自项目取得第 1 笔生产经营收入所属纳税年度起计算；对集成电路生产项目应单独进行会计核算和计算所得，并合理分摊期间费用。

2.重点集成电路设计企业和软件企业减免税

国家鼓励的重点集成电路设计企业和软件企业，自获利年度起，第 1 年至第 5 年免征企业所得税，接续年度减按 10% 的税率征收企业所得税。

国家鼓励的重点集成电路设计和软件企业清单由国家发展和改革委员会、工业和信息化部会同财政部、税务总局等相关部门制定。

3.集成电路设计、装备、材料、封装、测试企业和软件企业减免税

国家鼓励的集成电路设计、装备、材料、封装、测试企业和软件企业，自获利年度起，第 1 年至第 2 年免征企业所得税，第 3 年至第 5 年按照 25% 的法定税率减半征收企业所得税。

国家鼓励的集成电路设计、装备、材料、封装、测试企业和软件企业条件，由工业和信息化部会同国家发展和改革委员会、财政部、税务总局等相关部门制定。

上述所称获利年度，是指企业当年应纳税所得额大于零的纳税年度。

（七）动漫企业减免税

知识拓展6-8

技术先进型
服务企业

经认定的动漫企业自主开发、生产动漫产品，可以申请享受软件企业所得税优惠政策。

（八）技术先进型服务企业减免税

自 2017 年 1 月 1 日起，在全国范围内，对经认定的技术先进型服务企业，减按 15% 的税率征收企业所得税。

知识拓展6-9

服务贸易类
技术先进型
服务企业

（九）服务贸易类技术先进型服务企业减免税

自 2018 年 1 月 1 日起，对经认定的服务贸易类技术先进型服务企业，减按 15% 的税率征收企业所得税。

（十）经营性文化事业单位转制为企业减免税

知识拓展6-10

经营性文化
事业单位转
制

经营性文化事业单位转制为企业，自转制注册之日起 5 年内免征企业所得税。2018 年 12 月 31 日之前已完成转制的企业，自 2019 年 1 月 1 日起可继续免征 5 年企业所得税。上述政策执行期限为 2019 年 1 月 1 日至 2023 年 12 月 31 日。企业在 2023 年 12 月 31 日享受上述政策不满 5 年的，可继续享受至 5 年期满为止。

经营性文化事业单位转制中资产评估增值、资产转让或划转涉及的企业所得税、增值税、城市维护建设税、契税、印花税等，符合现行规定的享受相应税收优惠政策。

知识拓展6-11

享受免税政策
的生产装配伤
残人员专门用
品企业

（十一）生产装配伤残人员专门用品企业减免税

自 2016 年 1 月 1 日至 2023 年 12 月 31 日，对符合条件的生产装配伤

残人员专门用品的居民企业，免征企业所得税。

（十二）招用自主就业退役士兵就业扣减税额

企业招用自主就业退役士兵，与其签订 1 年以上期限劳动合同并依法缴纳社会保险费的，自签订劳动合同并缴纳社会保险当月起，在 3 年（36 个月）内按实际招用人数予以定额依次扣减增值税、城市维护建设税、教育费附加、地方教育附加和企业所得税优惠。定额标准为每人每年 6 000 元，最高可上浮 50%，各省、自治区、直辖市人民政府可根据本地区实际情况在此幅度内确定具体定额标准。

（十三）招用重点群体就业扣减税额

企业招用建档立卡贫困人口，以及在人力资源和社会保障部门公共就业服务机构登记失业半年以上且持"就业创业证"或"就业失业登记证"（注明"企业吸纳税收政策"）的人员，与其签订 1 年以上期限劳动合同并依法缴纳社会保险费的，自签订劳动合同并缴纳社会保险当月起，在 3 年内按实际招用人数予以定额依次扣减增值税、城市维护建设税、教育费附加、地方教育附加和企业所得税优惠。定额标准为每人每年 6 000 元，最高可上浮 30%，各省、自治区、直辖市人民政府可根据本地区实际情况在此幅度内确定具体定额标准。

（十四）从事污染防治的第三方企业减免税

为鼓励污染防治企业的专业化、规模化发展，更好支持生态文明建设，自 2019 年 1 月 1 日起至 2023 年 12 月 31 日止，对符合条件的从事污染防治的第三方企业（简称第三方防治企业）减按 15% 的税率征收企业所得税。

知识拓展6-12

享受优惠政策的第三方防治企业

第三方防治企业是指受排污企业或政府委托，负责环境污染治理设施（包括自动连续监测设施）运营维护的企业。

（十五）海南自由贸易港企业减免税

自 2020 年 1 月 1 日至 2024 年 12 月 31 日，执行以下优惠政策：

1.减低税率

对注册在海南自由贸易港并实质性运营的鼓励类产业企业，减按 15% 的税率征收企业所得税。

总机构设在海南自由贸易港的符合条件的企业，仅就其设在海南自由贸易港的总机构和分支机构的所得，适用 15% 税率；总机构设在海南自由贸易港以外的企业，仅就其设在海南自由贸易港内的符合条件的分支机构的所得，适用 15% 税率。

鼓励类产业企业，是指以海南自由贸易港鼓励类产业目录中规定的产业项目为主营业务，且其主营业务收入占企业收入总额 60% 以上的企业。实质性运营，是指企业的实际管理机构设在海南自由贸易港，并对企业生产经营、人员、账务、财产等实施实质性全面管理和控制。对不符合实质性运营的企业，不得享受优惠。

海南自由贸易港鼓励类产业目录，包括《产业结构调整指导目录（2019年本）》《鼓励外商投资产业目录（2019年版）》和海南自由贸易港新增鼓励类产业目录。

2.免税

对在海南自由贸易港设立的旅游业、现代服务业、高新技术产业企业新增境外直接投资取得的所得，免征企业所得税。

所称新增境外直接投资所得应当符合以下条件：

（1）从境外新设分支机构取得的营业利润；或从持股比例超过20%（含）的境外子公司分回的，与新增境外直接投资相对应的股息所得。

（2）被投资国（地区）的企业所得税法定税率不低于5%。

所称旅游业、现代服务业、高新技术产业，按照海南自由贸易港鼓励类产业目录执行。

八、专用设备投资抵免税额

企业实际购置并自身实际投入使用《环境保护专用设备企业所得税优惠目录》《节能节水专用设备企业所得税优惠目录》《安全生产专用设备企业所得税优惠目录》规定的环境保护、节能节水、安全生产等专用设备的，该专用设备的投资额的10%可以从企业当年的应纳税额中抵免；当年不足抵免的，可以在以后5个纳税年度结转抵免。企业购置上述专用设备在5年内转让、出租的，应停止享受企业所得税优惠，并补缴已经抵免的企业所得税税款。

执行中，注意以下问题：

（1）专用设备投资额，是指购买专用设备发票价税合计价格，但不包括按有关规定退还（抵扣）的增值税税款以及设备运输、安装和调试等费用。

（2）当年应纳税额，是指企业当年的应纳税所得额乘以适用税率，扣除依照企业所得税法和国务院有关税收优惠规定减征、免征税额后的余额。

（3）企业利用自筹资金和银行贷款购置专用设备的投资额，可以按企业所得税法规定抵免企业应纳的所得税税额；企业利用财政拨款购置专用设备的投资额，不得抵免企业应纳的所得税税额。

（4）企业购置并实际投入使用、已开始享受税收优惠的专用设备，如从购置之日起5个纳税年度内转让、出租的，应在该专用设备停止使用当月停止享受企业所得税优惠，并补缴已经抵免的企业所得税税款；转让的受让方可以按照该专用设备投资额的10%抵免当年企业所得税应纳税额；当年应纳税额不足抵免的，可以在以后5个纳税年度结转抵免。

（5）企业购置并实际使用的环境保护、节能节水和安全生产专用设备，包括以融资租赁方式租入的，并在融资租赁合同中约定租赁期届满时租赁设备所有权转移给承租方企业，且符合规定条件的上述专用设备。凡融资租赁期届满后租赁设备所有权未转移至承租方企业的，承租方企业应停止享受抵免企业所得税优惠，并补缴已经抵免的企业所得税税款。

【例6-15】某生产企业（一般纳税人）于2021年10月份购置并投入使用环保专用设备，取得销售方开具的增值税专用发票上注明的价款、税款分别为1 000万元、130万元，其中增值税税款130万元已作为进项税额申报抵扣。该环保专用设备属于《环境保护专用设备企业所得税优惠目录》规定的专用设备，符合税额抵免条件。设备购置当年，该企业应纳税所得额为240万元，应纳企业所得税税额为60万元。

解：

可抵免税额=1 000×10%=100（万元）

当年实际抵免额60万元。

抵免后当年度实际缴纳税额=60-60=0

抵免后尚有40万元（100-60）可以结转以后年度抵免。

假如2022年度企业应纳所得税税额为75万元，则实际抵免税额40万元，抵免后缴纳企业所得税税额为35万元（75-40）。

九、暂不征收预提所得税

为鼓励境外投资者在华投资，对境外投资者从中国境内居民企业分配的利润，用于境内直接投资，暂不征收预提所得税。

境外投资者，是指在中国境内未设立机构、场所，或者虽设立机构、场所但取得的所得与其所设机构、场所没有实际联系的非居民企业。中国境内居民企业，是指依法在中国境内成立的居民企业。

直接投资，包括境外投资者以分得利润进行的增资、新建、股权收购等权益性投资行为，但不包括新增、转增、收购上市公司股份（符合条件的战略投资除外）。具体是指：新增或转增中国境内居民企业实收资本或者资本公积；在中国境内投资新建居民企业；从非关联方收购中国境内居民企业股权；财政部、税务总局规定的其他方式。

知识拓展6-13

暂不征收预提所得税相关问题

第七节　税收抵免

一、税收抵免的必要性

从世界各国的税收实践看，对纳税人来源于境外的所得，所得来源国或地区要行使地域税收管辖权征收所得税，居住国或地区要行使居民税收管辖权征收所得税。这样，就存在着对同一所得的重复征税问题。为解决或缓解这一问题，各国对本国纳税人在境外取得的所得，都要采取一定的方法进行适当的税务处理。通常采用的方法有免税法、低税法、扣除法和抵免法。

采用免税法的，居住国政府对本国纳税人取得的境外所得，给予免税。

采用低税法的，居住国政府对本国纳税人取得的境外所得，按较低的税率征收所得税。

采用扣除法的，居住国政府在对本国纳税人境内、境外所得征收所得税时，将其境外所得已在境外实际缴纳的所得税税额作为费用从应税所得中扣除，按扣除后的余额征收所得税。

采用抵免法的，居住国政府在对本国纳税人境内、境外所得征收所得税时，对其境外所得已在境外实际缴纳的所得税税额，允许全额或限额冲抵应纳税额。

目前，包括中国在内的大多数国家采用抵免法。采用抵免法，一方面，可以消除国际重复征税问题，使投资者向国外投资与国内投资的税收负担大体相同，有利于促进海外投资；另一方面，有利于防止国际逃税和避税，维护政府的税收权益。

二、税收抵免类型

按照税收抵免的适用对象不同，税收抵免分为直接抵免和间接抵免。

直接抵免，是指企业直接作为纳税人就其境外所得在境外缴纳的所得税税额在本国应纳税总额中抵免。直接抵免主要适用于企业就来源于境外的营业利润所得在境外缴纳的企业所得税，以及就来源于或发生于境外的股息、红利等权益性投资所得、利息、租金、特许权使用费、财产转让等所得在境外被源泉扣缴的预提所得税。

间接抵免，是指境外企业就分配股息前的利润缴纳的外国所得税税额中由本国居民企业就该项分得的股息性质的所得间接负担的部分，在本国应纳税总额中抵免。比如，中国居民企业（母公司）的境外子公司在所在国（地区）缴纳企业所得税后，将税后利润的一部分作为股息、红利分配给该母公司，子公司在境外就其应税所得实际缴纳的企业所得税税额中按母公司所得股息占全部税后利润之比的部分即属于该母公司间接负担的境外企业所得税税额。

中国现行的税收抵免包括直接抵免和间接抵免。中国政府同外国政府订立的有关税收的协定与现行企业所得税法有不同规定的，依照协定的规定办理。

三、税收抵免办法

（一）基本规定

企业取得的下列所得已在境外缴纳的所得税税额，可以从其当期应纳税额中抵免，抵免限额为该项所得依照中国税法规定计算的应纳税额；超过抵免限额的部分，可以在以后5个年度内，用每年度抵免限额抵免当年应抵税额后的余额进行抵补：

（1）居民企业来源于中国境外的应税所得；

（2）非居民企业在中国境内设立机构、场所，取得发生在中国境外但与该机构、场所有实际联系的应税所得。

居民企业从其直接或间接控制的外国企业分得的来源于中国境外的股息、红利等权益性投资收益，外国企业在境外实际缴纳的所得税税额中属于该项所得负担的部分，可以作为该居民企业的可抵免境外所得税税额，在规定的抵免限额内抵免。

直接控制，是指居民企业直接持有外国企业20%以上股份。间接控制，是指居民企业以间接持股方式持有外国企业20%以上股份。

（二）税额抵免的计算

1.境外应纳税所得额的确定

（1）居民企业在境外投资设立不具有独立纳税地位的分支机构（指根据企业设立地法律不具有独立法人地位或者按照税收协定规定不认定为对方国家或地区的税收居民），其来源于境外的所得，以境外收入总额扣除与取得境外收入有关的各项合理支出后的余额为应纳税所得额。各项收入、支出按照我国税法及实施条例的有关规定确定。

居民企业在境外设立不具有独立纳税地位的分支机构取得的各项境外所得，无论是否汇回中国境内，均应计入该企业所属纳税年度的境外应纳税所得额。

（2）居民企业应就其来源于境外的股息、红利等权益性投资收益，以及利息、租金、特许权使用费、转让财产等收入，扣除按照我国税法及实施条例等规定计算的与取得该项收入有关的各项合理支出后的余额为应纳税所得额。

来源于境外的股息、红利等权益性投资收益，按被投资方作出利润分配决定的日期确认收入实现；来源于境外的利息、租金、特许权使用费、转让财产等收入，按有关合同约定应付交易对价款的日期确认收入实现。

【例6-16】中国境内某银行向A国某企业发放贷款500万元，合同约定的利率为5%。2012年，该银行收到A国该企业支付的税后利息22.5万元，已在A国扣缴预提所得税2.5万元（A国预提所得税税率为10%）。该银行2012年应纳税所得总额为1 000万元，从中已扣除该笔境外贷款的融资成本20万元。

解：

境外利息收入额为25万元（500×5%，或22.5+2.5）。

对应调整扣除相关成本费用后的应纳税所得额为5万元（25-20）。

该境外利息收入用于计算境外税额抵免限额的应纳税所得额为5万元，应纳税所得总额仍为1 000万元不变。

非居民企业在境内设立机构、场所的，应就其发生在境外但与境内所设机构、场所有实际联系的各项应税所得，比照上项规定计算相应的应纳税所得额。

（3）在计算境外应纳税所得额时，企业为取得境内外所得而在境内境外发生的共同支出，与取得境外应税所得有关的、合理的部分，应在境内、境外（分国或地区）应税所得之间，按照合理比例进行分摊后扣除。

（4）在汇总计算境外应纳税所得额时，企业在境外同一国家（地区）设立不具有独立纳税地位的分支机构，按照我国税法及实施条例计算的亏损，不得抵减其境内或他国（地区）的应纳税所得额，但可以用同一国家（地区）其他项目或以后年度的所得按规定弥补。

2.可抵免境外所得税税额的确定

可抵免境外所得税税额，是指企业来源于境外的所得依照境外税收法律及相关规定应当缴纳并已实际缴纳的企业所得税性质的税款。

（1）可抵免境外所得税税额不包括以下6项：

①按照境外所得税法律及相关规定属于错缴或错征的境外所得税款；

②按照税收协定规定不应征收的境外所得税款；

③因少缴或迟缴境外所得税而追加的利息、滞纳金或罚款；

④境外所得税纳税人或其利害关系人从境外征税主体得到实际返还或补偿的境外所得税款；

⑤按照我国税法及其实施条例规定，在中国已经免征所得税的境外所得负担的境外所得税款；

⑥按照国务院财政、税务主管部门有关规定，已经从企业境外应纳税所得额中扣除的境外所得税款。

（2）居民企业进行间接抵免时，其境外投资收益实际间接负担的税额，是指根据直接或者间接持股方式合计持股20%以上（含20%）的规定层级的外国企业股份，由此应分得的股息、红利等权益性投资收益中，从最低一层外国企业起逐层计算的属于由上一层企业负担的税额，其计算公式如下：

$$\begin{array}{l}\text{本层企业所纳税额}\\\text{属于由一家上一层}\\\text{企业负担的税额}\end{array} = \left(\begin{array}{l}\text{本层企业就利润和}\\\text{投资收益所实际}\\\text{缴纳的税额}\end{array} + \begin{array}{l}\text{符合规定的由}\\\text{本层企业间接}\\\text{负担的税额}\end{array}\right) \times \left(\begin{array}{l}\text{本层企业向一家}\\\text{上一层企业分配的}\\\text{股息红利}\end{array} \div \begin{array}{l}\text{本层企业}\\\text{所得税}\\\text{后利润额}\end{array}\right)$$

公式中"本层企业"是指实际分配股息红利的境外被投资企业。

"本层企业就利润和投资收益所实际缴纳的税额"是指本层企业按所在国税法就利润缴纳的企业所得税和在被投资方所在国就分得的股息等权益性投资收益被源泉扣缴的预提所得税。

"符合规定的由本层企业间接负担的税额"是指该层企业由于从下一层企业分

回股息红利而间接负担的由下一层企业就其利润缴纳的企业所得税税额。

"本层企业向一家上一层企业分配的股息红利"是指该层企业向上一层企业实际分配的扣缴预提所得税前的股息红利数额。

"本层企业所得税后利润额"是指该层企业实现的利润总额减去就其利润实际缴纳的企业所得税后的余额。

执行中，注意以下问题：

①每一层企业从其持股的下一层企业在一个年度中分得的股息红利，如果是由该下一层企业不同年度的税后未分配利润组成，则应按该股息红利对应的每一年度未分配利润，分别计算就该项分配利润所间接负担的税额；按各年度计算的间接负担税额之和，即为取得股息红利的企业该一个年度中分得的股息红利所得间接负担的所得税税额。

②境外第2层及以下层级企业归属不同国家的，在计算居民企业负担境外税额时，均以境外第1层企业所在国（地区）为国别划分进行归集计算，而不论该第1层企业的下层企业归属何国（地区）。

③间接抵免适用于居民企业从其直接或者间接持有20%以上股份的外国企业分得的来源于境外的股息、红利等权益性投资收益，由外国企业在境外缴纳但属于该项所得负担的所得税款。自2017年1月1日起，由居民企业直接或者间接持有20%以上股份的外国企业，限于符合以下持股方式的5层外国企业：

第1层：企业直接持有20%以上股份的外国企业；

第2层至第5层：单一上一层外国企业直接持有20%以上股份，且由该企业直接持有或通过一个或多个符合规定持股方式的外国企业间接持有总和达到20%以上股份的外国企业。

3.境外所得税抵免限额的计算

抵免限额，是指企业来源于中国境外的所得依照我国税法及其实施条例的规定计算的应纳税额。除国务院财政、税务主管部门另有规定外，该抵免限额应当分国（地区）不分项计算。

$$抵免限额 = 中国境内、境外所得依照我国税法及实施条例的规定计算的应纳税总额 \times \left[\frac{来源于某国（地区）的应纳税所得额}{中国境内、境外应纳税所得总额} \right]$$

执行中，注意以下问题：

（1）计算"境内、境外所得依照我国税法及实施条例计算的应纳税总额"时所适用的税率，除国务院财政、税务主管部门另有规定外，一律为法定税率25%。

自2010年1月1日起，以境内、境外全部生产经营活动有关的研究开发费用总额、总收入、销售收入总额、高新技术产品（服务）收入等指标申请并经认定的高新技术企业，其来源于境外的所得可以享受高新技术企业所得税优惠政策，即对其来源于境外所得可以按照15%的优惠税率缴纳企业所得税，在计算境外抵免限额时，可按照15%的优惠税率计算境内外应纳税总额。

（2）按照规定计算的当期境内、境外应纳税所得总额小于零的，其当期境外所得税的抵免限额为零。也就是说，当企业境内所得为亏损、境外所得为盈利时，企业按照规定用境外的全部盈利弥补了境内亏损后没有余额的，其当期境外所得税的抵免限额为零。

4.实际抵免税额的确定

企业在境外一国（地区）当年直接缴纳和间接负担的符合规定的所得税税额低于所计算的该国（地区）抵免限额的，以该项税额作为境外所得税抵免额从企业应纳税总额中据实抵免；超过抵免限额的，当年应以抵免限额作为境外所得税抵免额进行抵免，超过抵免限额的余额允许从次年起在连续5个纳税年度内，用每年度抵免限额抵免当年应抵税额后的余额进行抵补。

如果企业当年境外一国（地区）可抵免税额中，既有属于当年已直接缴纳或间接负担的境外所得税税额，又有以前年度结转的未逾期可抵免税额时，先抵免当年已直接缴纳或间接负担的境外所得税额；抵免限额有余额的，再抵免以前年度结转的未逾期可抵免税额；仍抵免不足的，继续向以后年度结转抵免。

【例6-17】某居民企业中国本部2017年度实现的应纳税所得额为1 000万元；取得的境外分公司按中国税法计算的应纳税所得额为100万元，已在境外缴纳所得税折合人民币28万元。

解：

境外所得税抵免限额=（1 000+100）×25%×［100÷（1 000+100）］=25（万元）

因实际缴纳税额（28万元）超过抵免限额（25万元），故实际抵免税额为25万元；尚未抵免的税额3万元，可以结转以后年度抵免（5年）。

该企业2017年度应在中国缴纳的企业所得税税额=（1 000+100）×25%-25=250（万元）

值得注意的是，自2017年1月1日起，企业可以选择按国（地区）别分别计算，或者不按国（地区）别汇总计算其来源于境外的应纳税所得额，并按照规定税率，分别计算其可抵免境外所得税税额和抵免限额。即：企业可以选择"分国（地区）不分项"计算，也可以选择"不分国（地区）不分项"汇总计算。上述方式一经选择，5年内不得改变。

（三）适用简易办法的规定

属于下列情形的，经企业申请，主管税务机关核准，可以采取简易办法对境外所得已纳税额计算抵免：

（1）企业从境外取得营业利润所得以及符合境外税额间接抵免条件的股息所得，虽有所得来源国（地区）政府机关核发的具有纳税性质的凭证或证明，但因客观原因无法真实、准确地确认应当缴纳并已经实际缴纳的境外所得税税额的，除就该所得直接缴纳及间接负担的税额在所得来源国（地区）的实际有效税率低于我国税法规定税率50%以上的外，可按境外应纳税所得额的12.5%作为抵免限额；该国（地区）税务机关或政府机关核发的具有纳税性质凭证或证明的金额，不超过抵免限额的部分，准予抵免；超过的部分不得抵免。

（2）企业从境外取得营业利润所得以及符合境外税额间接抵免条件的股息所得，凡就该所得缴纳及间接负担的税额在所得来源国（地区）的法定税率且其实际有效税率明显高于我国的，可直接以按规定计算的境外应纳税所得额和我国税法规定的税率计算的抵免限额，作为可抵免的已在境外实际缴纳的企业所得税税额。目前，法定税率明显高于我国的有：美国、阿根廷、布隆迪、喀麦隆、古巴、法国、日本、摩洛哥、巴基斯坦、赞比亚、科威特、孟加拉国、叙利亚、约旦、老挝。

上述两种情形以外的股息、利息、租金、特许权使用费、转让财产等投资性所得，不适用简易办法。

第八节　税额计算

一、税额计算公式

企业所得税应纳税额，按照以下公式计算：

应纳税额＝应纳税所得额×适用税率－减免税额－抵免税额

公式中的减免税额和抵免税额，是指依照企业所得税法和国务院的税收优惠规定减征、免征和抵免的企业所得税税额。

实务中，为方便计算，先在会计利润基础上按照税法规定调整计算应纳税所得额，再依照适用税率计算应纳税额。按照"企业所得税年度纳税申报表"（A类）填报办法，应纳税所得额和应纳税额的计算程序如下：

（一）应纳税所得额的计算

首先，计算利润总额。利润总额是指按照国家统一会计制度计算的年度利润额。

利润总额＝主营业务收入－主营业务成本＋其他业务收入－其他业务成本－税金及附加－销售费用－管理费用（包括研发费用）－财务费用－资产减值损失＋其他收益＋公允价值变动收益＋投资收益＋资产处置收益＋营业外收入－营业外支出

然后，在利润总额的基础上，按照税法规定调整计算应纳税所得额。

纳税调整后所得＝利润总额－境外所得＋纳税调整增加额－纳税调整减少额－免税、减计收入及加计扣除＋境外应税所得抵减境内亏损

应纳税所得额=纳税调整后所得−所得减免−弥补以前年度亏损−抵扣应纳税所得额

1.境外所得

境外所得，是指企业从境外取得的已计入当年利润总额的境外所得。将该部分所得从境内外所得总额中调减出去，单独处理。

2.纳税调整增加额和纳税调整减少额

纳税调整增加额和纳税调整减少额，是指企业会计处理与税法规定不一致，进行纳税调整增加和减少的金额。纳税调整项目包括以下5大类：

（1）收入类调整项目，包括：视同销售收入（企业会计处理不确认为销售收入，税法规定确认应税收入的收入）；未按权责发生制原则确认的收入（企业会计处理按照权责发生制确认收入，但税法规定不按权责发生制确认的收入）；投资收益；按权益法核算长期股权投资对初始投资成本调整确认收益（企业采取权益法核算长期股权投资，其初始投资成本小于取得投资时应享有被投资单位可辨认净资产公允价值份额的差额，计入投资当期的营业外收入的金额）；交易性金融资产初始投资调整（企业根据税法规定确认交易性金融资产初始投资金额与会计核算的交易性金融资产初始投资账面价值的差额）；公允价值变动净损益（企业会计核算的以公允价值计量的金融资产、金融负债以及投资性房地产类项目，计入当期损益的公允价值变动金额）；不征税收入（企业计入收入总额，属于税法规定的不征税收入）；不符合税法规定的销售折扣、折让和退回；其他因会计处理与税法规定有差异需要进行纳税调整的收入类项目。

（2）扣除类调整项目，包括：视同销售成本（企业会计处理不作为销售核算，税法规定作为应税收入的同时，配比确认的销售成本）；职工薪酬支出（包括工资薪金支出、职工福利费支出、职工教育经费支出、工会经费支出、各类基本社会保障性缴款、住房公积金、补充养老保险和补充医疗保险）；业务招待费支出；广告费和业务宣传费支出；捐赠支出；利息支出（企业向非金融企业借款，会计核算计入当期损益的利息支出）；罚金、罚款和被没收财物的损失；税收滞纳金、加收利息；赞助支出；与未实现融资收益相关在当期确认的财务费用；佣金及手续费支出；不征税收入用于支出所形成的费用；跨期扣除项目（包括维简费、安全生产费用、预提费用、预计负债等跨期扣除项目）；与取得收入无关的支出；境外所得分摊的共同支出；其他因会计处理与税法规定有差异需要进行纳税调整的扣除类项目。

知识拓展6-14

（3）资产类调整项目，包括：资产折旧摊销；资产减值准备金（坏账准备、存货跌价准备、理赔费用准备金等不允许税前扣除的各类资产减值准备金）；资产损失；其他因会计处理与税法规定有差异需要进行纳税调整的资产类项目。

以非货币性资产和技术成果投资的税收政策

（4）特殊事项调整项目，包括：企业重组及递延纳税事项；企业政策性搬迁；特殊行业准备金（保险类准备金、证券类准备金、期货类准备金、担保类准备金等）；房地产开发企业特定业务计算的纳税调整额。

（5）特别纳税调整所得项目，是指按照"特别纳税调整"的有关规定，进行纳税调增或调减的所得项目。

3.免税收入、减计收入及加计扣除

对于税法规定的免税收入、减计收入、加计扣除，应调减应纳税所得额。

（1）免税收入，包括：国债利息收入；符合条件的居民企业之间的股息、红利等权益性投资收益；符合条件的非营利组织的收入；投资者从证券投资基金分配中取得的收入；取得的地方政府债券利息收入等。

（2）减计收入，包括：综合利用资源生产产品减计收入；金融机构取得的涉农贷款利息收入减计收入；小额贷款公司取得的农户小额贷款利息收入减计收入；保险机构取得的涉农保费收入减计收入；取得铁路债券利息收入因减半征税而纳税调减收入等。

（3）加计扣除，包括：研究开发费用的加计扣除；残疾人员工资的加计扣除。

4.境外应税所得抵减境内亏损

企业根据税法规定，选择用境外所得抵减境内亏损时，以境外所得抵减当年度境内亏损金额。

5.所得减免

所得减免，包括：农、林、牧、渔业项目所得的减免；国家重点扶持的公共基础设施项目所得的减免；符合条件的环境保护、节能节水项目所得的减免；符合条件的技术转让项目所得的减免；符合条件的节能服务公司实施合同能源管理项目所得的减免；符合条件的集成电路生产项目所得的减免等。

（1）项目所得额，按以下公式计算：

项目所得额=项目收入-项目成本-相关税费-应分摊期间费用-纳税调整额

项目收入，是指优惠项目取得的收入总额；项目成本，是指优惠项目发生的成本总额；相关税费，是指优惠项目实际发生的有关税费，包括除企业所得税和允许抵扣的增值税以外的各项税金及其附加、合同签订费用、律师费等相关费用及其他支出；应分摊期间费用，是指优惠项目合理分摊的期间费用（分摊比例可以按照投资额、销售收入、资产额、人员工资等参数确定；分摊比例一经确定，不得随意变更）；纳税调整额，是指按照税法规定需要调整优惠项目的收入、成本、费用金额。

（2）在免税期间，以项目所得额为减免所得额；在减半征税期间，以"项目所得额"的50%为减免所得额。

在计算应纳税所得额时，分别以下情形处理：

①如果"纳税调整后所得"为负数，不需考虑"所得减免"，此时"纳税调整后所得"即为当年度发生的亏损额；

②如果"纳税调整后所得"为正数，则：

当"减免所得额"≥0且>"纳税调整后所得"时，以"纳税调整后所得"金额为限，确定"所得减免"金额；两者相减后，当年度应纳税所得额为零。

当"减免所得额"≥0但≤"纳税调整后所得"时，"减免所得额"即为"所得减免"金额，可以从"纳税调整后所得"中减除，计算当年度应纳税所得额。

③如果优惠项目"减免所得额"为负数，则无须计算"所得减免"金额。

6.弥补以前年度亏损

（1）当"纳税调整后所得"为负数，表明当年度发生亏损。此时，无法用当年度所得弥补以前年度的亏损。

（2）当"纳税调整后所得"为正数，先享受项目所得减免优惠，再弥补以前年度亏损。

可弥补亏损的所得=纳税调整后所得−所得减免

如果"纳税调整后所得"为正数但小于"所得减免"金额时，两者相减后，当年度应纳税所得额为零，无可弥补亏损的所得。

如果"纳税调整后所得"为正数且大于"所得减免"金额时，两者相减后的余额，即为当年可弥补亏损的所得。

7.抵扣应纳税所得额

抵扣应纳税所得额，是指公司制创业投资企业、有限合伙制创业投资企业的法人合伙人根据税法规定抵扣的应纳税所得额。

在计算应纳税所得额时，先按规定弥补亏损，再按规定抵扣应纳税所得额。

（二）实际应纳税额的计算

本年实际应纳税额 = 应纳税所得额 × 税率（25%）− 减免所得税额 − 抵免所得税额 + 境外所得应纳税额 − 境外所得抵免税额

1.减免所得税额

公式中"减免所得税额"，是指按照税法规定对特定企业减免的企业所得税税额（此处暂不包括民族自治地区减免地方分享税额）。该部分税额，应从企业所得税应纳税额中减除。

减免所得税额，主要包括：符合条件的小型微利企业减免税；国家重点扶持的高新技术企业减免税；特定区域内高新技术企业区内所得减免税；西部地区鼓励类产业企业减免税；软件企业和集成电路企业减免税；动漫企业减免税；技术先进型服务企业减免税；服务贸易类技术先进型服务企业减免税；经营性文化事业单位转制为企业的减免税；生产装配伤残人员专门用品企业减免税；海南自由贸易港企业减免税等。

执行中，注意以下问题：

（1）项目所得减半征税叠加优惠的，应进行调整。具体地说，企业从事农林牧渔业项目、国家重点扶持的公共基础设施项目、符合条件的环境保护及节能节水项目、符合条件的技术转让项目、集成电路生产项目、其他专项优惠等所得额，按照法定税率25%减半征税，同时享受小型微利企业、高新技术企业、技术先进型服务企业、集成电路生产企业、重点软件企业和重点集成电路设计企业等优惠税率政策的，按上述计算顺序（"企业所得税年度纳税申报表"填报顺序），按优惠税率减半叠加享受减免税优惠部分，应从"减免所得税额"中调减出去，以计算实际减免税金额和应纳税额。

叠加享受减免税优惠金额的计算公式如下：

A=需要进行叠加调整的减免所得税优惠金额

B=A×［（减半项目所得×50%）÷（纳税调整后所得−所得减免）］

叠加享受减免税优惠金额=A和B的孰小值

值得注意的是，上述"需要进行叠加调整的减免所得税优惠金额"，不包括免税金额，也不包括设在西部地区的鼓励类产业企业减按15%税率征收的企业所得税税额。

【例6-18】某企业2022年度"纳税调整后所得"（利润总额−境外所得+纳税调整增加额−纳税调整减少额−免税、减计收入及加计扣除+境外应税所得抵减境内亏损）为1 000万元，其中技术转让所得600万元，符合减免税优惠条件。该企业选择先享受项目所得减免税政策，再享受高新技术企业所得税优惠政策，并对叠加享受减免税优惠部分进行调整。该企业以前年度无亏损；除享受上述优惠政策外，不享受其他减免所得税优惠政策。

解：

一般情况下，该企业应纳税额计算如下：

应纳税额=（1 000−600）×15%+（600−500）×25%÷2=72.5（万元）

按照"企业所得税年度纳税申报表"填报顺序，该企业应纳税额计算过程及结果如下：

①项目所得减免（减免所得额）=500+（600−500）×50%=550（万元）

②应纳税所得额=1 000−550=450（万元）

③按照法定税率计算的应纳税额=450×25%=112.50（万元）

④享受高新技术企业所得税优惠政策的减免税额=450×（25%−15%）=45（万元）

⑤叠加享受减免税优惠金额计算如下：

A=45万元

B=45×［（600−500）×50%÷（1 000−550）］=5（万元）

A和B的孰小值=5万元

⑥享受优惠后实际应纳税额=112.50−（45−5）=72.50（万元）

实际上，本例叠加享受减免税金额（按照"企业所得税年度纳税申报表"填报顺序多计算的减免金额）5万元（（600−500）×50%×（25%−15%）），故因适用15%税率应实际减免税金额40万元（45−5），实际应纳税额72.50万元（450×25%−40）。

【例6-19】某企业从事非国家限制和非禁止行业，2022年度资产总额、从业人数符合小型微利企业条件，"纳税调整后所得"400万元，其中花卉种植项目所得300万元，符合减半征税条件。该企业选择先享受项目所得减半征税政策，再享受小型微利企业所得税优惠政策（2022年），并对叠加享受减免税优惠部分进行调整。该企业以前年度无亏损；除享受上述优惠政策外，不享受其他减免所得税优惠政策。

解：

按照"企业所得税年度纳税申报表"填报顺序，该企业应纳税额计算过程及结果如下：

①项目所得减免（减免所得额）=300×50%=150（万元）

②应纳税所得额=400−150=250（万元）

③按照法定税率计算的应纳税额=250×25%=62.50（万元）

④享受小型微利企业所得税优惠政策的减免税额=100×（25%−2.5%）+（250−100）×（25%−5%）=52.50（万元）

⑤叠加享受减免税优惠金额计算如下：

A=52.50万元

B=52.50×［（300×50%）÷（400−150）］=31.50（万元）

A和B的孰小值=31.50万元

⑥享受优惠后实际应纳税额=62.50−（52.50−31.50）=41.50（万元）

（2）企业招用自主就业退役士兵和重点群体就业，在当年准予扣减的企业所得税税额，计入"减免所得税额"，从应纳税额中减除。

2.抵免所得税额

公式中"抵免所得税额"，是指企业购置并实际使用环境保护、节能节水、安全生产等专用设备而抵免的企业所得税税额。

3.境外所得应纳税额

境外所得应纳税额是指企业来源于中国境外的所得，按照我国税法规定，在弥补境外以前年度亏损和抵减境内亏损后计算的应纳所得税税额。

（1）境外税后所得=境外分支机构营业利润所得+股息、红利等权益性投资所得+利息所得+租金所得+特许权使用费所得+财产转让所得+其他所得

（2）境外税前所得=境外税后所得+直接缴纳的所得税税额+间接负担的所得税税额

（3）境外所得纳税调整后所得=境外税前所得+境外分支机构收入与支出纳税调整额−境外分支机构调整分摊扣除的有关成本费用−境外所得对应调整的相关成本费用

（4）境外应纳税所得额=境外所得纳税调整后所得-弥补境外以前年度亏损

（5）抵减境内亏损后的应纳税所得额=境外应纳税所得额-抵减境内亏损

（6）境外所得应纳税额=抵减境内亏损后的应纳税所得额×税率

其中："税率"为法定税率25%；符合条件的高新技术企业，适用税率为15%。

4.境外所得抵免税额

境外所得抵免税额是指可从境外所得应纳税额中抵免的税额。

企业境外所得依照境外税收法律以及相关规定应缴纳并实际缴纳（包括视同已实际缴纳）的企业所得税性质的税款，小于境外所得依照我国税法规定计算的应纳税额（抵免限额）的，抵免税额为企业已在境外实际缴纳（包括视同已实际缴纳）的企业所得税性质的税款；反之，则以抵免限额为抵免税额，超过抵免限额的部分，可在以后5个年度内，用每年度抵免限额抵免当年应抵免税额后的余额进行抵补。

（三）实际应补（退）税额的计算

实际应补（退）税额是指企业当期实际应补（退）的企业所得税税额，即：本年实际应纳税额减去本年累计实际已缴纳税额和民族自治地区减免地方分享税额后的余额。

$$\text{本年实际应补（退）税额} = \text{本年实际应纳税额} - \text{本年累计实际已缴纳税额} - \text{民族自治地区减免地方分享税额}$$

其中，"本年累计实际已缴纳税额"是指企业本年度已按月（季）预缴的企业所得税税额累计数；"民族自治地区减免地方分享税额"是指实行民族区域自治的自治区、自治州、自治县的自治机关对本民族自治地方的企业应缴纳的企业所得税中属于地方分享的部分，决定减征或免征的税额。

二、税额计算举例

【例6-20】某造纸厂系国有控股企业。该厂本年度有关资料如下所述。

（1）主营业务收入8 800万元，主营业务成本5 100万元。

（2）其他业务收入400万元，其他业务成本320万元。

（3）税金及附加148万元。

（4）管理费用450万元，其中：业务招待费50万元。

（5）销售费用255万元，其中：广告费和业务宣传费120万元。

（6）财务费用账户借方余额16万元。该账户贷方记载：存款利息收入5万元；借方记载：手续费支出1万元，借款利息支出20万元。企业借款情况是：本年初向银行借款100万元，年利率为6%；年初向其他企业拆借资金140万元，年利率为10%；两项借款均用于生产经营，年底尚未归还。

（7）营业外收入250万元，系按权益法核算长期股权投资对初始投资成本调整确认收益。

（8）营业外支出453万元，其中：税收滞纳金3万元，通过市民政局向遭受水灾地区的捐赠450万元。

（9）投资收益82万元，其中：国债利息收入2万元，从境内被投资企业分回利润80万元。

其他资料如下：

（1）本年度实际发生工资支出900万元，职工福利费129.20万元，职工教育经费73万元，拨缴工会经费18万元；上述支出已计入成本费用。

（2）本年度以自有资金购置并投入使用环保专用设备，取得的增值税专用发票上注明的价款、税款分别为800万元、104万元；其中增值税税款104万元已作为进项税额申报抵扣；该环保专用设备属于《环境保护专用设备企业所得税优惠目录》规定的专用设备，符合税额抵免条件。

（3）经核实，上年度发生亏损100万元。

该厂本年度会计核算无误，各项支出均有合法有效凭据。

要求：根据上述资料，回答下列问题：

（1）该厂本年度实现的利润总额是多少？

（2）该厂本年度实现的应纳税所得额是多少？

（3）该厂可予抵免的企业所得税税额是多少？

（4）该厂本年度实际缴纳的企业所得税税额是多少？

解：

（1）计算利润总额：

利润总额=8 800-5 100+400-320-148-450-255-16+250-453+82=2 790（万元）

（2）计算应纳税所得额：

①业务招待费最高扣除额=（8 800+400）×5‰=46（万元）

实际发生额的60%=50×60%=30（万元）<46万元

应调增应纳税所得额=50-30=20（万元）

②广告费和业务宣传费扣除限额=（8 800+400）×15%=1 380（万元）

实际发生额120万元小于扣除限额，无需进行纳税调整。

③超标准列支的利息支出=140×（10%-6%）=5.60（万元）

应调增应纳税所得额5.60万元。

④按权益法核算长期股权投资对初始投资成本调整确认收益250万元，应调减应纳税所得额。

⑤税收滞纳金不得在税前扣除，应调增应纳税所得额3万元。

⑥公益性捐赠扣除限额=2 790×12%=334.80（万元）

应调增应纳税所得额=450-334.80=115.20（万元）

⑦国债利息收入和从境内被投资企业分回利润，属于免税收入。

应调减应纳税所得额=2+80=82（万元）

⑧职工福利费扣除限额=900×14%=126（万元）

应调增应纳税所得额=129.20-126=3.20（万元）

⑨职工教育经费扣除限额=900×8%=72（万元）

应调增应纳税所得额=73-72=1（万元）

⑩工会经费扣除限额=900×2%=18（万元）

实际发生额18万元未超标准，无需进行纳税调整。

弥补上年度亏损100万元。

应纳税所得额=2 790+20+5.60-250+3+115.20-82+3.20+1-100=2 506（万元）

（3）计算可予抵免的企业所得税税额：

可予抵免的企业所得税税额=800×10%=80（万元）

（4）计算实际缴纳的企业所得税税额：

全年应纳税额=2 506×25%=626.50（万元）>80万元（可予抵免税额）

本年度实际缴纳税额=626.50-80=546.50（万元）

第九节　税款缴纳

一、纳税年度

企业所得税按纳税年度计算。纳税年度自公历1月1日起至12月31日止。

企业在一个纳税年度中间开业，或终止经营活动，使该纳税年度的实际经营期不足12个月的，以其实际经营期为一个纳税年度。

企业依法清算时，以清算期间作为一个纳税年度。

二、预缴与汇算清缴

（一）分期预缴

企业所得税实行分月预缴或分季预缴。企业自月份或季度终了之日起15日内，向税务机关报送预缴企业所得税纳税申报表，预缴税款。

企业分月或分季预缴企业所得税时，按照月度或季度的实际利润额计算预缴；按照月度或季度的实际利润额计算预缴有困难的，可以按照上一纳税年度应纳税所得额的月度或季度平均额计算预缴；或按照经税务机关认可的其他方法预缴。预缴方法一经确定，该纳税年度内不得随意变更。

企业在纳税年度内无论盈利或者亏损，都应依照税法规定的期限，向税务机关报送预缴企业所得税纳税申报表、年度企业所得税纳税申报表、财务会计报告和税务机关规定应报送的其他有关资料。

（二）汇算清缴

企业自年度终了之日起 5 个月内，向税务机关报送企业所得税年度纳税申报表，汇算清缴，结清应缴应退税款。在报送企业所得税年度纳税申报表时，应附送财务会计报告和其他有关资料。

企业在年度中间终止经营活动的，自实际经营终止之日起 60 日内，向税务机关办理当期企业所得税汇算清缴。

企业发生清算的，在办理注销登记前，就清算所得向税务机关申报并依法缴纳企业所得税。清算所得是指企业的全部资产可变现价值或者交易价格减除资产净值（计税基础）、清算费用、相关税费，加上债务清偿损益等后的余额。

（三）税款计算单位

企业所得税以人民币计算。所得以人民币以外的货币计算的，应折合成人民币计算并缴纳税款。

企业所得以人民币以外的货币计算的，预缴企业所得税时，按照月度或季度最后一日的人民币汇率中间价，折合成人民币计算应纳税所得额。年度终了汇算清缴时，对已经按照月度或季度预缴税款的，不再重新折合计算，只就该纳税年度内未缴纳企业所得税的部分，按照纳税年度最后一日的人民币汇率中间价，折合成人民币计算应纳税所得额。

经税务机关检查确认，企业少计或多计外币所得的，按照检查确认补税或退税时的上一个月最后一日的人民币汇率中间价，将少计或多计的外币所得折合成人民币计算应纳税所得额，再计算应补缴或应退的税款。

三、纳税地点

（一）居民企业纳税地点

除税收法律、行政法规另有规定外，居民企业以企业登记注册地为纳税地点；登记注册地在境外的，以实际管理机构所在地为纳税地点。企业登记注册地是指企业依照国家有关规定登记注册的住所所在地。

居民企业在中国境内设立不具有法人资格的营业机构的，应汇总计算并缴纳企业所得税。

除国务院另有规定外，母子公司不得合并缴纳企业所得税。

（二）非居民企业在中国境内设立的机构、场所的纳税地点

非居民企业在中国境内设立的机构、场所取得的来源于中国境内的所得，以及发生在中国境外但与该机构、场所有实际联系的所得，以机构、场所所在地为纳税地点。

知识拓展 6-15

非居民企业
所得税的源泉
扣缴

非居民企业在中国境内设立两个或两个以上机构、场所，符合国务院税务主管部门规定条件的，可以选择由其主要机构、场所汇总缴纳企业所得税。负责汇总纳税的主要机构、场所，应当同时符合下列条件：

（1）对其他各机构、场所的生产经营活动负有监督管理责任；

（2）设有完整的账簿、凭证，能够准确反映各机构、场所的收入、成本、费用和盈亏情况。

☐ 复习思考题

一、概念

企业所得税　归并式企业所得税　独立式企业所得税　统征式企业所得税　分率式企业所得税　免税式企业所得税　居民企业　非居民企业　应纳税所得额　预提所得税　税收抵免

二、问题

1.企业所得税有什么特殊作用？

2.如何界定居民企业与非居民企业？

3.居民企业和非居民企业各自负有何种纳税义务？

4.如何确定所得来源地？

5.不征税收入与免税收入有什么区别？

6.企业收回或转让股权投资，如何进行税务处理？

7.税前扣除的基本要求有哪些？

8.不得在税前扣除的支出有哪些？

9.企业境外所得的税收抵免类型有哪些？

10.企业所得税优惠政策包括哪些内容？优惠方式有哪些？

第七章

个人所得税

主要内容

- 个人所得税的性质与类型
- 个人所得税的特殊作用
- 个人所得税的基本制度
- 个人所得税的优惠政策
- 个人所得税的计算与缴纳

第一节　税种设置

一、个人所得税的性质与类型

（一）个人所得税的性质

个人所得税是对个人取得的所得征收的一种税，是政府直接参与个人收入分配的主要形式。

在日常生活中，所得是指经济活动主体来源于土地、资本、劳动、经营及其他各种渠道的收入。在经济学中，所得作为专有名词，其内涵颇为丰富。在国民核算领域，所得是指当期由市场活动产生的最终产品或服务的价值。在税收领域，所得是所得税的计税基础。它不仅包括当期实现的收入，而且往往包括当期没有实现的收入，如资产的增值；不仅包括由市场活动产生的收入，而且包括由非市场活动产生的收入，如自用品的价值；不仅包括提供最终产品与服务的收入，而且包括一些中间产品与服务的价值，如所谓的附加福利等。所谓个人所得税就是对个人通过各种渠道以各种形式取得的收入征的税。

从法律角度说，个人是指区别于法人的自然人：不仅包括作为要素所有者的个人，如财产所有者个人、投资者个人、劳动者个人，而且包括作为经营者的个人，如个体工商户、合伙企业的合伙人及独资企业的业主等。所谓个人所得税就是对财产所有者个人、投资者个人、劳动者个人、个体工商户、合伙企业合伙人及独资企业业主等自然人征的所得税。

与增值税、消费税等税种相比，个人所得税通常被划归直接税，是政府参与个人收入分配的直接形式。与土地税、房产税等直接税相比，个人所得税是对国民经济的流量征的税，是政府参与个人收入分配的主要形式。

（二）个人所得税的类型

1.选择性所得税与包罗性所得税

以征税对象为标准，可以将个人所得税划分为选择性所得税与包罗性所得税。

选择性所得税是仅对个人取得的部分所得征收所得税，而对其余所得不征收所得税。比如，只对周期性所得征税而对非周期性所得不征税；只对货币性所得征税而对非货币性所得不征税等。包罗性所得税是对个人取得的全部所得征收所得税。不论是周期性所得还是非周期性所得，不论是货币性所得还是非货币性所得，都要计算征收个人所得税。

中国现行个人所得税基本上属于包罗性所得税。

2.分类所得税、综合所得税与分类综合所得税

以计税方法为标准，可以将个人所得税划分为分类所得税、综合所得税和分类综合所得税。

分类所得税是将纳税人的所得按来源划分为若干种类，对不同种类的所得分别按照不同的税率计算征收个人所得税，如对资产所得按照较高的税率征税，对经营所得按照较低的税率征税，对劳动所得按照更低的税率征税。在劳动所得中，还可以区分独立劳动所得与非独立劳动所得，分别按照不同的税率征税。

综合所得税是将纳税人在一定时期内（通常为一年）取得的各类所得综合在一起，按照统一的税率（一般为累进税率）计算征收个人所得税。这种所得税的征收基础是纳税人的申报纳税制度。不能建立有效的个人纳税申报制度的国家，无法实行这种所得税。

分类综合所得税是分类所得税和综合所得税相结合的一种个人所得税，具体包括交叉式分类综合所得税和并立式分类综合所得税。交叉式分类综合所得税的特点是先按分类所得税的计税办法在所得形成过程中对纳税人的所得征收所得税；在纳税年度终了时，再将纳税人的各项所得综合加总，对全部所得按照统一的税率计算征收个人所得税，多退少补。并立式分类综合所得税的特点是将纳税人的某一种类所得从总所得中分离出来，按分类所得税的计税办法单独征税；对其余大部分所

得，按照综合所得税的计税办法计算征收个人所得税。

目前，世界各国的个人所得税主要是综合所得税，只有少数国家实行分类所得税。长期以来，中国实行分类所得税；2019 年以后，中国实行分类与综合所得税，对居民个人取得的工资薪金所得、劳务报酬所得、稿酬所得、特许权使用费所得实行综合征收所得税。

二、个人所得税的特殊作用

个人所得税是世界各国普遍开征的一种税。在经济发达国家，个人所得税是税收制度中的主体税种。个人所得税的特殊作用主要有以下几个方面：

（一）正确处理政府与个人的利益关系，实现政府的经济权益，稳定个人的税收负担

个人是生产者，同时也是消费者。个人从事生产与消费，不仅要有生产资料和消费资料，而且要有生产与消费的共同外部条件，如和平的环境、安定的秩序、便利的设施等。政府为个人提供了生产与消费的共同外部条件，根据经济正义的要求，必然要参与个人的收入分配，向个人取得一部分税收。个人所得税是政府参与个人收入分配的直接形式。与间接税相比，在负担的归宿、负担的规模等方面，个人所得税具有更大的确定性和更高的透明度。设置个人所得税，有利于正确处理政府与个人之间的利益关系，实现政府的经济权益，稳定个人的税收负担。

（二）缩小个人之间的收入差距，实现收入分配的社会公平

个人所得税不仅具有较强的收入能力，而且具有较强的调节能力，特别是收入再分配能力。比如，在征收个人所得税时，可以设置免征额，对免征额以下的收入免税，对超过免征额的收入征税，由此可缩小可支配收入的差距。再如，对超过免征额的收入，可以设置累进税率，使收入少的少纳税、收入多的多纳税，由此也可缩小可支配收入的差距。现阶段，无论在发达国家还是发展中国家，都存在着个人之间收入差距过大的问题。设置个人所得税，有利于缩小个人之间的收入差距，实现社会公平。

（三）调节社会的总需求，保持经济的稳定

在现代经济学中，从总需求角度看，总收入恒等于总消费加总投资。对总收入征税，可以改变可支配收入水平，进而影响总消费与总投资水平。个人所得税是对总收入征的税，是调节总消费与总投资的重要杠杆。并且，在实行累进税率的情况下，个人所得税的这种调节还是一种"内在的"或"自动的"调节。在经济复苏或繁荣时期，随着个人收入的增加，其适用的税率会自动"爬升"，缴纳的税收会相应增加，对总需求的形成产生自动的抑制作用。在经济衰退或萧条时期，随着个人

收入的减少，其适用的税率会自动"滑落"，缴纳的税收会相应减少，对总需求的形成产生自动的刺激作用。在现代经济社会，由于各种技术的、经济的、政策的原因，经常性的经济波动乃至周期性的经济危机总是难以避免的。设置个人所得税，对调节总需求、实现总需求与总供给的平衡、保持经济的持续稳定，具有不可忽视的作用。

三、个人所得税的产生与发展

个人所得税于1799年创立于英国，初期只是为筹集军费而设置的临时税，并随着战争的结束而取消，直到19世纪中叶才成为一种经常税。19世纪中叶起，各主要资本主义国家先后完成了自由资本主义到垄断资本主义的转变，并相继开征了个人所得税。第一次世界大战后，各主要资本主义国家的个人所得税制度日趋完善，许多后独立的发展中国家也纷纷开征了个人所得税，个人所得税的发展进入了一个黄金时期。目前，个人所得税已成为世界各国普遍征收的一种税。

在中国，个人所得税的创议始于清朝末年。宣统年间，曾起草过《所得税章程》，其中包括对个人所得征税的内容。中华民国时期，北洋政府曾制定过《所得税条例》，后经南京政府修订，但未真正实行。1936年7月，民国政府制定并正式发布了《所得税暂行条例》，开征了属于个人所得税的薪给报酬所得税和证券存款所得税。

中华人民共和国成立后，在1950年颁布的《全国税政实施要则》中列有薪给报酬所得税（未开征）和存款利息所得税。1980年，全国人民代表大会通过了《中华人民共和国个人所得税法》，正式确立了个人所得税，主要适用于中国境内的外籍人员。1986年，国务院发布了《中华人民共和国城乡个体工商业户所得税暂行条例》和《中华人民共和国个人收入调节税暂行条例》，对个体工商业户和国内公民征收所得税。1993年10月，第八届全国人民代表大会常务委员会第四次会议通过了对个人所得税法的第一次修正，将个人所得税与个体工商业户所得税、个人收入调节税合并，设置了统一的个人所得税。在实施过程中，根据社会经济发展状况，全国人民代表大会常务委员会于1999年8月、2005年10月、2007年6月、2007年12月、2011年6月、2018年8月，对个人所得税法进行了修正。目前，我国个人所得税的法律依据是2018年8月31日第十三届全国人民代表大会常务委员会第五次会议修改通过的《中华人民共和国个人所得税法》（简称《个人所得税法》）和同年12月13日国务院颁布的《个人所得税专项附加扣除暂行办法》、12月18日修订的《中华人民共和国个人所得税法实施条例》（简称《个人所得税法实施条例》），以及2022年3月颁布的《国务院关于设立3岁以下婴幼儿照护个人所得税专项附加扣除的通知》。

第二节　纳税人、征税对象与所得来源地

一、纳税人

个人所得税纳税人是取得应税所得的个人，依据住所和居住时间两个标准，划分为居民个人与非居民个人，分别承担不同的纳税义务。

（一）居民个人

居民个人是指在中国境内有住所，或者无住所而一个纳税年度内在中国境内居住累计满183天的个人。具体地说，居民个人包括：

（1）在中国境内有住所的个人，是指因户籍、家庭、经济利益关系而在中国境内习惯性居住的个人。所称"住所"是一个特定概念，不等同于实物意义上的住房。习惯性居住是判定纳税人是居民个人或非居民个人的法律意义上的标准，不是指实际居住或在某一个特定时期内的居住地。如因学习、工作、探亲、旅游等而在中国境外居住的，在其原因消除之后，必须回到中国境内居住的个人，则中国即为该纳税人习惯性居住地。

（2）在中国境内无住所而一个纳税年度内在中国境内居住累计满183天的个人。

纳税年度，是指自公历1月1日起至12月31日止。

在中国境内无住所个人一个纳税年度内在中国境内累计居住天数，按照个人在中国境内累计停留的天数计算。在中国境内停留的当天满24小时的，计入中国境内居住天数，在中国境内停留的当天不足24小时的，不计入中国境内居住天数。

居民个人承担全面纳税义务，就其来源于中国境内的所得和来源于中国境外的所得缴纳个人所得税。

（二）非居民个人

非居民个人是指在中国境内无住所又不居住，或者无住所而一个纳税年度内在中国境内居住累计不满183天的个人。具体地说，非居民个人包括：

（1）在中国境内无住所又不居住的个人；

（2）在中国境内无住所而一个纳税年度内在中国境内居住累计不满183天的个人。

非居民个人承担有限纳税义务，仅就其来源于中国境内的所得缴纳个人所得税。

二、征税对象

个人所得税的征税对象是个人取得的各项应税所得，包括来源于劳动、资产以及经营的所得和偶然所得等。税法规定的应税所得，包括：工资、薪金所得；劳务报酬所得；稿酬所得；特许权使用费所得；经营所得；利息、股息、红利所得；财产租赁所得；财产转让所得；偶然所得。

（一）工资、薪金所得

工资、薪金所得是指个人因任职或者受雇取得的工资、薪金、奖金、年终加薪、劳动分红、津贴、补贴以及与任职或者受雇有关的其他所得。

但是，下列不属于工资、薪金性质的补贴、津贴或者不属于纳税人本人工资、薪金所得的收入，不征收个人所得税：

（1）独生子女补贴；

（2）执行公务员工资制度未纳入基本工资总额的补贴、津贴差额和家属成员的副食品补贴；

（3）托儿补助费；

（4）差旅费津贴、误餐补助。

不征税的误餐补助，是指按照财政部门规定，个人因公在城区、郊区工作，不能在工作单位或返回就餐，确实需要在外就餐的，根据实际误餐顿数，按照规定标准领取的误餐费。一些单位以误餐补助名义发给职工的补贴、津贴，应并入当月工资、薪金所得缴纳个人所得税。

（二）劳务报酬所得

劳务报酬所得是指个人从事劳务取得的所得，包括从事设计、装潢、安装、制图、化验、测试、医疗、法律、会计、咨询、讲学、翻译、审稿、书画、雕刻、影视、录音、录像、演出、表演、广告、展览、技术服务、介绍服务、经纪服务、代办服务以及其他劳务取得的所得。

"工资、薪金所得"与"劳务报酬所得"是两种不同的应税所得。"工资、薪金所得"是属于非独立个人劳务活动，即在机关、团体、学校、部队、企事业单位及其他组织中任职、受雇而得到的报酬；"劳务报酬所得"则是个人独立从事各种技艺、提供各项劳务取得的报酬。两者的主要区别在于：前者存在雇佣与被雇佣关系，后者则不存在这种关系。

执行中，注意以下问题：

（1）个人担任公司董事、监事，且不在公司任职、受雇的，其取得的董事费收入属于劳务报酬所得性质，按照"劳务报酬所得"计算个人所得税；个人在公司（包括关联公司）任职、受雇，同时兼任董事、监事的，应将董事费、监事费与个人工资收入合并，统一按照"工资、薪金所得"计算个人所得税。

（2）个人兼职取得的收入，按照"劳务报酬所得"计算个人所得税。退休人员再任职取得的收入，在减除税法规定的费用扣除标准后，按照"工资、薪金所得"计算个人所得税。

（三）稿酬所得

稿酬所得是指个人因其作品以图书、报刊等形式出版、发表而取得的所得。但是，不以图书、报刊形式出版、发表的翻译、审稿、书画等所得，不属于稿酬所得，而划归劳务报酬所得。

执行中，注意以下问题：

（1）作者去世后，取得其遗作稿酬的个人，按照"稿酬所得"计算个人所得税；

（2）出版社的专业作者撰写、编写或翻译的作品，由本社以图书形式出版而取得的稿费收入，按照"稿酬所得"计算个人所得税；

（3）任职、受雇于报纸、杂志等单位的记者、编辑等专业人员，因在本单位的报刊、杂志上发表作品取得的所得，属于因任职、受雇而取得的所得，与其当月工资收入合并，按照"工资、薪金所得"计算个人所得税。

除上述专业人员以外，其他人员在本单位的报刊、杂志上发表作品取得的所得，按照"稿酬所得"计算个人所得税。

（四）特许权使用费所得

特许权使用费所得是指个人提供专利权、商标权、著作权、非专利技术以及其他特许权的使用权取得的所得。提供著作权的使用权取得的所得，不包括稿酬所得。

执行中，注意以下问题：

（1）作者将自己的文字作品手稿原件或复印件公开拍卖（竞价）取得的所得，按照"特许权使用费所得"计算个人所得税；

（2）剧本作者从电影、电视剧的制作单位取得的剧本使用费，不区分剧本的使用方是否为其任职单位，统一按照"特许权使用费所得"计算个人所得税。

（五）经营所得

经营所得是指：

（1）个体工商户从事生产、经营活动取得的所得；

（2）个人独资企业投资人、合伙企业的个人合伙人来源于境内注册的个人独资企业、合伙企业生产、经营的所得；

（3）个人依法从事办学、医疗、咨询以及其他有偿服务活动取得的所得；

（4）个人对企业、事业单位承包经营、承租经营以及转包、转租取得的所得；

（5）个人从事其他生产、经营活动取得的所得。

值得注意的是，个体工商户和从事生产、经营活动的个人，取得与生产、经营活动无关的各项应税所得，按照规定分别计算缴纳个人所得税。

（六）利息、股息、红利所得

利息、股息、红利所得是指个人拥有债权、股权等而取得的利息、股息、红利所得。

股份制企业在分配股息、红利时，以股票形式向股东个人支付应得的股息、红利（派发红股），以派发红股的股票票面金额为收入额，按照"利息、股息、红利所得"项目计算个人所得税。

（七）财产租赁所得

财产租赁所得是指个人出租不动产、机器设备、车船以及其他财产取得的所得。

确认财产租赁所得的纳税人，以产权凭证为依据。无产权凭证的，由主管税务机关根据实际情况确定纳税人。产权所有人死亡，在未办理产权继承手续期间，该财产出租而有租金收入的，以领取租金的个人为纳税人。

（八）财产转让所得

财产转让所得是指个人转让有价证券、股权、合伙企业中的财产份额、不动产、机器设备、车船以及其他财产取得的所得。

（九）偶然所得

偶然所得是指个人得奖、中奖、中彩以及其他偶然性质的所得。

执行中，注意以下问题：

（1）个人参加有奖储蓄取得的各种形式的中奖所得，属于机遇性的所得，按照"偶然所得"项目计算个人所得税。

（2）外商投资企业在购买内资企业经营资产过程中向内资企业自然人股东支付的不竞争款项，属于个人因偶然因素取得的一次性所得，按照"偶然所得"项目计算个人所得税。

不竞争款项，是指资产购买方企业与资产出售方企业自然人股东之间在资产购买交易中，通过签订保密和不竞争协议等方式，约定资产出售方企业自然人股东在交易完成后一定期限内，承诺不从事有市场竞争的相关业务，并负有相关技术资料的保密义务，资产购买方企业则在约定期限内，按照一定方式向资产出售方企业自然人股东所支付的款项。

（3）自2011年6月9日起，企业在销售商品（产品）和提供服务过程中，向个人赠送礼品，属于下列情形之一的，不征收个人所得税：

①企业通过价格折扣、折让方式向个人销售商品（产品）和提供服务；

②企业在向个人销售商品（产品）和提供服务的同时给予赠品，如通信企业对

个人购买手机赠话费、入网费，或者购话费赠手机等；

③企业对累积消费达到一定额度的个人按消费积分反馈礼品。

但是，企业对累积消费达到一定额度的顾客，给予额外抽奖机会，个人的获奖所得，按照"偶然所得"项目计算缴纳个人所得税。

（4）自2019年1月1日起，个人为单位或他人提供担保获得收入，按照"偶然所得"项目计算缴纳个人所得税。

（5）自2019年1月1日起，企业在业务宣传、广告等活动中，随机向本单位以外的个人赠送礼品（包括网络红包，下同），以及企业在年会、座谈会、庆典以及其他活动中向本单位以外的个人赠送礼品，个人取得的礼品收入，按照"偶然所得"项目计算缴纳个人所得税，但企业赠送的具有价格折扣或折让性质的消费券、代金券、抵用券、优惠券等礼品除外。

企业赠送的礼品是自产产品（服务）的，按该产品（服务）的市场销售价格确定个人的应税所得；是外购商品（服务）的，按该商品（服务）的实际购置价格确定个人的应税所得。

值得注意的是，个人取得的所得，难以界定应纳税所得项目的，由国务院税务主管部门确定。

三、所得来源地

所得来源地是获取所得的客观依据的所在地，它与所得的支付地可能一致，也可能不一致。除国务院财政、税务主管部门另有规定外，下列所得，不论支付地点是否在中国境内，均为来源于中国境内的所得：

（1）因任职、受雇、履约等在中国境内提供劳务取得的所得；

（2）将财产出租给承租人在中国境内使用而取得的所得；

（3）许可各种特许权在中国境内使用而取得的所得；

（4）转让中国境内的不动产等财产或者在中国境内转让其他财产取得的所得；

（5）从中国境内企业、事业单位、其他组织以及居民个人取得的利息、股息、红利所得；

（6）由中国境内企业、事业单位、其他组织支付或者负担的稿酬所得。

第三节　税基与税率

一、税基

个人所得税的税基是应纳税所得额，即从取得的收入中扣除规定费用后的余额。

（一）综合征收方式下的应纳税所得额

居民个人的工资薪金所得、劳务报酬所得、稿酬所得、特许权使用费所得，统称为综合所得，采取综合征收方式，按纳税年度合并计算个人所得税。综合所得，以每一纳税年度的收入额减除基本减除费用6万元以及专项扣除、专项附加扣除和依法确定的其他扣除后的余额，为应纳税所得额。

年度应纳税所得额=年度收入额−基本减除费用6万元−专项扣除−专项附加扣除−依法确定的其他扣除

1.年度收入额

年度收入额包括工资薪金所得、劳务报酬所得、稿酬所得、特许权使用费所得的收入额。

其中：劳务报酬所得、稿酬所得、特许权使用费所得以收入减除20%的费用后的余额为收入额。稿酬所得的收入额减按70%计算。

劳务报酬所得、特许权使用费所得的收入额=收入×（1−20%）

稿酬所得的收入额=稿酬收入×（1−20%）×70%

执行中，注意以下问题：

（1）个人因公务用车和通讯制度改革而取得的公务用车、通讯补贴收入，扣除一定标准的公务费用后，计入工资、薪金所得。公务费用扣除标准，由省级税务局根据纳税人公务交通、通信费用的实际发生情况调查测算，报经省级人民政府批准后确定，并报国家税务总局备案。

因公务用车制度改革而以现金、报销等形式向职工个人支付的收入，均视为个人取得公务用车补贴收入。

（2）个人从事技术转让、提供劳务等过程中所支付的中介费，如能提供有效、合法凭证的，允许从其所得中扣除。

（3）自2019年1月1日起至2023年12月31日，一个纳税年度内，在船航行时间累计满183天的远洋船员，其取得的工资薪金收入减按50%计入应纳税所得额，依法缴纳个人所得税。

远洋船员是指在海事管理部门依法登记注册的国际航行船舶船员和在渔业管理部门依法登记注册的远洋渔业船员。

在船航行时间是指远洋船员在国际航行或作业船舶和远洋渔业船舶上的工作天数。一个纳税年度内的在船航行时间为一个纳税年度内在船航行时间的累计天数。

远洋船员可选择在当年预扣预缴税款或者次年个人所得税汇算清缴时享受上述优惠政策。

2.基本减除费用

综合所得的基本减除费用为6万元/年，即5 000元/月。

3.专项扣除

专项扣除，包括居民个人按照国家规定的范围和标准缴纳的基本养老保险、基本医疗保险、失业保险等社会保险费和住房公积金（简称"三险一金"）等。

在2018年12月31日前，个人按照规定缴纳的"三险一金"作为免税政策执行；2019年1月1日后，成为法定扣除项目。

2006年6月，财政部、国家税务总局对"三险一金"作如下规定：

（1）单位按照国家或省（自治区、直辖市）人民政府规定的缴费比例或办法实际缴付的基本养老保险费、基本医疗保险费和失业保险费，免征个人所得税；个人按照国家或省（自治区、直辖市）人民政府规定的缴费比例或办法实际缴付的基本养老保险费、基本医疗保险费和失业保险费，允许在个人应纳税所得额中扣除。

单位和个人超过规定的比例和标准缴付的基本养老保险费、基本医疗保险费和失业保险费，应将超过部分并入个人当期的工资、薪金收入，缴纳个人所得税。

（2）单位和个人分别在不超过职工本人上一年度月平均工资12%的幅度内，其实际缴存的住房公积金，允许在个人应纳税所得额中扣除。单位和职工个人缴存住房公积金的月平均工资不得超过职工工作地所在设区城市上一年度职工月平均工资的3倍，具体标准按照各地有关规定执行。

单位和个人超过上述规定比例和标准缴付住房公积金的，将超过部分并入个人当期的工资薪金收入，缴纳个人所得税。

（3）个人实际领（支）取原提存的基本养老保险金、基本医疗保险金、失业保险金和住房公积金时，免征个人所得税。

4.专项附加扣除

专项附加扣除，是指税法规定的子女教育费用、继续教育费用、大病医疗费用、住房贷款利息、住房租金、赡养老人费用扣除，以及国务院设立的3岁以下婴幼儿照护费用扣除。

专项附加扣除遵循公平合理、利于民生、简便易行的原则。国家根据教育、医疗、住房、养老等民生支出变化情况，适时调整专项附加扣除范围和标准。

（1）婴幼儿照护费用。自2022年1月1日起，纳税人照护3岁以下婴幼儿子女的相关支出，按照每个婴幼儿每月1 000元的标准定额扣除。

婴幼儿照护费用的扣除时间，为婴幼儿出生的当月至年满3周岁的前一个月。纳税人需要留存备查资料，包括子女的出生医学证明等资料。

对于婴幼儿照护费用，父母可以选择由其中一方按扣除标准的100%扣除，也可以选择由双方分别按扣除标准的50%扣除，具体扣除方式在一个纳税年度内不能变更。

（2）子女教育费用。纳税人的子女接受全日制学历教育的相关支出，按照每个子女每月1 000元的标准定额扣除。

学历教育包括义务教育（小学、初中教育）、高中阶段教育（普通高中、中等职业、技工教育）、高等教育（大学专科、大学本科、硕士研究生、博士研究生教育）。年满3岁至小学入学前处于学前教育阶段的子女，按照上述规定执行。

学前教育阶段，从子女年满3周岁当月至小学入学前一月。学历教育，从子女接受全日制学历教育入学的当月至全日制学历教育结束的当月。学历教育期间，包含因病或其他非主观原因休学但学籍继续保留的休学期间，以及施教机构按规定组织实施的寒暑假等假期。纳税人子女在中国境外接受教育的，纳税人应当留存境外学校录取通知书、留学签证等相关教育的证明资料备查。

对于子女教育费用，父母可以选择由其中一方按扣除标准的100%扣除，也可以选择由双方分别按扣除标准的50%扣除，具体扣除方式在一个纳税年度内不能变更。

（3）继续教育费用。纳税人在中国境内接受学历（学位）继续教育的支出，在学历（学位）教育期间按照每月400元定额扣除。同一学历（学位）继续教育的扣除期限不能超过48个月（4年）。纳税人接受技能人员职业资格继续教育、专业技术人员职业资格继续教育的支出，在取得相关证书的当年，按照3 600元定额扣除。

学历（学位）继续教育，为在中国境内接受学历（学位）继续教育入学的当月至学历（学位）继续教育结束的当月，同一学历（学位）继续教育的扣除期限最长不得超过48个月。学历（学位）继续教育的期间，包含因病或其他非主观原因休学但学籍继续保留的休学期间，以及施教机构按规定组织实施的寒暑假等假期。

技能人员职业资格继续教育、专业技术人员职业资格继续教育，扣除时间为取得相关证书的当年。纳税人接受技能人员职业资格继续教育、专业技术人员职业资格继续教育的，应当留存相关证书等资料备查。

继续教育费用由纳税人本人扣除。但是，个人接受本科及以下学历（学位）继续教育，符合规定扣除条件的，可以选择由其父母扣除，也可以选择由本人扣除。

（4）大病医疗费用。在一个纳税年度内，纳税人发生的与基本医保相关的医药费用支出，扣除医保报销后个人负担（指医保目录范围内的自付部分）累计超过15 000元的部分，由纳税人在办理年度汇算清缴时，在80 000元限额内据实扣除。扣除时间为医疗保障信息系统记录的医药费用实际支出的当年。纳税人应当留存医药服务收费及医保报销相关票据原件（或者复印件）等资料备查。医疗保障部门应当向患者提供在医疗保障信息系统记录的本人年度医药费用信息查询服务。

纳税人发生的医药费用支出可以选择由本人或者其配偶扣除；未成年子女发生的医药费用支出可以选择由其父母一方扣除。

纳税人及其配偶、未成年子女发生的医药费用支出，按上述规定分别计算扣除额。

（5）住房贷款利息。纳税人本人或者配偶单独或者共同使用商业银行或者住房公积金个人住房贷款为本人或者其配偶购买中国境内住房，发生的首套住房贷款利息支出，在实际发生贷款利息的年度，按照每月1 000元的标准定额扣除，扣除期限最长不超过240个月。纳税人只能享受一次首套住房贷款的利息扣除。

首套住房贷款，是指购买住房享受首套住房贷款利率的住房贷款。

扣除起止时间，为贷款合同约定开始还款的当月至贷款全部归还或贷款合同终止的当月，扣除期限最长不得超过240个月。纳税人应当留存住房贷款合同、贷款还款支出凭证备查。

对于住房贷款利息，经夫妻双方约定，可以选择由其中一方扣除。夫妻双方婚前分别购买住房发生的首套住房贷款，其贷款利息支出，婚后可以选择其中一套购买的住房，由购买方按扣除标准的100%扣除，也可以由夫妻双方对各自购买的住房分别按扣除标准的50%扣除。具体扣除方式在一个纳税年度内不能变更。

（6）住房租金。纳税人在主要工作城市没有自有住房而发生的住房租金支出，可以按照以下标准定额扣除：直辖市、省会（首府）城市、计划单列市，以及国务院确定的其他城市，扣除标准为每月1 500元。除上述所列城市以外，市辖区户籍人口超过100万的城市，扣除标准为每月1 100元；市辖区户籍人口不超过100万的城市，扣除标准为每月800元。市辖区户籍人口，以国家统计局公布的数据为准。

纳税人的配偶在纳税人的主要工作城市有自有住房的，视同纳税人在主要工作城市有自有住房。主要工作城市是指纳税人任职受雇的直辖市、计划单列市、副省级城市、地级市（地区、州、盟）全部行政区域范围；纳税人无任职受雇单位的，为受理其综合所得汇算清缴的税务机关所在城市。

扣除起止时间，为租赁合同（协议）约定的房屋租赁期开始的当月至租赁期结束的当月。提前终止合同（协议）的，以实际租赁期限为准。纳税人应当留存住房租赁合同、协议等有关资料备查。

住房租金支出由签订租赁住房合同的承租人扣除。夫妻双方主要工作城市相同的，只能由一方扣除住房租金支出。

值得注意的是，纳税人及其配偶在一个纳税年度内不能同时分别享受住房贷款利息和住房租金专项附加扣除。

（7）赡养老人费用。纳税人赡养一位及以上被赡养人的赡养支出，按照每月2 000元的标准定额扣除。

被赡养人是指年满60岁的父母，以及子女均已去世的年满60岁的祖父母、外祖父母。父母是指生父母、继父母、养父母。子女是指婚生子女、非婚生子女、继子女、养子女。父母之外的其他人担任未成年人的监护人的，比照上述规定执行。

扣除起止时间，为被赡养人年满60周岁的当月至赡养义务终止的年末。

赡养老人费用，统一按照以下标准定额扣除：

①纳税人为独生子女的，按照每月2 000元的标准定额扣除；

②纳税人为非独生子女的，由其与兄弟姐妹分摊每月 2 000 元的扣除额度，每人分摊的额度不能超过每月 1 000 元。可以由赡养人均摊或者约定分摊，也可以由被赡养人指定分摊。约定或者指定分摊的须签订书面分摊协议，指定分摊优先于约定分摊。具体分摊方式和额度在一个纳税年度内不能变更。

5.依法确定的其他扣除

依法确定的其他扣除，包括个人缴付符合国家规定的企业年金、职业年金，个人购买符合国家规定的商业健康保险、税收递延型商业养老保险的支出，以及国务院规定可以扣除的其他项目。

（1）企业年金和职业年金。我国养老保险体系主要包括基本养老保险、补充养老保险和个人储蓄性养老保险三个层次，其中，补充养老保险包括企业年金和职业年金。企业年金是指根据《企业年金试行办法》的规定，企业及其职工在依法参加基本养老保险的基础上，自愿建立的补充养老保险。职业年金是指根据《事业单位职业年金试行办法》的规定，事业单位及其工作人员在依法参加基本养老保险的基础上，建立的补充养老保险。自 2014 年 1 月 1 日起，对企业年金和职业年金（统称年金）实行递延纳税政策。

①在年金缴费环节，按照以下规定处理：

第一，单位根据国家有关政策规定的办法和标准，为在本单位任职或者受雇的全体职工缴付的年金单位缴费部分，在计入个人账户时，个人暂不缴纳个人所得税。

第二，个人根据国家有关政策规定缴付的年金个人缴费部分，在不超过本人缴费工资计税基数的 4% 标准内的部分，暂从个人当期的应纳税所得额中扣除。

企业年金个人缴费工资计税基数为本人上一年度月平均工资。月平均工资按国家统计局规定列入工资总额统计的项目计算。月平均工资超过职工工作地所在设区城市上一年度职工月平均工资 300% 以上的部分，不计入个人缴费工资计税基数。

职业年金个人缴费工资计税基数为职工岗位工资和薪级工资之和。职工岗位工资和薪级工资之和超过职工工作地所在设区城市上一年度职工月平均工资 300% 以上的部分，不计入个人缴费工资计税基数。

第三，超过规定标准缴付的年金单位缴费和个人缴费部分，并入个人当期的工资、薪金所得，依法计征个人所得税。税款由建立年金的单位代扣代缴，并向主管税务机关申报解缴。

②在年金基金投资环节，年金基金投资运营收益分配计入个人账户时，个人暂不缴纳个人所得税。

③在年金领取环节，按照"工资、薪金所得"计算缴纳个人所得税。税款由受托人代表委托人委托托管人代扣代缴。

（2）商业健康保险。自2017年7月1日起，个人购买符合规定的商业健康保险产品的支出，允许在当年（月）计算应纳税所得额时予以税前扣除，扣除限额为2 400元/年（200元/月）。单位统一为员工购买符合规定的商业健康保险产品的支出，分别计入员工个人工资、薪金，视同个人购买，按上述限额予以扣除。2 400元/年（200元/月）的限额扣除是税法规定减除费用标准之外的扣除。

适用商业健康保险税收优惠政策的个人，是指取得工资薪金所得、连续性劳务报酬所得（指连续3个月及以上为同一单位提供劳务而取得的所得）的个人，以及取得生产经营所得、承包承租经营所得的个体工商户业主、个人独资企业投资者、合伙企业合伙人和承包承租经营者。

符合规定的商业健康保险产品，是指保险公司参照个人税收优惠型健康保险产品指引框架及示范条款开发的、符合规定条件的健康保险产品。保险公司按照《保险法》规定程序上报银保监会审批。保险公司销售符合规定的商业健康保险产品时，为购买保险的个人开具发票和保单凭证，并在保单凭证上注明税优识别码。税优识别码，是指为确保税收优惠商业健康保险保单的唯一性、真实性和有效性，由商业健康保险信息平台按照"一人一单一码"的原则，对投保人进行校验后，下发给保险公司，并在保单凭证上打印的数字识别码。个人购买商业健康保险未获得税优识别码的，其支出金额不得税前扣除。

6.应当注意的问题

在计算应纳税所得额时，专项扣除、专项附加扣除和依法确定的其他扣除，以居民个人一个纳税年度的应纳税所得额为限额；一个纳税年度扣除不完的，不结转以后年度扣除。

（二）分类征收方式下的应纳税所得额

1.非居民个人"四项所得"的应纳税所得额

非居民个人的工资薪金所得、劳务报酬所得、稿酬所得、特许权使用费所得，实行分类征收，按月或者按次分项计算个人所得税。

（1）非居民个人的工资、薪金所得，以每月收入额减除费用5 000元后的余额为应纳税所得额。

月应纳税所得额=每月收入额-5 000

（2）非居民个人的劳务报酬所得、稿酬所得、特许权使用费所得，以每次收入额为应纳税所得额。其中：劳务报酬所得、稿酬所得、特许权使用费所得以收入减除20%的费用后的余额为收入额；稿酬所得的收入额减按70%计算。

劳务报酬所得、特许权使用费所得的应纳税所得额=每次收入×（1-20%）

稿酬所得的应纳税所得额=每次收入×（1-20%）×70%

劳务报酬所得、稿酬所得、特许权使用费所得，属于一次性收入的，以取得该项收入为一次；属于同一项目连续性收入的，以一个月内取得的收入为一次。

2.经营所得的应纳税所得额

纳税人的经营所得，以每一纳税年度的收入总额减除成本、费用以及损失后的余额，为应纳税所得额。

其中：成本、费用，是指生产、经营活动中发生的各项直接支出和分配计入成本的间接费用以及销售费用、管理费用、财务费用。

损失，是指生产、经营活动中发生的固定资产和存货的盘亏、毁损、报废损失，转让财产损失，坏账损失，自然灾害等不可抗力因素造成的损失以及其他损失。

执行中，注意以下问题：

（1）取得经营所得的个人，没有综合所得的，计算其每一纳税年度的应纳税所得额时，应当减除基本减除费用6万元、专项扣除、专项附加扣除，以及依法确定的其他扣除。专项附加扣除在办理汇算清缴时减除。

（2）纳税人从事生产、经营活动，未提供完整、准确的纳税资料，不能正确计算应纳税所得额的，由主管税务机关核定应纳税所得额或者应纳税额。

3.财产租赁所得的应纳税所得额

纳税人的财产租赁所得，按次计算缴纳个人所得税。每次收入不超过4 000元的，减除费用800元；每次收入在4 000元以上的，减除20%的费用，其余额为应纳税所得额。

每次收入不超过4 000元的：应纳税所得额=每次收入-800

每次收入在4 000元以上的：应纳税所得额=每次收入×（1-20%）

执行中，注意以下问题：

（1）财产租赁所得，以一个月内取得的收入为一次。

（2）个人出租房屋的个人所得税应税收入不含增值税；计算房屋出租所得时可扣除的税费，不包括本次出租缴纳的增值税。个人转租房屋的，其向房屋出租方支付的租金及增值税税额，在计算转租所得时予以扣除。但是，免征增值税的，在确定应税收入时，出租房屋取得的租金收入不扣减增值税税额。

（3）个人在出租财产过程中缴纳的税金和教育费附加，可凭完税（缴款）凭证，从其财产租赁收入中扣除。由纳税人负担的出租财产实际开支的修缮费用，能够提供有效、准确凭证，证明由纳税人负担的，准予从其租赁收入中扣除。准予扣除的修缮费用，以每次800元为限，一次扣除不完的，准予在下一次继续扣除，直至扣完为止。个人将承租房屋转租的，取得转租收入的个人向房屋出租方支付的租金，可凭房屋租赁合同和合法支付凭证，从该项转租收入中扣除。

在计算个人所得税时，"财产租赁所得"相关税费的税前扣除次序为：

①财产租赁过程中缴纳的税费；

②向出租方支付的租金；

③由纳税人负担的租赁财产实际开支的修缮费用；

④税法规定的费用扣除标准。

4.财产转让所得的应纳税所得额

纳税人的财产转让所得，以转让财产的收入额减除财产原值和合理费用后的余额，为应纳税所得额。

应纳税所得额=转让财产的收入额-财产原值-合理费用

执行中，注意以下问题：

（1）个人转让房屋的个人所得税应税收入不含增值税；其取得房屋时所支付价款中包含的增值税计入财产原值；计算转让所得时可扣除的税费不包括本次转让缴纳的增值税。但是，免征增值税的，在确定应税收入时，转让房地产取得的收入不扣减增值税税额。

（2）财产原值，按照下列方法确定：有价证券，为买入价以及买入时按照规定交纳的有关费用；建筑物，为建造费或者购进价格以及其他有关费用；土地使用权，为取得土地使用权所支付的金额、开发土地的费用以及其他有关费用；机器设备、车船，为购进价格、运输费、安装费以及其他有关费用；其他财产，参照上述规定的方法确定财产原值。

纳税人未提供完整、准确的财产原值凭证，不能按照规定的方法确定财产原值的，由主管税务机关核定财产原值。

（3）合理费用，是指卖出财产时按照规定支付的有关税费。

5.利息、股息、红利所得的应纳税所得额

纳税人的利息、股息、红利所得，以每次收入额为应纳税所得额，按次计算缴纳个人所得税。

利息、股息、红利所得，以支付利息、股息、红利时取得收入为一次。

执行中，注意以下问题：

（1）自2015年9月8日起，对上市公司股息红利，实行差别化个人所得税政策。个人从公开发行和转让市场取得的上市公司股票，持股期限在1个月以内（含1个月）的，其股息红利所得全额计入应纳税所得额；持股期限在1个月以上至1年（含1年）的，其股息红利暂减按50%计入应纳税所得额；持股期限超过1年的，其股息红利所得暂免征收个人所得税。

个人持有的上市公司限售股，解禁后取得的股息红利，按照上述规定计算纳税，持股时间自解禁日起计算；解禁前取得的股息红利继续暂减按50%计入应纳税所得额，适用20%的税率计征个人所得税。

（2）自2019年7月1日起至2024年6月30日，个人持有挂牌公司的股票，持股期限在1个月以内（含1个月）的，其股息红利所得全额计入应纳税所得额；持股期限在1个月以上至1年（含1年）的，其股息红利所得暂减按50%计入应纳税所得额；持股期限超过1年的，对股息红利所得暂免征收个人所得税。挂牌公司是指股票在全国中小企业股份转让系统公开转让的非上市公众公司；持股期限是指个人取得挂牌公司股票之日至转让交割该股票之日前一日的持有时间。

个人和证券投资基金从全国中小企业股份转让系统挂牌的原STAQ、NET系统挂牌公司（简称两网公司）以及全国中小企业股份转让系统挂牌的退市公司取得的股息红利所得，按照上述规定计征个人所得税，但退市公司的限售股，解禁前取得的股息红利继续暂减按50%计入应纳税所得额，适用20%的税率计征个人所得税。

6.偶然所得的应纳税所得额

纳税人的偶然所得，以每次收入额为应纳税所得额，按次计算缴纳个人所得税。

偶然所得，以每次取得该项收入为一次。

（三）特定情形的税务处理

1.所得形式与计算单位

（1）个人所得的形式，包括现金、实物、有价证券和其他形式的经济利益。

所得为实物的，按照取得的凭证上所注明的价格计算应纳税所得额，无凭证的实物或者凭证上所注明的价格明显偏低的，参照市场价格核定应纳税所得额。

所得为有价证券的，根据票面价格和市场价格核定应纳税所得额。

所得为其他形式的经济利益的，参照市场价格核定应纳税所得额。

（2）各项所得的计算，以人民币为单位。所得为人民币以外的货币的，按照人民币汇率中间价折合成人民币缴纳税款。

所得为人民币以外货币的，按照办理纳税申报或者扣缴申报的上一月最后一日人民币汇率中间价，折合成人民币计算应纳税所得额。年度终了后办理汇算清缴的，对已经按月、按季或者按次预缴税款的人民币以外货币所得，不再重新折算；对应当补缴税款的所得部分，按照上一纳税年度最后一日人民币汇率中间价，折合成人民币计算应纳税所得额。

2.公益性捐赠的税务处理

个人将其所得对教育、扶贫、济困等公益慈善事业进行捐赠，捐赠额未超过纳税人申报的应纳税所得额30%的部分，可以从其应纳税所得额中扣除；国务院规定对公益慈善事业捐赠实行全额税前扣除的，从其规定。

个人将其所得对教育、扶贫、济困等公益慈善事业进行捐赠，是指个人将其所得通过中国境内的公益性社会组织、国家机关向教育、扶贫、济困等公益慈善事业的捐赠。应纳税所得额，是指计算扣除捐赠额之前的应纳税所得额。

具体扣除办法如下：

（1）个人发生的公益捐赠支出金额，按照以下规定确定：

①捐赠货币性资产的，按照实际捐赠金额确定；

②捐赠股权、房产的，按照个人持有股权、房产的财产原值确定；

③捐赠除股权、房产以外的其他非货币性资产的，按照非货币性资产的市场价格确定。

（2）居民个人按照以下规定扣除公益捐赠支出：

①居民个人发生的公益捐赠支出可以在财产租赁所得、财产转让所得、利息股息红利所得、偶然所得（统称分类所得）、综合所得或者经营所得中扣除。在当期一个所得项目扣除不完的公益捐赠支出，可以按规定在其他所得项目中继续扣除。

②居民个人发生的公益捐赠支出，在综合所得、经营所得中扣除的，扣除限额分别为当年综合所得、当年经营所得应纳税所得额的30%；在分类所得中扣除的，扣除限额为当月分类所得应纳税所得额的30%。

③居民个人根据各项所得的收入、公益捐赠支出、适用税率等情况，自行决定在综合所得、分类所得、经营所得中扣除的公益捐赠支出的顺序。

（3）居民个人在综合所得中扣除公益捐赠支出的，按照以下规定处理：

①居民个人取得工资薪金所得的，可以选择在预扣预缴时扣除，也可以选择在年度汇算清缴时扣除。

居民个人选择在预扣预缴时扣除的，按照累计预扣法计算扣除限额，其捐赠当月的扣除限额为截至当月累计应纳税所得额的30%（全额扣除的从其规定，下同）。个人从两处以上取得工资薪金所得，选择其中一处扣除，选择后当年不得变更。

②居民个人取得劳务报酬所得、稿酬所得、特许权使用费所得的，预扣预缴时不扣除公益捐赠支出，统一在汇算清缴时扣除。

③居民个人取得全年一次性奖金、股权激励等所得，且按规定采取不并入综合所得而单独计税方式处理的，公益捐赠支出扣除比照分类所得的扣除规定处理。

（4）居民个人发生的公益捐赠支出，可在捐赠当月取得的分类所得中扣除。当月分类所得应扣除未扣除的公益捐赠支出，可以按照以下规定追补扣除：

①扣缴义务人已经代扣但尚未解缴税款的，居民个人可以向扣缴义务人提出追补扣除申请，退还已扣税款。

②扣缴义务人已经代扣且解缴税款的，居民个人可以在公益捐赠之日起90日内提请扣缴义务人向征收税款的税务机关办理更正申报追补扣除，税务机关和扣缴义务人应当予以办理。

③居民个人自行申报纳税的，可以在公益捐赠之日起90日内向主管税务机关办理更正申报追补扣除。

居民个人捐赠当月有多项多次分类所得的，先在其中一项一次分类所得中扣除。已经在分类所得中扣除的公益捐赠支出，不再调整到其他所得中扣除。

（5）在经营所得中扣除公益捐赠支出，按照以下规定处理：

①个体工商户发生的公益捐赠支出，在其经营所得中扣除。

②个人独资企业、合伙企业发生的公益捐赠支出，其个人投资者应当按照捐赠年度合伙企业的分配比例（个人独资企业分配比例为百分之百），计算归属于每一个人投资者的公益捐赠支出，个人投资者应将其归属的个人独资企业、合伙企业公益捐赠支出和本人需要在经营所得扣除的其他公益捐赠支出合并，在其经营所得中扣除。

③在经营所得中扣除公益捐赠支出的，可以选择在预缴税款时扣除，也可以选择在汇算清缴时扣除。

④经营所得采取核定征收方式的，不扣除公益捐赠支出。

（6）非居民个人发生的公益捐赠支出，未超过其在公益捐赠支出发生的当月应纳税所得额30%的部分，可以从其应纳税所得额中扣除。扣除不完的公益捐赠支出，可以在经营所得中继续扣除。

非居民个人按照规定可以在应纳税所得额中扣除公益捐赠支出而未实际扣除的，可以按照规定追补扣除。

（7）国务院规定对公益捐赠全额税前扣除的，按照规定执行。个人同时发生按30%扣除和全额扣除的公益捐赠支出，自行选择扣除次序。

3.共同取得同一项所得的税务处理

两个以上的个人共同取得同一项目收入的，对每个人取得的收入分别按照税法规定计算缴纳个人所得税。

4.特别纳税调整

（1）有下列情形之一的，税务机关有权按照合理方法进行纳税调整：

①个人与其关联方之间的业务往来不符合独立交易原则而减少本人或者其关联方应纳税额，且无正当理由；

②居民个人控制的，或者居民个人和居民企业共同控制的设立在实际税负明显偏低的国家（地区）的企业，无合理经营需要，对应当归属于居民个人的利润不作分配或者减少分配；

③个人实施其他不具有合理商业目的的安排而获取不当税收利益。

（2）税务机关依照上述规定作出纳税调整，需要补征税款的，应当补征税款，并依法加收利息。

加收利息，按照税款所属纳税申报期最后一日中国人民银行公布的与补税期间同期的人民币贷款基准利率计算，自税款纳税申报期满次日起至补缴税款期限届满之日止按日加收。纳税人在补缴税款期限届满前补缴税款的，利息加收至补缴税款之日。

知识拓展7-1

其他特定情形的税务处理

二、税率

(一) 综合所得的适用税率

居民个人的综合所得，适用3%至45%的7级超额累进税率，见表7-1。

表7-1   "综合所得"年度税率表

级数	全年应纳税所得额	税率（%）	速算扣除数
1	不超过36 000元的	3	0
2	超过36 000元至144 000元的部分	10	2 520
3	超过144 000元至300 000元的部分	20	16 920
4	超过300 000元至420 000元的部分	25	31 920
5	超过420 000元至660 000元的部分	30	52 920
6	超过660 000元至960 000元的部分	35	85 920
7	超过960 000元的部分	45	181 920

（注：本表所称全年应纳税所得额是指依照税法规定，居民个人取得综合所得以每一纳税年度收入额减除费用6万元以及专项扣除、专项附加扣除和依法确定的其他扣除后的余额）

(二) 非居民个人"四项所得"的适用税率

非居民个人的工资薪金所得、劳务报酬所得、稿酬所得和特许权使用费所得（简称"四项所得"），适用3%至45%的7级超额累进税率（依照综合所得年度税率表按月换算后的税率表），见表7-2。

表7-2   非居民个人"四项所得"月度税率表

级数	全月应纳税所得额	税率（%）	速算扣除数
1	不超过3 000元的	3	0
2	超过3 000元至12 000元的部分	10	210
3	超过12 000元至25 000元的部分	20	1 410
4	超过25 000元至35 000元的部分	25	2 660
5	超过35 000元至55 000元的部分	30	4 410
6	超过55 000元至80 000元的部分	35	7 160
7	超过80 000元的部分	45	15 160

（三）经营所得的适用税率

纳税人的经营所得，适用5%至35%的5级超额累进税率，见表7-3。

表7-3　　　　　　　　　　**"经营所得"年度税率表**

级数	全年应纳税所得额	税率（%）	速算扣除数
1	不超过30 000元的	5	0
2	超过30 000元至90 000元的部分	10	1 500
3	超过90 000元至300 000元的部分	20	10 500
4	超过300 000元至500 000元的部分	30	40 500
5	超过500 000元的部分	35	65 500

（注：本表所称全年应纳税所得额是指依照税法规定，以每一纳税年度的收入总额减除成本、费用以及损失后的余额。）

（四）其他各类所得的适用税率

纳税人的利息、股息、红利所得，财产租赁所得，财产转让所得，偶然所得，适用比例税率，税率为20%。

对个人按市场价格出租住房取得的所得，减按10%的税率征收个人所得税。

第四节　税收优惠

一、法定免税所得

（一）一般规定

（1）省级人民政府、国务院部委和中国人民解放军军以上单位，以及外国组织、国际组织颁发的科学、教育、技术、文化、卫生、体育、环境保护等方面的奖金，免征个人所得税。

（2）国债和国家发行的金融债券利息，免征个人所得税。国债利息，是指个人持有财政部发行的债券而取得的利息；国家发行的金融债券利息，是指个人持有经国务院批准发行的金融债券而取得的利息。

个人取得的2012年及以后年度发行的地方政府债券利息收入，免征个人所得税。地方政府债券是指经国务院批准同意，以省、自治区、直辖市、计划单列市政府为发行和偿还主体的债券。

（3）按照国家统一规定发给的补贴、津贴，免征个人所得税。按照国家统一规定发给的补贴、津贴，是指按照国务院规定发给的政府特殊津贴、院士津贴，以及国务院规定免予缴纳个人所得税的其他补贴、津贴。

自 2007 年 8 月 1 日起，个人按照《廉租住房保障办法》规定取得的廉租住房货币补贴，免征个人所得税。廉租住房货币补贴，是指县级以上地方人民政府向申请廉租住房保障的城市低收入住房困难家庭，按其现住房面积与保障面积标准的差额和每平方米租赁住房补贴标准计算发放的租赁住房补贴。但是，对所在单位以廉租住房名义发放的不符合规定的补贴，征收个人所得税。

自 2008 年 3 月 7 日起，生育妇女按照县级以上人民政府根据国家有关规定制定的生育保险办法，取得的生育津贴、生育医疗费或其他属于生育保险性质的津贴、补贴，免征个人所得税。

自 2019 年 1 月 1 日至 2023 年 12 月 31 日，对符合地方政府规定条件的城镇住房保障家庭从地方政府领取的住房租赁补贴，免征个人所得税。

（4）福利费、抚恤金、救济金，免征个人所得税。福利费，是指根据国家有关规定，从企业、事业单位、国家机关、社会组织提留的福利费或者工会经费中支付给个人的生活补助费；救济金，是指各级人民政府民政部门支付给个人的生活困难补助费。

值得注意的是，生活补助费是指由于某些特定事件或原因而给纳税人或其家庭的正常生活造成一定困难，其任职单位按照国家规定从提留的福利费或者工会经费中向其支付的临时性生活困难补助。但是，下列收入不属于免税的福利费范围，应并入纳税人的工资薪金收入计算个人所得税：①从超出国家规定的比例或基数计提的福利费、工会经费中支付给个人的各种补贴、补助；②从福利费和工会经费中支付给单位职工的人人有份的补贴、补助；③单位为个人购买汽车、住房、电子计算机等不属于临时性生活困难补助性质的支出。

（5）保险赔款，免征个人所得税。

（6）军人的转业费、复员费、退役金，免征个人所得税。

（7）按照国家统一规定发给干部、职工的安家费、退职费、基本养老金或者退休费、离休费、离休生活补助费，免征个人所得税。

但是，离退休人员除按规定领取离退休工资或养老金外，另从原任职单位取得的各类补贴、奖金、实物，不属于免税的退休工资、离休工资、离休生活补助费，应在减除费用扣除标准后，按照"工资、薪金所得"缴纳个人所得税。

（8）依照有关法律规定应予免税的各国驻华使馆、领事馆的外交代表、领事官员和其他人员的所得，免征个人所得税。免税所得具体是指依照《中华人民共和国外交特权与豁免条例》和《中华人民共和国领事特权与豁免条例》规定免税的所得。

（9）中国政府参加的国际公约、签订的协议中规定免税的所得。

（二）对无住所个人的免税规定

知识拓展 7-2

其他免征个
人所得税
政策

（1）在中国境内无住所的个人，在一个纳税年度内在中国境内居住累计不超过90天的，其来源于中国境内的所得，由境外雇主支付并且不由该雇主在中国境内的机构、场所负担的部分，免予缴纳个人所得税。

（2）在中国境内无住所的个人，在中国境内居住累计满183天的年度连续不满6年的，经向主管税务机关备案，其来源于中国境外且由境外单位或者个人支付的所得，免予缴纳个人所得税；在中国境内居住累计满183天的任一年度中有一次离境超过30天的，其在中国境内居住累计满183天的年度的连续年限重新起算。

具体地说，无住所个人一个纳税年度在中国境内累计居住满183天的，如果此前6年在中国境内每年累计居住天数都满183天而且没有任何一年单次离境超过30天，则该纳税年度来源于中国境内、境外所得应当缴纳个人所得税；如果此前6年的任一年在中国境内累计居住天数不满183天或者单次离境超过30天，则该纳税年度来源于中国境外且由境外单位或者个人支付的所得，免予缴纳个人所得税。"此前6年"是指该纳税年度的前1年至前6年的连续6个年度，"此前6年"的起始年度自2019年（含）以后年度开始计算。2018年（含）之前已经居住的年度一律"清零"，不计算在内。按此规定，自2019年起至2024年（含）之前，所有无住所个人在境内居住年限都不满6年，其取得境外支付的境外所得都能享受免税优惠。此外，自2019年起任一年度如果有单次离境超过30天的情形，此前连续年限"清零"，重新计算。

二、法定减税所得

有下列情形之一的，可以减征个人所得税，具体幅度和期限，由省、自治区、直辖市人民政府规定，并报同级人民代表大会常务委员会备案：

知识拓展 7-3

个人所得税
其他优惠
政策

（1）残疾、孤老人员和烈属的所得（包括：工资薪金所得、经营所得、劳务报酬所得、稿酬所得、特许权使用费所得。其他各项所得，不属减征照顾的范围）。

（2）因自然灾害遭受重大损失的。

第五节　税额计算

一、采用综合征收方式的税额计算

（一）综合所得预扣预缴税额计算

个人所得税以所得人为纳税人，以支付所得的单位或者个人为扣缴义务人。扣缴义务人向居民个人支付工资薪金所得、劳务报酬所得、稿酬所得、特许权使用费所得时，按照规定预扣预缴个人所得税。年度预扣预缴税额与年度应纳税额不一致的，由居民个人于次年3月1日至6月30日向主管税务机关办理综合所得年度汇算清缴，税款多退少补。

1.工资、薪金所得预扣预缴税额计算

扣缴义务人向居民个人支付工资、薪金所得时，按照累计预扣法计算预扣税款，并按月办理扣缴申报。累计预扣法，是指扣缴义务人在一个纳税年度内预扣预缴税款时，以纳税人在本单位截至当前月份工资、薪金所得累计收入减除累计免税收入、累计减除费用、累计专项扣除、累计专项附加扣除和累计依法确定的其他扣除后的余额为累计预扣预缴应纳税所得额，依照3%至45%的7级预扣率计算累计应预扣预缴税额，再减除累计减免税额和累计已预扣预缴税额，其余额为本期应预扣预缴税额。余额为负值时，暂不退税。纳税年度终了后余额仍为负值时，由纳税人通过办理综合所得年度汇算清缴，税款多退少补。

（1）预扣预缴应纳税所得额，按照以下公式计算：

$$累计预扣预缴应纳税所得额=累计收入-累计免税收入-累计减除费用-累计专项扣除-累计专项附加扣除-累计依法确定的其他扣除$$

其中：累计减除费用，按照每月5 000元乘以纳税人当年截至本月在本单位的任职受雇月份数计算。

$$累计减除费用=5 000×当年截至本月在本单位的任职受雇月份数$$

（2）计算居民个人工资、薪金所得预扣预缴税额时适用的预扣率，按照《个人所得税预扣率表一（居民个人工资、薪金所得预扣预缴适用）》执行，见表7-4。

表7-4　　　　　　　　　　**个人所得税预扣率表一**

（居民个人工资、薪金所得预扣预缴适用）

级数	累计预扣预缴应纳税所得额	预扣率（%）	速算扣除数
1	不超过36 000元的部分	3	0
2	超过36 000元至144 000元的部分	10	2 520
3	超过144 000元至300 000元的部分	20	16 920
4	超过300 000元至420 000元的部分	25	31 920
5	超过420 000元至660 000元的部分	30	52 920
6	超过660 000元至960 000元的部分	35	85 920
7	超过960 000元的部分	45	181 920

注：该表与居民个人"综合所得"年度税率表（见表7-1）相同。

（3）居民个人工资、薪金所得的预扣预缴税额，按照以下公式计算：

$$本期应预扣预缴税额 = (累计预扣预缴应纳税所得额 × 预扣率 - 速算扣除数) - 累计减免税额 - 累计已预扣预缴税额$$

【例7-1】王先生（中国公民，国内某单位职工）2021年1—12月份，工资、薪金收入20 000元/月，个人按照规定缴纳的"三险一金"3 300元/月，按照规定享受专项附加扣除3 000元/月。

解：

按照"累计预扣法"计算预扣预缴税款，见表7-5所示。

表7-5　　　　　　　　　工资、薪金所得预扣预缴税额计算简表　　　　　　　单位：元

月份	累计收入额	累计减除费用	累计专项扣除	累计专项附加扣除	累计其他扣除	应纳税所得额	预扣率（%）	速算扣除数	应纳税额	已扣缴税额	应补（退）税额
1	20 000	5 000	3 300	3 000	0	8 700	3	0	261		261
2	40 000	10 000	6 600	6 000	0	17 400	3	0	522	261	261
3	60 000	15 000	9 900	9 000	0	26 100	3	0	783	522	261
4	80 000	20 000	13 200	12 000	0	34 800	3	0	1 044	783	261
5	100 000	25 000	16 500	15 000	0	43 500	10	2 520	1 830	1 044	786
6	120 000	30 000	19 800	18 000	0	52 200	10	2 520	2 700	1 830	870
7	140 000	35 000	23 100	21 000	0	60 900	10	2 520	3 570	2 700	870
8	160 000	40 000	26 400	24 000	0	69 600	10	2 520	4 440	3 570	870
9	180 000	45 000	29 700	27 000	0	78 300	10	2 520	5 310	4 440	870
10	200 000	50 000	33 000	30 000	0	87 000	10	2 520	6 180	5 310	870
11	220 000	55 000	36 300	33 000	0	95 700	10	2 520	7 050	6 180	870
12	240 000	60 000	39 600	36 000	0	104 400	10	2 520	7 920	7 050	870
合计	240 000	60 000	39 600	36 000	0	104 400	10	2 520	7 920	7 920	0

从表7-5可以看出，如果王先生2021年度除工资、薪金所得外，没有劳务报酬所得、稿酬所得、特许权使用费所得，其任职单位累计扣缴的税额7 920元，即为全年综合所得应纳税额，那么，年度终了后，王先生不需要办理汇算清缴。

2.其他综合所得预扣预缴税额计算

扣缴义务人向居民个人支付劳务报酬所得、稿酬所得、特许权使用费所得，按次或者按月预扣预缴个人所得税。

（1）预扣预缴应纳税所得额，按照以下办法计算：

劳务报酬所得、稿酬所得、特许权使用费所得，以每次收入额为预扣预缴应纳税所得额。每次收入额是以每次收入减除费用后的余额，其中稿酬所得的收入额减按70%计算。

减除费用：劳务报酬所得、稿酬所得、特许权使用费所得，每次收入不超过4 000元的，减除费用按800元计算；每次收入4 000元以上的，减除费用按20%计算。

①劳务报酬所得、特许权使用费所得的预扣预缴应纳税所得额计算公式如下：

每次收入不超过4 000元的：

预扣预缴应纳税所得额=每次收入-800

每次收入4 000元以上的：

预扣预缴应纳税所得额=每次收入×（1-20%）

②稿酬所得预扣预缴应纳税所得额计算公式如下：

每次收入不超过4 000元的：

预扣预缴应纳税所得额=（每次收入-800）×70%

每次收入4 000元以上的：

预扣预缴应纳税所得额=每次收入×（1-20%）×70%

③劳务报酬所得、特许权使用费所得、稿酬所得，属于一次性收入的，以取得该项收入为一次；属于同一项目连续性收入的，以一个月内取得的收入为一次。

（2）预扣率，按照以下规定执行：

①劳务报酬所得适用20%至40%的超额累进预扣率，见表7-6。

表7-6 **个人所得税预扣率表二**

（居民个人劳务报酬所得预扣预缴适用）

级数	预扣预缴应纳税所得额	预扣率（%）	速算扣除数
1	不超过20 000元的	20	0
2	超过20 000元至50 000元的部分	30	2 000
3	超过50 000元的部分	40	7 000

②特许权使用费所得、稿酬所得，适用20%的比例预扣率。

（3）劳务报酬所得的预扣预缴税额，按照以下公式计算：

劳务报酬所得应预扣预缴税额=预扣预缴应纳税所得额×预扣率-速算扣除数

【例7-2】王先生（中国公民，国内某单位职工）为A公司（非任职单位）提供培训服务。2021年8月份，A公司向王先生支付费用40 400元，取得由王先生到税务机关代开的增值税普通发票。发票相关栏目：金额40 000元、税额400元，价税合计40 400元。（注：2021年，减按1%征收增值税）

解：

预扣预缴应纳税所得额=40 000×（1-20%）=32 000（元）

对照表7-6，预扣率为30%，速算扣除数为2 000元。

预扣预缴税额=32 000×30%-2 000=7 600（元）

（4）特许权使用费所得的预扣预缴税额，按照以下公式计算：

特许权使用费所得应预扣预缴税额=预扣预缴应纳税所得额×20%

【例7-3】王先生（中国公民，国内某单位职工）将一项非专利技术的使用权转让给B公司。2021年9月份，B公司向王先生支付费用80 000元，取得由王先生到税务机关代开的增值税普通发票。发票相关栏目：金额80 000元、税额***元，价税合计80 000元。（注：王先生已按规定办理免征增值税手续。）

解：

预扣预缴应纳税所得额=80 000×（1-20%）=64 000（元）

预扣预缴税额= 64 000×20%=12 800（元）

（5）稿酬所得的预扣预缴税额，按照以下公式计算：

稿酬所得应预扣预缴税额=预扣预缴应纳税所得额×20%

【例7-4】王先生（中国公民，国内某单位职工）于2021年10月份出版一部工具书，稿酬20 000元。

解：

预扣预缴应纳税所得额=20 000×（1-20%）×70%=11 200（元）

应预扣预缴税额=11 200×20%=2 240（元）

【例7-5】王先生（中国公民，国内某单位职工）于2021年11月份公开发表一篇学术论文，稿酬3 000元。

解：

预扣预缴应纳税所得额=（3 000-800）×70%=1 540（元）

应预扣预缴税额=1 540×20%=308（元）

（二）综合所得汇算清缴税额计算

居民个人办理年度综合所得汇算清缴个人所得税时，首先，计算年度应纳税所得额：以一个纳税年度内的工资薪金所得、劳务报酬所得、稿酬所得、特许权使用费所得的收入额，减除基本减除费用6万元以及专项扣除、专项附加扣除和依法确定的其他扣除后的余额，为应纳税所得额；然后，依照适用税率计算年度应纳税额，减除年度累计已预扣预缴税额，确定应补（或应退）税额。

综合所得应纳税额=年度应纳税所得额×税率-速算扣除数

综合所得应补（或应退）税额=年度应纳税额-年度累计已预扣预缴税额

【例7-6】沿用【例7-1】、【例7-2】、【7-3】、【例7-4】、【例7-5】资料。王先生（中国公民，国内某单位职工）2021年1—12月份有关情况如下所述。

（1）工资、薪金收入20 000元/月，全年累计240 000元；个人按照规定缴纳的"三险一金"3 300元/月，全年累计39 600元；按照规定享受专项附加扣除3 000元/月，全年累计36 000元；任职单位累计已预扣预缴税额7 920元。

（2）为A公司（非任职单位）提供培训服务，报酬（不含增值税）40 000元，A公司已预扣预缴税额7 600元。

（3）将一项非专利技术的使用权转让给B公司，价款80 000元（免征增值税），B公司已预扣预缴税额12 800元。

（4）工具书稿酬20 000元，出版社已预扣预缴2 240元。

（5）论文稿酬3 000元，杂志社已预扣预缴308元。

请计算王先生全年综合所得的收入额、应纳税所得额、应纳税额和应补（或应退）税额。

解：

（1）综合所得的收入额=240 000+40 000×（1-20%）+80 000×（1-20%）+（20 000+3 000）×（1-20%）×70%=348 880（元）

（2）综合所得的应纳税所得额=348 880-60 000-39 600-36 000=213 280（元）

对照"综合所得"年度税率表（见表7-1），处于第3级距，税率为20%，速算扣除数为16 920元。

（3）综合所得应纳税额=213 280×20%-16 920=25 736（元）

（4）综合所得已预扣预缴税额=7 920+7 600+12 800+2 240+308=30 868（元）

（5）综合所得应退税额=30 868-25 736=5 132（元）

二、采用分类征收方式的税额计算

（一）非居民个人"四项所得"的税额计算

扣缴义务人向非居民个人支付工资薪金所得、劳务报酬所得、稿酬所得和特许权使用费所得时，依照税法规定按月或者按次代扣代缴税款。

应纳税额=应纳税所得额×税率-速算扣除数

【例7-7】约翰先生（非居民个人）2022年5月份在中国境内工作1个月，取得工资收入28 000元。

解：

月应纳税所得额=28 000-5 000=23 000（元）

对照非居民个人"四项所得"月度税率表（见表7-2），处于第3级距，税率为20%，速算扣除数为1 410元。

应纳税额=23 000×20%-1 410=3 190（元）

【例7-8】约翰先生（非居民个人）2022年6月份在中国境内出版一部科技著作，获得一次性稿酬收入20 000元。

解：

应纳税所得额=20 000×（1-20%）×70%=11 200（元）

对照非居民个人"四项所得"月度税率表（见表7-2），处于第2级距，税率为10%，速算扣除数为210元。

应纳税额=11 200×10%-210=910（元）

（二）经营所得的税额计算

纳税人的经营所得，按照以下公式计算应纳税额：

应纳税额=应纳税所得额×税率-速算扣除数

公式中的税率和速算扣除数，见"经营所得"年度税率表（见表7-3）。

（三）财产租赁所得的税额计算

纳税人的财产租赁所得，按照以下公式计算应纳税额：

应纳税额=应纳税所得额×适用税率（20%或10%）

（四）财产转让所得的税额计算

纳税人的财产转让所得，按照下列公式计算应纳税额：

应纳税额=应纳税所得额×适用税率（20%）

【例7-9】张先生将个人持有的A公司（非上市公司）股权转让给B公司，取得价款610万元；支付相关税费5万元，已取得合法有效凭据。该股权是张先生于3年前以货币资金出资取得的，实际支付金额504万元。

解：

张先生按财产转让所得计算缴纳个人所得税，税款由B公司代扣代缴。

应纳税所得额=610-504-5=101（万元）

应纳税额=101×20％=20.20（万元）

（五）利息、股息、红利所得的税额计算

纳税人的利息、股息、红利所得，按照以下公式计算应纳税额：

应纳税额=应纳税所得额×适用税率

【例7-10】李先生拥有A公司（已上市）的股票，持股期限10个月，取得股息

10 000元；拥有B公司（未上市）的股份，取得股利20 000元。

解：

持有A公司股票取得股息应纳税额=10 000×50%×20%=1 000（元）

持有B公司股份取得股利应纳税额=20 000×20%=4 000（元）

（六）偶然所得的税额计算

纳税人的偶然所得，按照以下公式计算应纳税额：

应纳税额=应纳税所得额×适用税率

【例7-11】王先生参加电视台举办的有奖竞猜活动获得奖品价值10 000元。

解：

应纳税额=10 000×20%=2 000（元）

三、税额计算的特殊规定

（一）某些特殊情形的税额计算

1.首次取得工资、薪金所得的税款预扣预缴

自2020年7月1日起，一个纳税年度内，首次取得工资、薪金所得的居民个人，扣缴义务人在预扣预缴个人所得税时，可以按照5 000元/月乘以纳税人当年截至本月月份数计算累计减除费用。

首次取得工资、薪金所得的居民个人，是指自纳税年度首月起至新入职时，未取得工资、薪金所得或者未按照"累计预扣法"预扣预缴过连续性劳务报酬所得个人所得税的居民个人。但是，在入职新单位前取得过工资、薪金所得或者按照"累计预扣法"预扣预缴过连续性劳务报酬所得个人所得税的纳税人不包括在内。如果纳税人仅是在新入职前偶然取得过劳务报酬、稿酬、特许权使用费所得的，则不受影响，仍然可以适用上述规定。

【例7-12】张某2021年7月大学毕业后进入某公司工作。公司在发放7月份工资、计算当期应预扣预缴的个人所得税时，可以扣除的累计减除费用是多少？

解：

自年初开始计算累计减除费用=5 000×7=35 000（元）

可以从7月份工资收入中扣除的累计减除费用为35 000元。

【例7-13】王某2021年1月到8月一直未找到工作，没有取得过工资、薪金所得，仅取得过一笔劳务报酬8 000元且按照单次收入适用20%的预扣率预扣预缴了税款。9月初，王某找到新工作并开始领薪。新入职单位在为王某计算并预扣9月份工资、薪金所得个人所得税时，可以扣除的累计减除费用是多少？

解：

自年初开始计算累计减除费用=5 000×9=45 000（元）

可以从9月份工资收入中扣除的累计减除费用为45 000元。

2.在校学生实习取得劳务报酬所得的税款预扣预缴

自2020年7月1日起，正在接受全日制学历教育的学生因实习取得劳务报酬所得的，扣缴义务人预扣预缴个人所得税时，可按照"累计预扣法"计算并预扣预缴税款。

$$\genfrac{}{}{0pt}{}{本期应预}{扣预缴税额}=(\genfrac{}{}{0pt}{}{累计}{收入额}-\genfrac{}{}{0pt}{}{累计减}{除费用})\times 预扣率-\genfrac{}{}{0pt}{}{速算}{扣除数}-\genfrac{}{}{0pt}{}{累计减}{免税额}-\genfrac{}{}{0pt}{}{累计已预扣}{预缴税额}$$

其中：

累计减除费用按照每月5 000元乘以纳税人在本单位开始实习月份起至本月的实习月份数计算。

预扣率、速算扣除数，按照《个人所得税预扣率表一》执行。

3.居民个人取得全年一次性奖金的税额计算

全年一次性奖金，是指行政机关、企事业单位等扣缴义务人根据全年经济效益和对雇员全年工作业绩的综合考核情况，向雇员发放的一次性奖金。一次性奖金也包括年终加薪、实行年薪制和绩效工资办法的单位根据考核情况兑现的年薪和绩效工资。

（1）在2023年12月31日前，居民个人取得全年一次性奖金，不并入当年综合所得，以全年一次性奖金收入除以12个月得到的数额，依照按月换算后的综合所得月度税率表（简称月度税率表，见表7-7），确定适用税率和速算扣除数，单独计算缴纳个人所得税。计算公式为：

应纳税额=全年一次性奖金收入×适用税率-速算扣除数

表7-7　　　　　　　　　　按月换算后的综合所得月度税率表

级数	全月应纳税所得额	税率（%）	速算扣除数
1	不超过3 000元的	3	0
2	超过3 000元至12 000元的部分	10	210
3	超过12 000元至25 000元的部分	20	1 410
4	超过25 000元至35 000元的部分	25	2 660
5	超过35 000元至55 000元的部分	30	4 410
6	超过55 000元至80 000元的部分	35	7 160
7	超过80 000元的部分	45	15 160

【例7-14】王先生（中国公民，国内某单位职工）2022年1月份取得全年一次性奖金120 000元。

解：

确定税率时依据的月应纳税所得额=120 000÷12=10 000（元）

对照按月折算的综合所得月度税率表（见表7-7），处于第2级距，税率为10%，速算扣除数为210元。

应纳税额=120 000×10%-210=11 790（元）

值得注意的是，在一个纳税年度内，对每一个纳税人，该计税办法只允许采用一次。雇员取得除全年一次性奖金以外的其他各种名目奖金，如半年奖、季度奖、加班奖、先进奖、考勤奖等，一律与当月工资、薪金收入合并，按税法规定缴纳个人所得税。

在2023年12月31日前，居民个人取得全年一次性奖金，也可以选择并入当年综合所得计算纳税。

（2）中央企业负责人取得年度绩效薪金延期兑现收入和任期奖励，符合国税发〔2007〕118号文件规定的，在2023年12月31日前，按照上述单独计税优惠政策执行。

4.保险营销员、证券经纪人取得佣金收入的税额计算

保险营销员、证券经纪人取得的佣金收入，属于劳务报酬所得，以不含增值税的收入减除20%的费用后的余额为收入额，收入额减去展业成本以及附加税费后，并入当年综合所得，计算缴纳个人所得税。保险营销员、证券经纪人展业成本按照收入额的25%计算。

扣缴义务人向保险营销员、证券经纪人支付佣金收入时，按照规定的"累计预扣法"计算预扣税款。

5.领取企业年金和职业年金的税额计算

（1）个人达到国家规定的退休年龄，领取的企业年金、职业年金，不并入综合所得，全额单独计算应纳税款。其中：按月领取的，适用综合所得月度税率表计算纳税；按季领取的，平均分摊计入各月，按每月领取额适用综合所得月度税率表计算纳税；按年领取的，适用综合所得年度税率表计算纳税。

（2）单位和个人在2014年1月1日以前开始缴付年金缴费的，在2014年1月1日以后，个人在领取年金时，允许其从领取的年金中，减除在2014年1月1日以前缴付的年金单位缴费和个人缴费且已经缴纳个人所得税的部分，就其余额按照上述规定纳税。个人分期领取年金的，可按2014年1月1日以前缴付的年金缴费金额占全部缴费金额的百分比，减计当期的应纳税所得额，减计后的余额，按照上述规定，计算缴纳个人所得税。

（3）个人因出境定居而一次性领取的年金个人账户资金，或个人死亡后，其指定的受益人或法定继承人一次性领取的年金个人账户余额，适用综合所得年度税率表计算纳税。对个人除上述特殊原因外一次性领取年金个人账户资金或余额的，适

用综合所得月度税率表计算纳税。

6.个人提前退休取得补贴收入的税额计算

个人办理提前退休手续而取得的一次性补贴收入，按照办理提前退休手续至法定退休年龄之间实际年度数平均分摊，确定适用税率和速算扣除数，单独适用综合所得年度税率表，计算纳税。计算公式为：

$$应纳税额 = \left\{ \left[\left(一次性补贴收入 \div \frac{办理提前退休手续至法定}{退休年龄的实际年度数} \right) - 费用扣除标准 \right] \times 适用税率 - 速算扣除数 \right\} \times \frac{办理提前退休手续至法定}{退休年龄的实际年度数}$$

【例7-15】孙先生（中国公民，国内某单位职工）于2022年3月份办理了提前退休手续，取得补贴收入240 000元。孙先生办理提前退休手续至法定退休年龄之间为3年。

解：

确定税率时依据的年应纳税所得额=240 000÷3-60 000=20 000（元）

对照综合所得年度税率表（见表7-1），处于第1级距，税率为3%，速算扣除数为0。

应纳税额=20 000×3%×3=1 800（元）

7.个人与用人单位解除劳动关系取得一次性补偿收入的税额计算

个人与用人单位解除劳动关系取得一次性补偿收入（包括用人单位发放的经济补偿金、生活补助费和其他补助费），在当地上年职工平均工资3倍数额以内的部分，免征个人所得税；超过3倍数额的部分，不并入当年综合所得，单独适用综合所得年度税率表，计算缴纳个人所得税。

个人领取一次性补偿收入时，按照国家和地方政府规定的比例实际缴纳的住房公积金、医疗保险费、基本养老保险费、失业保险费，可以在计算其一次性补偿收入的个人所得税时扣除。

8.单位低价向职工售房有关个人所得税问题

根据住房制度改革政策的有关规定，国家机关、企事业单位及其他组织（简称单位）在住房制度改革期间，按照所在地县级以上人民政府规定的房改成本价格向职工出售公有住房，职工因支付的房改成本价格低于房屋建造成本价格或市场价格而取得的差价收益，免征个人所得税。

除上述情形外，单位按低于购置或建造成本价格出售住房给职工，职工因此而少支出的差价部分，属于个人所得税应税所得，应按照"工资、薪金所得"缴纳个人所得税。差价部分，是指职工实际支付的购房价款低于该房屋的购置或建造成本价格的差额。对于该差价收入，不并入当年综合所得，以差价收入除以12个月得到的数额，依照按月换算后的综合所得月度税率表，确定适用税率和速算扣除数，单独计算缴纳个人所得税。计算公式为：

$$应纳税额=\frac{职工实际支付的购房价款低于}{该房屋的购置或建造成本价格的差额}×适用税率-速算扣除数$$

【例7-16】张先生（中国公民，国内某单位职工）于2022年5月份以50万元的价格从任职单位购得一套住房。该套住房是任职单位于年初建造完成的，建造成本56万元。

解：

确定税率时依据的月应纳税所得额=（560 000-500 000）÷12=5 000（元）

对照依照按月换算后的综合所得月度税率表（见表7-7），处于第2级距，税率为10%，速算扣除数为210元。

应纳税额=（560 000-500 000）×10%-210=5 790（元）

9.员工股票期权所得的税额计算

对实施股票期权计划企业授予该企业员工的股票期权所得，按照规定征收个人所得税。

企业员工股票期权（简称股票期权），是指上市公司按照规定的程序授予本公司及其控股企业员工的一项权利，该权利允许被授权员工在未来时间内，以某一特定价格购买本公司一定数量的股票。

"某一特定价格"被称为"授予价"或"施权价"，即根据股票期权计划可以购买股票的价格，一般为股票期权授予日的市场价格或该价格的折扣价格，也可以是按照事先设定的计算方法约定的价格；"授予日"，也称"授权日"，是指公司授予员工上述权利的日期；"行权"，也称"执行"，是指员工根据股票期权计划选择购买股票的过程；员工行使上述权利的当日为"行权日"，也称"购买日"。

员工接受雇主（含上市公司和非上市公司）授予的股票期权，凡该股票期权指定的股票为上市公司（含境内、外上市公司）股票的，均按照以下规定进行税务处理：

（1）股票期权所得性质的确认，按照以下规定处理：

①员工接受实施股票期权计划企业授予的股票期权时，除另有规定外，一般不作为应税所得征税。

②员工行权时，从企业取得股票的实际购买价（施权价）低于购买日公平市场价（指该股票当日的收盘价）的差额，是因员工在企业的表现和业绩情况而取得的与任职、受雇有关的所得，按照"工资、薪金所得"缴纳个人所得税。

因特殊情况，员工在行权日之前将股票期权转让的，以股票期权的转让净收入，作为工资、薪金所得缴纳个人所得税。转让净收入，一般是指股票期权转让收入。如果员工以折价购入方式取得股票期权的，可以股票期权转让收入扣除折价购入股票期权时实际支付的价款后的余额，作为股票期权的转让净收入。

员工行权日所在期间的工资、薪金所得，按照下列公式计算工资、薪金应纳税所得额：

$$\text{股票期权形式的工资、薪金应纳税所得额（股权激励收入）} = \left(\text{行权股票的每股市场价} - \text{员工取得该股票期权支付的每股施权价}\right) \times \text{股票数量}$$

公式中"员工取得该股票期权支付的每股施权价"，一般是指员工行使股票期权购买股票实际支付的每股价格。如果员工以折价购入方式取得股票期权的，上述施权价可包括员工折价购入股票期权时实际支付的价格。

取得股票期权的员工在行权日不实际买卖股票，而按行权日股票期权所指定股票的市场价与施权价之间的差额，直接从授权企业取得价差收益的，该价差收益也属于员工取得的股票期权形式的工资、薪金所得。

③员工将行权后的股票再转让时，获得的高于购买日公平市场价的差额，是因个人在证券二级市场上转让股票等有价证券而获得的所得，按照"财产转让所得"适用的征免规定计算缴纳个人所得税。

④员工因拥有股权而参与企业税后利润分配取得的所得，按照"利息、股息、红利所得"适用规定计算缴纳个人所得税。

（2）应纳个人所得税税额，按照以下办法计算：

①认购股票所得（行权所得）的税额计算。居民个人因参加股票期权计划而从中国境内取得的所得，应按照"工资、薪金所得"计算纳税的，在2022年12月31日前，不并入当年综合所得，全额单独适用综合所得年度税率表，计算纳税。其计算公式为：

应纳税额=股权激励收入×适用税率-速算扣除数

居民个人一个纳税年度内取得两次以上（含两次）股权激励的，应合并计算纳税。

②转让股票（销售）取得所得的税额计算。员工转让股票等有价证券取得的所得，按照现行税法和政策规定免征个人所得税。即：个人将行权后的境内上市公司股票再行转让而取得的所得，暂不征收个人所得税；个人转让境外上市公司的股票而取得的所得，按照税法规定计算应纳税所得额和应纳税额，依法缴纳税款。

③参与税后利润分配取得所得的税额计算。员工因拥有股权参与税后利润分配而取得的股息、红利所得，除依照有关规定可以免税或减税的外，全额按照规定税率计算纳税。

（3）可公开交易的股票期权计税问题。一般来说，员工接受实施股票期权计划企业授予的股票期权时，一般不作为应税所得征税。但是，有些股票期权在授权时即约定可以转让，且在境内或境外存在公开市场及挂牌价格（简称可公开交易的股票期权）。员工接受可公开交易的股票期权时，按照以下规定进行税务处理：

①员工取得可公开交易的股票期权，属于员工已实际取得有确定价值的财产，按授权日股票期权的市场价格，作为员工的工资薪金所得，按照上述规定计算缴纳个人所得税。

如果员工以折价购入方式取得股票期权的，可以授权日股票期权的市场价格扣除折价购入股票期权时实际支付的价款后的余额，作为工资、薪金所得。

②员工取得上述可公开交易的股票期权后，转让该股票期权所取得的所得，属于财产转让所得，按照上述规定进行税务处理。

③员工取得可公开交易的股票期权后，实际行使该股票期权购买股票时，不再计算缴纳个人所得税。

知识拓展7-4

其他特殊情形
的税额计算

（二）无住所个人应纳税额的计算

1.所得来源地的确定

（1）工资薪金所得来源地的确定。个人取得归属于中国境内（简称境内）工作期间的工资薪金所得为来源于境内的工资薪金所得。境内工作期间按照个人在境内工作天数计算，包括其在境内的实际工作日以及境内工作期间在境内、境外享受的公休假、个人休假、接受培训的天数。在境内、境外单位同时担任职务或者仅在境外单位任职的个人，在境内停留的当天不足24小时的，按照半天计算境内工作天数。

无住所个人在境内、境外单位同时担任职务或者仅在境外单位任职，且当期同时在境内、境外工作的，按照工资、薪金所属境内、境外工作天数占当期公历天数的比例计算确定来源于境内、境外工资、薪金所得的收入额。境外工作天数按照当期公历天数减去当期境内工作天数计算。

值得注意的是，境内工作天数与在境内实际居住天数不是同一个概念。境内工作天数包括无住所个人在境内的实际工作日，以及境内工作期间在境内、境外享受的公休假、个人休假、接受培训的天数。无住所个人未在境外单位任职的，无论其是否在境外停留，都不计算境外工作天数。

（2）数月奖金或股权激励所得来源地的确定。数月奖金是指一次取得归属于数月的奖金、年终加薪、分红等工资、薪金所得，不包括每月固定发放的奖金及一次性发放的数月工资。股权激励包括股票期权、股权期权、限制性股票、股票增值权、股权奖励，以及其他因认购股票等有价证券而从雇主取得的折扣或者补贴。数月奖金和股权激励属于工资、薪金所得，无住所个人取得数月奖金、股权激励，按照工资、薪金所得来源地判定规则，划分境内和境外所得。

①无住所个人在境内履职或者执行职务时收到的数月奖金或者股权激励所得，归属于境外工作期间的部分，为来源于境外的工资、薪金所得；无住所个人停止在

境内履约或者执行职务离境后收到的数月奖金或者股权激励所得，对属于境内工作期间的部分，为来源于境内的工资、薪金所得。

具体计算方法为：数月奖金或者股权激励乘以数月奖金或者股权激励所属工作期间境内工作天数与所属工作期间公历天数之比。

②无住所个人一个月内取得的境内外数月奖金或者股权激励包含归属于不同期间的多笔所得的，先分别按照上述规定计算不同归属期间来源于境内的所得，然后再加总计算当月来源于境内的数月奖金或者股权激励收入额。

但是，高管人员取得的数月奖金、股权激励，按照高管人员工资、薪金所得的规则，划分境内、境外所得。

【例7-17】约翰先生（系无住所个人）2020年1月份同时取得2019年第4季度（公历天数92天）奖金和全年奖金。假设约翰先生取得季度奖金20万元，对应境内工作天数为46天；取得全年奖金50万元，对应境内工作天数为73天。两笔奖金分别由境内公司、境外公司各支付50%。假如不考虑税收协定因素。

解：

2020年度，约翰先生在中国境内居住天数不超过90天，系非居民个人。约翰先生仅就境内支付的境内所得，计算在境内应计税的收入。

约翰先生当月取得数月奖金在境内应计税的收入额=20×50%×46÷92+50×50%×73÷365=10（万元）

（3）高管人员取得报酬所得来源地的确定。对于担任境内居民企业的董事、监事及高层管理职务的个人，无论是否在境内履行职务，取得由境内居民企业支付或者负担的董事费、监事费、工资薪金或者其他类似报酬（统称高管人员报酬，包含数月奖金和股权激励），属于来源于境内的所得。

高层管理职务包括企业正、副（总）经理、各职能总师、总监及其他类似公司管理层的职务。

2.无住所非居民个人工资、薪金收入额和应纳税额的计算

（1）无住所非居民个人工资、薪金收入额的计算。除高管人员外，非居民个人取得工资、薪金所得，当月工资、薪金收入额分别按照以下两种情形计算：

①非居民个人境内居住时间累计不超过90天的情形。在一个纳税年度内，在境内累计居住不超过90天的非居民个人，仅就归属于境内工作期间并由境内雇主支付或者负担的工资、薪金所得计算缴纳个人所得税。当月工资、薪金收入额的计算公式如下：

$$\begin{aligned}\text{当月工资、薪金收入额} = &\text{当月境内外工资薪金总额} \times \left(\frac{\text{当月境内支付工资、薪金数额}}{\text{当月境内外工资、薪金总额}} \right) \times \\ &\left(\frac{\text{当月工资、薪金所属工作期间境内工作天数}}{\text{当月工资、薪金所属工作期间公历天数}} \right)\end{aligned}$$

境内雇主包括雇佣员工的境内单位和个人以及境外单位或者个人在境内的机构、场所。凡境内雇主采取核定征收所得税或者无营业收入未征收所得税的，无住所个人为其工作取得工资、薪金所得，不论是否在该境内雇主会计账簿中记载，均视为由该境内雇主支付或者负担。

工资、薪金所属工作期间的公历天数，是指无住所个人取得工资、薪金所属工作期间按公历计算的天数。

当月境内外工资、薪金包含归属于不同期间的多笔工资、薪金的，先分别按照规定计算不同归属期间工资、薪金收入额，然后再加总计算当月工资、薪金收入额。

②非居民个人境内居住时间累计超过90天不满183天的情形。在一个纳税年度内，在境内累计居住超过90天但不满183天的非居民个人，取得归属于境内工作期间的工资、薪金所得（包括境内支付和境外支付），均应计算缴纳个人所得税；其取得归属于境外工作期间的工资、薪金所得，不征收个人所得税。当月工资、薪金收入额的计算公式如下：

$$\text{当月工资、薪金收入额} = \text{当月境内外工资、薪金总额} \times \left(\frac{\text{当月工资、薪金所属工作期间境内工作天数}}{\text{当月工资、薪金所属工作期间公历天数}} \right)$$

（2）无住所非居民个人应纳税额计算，按照以下规定执行：

①非居民个人当月取得工资、薪金所得，以按照上述规定计算的当月收入额，减去税法规定的减除费用后的余额，为应纳税所得额，适用月度税率表（非居民个人"四项所得"月度税率表）计算应纳税额。

②非居民个人一个月内取得数月奖金，单独按照上述规定计算当月收入额，不与当月其他工资、薪金合并，按6个月分摊计税，不减除费用，适用月度税率表（非居民个人"四项所得"月度税率表）计算应纳税额。在一个公历年度内，对每一个非居民个人，该计税办法只允许适用一次。计算公式如下：

$$\text{当月数月奖金应纳税额} = [(\text{数月奖金收入额} \div 6) \times \text{适用税率} - \text{速算扣除数}] \times 6$$

③非居民个人一个月内取得股权激励所得，单独按照上述规定计算当月收入额，不与当月其他工资、薪金合并，按6个月分摊计税（一个公历年度内的股权激励所得应合并计算），不减除费用，适用月度税率表（非居民个人"四项所得"月度税率表）计算应纳税额。计算公式如下：

$$\text{当月股权激励所得应纳税额} = \left[(\text{本公历年度内股权激励所得合计额} \div 6) \times \text{适用税率} - \text{速算扣除数} \right] \times 6 - \text{本公历年度内股权激励所得已纳税额}$$

按照个人所得税法规定，非居民个人取得工资、薪金所得，按月计算缴纳个人所得税。如果将其取得的数月奖金或股权激励作为一个月的工资、薪金收入计税，会存在税负畸高的问题。从公平合理角度出发，允许其数月奖金和股权激励在一定期间内分摊且单独计税。考虑到非居民个人在一个年度内境内累计停留时间不超过

183天，即最长约为6个月，因此，对非居民个人取得数月奖金或股权激励，允许在6个月内分摊计算税额。

【例7-18】迈克先生（系无住所个人）2020年在中国境内居住天数不满90天。2020年1月份，迈克先生取得境内支付的股权激励所得40万元，其中归属于境内工作期间的所得为12万元；2020年5月份，迈克先生取得境内支付的股权激励所得70万元，其中归属于境内工作期间的所得为18万元。请计算迈克先生在境内股权激励所得应纳的个人所得税税额。假如不考虑税收协定因素。

解：

2020年1月份：月应纳税所得额=120 000÷6=20 000（元）

对照月度税率表（见表7-2），处于第3级距，税率为20%，速算扣除数为1 410元。

应纳税额=（20 000×20%-1 410）×6=15 540（元）

2020年5月份：月应纳税所得额=（120 000+180 000）÷6=50 000（元）

对照月度税率表（见表7-2），处于第5级距，税率为30%，速算扣除数为4 410元。

累计应纳税额=（50 000×30%-4 410）×6=63 540（元）

应补税额=63 540-15 540=48 000（元）

④非居民个人取得来源于境内的劳务报酬所得、稿酬所得、特许权使用费所得，以税法规定的每次收入额为应纳税所得额，适用月度税率表（非居民个人"四项所得"月度税率表）计算应纳税额。

3.无住所居民个人工资、薪金收入额和应纳税额的计算

（1）无住所居民个人工资、薪金收入额的计算。在一个纳税年度内，在境内累计居住满183天的无住所居民个人取得工资、薪金所得，当月工资、薪金收入额按照以下规定计算：

①无住所居民个人在境内居住累计满183天的年度连续不满6年的情形。在境内居住累计满183天的年度连续不满6年的无住所居民个人，符合《个人所得税法实施条例》第4条规定优惠条件的，其取得的全部工资、薪金所得，除归属于境外工作期间且由境外单位或者个人支付的工资、薪金所得部分外，均应计算缴纳个人所得税。工资、薪金所得收入额的计算公式如下：

$$\text{当月工资、薪金收入额} = \text{当月境内外工资、薪金总额} \times \left[1 - \left(\frac{\text{当月境外支付工资、薪金数额}}{\text{当月境内外工资、薪金总额}} \div \frac{\text{当月工资、薪金所属工作期间境外工作天数}}{\text{当月工资、薪金所属工作期间公历天数}} \right) \right]$$

从公式可以看出，上述居民个人取得的由境外支付的境外所得，不计入在境内应计税的工资、薪金收入额，免予缴税；全部境内所得（包括境内支付和境外支

付）和境内支付的境外所得，计入在境内应计税的工资、薪金收入额。

②无住所居民个人在境内居住累计满183天的年度连续满6年的情形。在境内居住累计满183天的年度连续满6年后，不符合《个人所得税法实施条例》第4条规定优惠条件的无住所居民个人，其从境内、境外取得的全部工资、薪金所得均应计算缴纳个人所得税。该居民个人从境内、境外取得的全部工资、薪金所得，均计入在境内应计税的工资、薪金收入额。

值得注意的是，在中国境内居住累计满183天的任一年度中有一次离境超过30天的，其在中国境内居住累计满183天的年度的连续年限重新起算。

（2）无住所居民个人应纳税额的计算。无住所居民个人取得综合所得，年度终了后，按年计算个人所得税；有扣缴义务人的，由扣缴义务人按月或者按次预扣预缴税款；需要办理汇算清缴的，按照规定办理汇算清缴。年度综合所得应纳税额计算公式如下：

$$
\begin{aligned}
\text{年度综合所得应纳税额} = &\left(\text{年度工资、薪金收入额} + \text{年度劳务报酬收入额} + \text{年度稿酬收入额} + \text{年度特许权使用费收入额} - \text{基本减除费用} - \text{专项扣除}\right. \\
&\left. - \text{专项附加扣除} - \text{依法确定的其他扣除}\right) \times \text{适用税率} - \text{速算扣除数}
\end{aligned}
$$

无住所居民个人为外籍个人的，2024年1月1日前计算工资、薪金收入额时，已经按规定减除住房补贴、子女教育费、语言训练费等八项津补贴的，不能同时享受专项附加扣除。

年度工资薪金、劳务报酬、稿酬、特许权使用费收入额分别按年度内每月工资、薪金以及每次劳务报酬、稿酬、特许权使用费收入额合计数额计算。

对于无住所居民个人取得的全年一次性奖金或股权激励所得，其应纳税额的计算办法与有住所居民个人的税额计算办法相同。

4.高管人员工资薪金收入额和应纳税额的计算

（1）高管人员工资薪金收入额的计算。无住所高管人员为居民个人的，其工资、薪金收入额，按照上述"无住所居民个人工资、薪金收入额的计算"办法确定。

无住所高管人员为非居民个人的，按照以下规定处理：

①高管人员在境内居住时间累计不超过90天的情形。在一个纳税年度内，在境内累计居住不超过90天的高管人员，其取得由境内雇主支付或者负担的工资、薪金所得应当计算缴纳个人所得税；不是由境内雇主支付或者负担的工资、薪金所得，不缴纳个人所得税。当月工资、薪金收入额为当月境内支付或者负担的工资、薪金收入额。

②高管人员在境内居住时间累计超过90天不满183天的情形。在一个纳税年度内，在境内居住累计超过90天但不满183天的高管人员，其取得的工资、薪金所

得，除归属于境外工作期间且不是由境内雇主支付或者负担的部分外，应当计算缴纳个人所得税。当月工资、薪金收入额计算公式如下：

$$当月工资、薪金收入额 = 当月境内外工资、薪金总额 \times \left[1 - \left(\frac{当月境外支付工资、薪金数额}{当月境内外工资、薪金总额}\right) \times \left(\frac{当月工资、薪金所属工作期间境外工作天数}{当月工资、薪金所属工作期间公历天数}\right)\right]$$

（2）高管人员应纳税额计算。对于高管人员，根据其居民个人或者非居民个人身份计算应纳税额。

5.无住所个人适用税收协定问题

按照我国政府签订的避免双重征税协定和内地与香港、澳门签订的避免双重征税安排（简称税收协定）居民条款规定为缔约对方税收居民的个人（简称对方税收居民个人），可以按照税收协定及财政部、税务总局有关规定享受税收协定待遇，也可以选择不享受税收协定待遇计算纳税。除税收协定及财政部、税务总局另有规定外，无住所个人适用税收协定的，按照以下规定执行：

（1）无住所个人适用受雇所得条款的规定：

①无住所个人享受境外受雇所得协定待遇。境外受雇所得协定待遇，是指按照税收协定受雇所得条款规定，对方税收居民个人在境外从事受雇活动取得的受雇所得，可不缴纳个人所得税。

无住所个人为对方税收居民个人，其取得的工资、薪金所得可享受境外受雇所得协定待遇的，可不缴纳个人所得税。工资、薪金收入额计算公式如下：

$$当月工资、薪金收入额 = 当月境内外工资、薪金总额 \times \left(\frac{当月工资、薪金所属工作期间境内工作天数}{当月工资、薪金所属工作期间公历天数}\right)$$

无住所居民个人为对方税收居民个人的，可在预扣预缴和汇算清缴时按上述规定享受协定待遇；非居民个人为对方税收居民个人的，可在取得所得时按上述规定享受协定待遇。

②无住所个人享受境内受雇所得协定待遇。境内受雇所得协定待遇，是指按照税收协定受雇所得条款规定，在税收协定规定的期间内境内停留天数不超过183天的对方税收居民个人，在境内从事受雇活动取得受雇所得，不是由境内居民雇主支付或者代其支付的，也不是由雇主在境内常设机构负担的，可不缴纳个人所得税。

无住所个人为对方税收居民个人，其取得的工资、薪金所得可享受境内受雇所得协定待遇的，可不缴纳个人所得税。工资、薪金收入额计算公式如下：

$$当月工资、薪金收入额 = 当月境内外工资、薪金总额 \times \left(\frac{当月境内支付工资、薪金数额}{当月境内外工资、薪金总额}\right) \times \left(\frac{当月工资、薪金所属工作期间境内工作天数}{当月工资、薪金所属工作期间公历天数}\right)$$

　　无住所居民个人为对方税收居民个人的，可在预扣预缴和汇算清缴时按上述规定享受协定待遇；非居民个人为对方税收居民个人的，可在取得所得时按上述规定享受协定待遇。

　　（2）无住所个人适用独立个人劳务或者营业利润条款的规定。独立个人劳务或者营业利润协定待遇，是指按照税收协定独立个人劳务或者营业利润条款规定，对方税收居民个人取得的独立个人劳务所得或者营业利润符合税收协定规定条件的，可不缴纳个人所得税。

　　无住所居民个人为对方税收居民个人，其取得的劳务报酬所得、稿酬所得可享受独立个人劳务或者营业利润协定待遇的，在预扣预缴和汇算清缴时，可不缴纳个人所得税。

　　非居民个人为对方税收居民个人，其取得的劳务报酬所得、稿酬所得可享受独立个人劳务或者营业利润协定待遇的，在取得所得时可不缴纳个人所得税。

　　（3）无住所个人适用董事费条款的规定。对方税收居民个人为高管人员，该个人适用的税收协定未纳入董事费条款，或者虽然纳入董事费条款但该个人不适用董事费条款，且该个人取得的高管人员报酬可享受税收协定受雇所得、独立个人劳务或者营业利润条款规定待遇的，该个人取得的高管人员报酬可不适用上述"高管人员应纳税额的计算"的相关规定，分别按照上述"无住所个人适用受雇所得条款的规定""无住所个人适用独立个人劳务或者营业利润条款的规定"执行。

　　对方税收居民个人为高管人员，该个人取得的高管人员报酬按照税收协定董事费条款规定可以在境内征收个人所得税的，按照有关工资、薪金所得或者劳务报酬所得规定缴纳个人所得税。

　　（4）无住所个人适用特许权使用费或者技术服务费条款的规定。特许权使用费或者技术服务费协定待遇，是指按照税收协定特许权使用费或者技术服务费条款规定，对方税收居民个人取得符合规定的特许权使用费或者技术服务费，可按照税收协定规定的计税所得额和征税比例计算纳税。

　　无住所居民个人为对方税收居民个人，其取得的特许权使用费所得、稿酬所得或者劳务报酬所得可享受特许权使用费或者技术服务费协定待遇的，可不纳入综合所得，在取得当月按照税收协定规定的计税所得额和征税比例计算应纳税额，并预扣预缴税款。年度汇算清缴时，该个人取得的已享受特许权使用费或者技术服务费协定待遇的所得不纳入年度综合所得，单独按照税收协定规定的计税所得额和征税比例计算年度应纳税额及补退税额。

知识拓展7-5
无住所个人税收征管问题

　　非居民个人为对方税收居民个人，其取得的特许权使用费所得、稿酬所得或者劳务报酬所得可享受特许权使用费或者技术服务费协定待遇的，可按照税收协定规定的计税所得额和征税比例计算应纳税额。

第六节　税收抵免

一、基本规定

为避免对同一所得双重征税，居民个人从中国境外取得的所得，可以从其应纳税额中抵免已在境外缴纳的个人所得税税额，但抵免额不得超过该纳税人境外所得依照税法规定计算的应纳税额。

居民个人从中国境内和境外取得的综合所得、经营所得，应当分别合并计算应纳税额；从中国境内和境外取得的其他所得，应当分别单独计算应纳税额。

境外所得已在境外缴纳的个人所得税税额，是指居民个人来源于中国境外的所得，依照该所得来源国家（地区）的法律应当缴纳并且实际已经缴纳的所得税税额。

境外所得依照税法规定计算的应纳税额，是居民个人抵免已在境外缴纳的综合所得、经营所得以及其他所得的所得税税额的限额（以下简称抵免限额）。除国务院财政、税务主管部门另有规定外，来源于中国境外一个国家（地区）的综合所得抵免限额、经营所得抵免限额以及其他所得抵免限额之和，为来源于该国家（地区）所得的抵免限额。

居民个人在中国境外一个国家（地区）实际已经缴纳的个人所得税税额，低于依照上述规定计算出的来源于该国家（地区）所得的抵免限额的，应当在中国缴纳差额部分的税款；超过来源于该国家（地区）所得的抵免限额的，其超过部分不得在本纳税年度的应纳税额中抵免，但是可以在以后纳税年度来源于该国家（地区）所得的抵免限额的余额中补扣。补扣期限最长不得超过5年。

居民个人申请抵免已在境外缴纳的个人所得税税额，应当提供境外税务机关出具的税款所属年度的有关纳税凭证。

二、具体规定

（一）境外所得与可抵免税额

1.来源于中国境外的所得

下列所得，为来源于中国境外的所得：

（1）因任职、受雇、履约等在中国境外提供劳务取得的所得。

（2）中国境外企业以及其他组织支付且负担的稿酬所得。

（3）许可各种特许权在中国境外使用而取得的所得。

（4）在中国境外从事生产、经营活动而取得的与生产、经营活动相关的所得。

（5）从中国境外企业、其他组织以及非居民个人取得的利息、股息、红利所得。

（6）将财产出租给承租人在中国境外使用而取得的所得。

（7）转让中国境外的不动产、转让对中国境外企业以及其他组织投资形成的股票、股权以及其他权益性资产（简称权益性资产）或者在中国境外转让其他财产取得的所得。但转让对中国境外企业以及其他组织投资形成的权益性资产，该权益性资产被转让前3年（连续36个公历月份）内的任一时间，被投资企业或其他组织的资产公允价值50%以上直接或间接来自位于中国境内的不动产的，取得的所得为来源于中国境内的所得。

（8）中国境外企业、其他组织以及非居民个人支付且负担的偶然所得。

（9）财政部、税务总局另有规定的，按照相关规定执行。

2.可抵免的境外所得税额

可抵免的境外所得税额，是指居民个人取得境外所得，依照该所得来源国（地区）税收法律应当缴纳且实际已经缴纳的所得税性质的税额。

但是，可抵免的境外所得税额不包括以下情形：

（1）按照境外所得税法律属于错缴或错征的境外所得税税额；

（2）按照我国政府签订的避免双重征税协定以及内地与香港、澳门签订的避免双重征税安排（以下统称税收协定）规定不应征收的境外所得税税额；

（3）因少缴或迟缴境外所得税而追加的利息、滞纳金或罚款；

（4）境外所得税纳税人或者其利害关系人从境外征税主体得到实际返还或补偿的境外所得税税款；

（5）按照我国个人所得税法及其实施条例规定，已经免税的境外所得负担的境外所得税税款。

值得注意的是，居民个人从与我国签订税收协定的国家（地区）取得的所得，按照该国（地区）税收法律享受免税或减税待遇，且该免税或减税的数额按照税收协定饶让条款规定应视同已缴税额在中国的应纳税额中抵免的，该免税或减税数额可作为居民个人实际缴纳的境外所得税税额按规定申报税收抵免。

（二）应纳税额、抵免限额与税额抵免

1.当期境内和境外所得应纳税额的计算

（1）居民个人来源于中国境外的综合所得，应当与境内综合所得合并计算应纳税额。

（2）居民个人来源于中国境外的经营所得，应当与境内经营所得合并计算应纳税额。居民个人来源于境外的经营所得，按照个人所得税法及其实施条例的有关规定计算的亏损，不得抵减其境内或他国（地区）的应纳税所得额，但可以用来源于同一国家（地区）以后年度的经营所得按中国税法规定弥补。

（3）居民个人来源于中国境外的利息、股息、红利所得，财产租赁所得，财产转让所得和偶然所得（简称其他分类所得），不与境内所得合并，应当分别单独计算应纳税额。

2.抵免限额的计算

居民个人在一个纳税年度内来源于中国境外的所得，依照所得来源国家（地区）税收法律规定在中国境外已缴纳的所得税税额，允许在抵免限额内从其该纳税年度应纳税额中抵免。

居民个人来源于一国（地区）的综合所得、经营所得以及其他分类所得项目的应纳税额为其抵免限额，按照下列公式计算：

（1）来源于一国(地区)综合所得的抵免限额 = 中国境内和境外综合所得依照规定计算的综合所得应纳税额 × 来源于该国(地区)的综合所得收入额 ÷ 中国境内和境外综合所得收入额合计

（2）来源于一国(地区)经营所得的抵免限额 = 中国境内和境外经营所得依照规定计算的经营所得应纳税额 × 来源于该国(地区)的经营所得应纳税所得额 ÷ 中国境内和境外经营所得应纳税所得额合计

（3）来源于一国(地区)其他分类所得的抵免限额 = 该国(地区)的其他分类所得依照规定计算的应纳税额

（4）来源于一国(地区)所得的抵免限额 = 来源于该国(地区)综合所得抵免限额 + 来源于该国(地区)经营所得抵免限额 + 来源于该国(地区)其他分类所得抵免限额

3.税额抵免

居民个人一个纳税年度内来源于一国（地区）的所得实际已经缴纳的所得税税额，低于依照规定计算出的来源于该国（地区）该纳税年度所得的抵免限额的，应以实际缴纳税额作为抵免额进行抵免；超过来源于该国（地区）该纳税年度所得的抵免限额的，应在限额内进行抵免，超过部分可以在以后5个纳税年度内结转抵免。

居民个人申报境外所得税收抵免时，除另有规定外，应当提供境外征税主体出具的税款所属年度的完税证明、税收缴款书或者纳税记录等纳税凭证，未提供符合要求的纳税凭证，不予抵免。

居民个人已申报境外所得、未进行税收抵免，在以后纳税年度取得纳税凭证并申报境外所得税收抵免的，可以追溯至该境外所得所属纳税年度进行抵免，但追溯年度不得超过5年。自取得该项境外所得的5个年度内，境外征税主体出具的税款所属纳税年度纳税凭证载明的实际缴纳税额发生变化的，按实际缴纳税额重新计算并办理补退税，不加收税收滞纳金，不退还利息。

纳税人确实无法提供纳税凭证的，可同时凭境外所得纳税申报表（或者境外征税主体确认的缴税通知书）以及对应的银行缴款凭证办理境外所得抵免事宜。

三、计算举例

【例7-19】王先生（居民个人）2021年度境外收入情况：在A国，税前稿酬为20 000元，税前利息收入为3 000元；已在A国缴纳所得税共计1 500元；在B国，税前股息红利为80 000元，已在B国缴纳所得税14 800元。王先生2021年度在中国境内的工资、薪金收入为240 000元，劳务报酬收入为120 000元；享受专项扣除39 600元，专项附加扣除36 000元。

解：

（1）从A国取得所得的税额抵免：

①依照税法规定计算从A国取得稿酬所得的应纳税额：

综合所得的境内收入额240 000+120 000×（1-20%）=336 000（元）

境外稿酬所得的收入额=20 000×（1-20%）×70%=11 200（元）

综合所得的收入额=336 000+11 200=347 200（元）

综合所得应纳税所得额=347 200-60 000-39 600-36 000=211 600（元）

对照"综合所得"年度税率表（见表7-1），处于第3级距，税率为20%，速算扣除数为16 920元。

综合所得应纳税额=211 600×20%-16 920=25 400（元）

境外稿酬所得的抵免限额=25 400×（11 200÷347 200）=819.35（元）

②依照税法规定计算从A国取得利息收入的应纳税额：

应纳税额=3 000×20%=600（元）

③两项所得依照税法规定计算的应纳税额=819.35+600=1 419.35（元）

即：从A国取得所得的抵免限额为1 419.35元。

因在A国缴纳的税额1 500元超过抵免限额1 419.35元，故来源于A国的所得不需要缴税，超过的80.65元（1 500-1 419.35），可在以后纳税年度来源于A国所得的抵免限额的余额中补扣，补扣期限最长不得超过5年。

（2）从B国取得所得的税额抵免：

依照税法规定计算从B国取得股息红利的应纳税额=80 000×20%=16 000（元）

即：从B国取得所得的抵免限额为16 000元。

因在B国缴纳的税额14 800元低于抵免限额16 000元，故来源于B国的所得应在中国缴纳差额部分的税款。

应纳税款=16 000-14 800=1 200（元）

第七节　税款缴纳

个人所得税的申报缴纳方式有两种：全员全额扣缴申报和自行纳税申报。

一、全员全额扣缴申报

个人所得税以所得人为纳税人，以支付所得的单位或者个人为扣缴义务人。扣缴义务人向个人支付应税款项时，依照税法规定预扣预缴或者代扣税款。支付，包括现金支付、汇拨支付、转账支付和以有价证券、实物以及其他形式支付。

扣缴义务人按照规定办理全员全额扣缴申报，并向纳税人提供其个人所得和已扣缴税款等信息。全员全额扣缴申报，是指扣缴义务人在代扣税款的次月15日内，向主管税务机关报送其支付所得的所有个人的有关信息、支付所得数额、扣除事项和数额、扣缴税款的具体数额和总额以及其他相关涉税信息资料。扣缴义务人每月或者每次预扣、代扣的税款，在次月15日内缴入国库，并向税务机关报送"个人所得税扣缴申报表"。

实行全员全额扣缴申报的应税所得包括：工资、薪金所得；劳务报酬所得；稿酬所得；特许权使用费所得；利息、股息、红利所得；财产租赁所得；财产转让所得；偶然所得。

扣缴义务人首次向纳税人支付所得时，按照纳税人提供的纳税人识别号等基础信息，填写"个人所得税基础信息表"，并于次月扣缴申报时向税务机关报送。纳税人有中国公民身份号码的，以中国公民身份号码为纳税人识别号；纳税人没有中国公民身份号码的，由税务机关赋予其纳税人识别号。扣缴义务人扣缴税款时，纳税人向扣缴义务人提供纳税人识别号。

（一）居民个人综合所得的税款预扣预缴申报

1.居民个人工资、薪金所得的税款预扣预缴申报

扣缴义务人向居民个人支付工资、薪金所得时，按照"累计预扣法"计算预扣税款，并按月办理扣缴申报。

居民个人取得工资、薪金所得时，向扣缴义务人提供专项附加扣除有关信息，由扣缴义务人扣缴税款时减除专项附加扣除。纳税人同时从两处以上取得工资、薪金所得，并由扣缴义务人减除专项附加扣除的，对同一专项附加扣除项目，在一个纳税年度内只能选择从一处取得的所得中减除。居民个人向扣缴义务人提供专项附加扣除信息的，扣缴义务人按月预扣预缴税款时，按照规定予以扣除，不得拒绝。

纳税人对所提交信息的真实性、准确性、完整性负责。专项附加扣除信息发生

变化的，及时向扣缴义务人或者税务机关提供相关信息。扣缴义务人发现纳税人提供的信息与实际情况不符的，可以要求纳税人修改。纳税人拒绝修改的，扣缴义务人报告税务机关，税务机关及时处理。专项附加扣除相关信息，包括纳税人本人、配偶、子女、被赡养人等个人身份信息，以及国务院税务主管部门规定的其他与专项附加扣除相关的信息。纳税人需要留存备查的相关资料应当留存 5 年。纳税人、扣缴义务人按照规定保存与专项附加扣除相关的资料。税务机关可以对纳税人提供的专项附加扣除信息进行抽查。税务机关发现纳税人提供虚假信息的，责令改正并通知扣缴义务人；情节严重的，由有关部门依法予以处理，纳入信用信息系统并实施联合惩戒。

公安、人民银行、金融监督管理等相关部门应当协助税务机关确认纳税人的身份、金融账户信息。教育、卫生、医疗保障、民政、人力资源社会保障、住房和城乡建设、公安、人民银行、金融监督管理等相关部门应当向税务机关提供纳税人子女教育、继续教育、大病医疗、住房贷款利息、住房租金、赡养老人等专项附加扣除信息。

个人转让不动产的，税务机关根据不动产登记等相关信息核验应缴的个人所得税，登记机构办理转移登记时，查验与该不动产转让相关的个人所得税的完税凭证。个人转让股权办理变更登记的，市场主体登记机关查验与该股权交易相关的个人所得税的完税凭证。

有关部门和单位有责任和义务向税务部门提供或者协助核实以下与专项附加扣除有关的信息：

（1）公安部门有关户籍人口基本信息、户成员关系信息、出入境证件信息、相关出国人员信息、户籍人口死亡标识等信息；

（2）卫生健康部门有关出生医学证明信息、独生子女信息；

（3）民政部门、外交部门、法院有关婚姻状况信息；

（4）教育部门有关学生学籍信息（包括学历继续教育学生学籍、考籍信息）、在相关部门备案的境外教育机构资质信息；

（5）人力资源社会保障等部门有关技工院校学生学籍信息、技能人员职业资格继续教育信息、专业技术人员职业资格继续教育信息；

（6）住房和城乡建设部门有关房屋（含公租房）租赁信息、住房公积金管理机构有关住房公积金贷款还款支出信息；

（7）自然资源部门有关不动产登记信息；

（8）人民银行、金融监督管理部门有关住房商业贷款还款支出信息；

（9）医疗保障部门有关在医疗保障信息系统记录的个人负担的医药费用信息；

（10）国务院税务主管部门确定需要提供的其他涉税信息。

有关部门和单位拥有专项附加扣除涉税信息，但未按规定要求向税务部门提供的，拥有涉税信息的部门或者单位的主要负责人及相关人员承担相应责任。

税务机关核查专项附加扣除情况时，纳税人任职受雇单位所在地、经常居住地、户籍所在地的公安派出所、居民委员会或者村民委员会等有关单位和个人应当协助核查。

2.居民个人其他综合所得的税款预扣预缴申报

扣缴义务人向居民个人支付劳务报酬所得、特许权使用费所得、稿酬所得时，按次或者按月预扣预缴个人所得税。

居民个人取得劳务报酬所得、稿酬所得、特许权使用费所得，在汇算清缴时向税务机关提供有关信息，减除专项附加扣除。

居民个人办理年度综合所得汇算清缴时，依法计算劳务报酬所得、稿酬所得、特许权使用费所得的收入额，并入年度综合所得计算应纳税款，税款多退少补。

（二）非居民个人"四项所得"的税款扣缴申报

非居民个人取得工资薪金所得、劳务报酬所得、稿酬所得和特许权使用费所得，有扣缴义务人的，由扣缴义务人按月或者按次代扣代缴个人所得税，不办理汇算清缴。

非居民个人在一个纳税年度内税款扣缴方法保持不变，达到居民个人条件时，应当告知扣缴义务人基础信息变化情况，年度终了后按照居民个人有关规定办理汇算清缴。

（三）其他各类所得的税款扣缴申报

纳税人取得利息、股息、红利所得，财产租赁所得，财产转让所得和偶然所得，按月或者按次计算个人所得税；有扣缴义务人的，由扣缴义务人按月或者按次代扣代缴税款。

（四）其他规定

1.税收协定待遇

纳税人需要享受税收协定待遇的，应在取得应税所得时，主动向扣缴义务人提出，并提交相关信息、资料。扣缴义务人代扣代缴税款时，按照享受税收协定待遇有关办法办理。

2.扣缴税款信息提供

支付工资、薪金所得的扣缴义务人于年度终了后2个月内，向纳税人提供其个人所得和已扣缴税款等信息。纳税人年度中间需要提供上述信息的，扣缴义务人应当提供。

纳税人取得除工资、薪金所得以外的其他所得，扣缴义务人在扣缴税款后，及时向纳税人提供其个人所得和已扣缴税款等信息。

3.信息资料保存与保密

扣缴义务人对纳税人提供的"个人所得税专项附加扣除信息表"，按照规定妥善保存备查，并依法对纳税人报送的专项附加扣除等相关涉税信息和资料保密。

4.扣缴手续费

对扣缴义务人按照规定扣缴的税款，按年付给2%的手续费，但不包括税务机关、司法机关等查补或者责令补扣的税款。扣缴义务人领取的扣缴手续费，可用于提升办税能力、奖励办税人员。

5.相关责任

扣缴义务人依法履行代扣代缴义务，纳税人不得拒绝。纳税人拒绝的，扣缴义务人及时报告税务机关。扣缴义务人有未按照规定向税务机关报送资料和信息、未按照纳税人提供信息虚报虚扣专项附加扣除、应扣未扣税款、不缴或少缴已扣税款、借用或冒用他人身份等行为的，依照《税收征收管理法》等相关法律、行政法规处理。

二、自行纳税申报

（一）基本规定

税法规定，有下列情形之一的，纳税人应当依法办理纳税申报：

（1）取得综合所得需要办理汇算清缴；

（2）取得应税所得没有扣缴义务人；

（3）取得应税所得，扣缴义务人未扣缴税款；

（4）取得境外所得；

（5）因移居境外注销中国户籍；

（6）非居民个人在中国境内从两处以上取得工资、薪金所得；

（7）国务院规定的其他情形。

（二）具体规定

1.取得综合所得需要办理汇算清缴的纳税申报

取得综合所得且符合下列情形之一的纳税人，应当依法办理汇算清缴：

（1）从两处以上取得综合所得，且综合所得年收入额减除专项扣除的余额超过6万元；

（2）取得劳务报酬所得、稿酬所得、特许权使用费所得中一项或者多项所得，且综合所得年收入额减除专项扣除的余额超过6万元；

（3）纳税年度内预缴税额低于应纳税额；

（4）纳税人申请退税。

需要办理汇算清缴的纳税人，在取得所得的次年3月1日至6月30日内，向任职、受雇单位所在地主管税务机关办理纳税申报。纳税人有两处以上任职、受雇单位的，选择向其中一处任职、受雇单位所在地主管税务机关办理纳税申报；纳税人没有任职、受雇单位的，向户籍所在地或经常居住地主管税务机关办理纳税申报。

纳税人可以自行办理汇算清缴，也可以委托扣缴义务人或者其他单位和个人办理汇算清缴。纳税人办理汇算清缴时，应当准备与收入、专项扣除、专项附加扣除、依法确定的其他扣除、捐赠、享受税收优惠等相关的资料，并按规定留存备查或报送。

具体操作时，按照国家税务总局的相关规定执行。比如，2021年度，居民个人取得的综合所得，已依法预缴个人所得税且符合下列情形之一的，无需办理年度汇算：年度汇算需补税但综合所得收入全年不超过12万元的；年度汇算需补税金额不超过400元的；已预缴税额与年度汇算应纳税额一致的；符合年度汇算退税条件但不申请退税的。符合下列情形之一的，需办理汇算：已预缴税额大于年度汇算应纳税额且申请退税的；纳税年度内取得的综合所得收入超过12万元且需要补税金额超过400元的。因适用所得项目错误或者扣缴义务人未依法履行扣缴义务，造成纳税年度内少申报或者未申报综合所得的，纳税人应当依法据实办理年度汇算。

2.取得经营所得的纳税申报

纳税人取得经营所得，按年计算个人所得税，由纳税人在月度或季度终了后15日内，向经营管理所在地主管税务机关办理预缴纳税申报。在取得所得的次年3月31日前，向经营管理所在地主管税务机关办理汇算清缴；从两处以上取得经营所得的，选择向其中一处经营管理所在地主管税务机关办理年度汇总申报。

3.扣缴义务人未扣缴税款的纳税申报

纳税人取得应税所得，扣缴义务人未扣缴税款的，区别以下情形办理纳税申报：

（1）居民个人取得综合所得，扣缴义务人未扣缴税款的，按照"取得综合所得需要办理汇算清缴的纳税申报"办理。

（2）非居民个人取得工资薪金所得、劳务报酬所得、稿酬所得、特许权使用费所得，扣缴义务人未扣缴税款的，在取得所得的次年6月30日前，向扣缴义务人所在地主管税务机关办理纳税申报。有两个以上扣缴义务人均未扣缴税款的，选择向其中一处扣缴义务人所在地主管税务机关办理纳税申报。

非居民个人在次年6月30日前离境（临时离境除外）的，在离境前办理纳税申报。

（3）纳税人取得利息、股息、红利所得，财产租赁所得，财产转让所得和偶然所得，扣缴义务人未扣缴税款的，在取得所得的次年6月30日前，按相关规定向主管税务机关办理纳税申报。

税务机关通知限期缴纳的，纳税人应当按照期限缴纳税款。

4.取得境外所得的纳税申报

居民个人从中国境外取得所得的，在取得所得的次年3月1日至6月30日内，向中国境内任职、受雇单位所在地主管税务机关办理纳税申报；在中国境内没有任职、受雇单位的，向户籍所在地或中国境内经常居住地主管税务机关办理纳税申报；户籍所在地与中国境内经常居住地不一致的，选择其中一地主管税务机关办理纳税申报；在中国境内没有户籍的，向中国境内经常居住地主管税务机关办理纳税申报。

5.因移居境外注销中国户籍的纳税申报

纳税人因移居境外注销中国户籍的，在申请注销中国户籍前，向户籍所在地主管税务机关办理纳税申报，进行税款清算。

（1）纳税人在注销户籍年度取得综合所得的，在注销户籍前，办理当年综合所得的汇算清缴。尚未办理上一年度综合所得汇算清缴的，在办理注销户籍纳税申报时一并办理。

（2）纳税人在注销户籍年度取得经营所得的，在注销户籍前，办理当年经营所得的汇算清缴。尚未办理上一年度经营所得汇算清缴的，在办理注销户籍纳税申报时一并办理。

（3）纳税人在注销户籍当年取得利息、股息、红利所得，财产租赁所得，财产转让所得和偶然所得的，在注销户籍前，申报当年上述所得的完税情况。

（4）纳税人有未缴或者少缴税款的，在注销户籍前，结清欠缴或未缴的税款。纳税人存在分期缴税且未缴纳完毕的，在注销户籍前，结清尚未缴纳的税款。

（5）纳税人办理注销户籍纳税申报时，需要办理专项附加扣除、依法确定的其他扣除的，向税务机关报送"个人所得税专项附加扣除信息表""商业健康保险税前扣除情况明细表""个人税收递延型商业养老保险税前扣除情况明细表"等。

6.非居民个人在中国境内从两处以上取得工资、薪金所得的纳税申报

非居民个人在中国境内从两处以上取得工资、薪金所得的，在取得所得的次月15日内，向其中一处任职、受雇单位所在地主管税务机关办理纳税申报。

纳税人自行申报，可以采用远程办税端、邮寄等方式申报，也可以直接到主管税务机关申报。

☐ 复习思考题

一、概念

个人所得税　选择性所得税　包罗性所得税　分类所得税　综合所得税　分类综合所得税　交叉式分类综合所得税　并立式分类综合所得税　居民个人　非居民个人　所得来源地　综合所得　累计预扣法　全员全额扣缴申报

二、问题

1.个人所得税有什么特殊作用?

2.如何判定居民个人与非居民个人?各自负有何种纳税义务?

3.专项扣除、专项附加扣除和依法确定的其他扣除,各包括哪些项目?

4.对居民个人的综合所得,如何预扣预缴个人所得税?

5.对非居民个人的工资薪金所得、劳务报酬所得、稿酬所得、特许权使用费所得,如何计算征收个人所得税?

6.对个人的财产租赁所得、财产转让所得、利息股息红利所得、偶然所得,如何计算征收个人所得税?

7.对劳务报酬所得、稿酬所得、特许权使用费所得、财产租赁所得、利息股息红利所得、偶然所得,如何确认其"收入次数"?

8.个人所得税申报缴纳方式包括哪些?各适用哪些情形?

9.取得综合所得,需要办理汇算清缴的情形包括哪些?

第四篇　财产课税

第八章

城 镇 土 地 使 用 税

主要内容
- 城镇土地使用税的基本制度
- 城镇土地使用税的税收优惠
- 城镇土地使用税的计算与缴纳

第一节　税种设置

城镇土地使用税是对城镇土地向其使用者征收的一种税。

城镇土地使用税的特殊作用在于：（1）在经济上实现国家对于城镇土地的所有权；（2）有利于有效利用城镇土地；（3）有利于平衡不同等级城镇土地使用者之间的税收负担。

中国现行城镇土地使用税是在城市房地产税的基础上通过对房产与地产分别征税而建立起来的。中华人民共和国成立后，1950年1月，中央人民政府政务院颁布的《全国税政实施要则》中，曾规定全国统一征收地产税，同年6月调整税收政策，将地产税和房产税合并为房地产税。政务院于1951年8月公布了《城市房地产税暂行条例》，并在全国范围内执行。1973年简并税制时，将对国内企业征收的房地产税合并到工商税中。1984年在改革工商税制的过程中，又将城市房地产税划分为土地使用税和房产税。1988年9月，国务院发布了《中华人民共和国城镇土地使用税暂行条例》（简称《城镇土地使用税暂行条例》），城镇土地使用税正式设立。随着经济的发展和对土地需求的不断增加，各地的土地价格不断攀升，而城镇土地使用税税额标准多年来一直未做调整。由于税额低，这一税种在组织财政收入和加强宏观调控方面未能发挥应有的作用，也限制了地方政府根据经济发展情况及时调整税额标准的空间。为此，对《城镇土地使用税暂行条例》进行了四次修订：根据2006年12月31日《国务院关于修改〈中华人民共和国城镇土地使用税暂行条例〉的决定》第一次修订，根据2011年1月8日《国务院关于废止和修改部分行政法规的决定》第二次修订，根据2013年12月7日《国务院关于修改部分行政法规的决定》第三次修订，根据2019年3月2日《国务院关于修改部分行政法规的决定》第四次修订。

第二节　征税对象、纳税人与纳税义务发生时间

一、征税对象

城镇土地使用税的征税对象是在城市、县城、建制镇和工矿区内使用的土地。其中，土地是指国家所有和集体所有的土地。城市、县城、建制镇和工矿区内使用的土地，是指在这些区域范围内使用的属于国家所有和集体所有的土地。城市是指经国务院批准设立的市，城市的征税范围为市区和郊区；县城是指县人民政府所在地，县城的征税范围为县人民政府所在的城镇；建制镇是指经省、自治区、直辖市人民政府批准设立的建制镇，建制镇的征税范围为镇人民政府所在地；工矿区是指工商业比较发达，人口比较集中，符合国务院规定的建制镇标准，但尚未设立镇建制的大中型工矿企业所在地，工矿区的征税范围为工矿区以内。

二、纳税人

（一）基本规定

城镇土地使用税的纳税人是在城市、县城、建制镇、工矿区范围内使用土地的单位和个人。这里所说的单位，是指国有企业、集体企业、私营企业、股份制企业、外商投资企业和外国企业、其他企业和事业单位、社会团体、国家机关、军队以及其他单位。这里所说的个人，包括个体工商户以及其他个人。

（二）具体规定

现实经济生活中，由于使用土地的情况十分复杂，因此，城镇土地使用税纳税人分别确定为：

1.拥有土地使用权的单位或个人为纳税人；

2.拥有土地使用权的纳税人不在土地所在地的，其土地的代管人或实际使用人为纳税人；

3.土地使用权未确定或权属纠纷未解决的，实际使用人为纳税人；

4.土地使用权共有的，共有各方分别为纳税人。

三、纳税义务发生时间

1.纳税人新征收的土地，属于耕地的，自批准征收之日起满1年时开始缴纳城镇土地使用税；属于非耕地的，自批准征收次月起缴纳城镇土地使用税。通过招标、拍卖、挂牌方式取得的建设用地，不属于新征收的耕地，从合同约定交付土地时间的次月起缴纳城镇土地使用税；合同未约定交付土地时间的，从合同签订的次月起缴纳城镇土地使用税。

2.以出让或转让方式有偿取得土地使用权，由受让方从合同约定交付土地时间的次月起缴纳城镇土地使用税；合同未约定交付土地时间的，由受让方从合同签订的次月起缴纳城镇土地使用税。

3.纳税人购置、出租、出借房屋用地，纳税义务发生时间按以下方法确定：

（1）购置新建商品房，自房屋交付使用之次月起计征城镇土地使用税；

（2）购置存量房，自办理房屋权属转移、变更登记手续，房地产权属登记机关签发房屋权属证书之次月起计征城镇土地使用税；

（3）出租、出借房产，自交付出租、出借房产之次月起计征城镇土地使用税。

4.纳税人因土地权利状态发生变化而依法终止城镇土地使用税纳税义务的，其应纳税款的计算应截止到土地的权利状态发生变化的当月末。

第三节　税基与税率

一、税基

城镇土地使用税的税基是纳税人实际使用的土地面积，计量单位为平方米。纳税人实际使用的土地面积，是指由省、自治区、直辖市人民政府确定的单位组织测定的土地面积。尚未组织测量，但纳税人持有政府部门核发的土地使用证书的，以证书确认的土地面积为准。尚未核发土地使用证书的，应由纳税人据实申报土地面积。

土地使用权共有的各方，应以各方实际使用的土地面积占总面积的比例为税基。

二、税率

我国幅员辽阔，不同城镇及同一城镇不同地段的土地级差收入差别很大，为了平衡不同城镇及同一城镇不同地段土地的税收负担，城镇土地使用税采用分类幅度定额税率，按大、中、小城市和县城、建制镇、工矿区分别规定每平方米土地年税额。具体规定为：

1.市区及郊区非农业人口总计在50万以上的大城市，每平方米土地年税额为1.5元至30元；

2.市区及郊区非农业人口总计在20万至50万的中等城市，每平方米土地年税额为1.2元至24元；

3.市区及郊区非农业人口总计在20万以下的小城市，每平方米土地年税额为0.9元至18元；

4.县城、建制镇、工矿区，每平方米土地年税额为0.6元至12元。

各省、自治区、直辖市人民政府根据市政建设情况和经济繁荣程度在规定税额幅度内，确定所辖地区的适用税额幅度。经济落后地区，城镇土地使用税的适用税额标准可适当降低，但降低额不得超过上述规定最低税额的30%。经济发达地区的适用税额标准可以适当提高，但须报财政部批准。

第四节　税收优惠

一、直接免税

《城镇土地使用税暂行条例》规定免缴土地使用税的项目包括：

1.国家机关、人民团体、军队自用的土地。国家机关、人民团体、军队自用的土地，是指这些单位本身的办公用地和公务用地，如国家机关、人民团体的办公楼用地，军队的训练场用地等。

2.由国家财政部门拨付事业经费的单位自用的土地。由财政部门拨款的事业单位自用的土地是指这些单位本身的业务用地，如学校的教学楼、操场、食堂等占用的土地。

3.宗教寺庙、公园、名胜古迹自用的土地。宗教寺庙自用的土地，是举行宗教仪式等的用地和寺庙内的宗教人员生活用地；公园、名胜古迹自用的土地，是供公共参观游览的用地及其管理单位的办公用地。上述单位的生产、营业用地和其他用地，如公园、名胜古迹中附设的影剧院、饮食部、茶社、照相馆等营业单位使用的土地，不属于免征城镇土地使用税范围。

4.市政街道、广场、绿化地带等公共用地。

5.直接用于农、林、牧、渔业的生产用地。直接用于农、林、牧、渔业的生产用地，是指直接用于种植、养殖、饲养的专业用地，不包括农副产品加工场地和生活、办公用地。自2007年1月1日起，在城镇土地使用税征收范围内经营采摘、观光农业的单位和个人，其直接用于采摘、观光的种植、养殖、饲养的土地，是"直接用于农、林、牧、渔业的生产用地"，免征城镇土地使用税。在城镇土地使用税征收范围内，利用林场土地兴建度假村等休闲娱乐场所的，其经营、办公和生活用地，应按规定征收城镇土地使用税。

6.经批准开山填海整治的土地和改造的废弃土地，从使用的月份起免缴城镇土地使用税5年至10年。

二、国务院规定的减免税

国务院针对特殊事项规定的减免税，主要有：

1.教育、科技、卫生、社会福利事业自用土地免税。具体政策包括：国家拨付事业经费和企业办的各类学校、托儿所、幼儿园自用的土地，免征城镇土地使用税；非营利性科研机构自用的土地，免征城镇土地使用税；非营利性医疗机构、疾病控制机构和妇幼保健机构等卫生机构自用的土地，免征城镇土地使用税；营利性医疗机构自用的土地，免征城镇土地使用税3年；政府部门和企事业单位、社会团体及个人等社会力量投资兴办的福利性、非营利性的老年服务机构自用的土地，免征城镇土地使用税等。

2.个人出租住房免税。自2008年3月1日起，对个人出租住房，不区分用途，免征城镇土地使用税。

3.增值税小规模纳税人、小型微利企业和个体工商户减税。依据《财政部 税务总局关于进一步实施小微企业"六税两费"减免政策的公告》（财政部 税务总局公告2022年第10号）规定，自2022年1月1日至2024年12月31日，对增值税小规模纳税人、小型微利企业和个体工商户可以在50%的税额幅度内减征城镇土地使用税。

知识拓展8-1

特殊用地征、免城镇土地使用税问题

第五节　税额计算

一、基本公式

城镇土地使用税税额计算的基本公式为：

应纳税额=实际使用的应税土地面积（平方米）×适用税额

二、例题

【例 8-1】 设在某城市的一家企业，其使用的土地面积为 30 000 平方米，经税务机关核定，该土地为应税土地，每平方米年税额为 15 元。计算该企业全年应纳的城镇土地使用税。

解：

年应纳税额=30 000×15=450 000（元）

【例 8-2】 位于建制镇的某公司主要经营农产品销售业务，该公司占地 30 000 平方米，其中直接用于农产品种植用地 25 000 平方米，职工宿舍和办公用地 5 000 平方米；该公司适用城镇土地使用税每平方米年税额 5 元。计算该公司当年应纳的城镇土地使用税。

解：

年应纳税额=（30 000−25 000）×5=25 000（元）

【例 8-3】 甲公司系增值税一般纳税人，2021 年 3 月通过挂牌取得一宗土地，土地出让合同约定 2021 年 4 月交付，土地使用证记载占地面积 6 000 平方米。该土地年税额 4 元/平方米。计算甲公司该地块 2021 年应纳的城镇土地使用税。

解：

通过招标、拍卖、挂牌方式取得的建设用地，不属于新征用的耕地，从合同约定交付土地时间的次月起缴纳城镇土地使用税，因此，该土地自 2021 年 5 月起缴纳城镇土地使用税。

2021 年应纳税额=6 000×4×8÷12=16 000（元）

第六节　税款缴纳

城镇土地使用税按年计算，分期缴纳。缴纳期限由省、自治区、直辖市人民政府确定。

城镇土地使用税在土地所在地缴纳。纳税人使用的土地不属于同一省、自治区、直辖市管辖范围的，由纳税人分别向土地所在地的税务机关缴纳城镇土地使用税；在同一省、自治区、直辖市管辖范围内，纳税人跨地区使用的土地，其纳税地点，由各省、自治区、直辖市税务局确定。

☐ 复习思考题

一、概念

城镇土地使用税

二、问题

1.城镇土地使用税的征税对象

2.城镇土地使用税的纳税人

3.城镇土地使用税的税基与税率

4.城镇土地使用税的税收优惠

第九章

房产税

主要内容
- 房产税的基本制度
- 房产税的税收优惠
- 房产税的计算与缴纳

第一节 税种设置

房产税是对房产征收的一种税。由于房产有确定的坐落地，税源可靠，纳税面广，因此，房产税是地方政府取得财政收入的重要渠道。

历史上，世界各国均征收过房产税。西方典型国家中，有以房产为单一征税对象的，如英国、法国、荷兰等国的房产税；有将房产和土地合并征收的，如加拿大、意大利的不动产财产税。在中国，房产税是一个具有悠久历史的税种，周朝的廛布、唐朝的间架税、清朝初期的市廛输钞、清末和民国时期的房捐等，都属于对房产征税。

中国现行房产税是在城市房地产税的基础上通过对房产与地产分别课税而独立出来的一个税种。中华人民共和国成立后，1950年1月，中央人民政府政务院颁布的《全国税政实施要则》中曾列有房产税，同年6月调整税收政策时，将房产税和地产税合并为城市房地产税。1951年8月，政务院颁布了《城市房地产税暂行条例》。1973年简化税制时，将对内资企业征收的城市房地产税并入了工商税，仅对房地产管理部门和个人以及外商投资企业，继续保留征收房产税。1984年10月第二步利改税和全面改革工商税制时，确定对企业恢复征收城市房地产税。同时鉴于中国城市的土地属于国家所有，使用者没有土地产权的实际情况，将城市房地产税分为房产税和土地使用税。

现行房产税的法律依据主要是1986年9月国务院颁布的《中华人民共和国房产税暂行条例》（简称《房产税暂行条例》）。2011年1月8日《国务院关于废止和修改部分行政法规的决定》对《房产税暂行条例》作了修订。

第二节 征税对象、纳税人与纳税义务发生时间

一、征税对象

《房产税暂行条例》规定，房产税的征税对象为位于城市、县城、建制镇和工矿区内的房产。房产是以房屋形态表现的财产，房屋是有屋面和围护结构（有墙或两边有柱），能够遮风避雨，可供人们在其中生产、工作、学习、娱乐、居住或储藏物资的场所。独立于房屋之外的建筑物，如围墙、烟囱、水塔、变电塔、油池、油柜、酒窖菜窖、酒精池、糖蜜池、室外游泳池、玻璃暖房、砖瓦石灰窑以及各种油气罐等，不属于房产。这里所说的城市是指经国务院批准设立的市，其征税范围为市区、郊区和市辖县县城；县城是指未设立建制镇的县人民政府所在地；建制镇是指经省、自治区、直辖市人民政府批准设立的建制镇，建制镇的征税范围为镇人民政府所在地，不包括所辖的行政村；工矿区是指工商业比较发达，人口比较集中，符合国务院规定的建制镇标准，但尚未设立镇建制的大中型工矿企业所在地。

二、纳税人

知识拓展9-1

特殊房产征、免房产税问题

房产税的纳税人为应税房产的产权所有人。产权属于国家（全民）所有的，由经营管理单位纳税；产权属于集体和个人所有的，由集体单位和个人纳税；产权出典的，由承典人纳税；产权所有人、承典人不在房产所在地或产权未确定及租典纠纷未解决的，由房产代管人或者使用人纳税。

产权所有人是指拥有房产的单位和个人，即房产的使用、收益、出卖、赠送等权利归其所有。所称承典人，是指以押金形式并付出一定费用，在一定的期限内享有房产的使用、收益权利的人。所称代管人是指接受产权所有人、承典人的委托代为管理房产或虽未受委托而在事实上已代管房产的人。所称使用人，是指直接在使用房产的人。

自2009年1月1日起，外商投资企业、外国企业和组织以及外籍个人（包括港澳台资企业和组织以及华侨、港澳台同胞），依照《房产税暂行条例》缴纳房

产税。

三、纳税义务发生时间

房产税纳税义务发生时间依据纳税人将应税房产用于自用还是出租分别确定。

1.自行新建房屋用于生产经营，自房屋建成之次月起计征房产税。

2.委托施工企业建设的房屋，从办理验收手续之次月起计征房产税。

3.购置新建商品房，自房屋交付使用之次月起计征房产税。

4.购置存量房，自办理房屋权属转移、变更登记手续，房地产权属登记机关签发房屋权属证书之次月起计征房产税。

5.出租、出借房产，自交付出租、出借房产之次月起计征房产税。

6.房地产开发企业自用、出租、出借本企业建造的商品房，自房屋使用或交付之次月起计征房产税。

7.纳税人因房产的实物状态发生变化而依法终止房产税纳税义务的，其应纳税款的计算应截止到房产的实物状态发生变化的当月末。

第三节　税基与税率

一、税基

（一）纳税人自用的房产，税基为房产的余值

房产余值是房产原值一次减除10%~30%后的剩余价值。扣除比例由省、自治区、直辖市人民政府确定。

在确定房产原值时，需注意以下问题：

1.对依照房产原值计税的房产，不论是否记载在会计账簿固定资产科目中，均应按照房屋原价计算缴纳房产税，房屋原价应根据国家有关会计制度规定进行核算。

2.纳税人对原有房屋进行改建、扩建的，要相应增加房屋的原值。

3.凡以房屋为载体，不可随意移动的附属设备和配套设施，如给排水、采暖、消防、中央空调、电气及智能化楼宇设备等，无论在会计核算中是否单独记账与核算，都应计入房产原值，计征房产税。对于更换房屋附属设备和配套设施的，在将其价值计入房产原值时，可扣减原来相应设备和设施的价值；对附属设备和配套设施中易损坏、需要经常更换的零配件，更新后不再计入房产原值。

4.对按照房产原值计税的房产，无论会计上如何核算，房产原值均应包含地

价，包括为取得土地使用权支付的价款、开发土地发生的成本费用等。宗地容积率低于0.5的，按房产建筑面积的2倍计算土地面积并据此确定计入房产原值的地价。

（二）纳税人出租的房产，税基为房产的出租收入

房产的出租收入是房屋产权所有人出租房产使用权所得的报酬，包括货币收入、实物收入和其他经济利益。对以劳务或者其他形式为报酬抵付房租收入的，应根据当地同类房产的租金水平，确定一个标准租金额，并以此作为房产的出租收入。

需要注意的是，计征房产税的租金收入应为不含增值税的收入。免征增值税的，确定税基时，租金收入不扣减增值税税额。

二、税率

房产税采用比例税率。纳税人自用的房产，税率为房产余值的1.2%。纳税人出租的房产，税率为房产租金收入的12%。

对个人出租住房，不区分用途，按4%的税率征收房产税；对企事业单位、社会团体以及其他组织按市场价格向个人出租用于居住的住房，减按4%的税率征收房产税。

第四节　税收优惠

一、直接免税

《房产税暂行条例》规定免纳房产税的项目包括：

1.国家机关、人民团体、军队自用的房产。国家机关、人民团体、军队自用的房产，是指这些单位本身的办公用房和公务用房。上述单位的出租房产以及非自身业务使用的生产、营业用房，不属于免征房产税范围。

2.由国家财政部门拨付事业经费的单位自用的房产。国家财政部门拨付经费的事业单位自用的房产，是指这些单位本身的业务用房。实行差额预算管理的事业单位，也属于由国家财政部门拨付事业经费的单位，对其自用的房产免征房产税。

3.宗教寺庙、公园、名胜古迹自用的房产。宗教寺庙自用的房产，是指举行宗教仪式等的房屋和宗教人员使用的生活用房屋。公园、名胜古迹自用的房产，是指供公共参观游览的房屋及其管理单位的办公用房屋。宗教寺庙、公园、名胜古迹中附设的营业单位，如影剧院、饮食部、茶社、照相馆等所使用的房产及出租的房产，不属于免征房产税范围。

4.个人所有非营业用的房产。个人所有非营业用房，主要是指居民住房。居民的非营业用房不分面积大小，一律免征房产税。对个人拥有的营业用房或者出租的房产，不属于免征房产税范围。

二、国务院规定的减免税

国务院针对特殊事项规定的减免税，主要有：

1.教育、卫生及社会福利事业自用房产免税。具体政策包括：企业办的各类学校、医院、托儿所、幼儿园自用的房产，免征房产税；对非营利性医疗机构、疾病控制机构和妇幼保健机构等卫生机构自用的房产，免征房产税；对政府部门、企事业单位、社会团体以及个人等社会力量投资兴办的福利性、非营利性的老年服务机构自用的房产，免征房产税。

2.住房租赁减税。依据《财政部 税务总局 住房和城乡建设部关于完善住房租赁有关税收政策的公告》（财政部 税务总局 住房和城乡建设部公告2021年第24号）的规定，自2021年10月1日起对企事业单位、社会团体以及其他组织向个人、专业化规模化住房租赁企业出租住房的，减按4%的税率征收房产税；对利用非居住存量土地和非居住存量房屋（含商业办公用房、工业厂房改造后出租用于居住的房屋）建设的保障性租赁住房，取得保障性租赁住房项目认定书后，比照上述规定的优惠政策执行，即：企事业单位、社会团体以及其他组织向个人、专业化规模化住房租赁企业出租上述保障性租赁住房，减按4%的税率征收房产税。这里的保障性租赁住房项目认定书由市、县人民政府组织有关部门联合审查建设方案后出具。所称住房租赁企业，是指按规定向住房和城乡建设部门进行开业报告或者备案的从事住房租赁经营业务的企业。所称专业化规模化住房租赁企业的标准为：企业在开业报告或者备案城市内持有或者经营租赁住房1 000套（间）及以上或者建筑面积3万平方米及以上。各省、自治区、直辖市住房和城乡建设部门会同同级财政、税务部门，可根据租赁市场发展情况，对本地区全部或者部分城市在50%的幅度内下调标准。

3.增值税小规模纳税人、小型微利企业和个体工商户减税。依据《财政部 税务总局关于进一步实施小微企业"六税两费"减免政策的公告》（财政部 税务总局公告2022年第10号）规定，自2022年1月1日至2024年12月31日，对增值税小规模纳税人、小型微利企业和个体工商户可以在50%的税额幅度内减征房产税。增值税小规模纳税人、小型微利企业和个体工商户已依法享受房产税其他优惠政策的，可叠加享受50%的税额幅度内减征房产税的优惠政策。

第五节　税额计算

一、基本公式

纳税人自用房产，房产税税额计算的基本公式为：

应纳税额=应税房产余值×税率

纳税人出租房产，房产税税额计算的基本公式为：

应纳税额=应税房产租金收入×税率

二、例题

【例 9-1】甲企业某年年底自有经营用房原值 3 000 万元，按照当地规定允许减除 30% 后按余值计税，适用税率为 1.2%。计算该企业当年应纳的房产税。

解：

应纳税额=3 000×（1-30%）×1.2%=25.2（万元）

【例 9-2】某企业坐落在市区，其厂房、办公用房原值为 8 000 万元，其中出租给某贸易公司使用的房产原值为 1 000 万元，年租金 100 万元（不含增值税）。当地规定的房产税计税扣除比例为 30%。计算该企业全年应纳的房产税。

解：

应纳税额=（8 000-1 000）×（1-30%）×1.2%+100×12%=70.8（万元）

【例 9-3】某企业（增值税小规模纳税人）2022 年第一季度将自有住房出租给个人，获得租金收入 30 000 元（不含增值税）。当地对增值税小规模纳税人按最高上限减免房产税。计算该企业就该住房 2022 年第一季度应纳的房产税。

解：

2021 年 10 月 1 日起，企事业单位向个人出租住房的，减按 4% 的税率征收房产税。由于该企业为增值税小规模纳税人，自 2022 年 1 月 1 日至 2024 年 12 月 31 日可叠加享受房产税减免 50% 的税收优惠。

应纳税额=30 000×4%×50%=600（元）

第六节　税款缴纳

一、纳税期限

房产税按年征收、分期缴纳。具体纳税期限由省、自治区、直辖市人民政府确定。

二、纳税地点

房产税在房产所在地缴纳。房产不在同一地方的纳税人，按房产的坐落地点，分别向房产所在地的税务机关申报缴纳房产税。

复习思考题

一、概念

房产税　房产原值　房产余值

二、问题

1.房产税的征税对象与纳税人

2.房产税的税基与税率

3.房产税的税收优惠

4.房产税的纳税期限与纳税地点

第十章

车 船 税

主要内容

- 车船税的基本制度
- 车船税的税收优惠
- 车船税的计算与缴纳

第一节　税种设置

　　车船税是对车辆、船舶征收的一种税，属于财产税性质的税种，征收车船税的主要目的是为政府取得财政收入。

　　历史上，世界各国曾普遍征收车船税，如日本的机动车辆吨位税、德国的汽车税等。中国对车船征税始于西汉，当时仅征商贾之车，不涉及一般的车船。明清时代，曾对内河商船征收船钞。1945年6月，国民党政府公布了《使用牌照税法》，在全国统一开征车船使用牌照税。

　　中华人民共和国成立后，中央人民政府政务院于1951年9月颁布了《中华人民共和国车船使用牌照税暂行条例》，在全国部分地区开征。1973年工商税制改革时，将对内资企业征收的车船使用牌照税并入工商税，对个人、外侨以及外资企业、中外合资、合营企业的车船，继续征收车船使用牌照税。1986年9月国务院颁布了《中华人民共和国车船使用税暂行条例》，适用于除外商投资企业和外国企业以外的，在中国境内拥有并且使用车船的单位和个人。2006年12月，国务院废止《中华人民共和国车船使用牌照税暂行条例》和《中华人民共和国车船使用税暂行条例》，制定了《中华人民共和国车船税暂行条例》（简称《车船税暂行条例》）。2011年2月，基于《车船税暂行条例》上升为车船税收法律的条件已经成熟，出台了《中华人民共和国车船税法》，自2012年1月1日起施行。为进一步规范车船税管理，提高车船税管理水平，国家税务总局于2015年11月发布了《车船税管理规程（试行）》公告，对车船税管理中所涉及的税源管理、税款征收、减免税和退税管理等问题进行了明确。

中国现行车船税的法律依据，主要是2011年2月25日第十一届全国人民代表大会常务委员会第十九次会议通过①、自2012年1月1日起施行的《中华人民共和国车船税法》（简称《车船税法》）和同年11月23日国务院第一百八十二次常务会议通过的《中华人民共和国车船税法实施条例》（简称《车船税法实施条例》）。

第二节　征税对象、纳税人与纳税义务发生时间

一、征税对象

车船税的征税对象为《车船税法》所附《车船税税目税额表》所规定的车辆和船舶。

所称车辆、船舶，是指：（1）依法应当在车船登记管理部门登记的机动车辆和船舶；（2）依法不需要在车船登记管理部门登记的在单位内部场所行驶或者作业的机动车辆和船舶。

（一）车辆

依据《车船税税目税额表》的规定，作为车船税征税对象的车辆，主要有：乘用车；商用车（分为客车和货车，货车包括半挂牵引车、三轮汽车和低速载货汽车等）；挂车；其他车辆（包括专用作业车、轮式专用机械车，不包括拖拉机）；摩托车。

乘用车，是指在设计和技术特性上主要用于载运乘客及随身行李，核定载客人数包括驾驶员在内不超过9人的汽车。

商用车，是指除乘用车外，在设计和技术特性上用于载运乘客、货物的汽车，划分为客车和货车。

半挂牵引车，是指装备有特殊装置用于牵引半挂车的商用车。

三轮汽车，是指最高设计车速不超过每小时50公里，具有3个车轮的货车。

低速载货汽车，是指以柴油机为动力，最高设计车速不超过每小时70公里，具有4个车轮的货车。

挂车，是指就其设计和技术特性需由汽车或者拖拉机牵引，才能正常使用的一

---

① 根据2019年4月23日第十三届全国人民代表大会常务委员会第十次会议《关于修改〈中华人民共和国建筑法〉等八部法律的决定》修正。

种无动力的道路车辆。

专用作业车，是指在其设计和技术特性上用于特殊工作的车辆，如汽车起重机、消防车、混凝土泵车、清障车、高空作业车、洒水车、扫路车等。以载运人员或货物为主要目的的专用汽车，如救护车，不属于专用作业车。

轮式专用机械车，是指有特殊结构和专门功能，装有橡胶车轮可以自行行驶，最高设计车速大于每小时20公里的轮式工程机械车。

摩托车，是指无论采用何种驱动方式，最高设计车速大于每小时50公里，或者使用内燃机，其排量大于50毫升的两轮或者三轮车辆。

（二）船舶

船舶，是指各类机动、非机动船舶以及其他水上移动装置，但是船舶上装备的救生艇筏和长度小于5米的艇筏除外。作为车船税征税对象的船舶，主要包括机动船舶和游艇。拖船、非机动驳船分别按照机动船舶税额的50%计算缴纳车船税。

机动船舶是指用机器推进的船舶。

拖船是指专门用于拖（推）动运输船舶的专业作业船舶。

非机动驳船，是指在船舶登记管理部门登记为驳船的非机动船舶。

游艇是指具备内置机械推进动力装置，长度在90米以下，主要用于游览观光、休闲娱乐、水上体育运动等活动，并应当具有船舶检验证书和适航证书的船舶。

需要注意的是，境内单位和个人租入外国籍船舶的，不征收车船税。境内单位和个人将船舶出租到境外的，应依法征收车船税。临时入境的外国车船和我国香港特别行政区、澳门特别行政区、台湾地区的车船，不征收车船税。

二、纳税人

车船税的纳税人为《车船税法》规定的车辆、船舶的所有人或者管理人。

从事机动车第三者责任强制保险业务的保险机构为机动车车船税的扣缴义务人，应当在收取保险费时依法代收车船税。

三、纳税义务发生时间

车船税纳税义务发生时间为取得车辆、船舶所有权或者管理权的当月。所称取得车辆、船舶所有权或者管理权的当月，应当以购买车船的发票或者其他证明文件所载日期的当月为准。

第三节　税基与税率

一、税基

（一）车辆

乘用车、商用车中的客车、摩托车以应税车辆的数量为税基。

商用车中的货车、挂车和其他车辆以应税车辆的整备质量为税基。

（二）船舶

机动船舶以净吨位为税基，游艇以艇身长度为税基。

二、税率

为平衡不同种类、等级车辆与船舶的税收负担，考虑各地的经济发展水平，车船税采用分类、分级幅度定额税率。车船税具体的税目税额见表10-1。

表10-1　　　　　　　　　　　　车船税税目税额表

税目		计税单位	年基准税额	备注
乘用车〔按发动机汽缸容量（排气量）分档〕	1.0升（含）以下的	每辆	60元至360元	核定载客人数9人（含）以下
	1.0升以上至1.6升（含）的		300元至540元	
	1.6升以上至2.0升（含）的		360元至660元	
	2.0升以上至2.5升（含）的		660元至1 200元	
	2.5升以上至3.0升（含）的		1 200元至2 400元	
	3.0升以上至4.0升（含）的		2 400元至3 600元	
	4.0升以上的		3 600元至5 400元	
商用车	客车	每辆	480元至1 440元	核定载客人数9人以上，包括电车
	货车	整备质量每吨	16元至120元	包括半挂牵引车、三轮汽车和低速载货汽车等
挂车		整备质量每吨	按照货车税额的50%计算	

续表

税 目		计税单位	年基准税额	备 注
其他车辆	专用作业车	整备质量每吨	16元至120元	不包括拖拉机
	轮式专用机械车		16元至120元	
摩托车		每辆	36元至180元	
船舶	机动船舶	净吨位每吨	3元至6元	拖船、非机动驳船分别按照机动船舶税额的50%计算
	游艇	艇身长度每米	600元至2 000元	

车辆的具体适用税额由省、自治区、直辖市人民政府依照《车船税税目税额表》规定的税额幅度和国务院的规定确定。确定车辆的具体适用税额时，应当遵循以下原则：（1）乘用车依排气量从小到大递增税额；（2）客车按照核定载客人数20人以下和20人（含）以上两档划分，递增税额。省、自治区、直辖市人民政府确定的车辆具体适用税额，应当报国务院备案。

客货两用车①依照货车的计税单位和年基准税额计征车船税。

车船税的纳税人按照纳税地点所在的省、自治区、直辖市人民政府确定的具体适用税额缴纳车船税。

机动船舶和游艇的具体适用税额见表10-2。

表10-2　　机动船舶和游艇的具体适用税额

税 目		计税单位	税 额	备 注
船舶	机动船舶 净吨位不超过200吨的	每吨	3元	拖船、非机动驳船分别按照机动船舶税额的50%计算；拖船按照发动机功率每1千瓦折合净吨位0.67吨计算
	净吨位超过200吨但不超过2 000吨的		4元	
	净吨位超过2 000吨但不超过10 000吨的		5元	
	净吨位超过10 000吨的		6元	
	游艇 艇身长度不超过10米的	每米	600元	
	艇身长度超过10米但不超过18米的		900元	
	艇身长度超过18米但不超过30米的		1 300元	
	艇身长度超过30米的		2 000元	
	辅助动力帆艇		600元	

---

① 客货两用车，又称多用途货车，是指在设计和结构上主要用于载运货物，但在驾驶员座椅后带有固定或折叠式座椅，可运载3人以上乘客的货车。

《车船税法》和《车船税法实施条例》涉及的排气量、整备质量、核定载客人数、净吨位、千瓦、艇身长度，以车船登记管理部门核发的车船登记证书或者行驶证所载数据为准。依法不需要办理登记的车船和依法应当登记而未办理登记或者不能提供车船登记证书、行驶证的车船，以车船出厂合格证明或者进口凭证标注的技术参数、数据为准；不能提供车船出厂合格证明或者进口凭证的，由主管税务机关参照国家相关标准核定，没有国家相关标准的参照同类车船核定。

知识拓展
10-1

特殊类型车船
的车船税征收
问题

第四节　税收优惠

一、法定免税

《车船税法》规定的免税车船主要包括：

1.捕捞、养殖渔船。所称的捕捞、养殖渔船，是指在渔业船舶登记管理部门登记为捕捞船或者养殖船的船舶。

2.军队、武装警察部队专用的车船。所称的军队、武装警察部队专用的车船，是指按照规定在军队、武装警察部队车船登记管理部门登记，并领取军队、武警牌照的车船。

3.警用车船。所称的警用车船，是指公安机关、国家安全机关、监狱、劳动教养管理机关和人民法院、人民检察院领取警用牌照的车辆和执行警务的专用船舶。

4.悬挂应急救援专用号牌的国家综合性消防救援车辆和国家综合性消防救援专用船舶。

5.依照法律规定应当予以免税的外国驻华使领馆、国际组织驻华代表机构及其有关人员的车船。

二、国务院规定的减免税

《车船税法》规定，对节约能源、使用新能源的车船可以减征或者免征车船税；对受严重自然灾害影响纳税困难以及有其他特殊原因确需减税、免税的，可以减征或者免征车船税。具体办法由国务院规定，并报全国人民代表大会常务委员会备案。目前，主要的减免税情形包括：

（一）自2018年7月10日起，对节能汽车减半征收车船税

1.对节能乘用车，减半征收车船税

减半征收车船税的节能乘用车应同时符合以下标准：

（1）获得许可在中国境内销售的排量为 1.6 升以下（含 1.6 升）的燃用汽油、柴油的乘用车（含非插电式混合动力、双燃料和两用燃料乘用车）；

（2）综合工况燃料消耗量应符合《节能乘用车综合工况燃料消耗量限值标准》中的具体要求。

2.对节能商用车，减半征收车船税

减半征收车船税的节能商用车应同时符合下列标准：

（1）获得许可在中国境内销售的燃用天然气、汽油、柴油的轻型和重型商用车（含非插电式混合动力、双燃料和两用燃料轻型和重型商用车）；

（2）燃用汽油、柴油的轻型和重型商用车综合工况燃料消耗量应符合《节能轻型商用车综合工况燃料消耗量限值标准》《节能重型商用车综合工况燃料消耗量限值标准》中的具体要求。

符合上述标准的节能汽车，由工业和信息化部、税务总局不定期联合发布《享受车船税减免优惠的节约能源 使用新能源汽车车型目录》予以公告。

（二）自 2018 年 7 月 10 日起，对新能源车船免征车船税

1.对新能源汽车，免征车船税

免征车船税的新能源汽车是指纯电动商用车、插电式（含增程式）混合动力汽车、燃料电池商用车。纯电动乘用车和燃料电池乘用车不属于车船税征税范围，对其不征车船税。

免征车船税的新能源汽车应同时符合以下标准：

（1）获得许可在中国境内销售的纯电动商用车、插电式（含增程式）混合动力汽车、燃料电池商用车；

（2）符合《新能源汽车产品技术标准》中的具体要求；

（3）通过新能源汽车专项检测，符合《新能源汽车产品专项检验标准目录》中的具体标准；

（4）新能源汽车生产企业或进口新能源汽车经销商在产品质量保证、产品一致性、售后服务、安全监测、动力电池回收利用等方面符合《新能源汽车企业要求》中的具体规定。

符合上述标准的新能源汽车，由工业和信息化部、税务总局不定期联合发布《享受车船税减免优惠的节约能源 使用新能源汽车车型目录》予以公告。

2.对新能源船舶，免征车船税

免征车船税的新能源船舶应符合以下标准：

船舶的主推进动力装置为纯天然气发动机。发动机采用微量柴油引燃方式且引燃油热值占全部燃料总热值的比例不超过 5% 的，视同纯天然气发动机。

（三）对受地震、洪涝等严重自然灾害影响纳税困难以及其他特殊原因确需减免税的车船，可以在一定期限内减征或者免征车船税

具体减免期限和数额由省、自治区、直辖市人民政府确定，报国务院备案。

三、省、自治区、直辖市人民政府规定的减免税

根据《车船税法》的规定，省、自治区、直辖市人民政府根据当地实际情况，可以对公共交通车船，农村居民拥有并主要在农村地区使用的摩托车、三轮汽车和低速载货汽车定期减征或者免征车船税。

第五节　税额计算

一、基本公式

1.车辆的车船税税额计算公式

（1）乘用车、客车（包括电车）、摩托车

应纳税额=辆数×适用税额

（2）货车（包括半挂牵引车、三轮汽车和低速载货汽车等）、挂车和其他车辆（含专用作业车、轮式专用机械车）

应纳税额=整备质量吨数×适用税额

2.船舶的车船税税额计算公式

自2013年2月1日起，税务机关对船舶车船税委托交通运输部门海事管理机构代为征收。在交通运输部直属海事管理机构（简称海事管理机构）登记的应税船舶，其车船税由船籍港所在地的税务机关委托当地海事管理机构代征。海事管理机构受税务机关委托，在办理船舶登记手续或受理年度船舶登记信息报告时代征船舶车船税。

海事管理机构代征船舶车船税的计算方法：

（1）船舶按一个年度计算车船税。计算公式为：

年应纳税额=计税单位×年基准税额

其中，机动船舶、非机动驳船、拖船的计税单位为净吨位每吨；游艇的计税单位为艇身长度每米；年基准税额按照《车船税法》及其实施条例的相关规定执行。

（2）购置的新船舶，购置当年的应纳税额自纳税义务发生时间起至该年度终了按月计算。计算公式为：

应纳税额=年应纳税额×应纳税月份数÷12

应纳税月份数=12-纳税义务发生时间（取月份）+1

其中，纳税义务发生时间为纳税人取得船舶所有权或管理权的当月，以购买船

舶的发票或者其他证明文件所载日期的当月为准。

《车船税法》及其实施条例涉及的整备质量、净吨位、艇身长度等计税单位，有尾数的一律按照含尾数的计税单位据实计算车船税应纳税额。计算得出的应纳税额小数点后超过两位的可四舍五入保留两位小数。

二、例题

【例 10-1】 某企业拥有客车 2 辆，乘用车（非节能和新能源车）5 辆。该企业所在省政府规定的客车和乘用车适用的车船税年税额分别为 600 元/辆和 360 元/辆。计算该企业当年应纳的车船税。

解：

应纳税额=2×600+5×360=3 000（元）

【例 10-2】 东方航运公司拥有净吨位为 600 吨的机动船 10 艘，适用的车船税年税额为 4 元/吨。计算该航运公司当年应纳的车船税。

解：

应纳税额=10×600×4=24 000（元）

【例 10-3】 2021 年畅达运输公司拥有并使用以下车辆：整备质量为 2 吨的拖拉机 7 辆；整备质量为 6 吨的载货卡车 20 辆；整备质量为 4.5 吨的汽车挂车 6 辆；中型载客汽车 10 辆，核定载客人数均为 9 人以上。当地政府规定，货车的税额为 60 元/吨，客车的税额是 500 元/辆。计算该公司当年应缴纳的车船税。

解：

（1）拖拉机不缴纳车船税。

（2）卡车应纳税额=6×60×20=7 200（元）

（3）挂车按照货车税额的 50% 计算，应纳税额=4.5×60×50%×6=810（元）

（4）客车应纳税额=10×500=5 000（元）

（5）该公司当年应纳车船税=7 200+810+5 000=13 010（元）

第六节　税款缴纳

一、纳税申报

车船税按年申报，分月计算，一次性缴纳。纳税年度为公历 1 月 1 日至 12 月 31 日。具体申报纳税期限由省、自治区、直辖市人民政府规定。

扣缴义务人应当及时解缴代收代缴的税款和滞纳金，并向主管税务机关申报。扣缴义务人向税务机关解缴税款和滞纳金时，应当同时报送明细的税款和滞纳金扣缴报告。扣缴义务人解缴税款和滞纳金的具体期限，由省、自治区、直辖市税务机关依照法律、行政法规的规定确定。车船税没有扣缴义务人的，纳税人应当向主管税务机关自行申报缴纳。

纳税人缴纳车船税时，应当提供反映排气量、整备质量、核定载客人数、净吨位、千瓦、艇身长度等与纳税相关信息的相应凭证以及税务机关根据实际需要要求提供的其他资料。

代征单位应当根据委托代征协议约定的方式、期限及时将代征税款解缴入库，并向税务机关提供代征车船明细信息。

二、纳税地点

车船税的纳税地点为车船的登记地或者车船税扣缴义务人所在地。

依法不需要办理登记的车船，车船税的纳税地点为车船的所有人或者管理人所在地。

三、税款征收

（一）税务机关征收

车船税由税务机关负责征收。税务机关可以在车船登记管理部门、车船检验机构的办公场所集中办理车船税征收事宜。

公安、交通运输、农业、渔业等车船登记管理部门、船舶检验机构和车船税扣缴义务人的行业主管部门应当在提供车船有关信息等方面，协助税务机关加强车船税的征收管理。

车辆所有人或者管理人在申请办理车辆相关登记、定期检验手续时，应当向公安机关交通管理部门提交依法纳税或者免税证明。公安机关交通管理部门核查后办理相关手续。

（二）扣缴义务人代收

从事机动车第三者责任强制保险业务的保险机构为机动车车船税的扣缴义务人，应当在收取保险费时依法代收车船税。保险机构在销售机动车交通事故责任强制保险（简称交强险）时，要严格按照有关规定代收代缴车船税，并将相关信息据实录入交强险业务系统中。不得擅自多收、少收或不收机动车车船税，不得以任何形式擅自减免、赠送机动车车船税，不得遗漏应录入的信息或录入虚假信息。各保险机构不得将代收代缴的机动车车船税计入交强险保费收入，不得向保险中介机构支付代收车船税的手续费。

机动车车船税扣缴义务人在代收车船税时，应当在交强险的保险单以及保费发票上注明已收税款的信息，作为代收税款凭证。

已完税或者依法减免税的车辆，纳税人应当向扣缴义务人提供登记地的主管税务机关出具的完税凭证或者减免税证明。对已经向主管税务机关申报缴纳车船税的纳税人，保险机构在销售机动车第三者责任强制保险时，不再代收车船税，但应当根据纳税人的完税凭证原件，将车辆的完税凭证号和出具该凭证的税务机关名称录入交强险业务系统。对出具税务机关减免税证明的车辆，保险机构在销售机动车第三者责任强制保险时，不代收车船税，保险机构应当将减免税证明号和出具该证明的税务机关名称录入交强险业务系统。

纳税人没有按照规定期限缴纳车船税的，扣缴义务人在代收代缴税款时，可以一并代收代缴欠缴税款的滞纳金。

扣缴义务人已代收代缴车船税的，纳税人不再向车辆登记地的主管税务机关申报缴纳车船税。

纳税人对保险机构代收代缴税款数额有异议的，可以直接向税务机关申报缴纳，也可以在保险机构代收代缴税款后向税务机关提出申诉，税务机关应在接到纳税人申诉后按照本地区代收代缴管理办法规定的受理程序和期限进行处理。

（三）交通运输部门的海事管理机构等单位代征

税务机关可以根据有利于税收管理和方便纳税的原则，委托交通运输部门的海事管理机构等单位在办理车船登记手续或受理车船年度检验信息报告时代征车船税，同时向纳税人出具代征税款凭证。

船舶车船税由海事管理机构在办理船舶登记手续或受理年度船舶登记信息报告时代征船舶车船税。海事管理机构应根据车船税法律、行政法规和相关政策规定代征车船税，不得违反规定多征或少征。海事管理机构在计算船舶应纳税额时，船舶的相关技术信息以船舶登记证书所载相应数据为准。税务机关出具减免税证明和完税凭证的船舶，海事管理机构对免税和完税船舶不代征车船税，对减税船舶根据减免税证明规定的实际年应纳税额代征车船税。对于以前年度未依照《车船税法》及其实施条例的规定缴纳船舶车船税的，海事管理机构应代征欠缴税款，并按规定代加收滞纳金。海事管理机构在代征税款时，应向纳税人开具税务机关提供的完税凭证。海事管理机构应根据委托代征协议约定的方式、期限及时将代征税款解缴入库，并向税务机关提供代征船舶名称、代征金额及税款所属期等情况，不得占压、挪用、截留船舶车船税。已经缴纳船舶车船税的船舶在同一纳税年度内办理转让过户的，在原登记地不予退税，在新登记地凭完税凭证不再纳税，新登记地海事管理机构应记录上述船舶的完税凭证号和出具该凭证的税务机关或海事管理机构名称，并将完税凭证的复印件存档备查。

四、税款退还

已经缴纳车船税的车船，因质量原因，车船被退回生产企业或者经销商的，纳税人可以向纳税所在地的主管税务机关申请退还自退货月份起至该纳税年度终了期间的税款，退货月份以退货发票所载日期的当月为准。在一个纳税年度内，已完税的车船被盗抢、报废、灭失的，纳税人可以凭有关管理机关出具的证明和完税凭证，向纳税所在地的主管税务机关申请退还自被盗抢、报废、灭失月份起至该纳税年度终了期间的税款。已办理退税的被盗抢车船失而复得的，纳税人应当从公安机关出具相关证明的当月起计算缴纳车船税。已缴纳车船税的车船在同一纳税年度内办理转让过户的，不另纳税，也不退税。

复习思考题

一、概念

车船税

二、问题

1.车船税的征税对象

2.车船税的纳税人

3.车船税的税基与税率

4.车船税的税收优惠

第十一章

契 税

主要内容

- 契税的基本制度
- 契税的税收优惠
- 契税的计算与缴纳

第一节　税种设置

契税是对权属发生转移的不动产，借助查验契件、颁发契证的形式，向权利承受人课征的一种税。契：契约；契据。就契税来说，契约是当事人双方订立的不动产所有权发生转移变动的协议，契约在法律上具有约束力。契据是记录在纸面或以类似的方式表达权利所有人将不动产转让或抵押给他人的书面凭据。契税由税契[①]演变而来，属于不动产转移税。征收契税的目的在于取得财政收入，同时契税可以作为不动产权属变化契约法律效力的一种证明，证明不动产所有人取得的产权具有合法性。

世界上，不少国家，如德国、日本等均征收契税，并将其称为不动产取得税。中国古代，契税始于晋，宋代设立牙契税，元明有契本税。清代设立田房契，称契税，税率为卖9典6（卖方9%，买方6%）。民国政府的契税，创立于1914年，当时颁布了《契税条例》，税率仍沿清制，此后又经1915年和1917年两次税率调整，最后定为卖6典3（卖方6%，买方3%）。

中华人民共和国成立后，保留了契税。1950年4月，政务院颁布了《契税暂行

---

① 税契，中国旧时民间不动产买卖典当，在契约成立后，新业主持白契向官署缴纳税契的行为。一经税契，白契即可换成红契，并办理过户手续。

条例》，在全国城市和已经完成土地改革的乡村征收契税。1954年6月，财政部对《契税暂行条例》进行了修改，此后各地都是依据修改后的条例规定征收契税。1978年新宪法公布后，逐步落实了房产政策，城乡房屋买卖活动增加。为此，财政部于1981年和1990年分别发出了《关于改进和加强契税征收管理工作的通知》和《关于加强契税工作的通知》，对契税政策进行了一些补充和调整。1997年7月，国务院发布了《中华人民共和国契税暂行条例》（简称《契税暂行条例》）。《契税暂行条例》施行以来运行平稳，为地方经济社会发展提供了重要的财力保障。为贯彻落实党中央、国务院决策部署，根据《贯彻落实税收法定原则的实施意见》对相关立法工作的安排，按照积极、稳妥、有序、先易后难的原则，2020年8月契税完成了立法工作，由税收暂行条例上升为税收法律。

现行契税的法律依据，是2020年8月11日第十三届全国人民代表大会常务委员会第二十一次会议通过、自2021年9月1日起施行的《中华人民共和国契税法》（简称《契税法》）。

第二节　征税对象、纳税人与纳税义务发生时间

一、征税对象

契税的征税对象是土地、房屋权属的转移行为。征收契税的土地、房屋权属，具体为土地使用权、房屋所有权。土地、房屋权属的转移行为包括：

1.土地使用权出让。

2.土地使用权转让。包括出售、赠与、互换，不包括土地承包经营权和土地经营权的转移。

3.房屋买卖、赠与、互换。

以作价投资（入股）、偿还债务、划转、奖励等方式转移土地、房屋权属的，应当依照税法规定征收契税。

下列情形发生土地、房屋权属转移的，承受方应当依法缴纳契税：

（1）因共有不动产份额变化的。

（2）因共有人增加或者减少的。

（3）因人民法院、仲裁委员会的生效法律文书或者监察机关出具的监察文书等因素，发生土地、房屋权属转移的。

二、纳税人

在中华人民共和国境内转移土地、房屋权属，承受的单位和个人为契税的纳

税人。

三、纳税义务发生时间

契税的纳税义务发生时间，为纳税人签订土地、房屋权属转移合同的当日，或者纳税人取得其他具有土地、房屋权属转移合同性质凭证的当日。具有土地、房屋权属转移合同性质的凭证包括契约、协议、合约、单据、确认书以及其他凭证。

纳税义务发生时间的特殊情形：

（1）因人民法院、仲裁委员会的生效法律文书或者监察机关出具的监察文书等发生土地、房屋权属转移的，纳税义务发生时间为法律文书等生效当日。

（2）因改变土地、房屋用途等情形应当缴纳已经减征、免征契税的，纳税义务发生时间为改变有关土地、房屋用途等情形的当日。

（3）因改变土地性质、容积率等土地使用条件需补缴土地出让价款，应当缴纳契税的，纳税义务发生时间为改变土地使用条件当日。

发生上述情形，按规定不再需要办理土地、房屋权属登记的，纳税人应自纳税义务发生之日起90日内申报缴纳契税。

第三节 税基与税率

一、税基

（一）一般规定

根据《契税法》规定，契税税基按以下方法确定：

（1）土地使用权出让、出售，房屋买卖，税基为土地、房屋权属转移合同确定的成交价格，包括应交付的货币以及实物、其他经济利益对应的价款。

（2）土地使用权互换、房屋互换，税基为所互换的土地使用权、房屋价格的差额。

（3）土地使用权赠与、房屋赠与以及其他没有价格的转移土地、房屋权属行为，税基为税务机关参照土地使用权出售、房屋买卖的市场价格依法核定的价格。税务机关依法核定计税价格，应参照市场价格，采用房地产价格评估等方法合理确定。

纳税人申报的成交价格、互换价格差额明显偏低且无正当理由的，由税务机关依照《税收征收管理法》的规定核定。

以作价投资（入股）、偿还债务等应交付经济利益的方式转移土地、房屋权属的，参照土地使用权出让、出售或房屋买卖确定契税税基；以划转、奖励等没有价格的方式转移土地、房屋权属的，参照土地使用权或房屋赠与确定契税税基。

（二）特殊情形下税基确定

（1）以划拨方式取得的土地使用权，经批准改为出让方式重新取得该土地使用权的，应由该土地使用权人以补缴的土地出让价款为税基。

（2）先以划拨方式取得土地使用权，后经批准转让房地产，划拨土地性质改为出让的，承受方应分别以补缴的土地出让价款和房地产权属转移合同确定的成交价格为税基。

（3）先以划拨方式取得土地使用权，后经批准转让房地产，划拨土地性质未发生改变的，承受方应以房地产权属转移合同确定的成交价格为税基。

（4）土地使用权及所附建筑物、构筑物等（包括在建的房屋、其他建筑物、构筑物和其他附着物）转让的，税基为承受方应交付的总价款。

（5）土地使用权出让的，税基包括土地出让金、土地补偿费、安置补助费、地上附着物和青苗补偿费、征收补偿费、城市基础设施配套费、实物配建房屋等应交付的货币以及实物、其他经济利益对应的价款。

（6）房屋附属设施（包括停车位、机动车库、非机动车库、顶层阁楼、储藏室及其他房屋附属设施）与房屋为同一不动产单元的，税基为承受方应交付的总价款，并适用与房屋相同的税率；房屋附属设施与房屋为不同不动产单元的，税基为转移合同确定的成交价格，并按当地确定的适用税率计税。

（7）承受已装修房屋的，应将包括装修费用在内的费用计入承受方应交付的总价款。

（8）土地使用权互换、房屋互换，互换价格相等的，互换双方税基为零；互换价格不相等的，以其差额为税基，由支付差额的一方缴纳契税。

（9）契税的税基不包括增值税。具体为：

①土地使用权出售、房屋买卖的，承受方计征契税的成交价格不含增值税；实际取得增值税发票的，成交价格以发票上注明的不含税价格确定。

②土地使用权互换、房屋互换的，应分别确定互换土地使用权、房屋的不含税价格，再确定互换价格的差额。

③土地使用权赠与、房屋赠与以及其他没有价格的转移土地、房屋权属行为的，税务机关核定的契税计税价格为不含增值税价格。

需要注意的是，土地、房屋权属转让方免征增值税的，承受方计征契税的成交价格不扣减增值税税额。

【例11-1】甲公司（增值税一般纳税人）销售其自建的房屋，含税价为328万元，并适用一般计税方法，2019年1月，甲公司向纳税人乙开具第1张增值税发票，注明的增值税税额为10万元、不含税价格为100万元；2021年9月，甲公司向纳税人乙开具第 2 张发票，注明的增值税税额为 18 万元、不含税价格为 200 万元。则乙申报契税的税基=100+200=300（万元）。

【例 11-2】自然人 A 与自然人 B 互换房屋，A 的房屋不含税销售价格为 145 万元，B 的房屋不含税销售价格为 100 万元。则 A 申报契税的税基为 0；B 申报契税的税基=145-100=45（万元）。

二、税率

为适应不同地区纳税人的负担水平和调控房地产交易的市场价格，契税采用幅度比例税率形式，税率水平为 3%～5%。契税的具体适用税率，由省、自治区、直辖市人民政府在税法规定的税率幅度内提出，报同级人民代表大会常务委员会决定，并报全国人民代表大会常务委员会和国务院备案。省、自治区、直辖市可以依照规定的程序对不同主体、不同地区、不同类型的住房的权属转移确定差别税率。

第四节　税收优惠

一、法定免税

根据《契税法》规定，有下列情形之一的，免征契税：

1.国家机关、事业单位、社会团体、军事单位承受土地、房屋权属用于办公、教学、医疗、科研、军事设施。

2.非营利性的学校、医疗机构、社会福利机构承受土地、房屋权属用于办公、教学、医疗、科研、养老、救助。

享受契税免税优惠的非营利性的学校、医疗机构、社会福利机构，限于上述三类单位中依法登记为事业单位、社会团体、基金会、社会服务机构等的非营利性法人和非营利性组织。其中：学校的具体范围为经县级以上人民政府或者其教育行政部门批准成立的大学、中学、小学、幼儿园，实施学历教育的职业教育学校、特殊教育学校、专门学校，以及经省级人民政府或者其人力资源社会保障行政部门批准成立的技工院校；医疗机构的具体范围为经县级以上人民政府卫生健康行政部门批准或者备案设立的医疗机构；社会福利机构的具体范围为依法登记的养老服务机构、残疾人服务机构、儿童福利机构、救助管理机构、未成年人救助保护机构。

享受契税免税优惠的土地、房屋用途具体如下：

①用于办公的，限于办公室（楼）以及其他直接用于办公的土地、房屋；

②用于教学的，限于教室（教学楼）以及其他直接用于教学的土地、房屋；

③用于医疗的，限于门诊部以及其他直接用于医疗的土地、房屋；

④用于科研的，限于科学试验的场所以及其他直接用于科研的土地、房屋；

⑤用于军事设施的，限于直接用于《中华人民共和国军事设施保护法》规定的军事设施的土地、房屋；

⑥用于养老的，限于直接用于为老年人提供养护、康复、托管等服务的土地、房屋；

⑦用于救助的，限于直接为残疾人、未成年人、生活无着的流浪乞讨人员提供养护、康复、托管等服务的土地、房屋。

3.承受荒山、荒地、荒滩土地使用权用于农、林、牧、渔业生产。

4.婚姻关系存续期间夫妻之间变更土地、房屋权属。

5.法定继承人通过继承承受土地、房屋权属。

6.依照法律规定应当予以免税的外国驻华使馆、领事馆和国际组织驻华代表机构承受土地、房屋权属。

纳税人改变有关土地、房屋的用途，或者有其他不再属于上述规定的免征、减征契税情形的，应当缴纳已经免征、减征的税款。

二、国务院规定的减免税

《契税法》规定，根据国民经济和社会发展的需要，国务院对居民住房需求保障、企业改制重组、灾后重建等情形可以规定免征或者减征契税，报全国人民代表大会常务委员会备案。

《财政部 税务总局关于继续执行企业 事业单位改制重组有关契税政策的公告》（财政部 税务总局公告2021年第17号）规定，自2021年1月1日起至2023年12月31日，企业、事业单位改制重组享受以下减免税政策：

1.企业改制

企业按照《中华人民共和国公司法》有关规定整体改制，包括非公司制企业改制为有限责任公司或股份有限公司，有限责任公司变更为股份有限公司，股份有限公司变更为有限责任公司，原企业投资主体存续并在改制（变更）后的公司中所持股权（股份）比例超过75%，且改制（变更）后公司承继原企业权利、义务的，对改制（变更）后公司承受原企业土地、房屋权属，免征契税。

2.事业单位改制

事业单位按照国家有关规定改制为企业，原投资主体存续并在改制后企业中出资（股权、股份）比例超过50%的，对改制后企业承受原事业单位土地、房屋权属，免征契税。

3.公司合并

两个或两个以上的公司，依照法律规定、合同约定，合并为一个公司，且原投资主体存续的，对合并后公司承受原合并各方土地、房屋权属，免征契税。

4.公司分立

公司依照法律规定、合同约定分立为两个或两个以上与原公司投资主体相同的公司，对分立后公司承受原公司土地、房屋权属，免征契税。

5.企业破产

企业依照有关法律法规规定实施破产，债权人（包括破产企业职工）承受破产企业抵偿债务的土地、房屋权属，免征契税；对非债权人承受破产企业土地、房屋权属，凡按照《中华人民共和国劳动法》等国家有关法律法规政策妥善安置原企业全部职工规定，与原企业全部职工签订服务年限不少于三年的劳动用工合同的，对其承受所购企业土地、房屋权属，免征契税；与原企业超过30%的职工签订服务年限不少于三年的劳动用工合同的，减半征收契税。

6.资产划转

对承受县级以上人民政府或国有资产管理部门按规定进行行政性调整、划转国有土地、房屋权属的单位，免征契税。

同一投资主体内部所属企业之间土地、房屋权属的划转，包括母公司与其全资子公司之间，同一公司所属全资子公司之间，同一自然人与其设立的个人独资企业、一人有限公司之间土地、房屋权属的划转，免征契税。

母公司以土地、房屋权属向其全资子公司增资，视同划转，免征契税。

7.债权转股权

经国务院批准实施债权转股权的企业，对债权转股权后新设立的公司承受原企业的土地、房屋权属，免征契税。

8.公司股权（股份）转让

在股权（股份）转让中，单位、个人承受公司股权（股份），公司土地、房屋权属不发生转移，不征收契税。

三、省、自治区、直辖市规定的减免税

根据《契税法》规定，省、自治区、直辖市可以决定对下列情形免征或者减征契税：

1.因土地、房屋被县级以上人民政府征收、征用，重新承受土地、房屋权属。

2.因不可抗力灭失住房，重新承受住房权属。

上述免征或者减征契税的具体办法，由省、自治区、直辖市人民政府提出，报同级人民代表大会常务委员会决定，并报全国人民代表大会常务委员会和国务院备案。

第五节　税额计算

一、基本公式

契税的应纳税额按照税基乘以具体适用税率计算。税额计算的基本公式为：

应纳税额=税基×税率

二、例题

【例11-3】某地刘女士将一套购买满2年的住房销售给陈女士，合同确定的交易含税价为210万元，刘女士符合免征增值税条件，向税务机关申请代开增值税发票上注明增值税税额为0，不含税价格为210万元，当地规定的契税税率为3%。计算陈女士应申报缴纳的契税。

解：

应纳税额=210×3%=6.3（万元）

第六节　税款缴纳

一、申报缴纳

契税由土地、房屋所在地的税务机关依照《契税法》和《税收征收管理法》的规定征收管理。对实行"一窗受理"的地区，纳税人可以到当地政府服务大厅或不动产登记大厅设立的综合受理窗口统一办理契税纳税申报及其他不动产登记、交易和缴税事项。具备条件的地区，纳税人可以通过电子税务局或纳税人端APP应用等方式，实现契税申报缴纳网上办理、掌上办理。

纳税人应当在依法办理土地、房屋权属登记手续前申报缴纳契税。为进一步提升契税纳税申报的规范性，便于纳税人理解和办理，并与不动产登记[①]有关规定统一衔接，纳税人申报契税的基本单位为不动产单元。如，自然人A整体购买某幢住宅楼。在办理不动产权属登记时，不动产登记机构将该幢住宅楼登记为2个不动产单元，则A应就2个不动产单元分别向税务机关申报契税。因共有不动产份额变化或者增减共有人导致土地、房屋权属转移的，纳税人也应以不动产单元为单位申报契税。

---

① 根据《不动产登记暂行条例》及其实施细则规定，不动产单元是权属界线封闭且具有独立使用价值的空间，且不动产单元具有唯一编码。

纳税人办理纳税事宜后，税务机关应当开具契税完税凭证。纳税人办理土地、房屋权属登记，不动产登记机构应当查验契税完税、减免税凭证或者有关信息。未按照规定缴纳契税的，不动产登记机构不予办理土地、房屋权属登记。

税务机关应当与相关部门建立契税涉税信息共享和工作配合机制。具体转移土地、房屋权属有关的信息包括：自然资源部门的土地出让、转让、征收补偿、不动产权属登记等信息，住房和城乡建设部门的房屋交易等信息，民政部门的婚姻登记、社会组织登记等信息，公安部门的户籍人口基本信息。自然资源、住房和城乡建设、民政、公安等相关部门应当及时向税务机关提供与转移土地、房屋权属有关的信息，协助税务机关加强契税征收管理。

二、申请退税与资料提供

（一）契税退还

在依法办理土地、房屋权属登记前，权属转移合同、权属转移合同性质凭证不生效、无效、被撤销或者被解除的，纳税人可以向税务机关申请退还已缴纳的税款，税务机关应当依法办理。

纳税人缴纳契税后发生下列情形，可依照有关法律法规申请退税：

（1）因人民法院判决或者仲裁委员会裁决导致土地、房屋权属转移行为无效、被撤销或者被解除，且土地、房屋权属变更至原权利人的。

（2）在出让土地使用权交付时，因容积率调整或实际交付面积小于合同约定面积需退还土地出让价款的。

（3）在新建商品房交付时，因实际交付面积小于合同约定面积需返还房价款的。

（二）契税退还应提交的相关资料

纳税人按规定向税务机关申请退还已缴纳契税的，应提供纳税人身份证件，完税凭证复印件，并根据不同情形提交相关资料：

（1）在依法办理土地、房屋权属登记前，权属转移合同或合同性质凭证不生效、无效、被撤销或者被解除的，提交合同或合同性质凭证不生效、无效、被撤销或者被解除的证明材料。

（2）因人民法院判决或者仲裁委员会裁决导致土地、房屋权属转移行为无效、被撤销或者被解除，且土地、房屋权属变更至原权利人的，提交人民法院、仲裁委员会的生效法律文书。

（3）在出让土地使用权交付时，因容积率调整或实际交付面积小于合同约定面积需退还土地出让价款的，提交补充合同（协议）和退款凭证。

（4）在新建商品房交付时，因实际交付面积小于合同约定面积需返还房价款的，提交补充合同（协议）和退款凭证。

　　税务机关收取纳税人退税资料后，应向不动产登记机构核实有关土地、房屋权属登记情况。核实后符合条件的即时受理，不符合条件的一次性告知应补正资料或不予受理原因。

□ 复习思考题

一、概念
契税
二、问题
1.契税的征税对象与纳税人

2.契税的税基与税率

3.契税的税收优惠

4.契税的缴纳与退还

第五篇　其他课税

第十二章

资源税

主要内容

- 资源税的性质与类型
- 资源税的特殊作用
- 资源税的基本制度
- 资源税的计算与缴纳
- 水资源税征收规定

第一节　税种设置

一、资源税的性质与类型

(一) 资源税的性质

资源税是对开发与利用应税自然资源的单位与个人征收的一种税。

人类从事生产活动，总离不开自然资源。所称自然资源，一般指自然形成、可被开发利用，并具有某种稀缺性的实物资源，包括土地资源、矿藏资源、森林资源、水流资源等。空气、环境是一种资源，但不具有实物形态，不属于实物资源。

所有的实物资源，都具有某种程度的稀缺性，成为人们争相占有的对象，而不会取之不尽，用之不竭。在人类的生产活动中，实物资源不仅可以作为单纯的劳动对象，如矿藏资源、森林资源，为其他各类生产提供原料、材料、动力，而且可以同时作为劳动的对象与手段，如土地资源、水流资源，直接为人们提供各种消费的物品与服务。所谓资源税，就是对这类自然形成的可作为劳动对象或劳动手段使用的实物资源征的税。中国现阶段的资源税不是对所有资源征税，而主要是对矿藏资源征税。

在世界各国，从古到今，绝大部分自然资源都归国家所有。中国的自然资源，除农村集体所有的土地外，都归国家所有。在自然资源归国家所有的情况下，政府通常要以租金的形式向从事资源开发与利用的单位与个人收取一部分收入，如地租、矿租等。中国现行资源税，仍然具有这种租金的属性。

（二）资源税的基本类型

1.特殊资源税与一般资源税

根据资源税的征税范围，可将资源税划分为特殊资源税与一般资源税两种类型。特殊资源税是对选择的某类或某几类特殊的自然资源征收资源税，如矿藏资源税、土地资源税等。一般资源税是对一切开发与利用的自然资源征收资源税，即对土地资源、矿藏资源、森林资源、水流资源等普遍征税。中国现行资源税是一种特殊资源税。

2.分类资源税与综合资源税

根据资源税的计税方法，可将资源税划分为分类资源税与综合资源税两种类型。分类资源税是对征收的各种资源按不同类别采取不同税率，分别征收。综合资源税，是对征收的资源不分类别，采用统一的税率征收。中国现行资源税是一种分类资源税。

二、资源税的特殊作用

（一）有利于实现国家作为自然资源所有者的经济权益

自然资源归国家或全社会所有。对从事资源开发与利用的单位及个人，由政府征收一定的租金或税收，是国家自然资源所有权的经济体现，也是实现国家自然资源所有者经济权益的正当要求。并且，许多自然资源是不可再生的、可耗竭的。对单位及个人开发的自然资源征收租金或资源税，也是对不可再生性资源的一种补偿。

（二）有利于平衡不同等级自然资源开发者或利用者之间的税收负担

自然资源的结构和开发、利用条件往往存在很大差异。有的资源，赋存条件好、品位高、开采条件优越，开发者或利用者会获得一部分超额利润。有的资源，赋存条件差、品位低、开采条件恶劣，开发者或利用者只能获得较低的利润。征收资源税，对不同等级的资源规定不同的税率，可以调节不同等级自然资源开发者或利用者的利润水平，平衡不同等级自然资源开发者或利用者之间的税收负担。

（三）有利于合理开发与利用自然资源，实现经济的可持续发展

资源结构和开发、利用条件的差异，往往会诱导从事资源开发与利用的单位及个人"采富弃贫""采易弃难"，造成资源的破坏与浪费。开征资源税，对不同的资源条件和不同地区规定不同的税率，有利于缓解"采富弃贫""采易弃难"的冲动，保护资源的开发与利用，实现经济的可持续发展。

三、资源税的产生与发展

对自然资源课征租金或税收，不仅具有悠久的历史，而且是世界各国通行的做法。

在中国古代，最早的资源税发轫于春秋时期齐国的"官山海"，也就是将山林川泽收归国有，由政府坐收山林川泽之利。在封建社会，各个朝代都设有各种形式的矿税、山林税、渔税等资源税。例如，明代征收的矿税，征税对象包括金、银、铜、铁、铝、汞、砂等矿产品；清代颁布的《开采铜铅之例》，规定"采铜铅以十分内二分纳官，八分听民发卖"；民国时期，也曾在全国统一征收矿区税、矿产税、矿统税。

中华人民共和国成立后，在1950年发布的《全国税政实施要则》中，曾明确规定对盐单独征税，同时，在工商业税及后来的货物税中，还包括对各种矿产品征收货物税。1984年，依据国务院发布的《中华人民共和国资源税条例（草案）》，资源税在我国正式设立，但其征税对象仅为原油、天然气、煤炭三种矿产品及盐。1993年，扩大了资源税的征税范围，对所有的矿产品及盐征收资源税。1993年12月，国务院发布了《中华人民共和国资源税暂行条例》（简称《资源税暂行条例》），规定对开采矿产品或者生产盐的单位和个人征收资源税，资源税实行从量计征。2010年6月起，按照党中央、国务院决策部署，资源税从价计征改革逐步实施，国务院于2011年9月对《资源税暂行条例》作了部分修改，明确资源税按照从价定率或者从量定额的办法计算征收。2016年7月1日起，资源税从价计征改革全面推开。《资源税暂行条例》施行以来运行比较平稳，对于促进资源节约集约利用、加强生态环境保护等，发挥着重要作用。2013年中共十八届三中全会明确提出"落实税收法定原则"的重大改革任务，根据2015年党中央审议通过的《贯彻落实税收法定原则的实施意见》对相关立法工作的安排，按照积极、稳妥、有序、先易

后难的原则，2019 年 8 月资源税完成了立法工作，由税收暂行条例上升为税收法律。

目前，中国资源税的法律依据是 2019 年 8 月 26 日第十三届全国人民代表大会常务委员会第十二次会议通过、自 2020 年 9 月 1 日起施行的《中华人民共和国资源税法》（简称《资源税法》）。

第二节　征税对象、纳税人与纳税义务发生时间

一、征税对象

（一）在中华人民共和国领域和中华人民共和国管辖的其他海域开发的应税资源

资源税的征税对象为在中华人民共和国领域和中华人民共和国管辖的其他海域开发的应税资源。应税资源的具体范围，根据《资源税法》所附《资源税税目税率表》（简称《税目税率表》）确定，主要包括：

1.能源矿产

原油；天然气、页岩气、天然气水合物；煤；煤成（层）气；铀、钍；油页岩、油砂、天然沥青、石煤；地热。

2.金属矿产

（1）黑色金属

黑色金属包括：铁、锰、铬、钒、钛。

（2）有色金属

有色金属包括：铜、铅、锌、锡、镍、锑、镁、钴、铋、汞；铝土矿；钨；钼；金、银；铂、钯、钌、锇、铱、铑；轻稀土；中重稀土；铍、锂、锆、锶、铷、铯、铌、钽、锗、镓、铟、铊、铪、铼、镉、硒、碲。

3.非金属矿产

（1）矿物类

矿物类包括：高岭土；石灰岩；磷；石墨；萤石、硫铁矿、自然硫；天然石英砂、脉石英、粉石英、水晶、工业用金刚石、冰洲石、蓝晶石、硅线石（矽线石）、长石、滑石、刚玉、菱镁矿、颜料矿物、天然碱、芒硝、钠硝石、明矾石、砷、硼、碘、溴、膨润土、硅藻土、陶瓷土、耐火粘土、铁矾土、凹凸棒石粘土、海泡石粘土、伊利石粘土、累托石粘土；叶蜡石、硅灰石、透辉石、珍珠岩、云母、沸石、重晶石、毒重石、方解石、蛭石、透闪石、工业用电气石、白垩、石棉、蓝石棉、红柱石、石榴子石、石膏；其他粘土（铸型用粘土、砖瓦用粘土、陶粒用粘

土、水泥配料用粘土、水泥配料用红土、水泥配料用黄土、水泥配料用泥岩、保温材料用粘土）。

（2）岩石类

岩石类包括：大理岩、花岗岩、白云岩、石英岩、砂岩、辉绿岩、安山岩、闪长岩、板岩、玄武岩、片麻岩、角闪岩、页岩、浮石、凝灰岩、黑曜岩、霞石正长岩、蛇纹岩、麦饭石、泥灰岩、含钾岩石、含岩石类钾砂页岩、天然油石、橄榄岩、松脂岩、粗面岩、辉长岩、辉石岩、正长岩、火山灰、火山渣、泥炭；砂石。

（3）宝玉石类

宝玉石类包括：宝石、玉石、宝石级金刚石、玛瑙、黄玉、碧玺。

4.水气矿产

水气矿产包括：二氧化碳气、硫化氢气、氦气、氡气；矿泉水。

5.盐

盐包括：钠盐、钾盐、镁盐、锂盐；天然卤水；海盐。

对上述应税资源征收资源税时，有的对原矿征税，有的对选矿征税，具体征收时按《税目税率表》的规定执行。

（二）纳税人开采或者生产应税资源自用的

根据《资源税法》规定，纳税人开采或者生产应税产品自用的，应当按规定缴纳资源税；但是，自用于连续生产应税产品的，不缴纳资源税。

纳税人自用应税产品应当缴纳资源税的情形，包括纳税人以应税产品用于非货币性资产交换、捐赠、偿债、赞助、集资、投资、广告、样品、职工福利、利润分配或者连续生产非应税产品等。

二、纳税人

资源税的纳税人是在中华人民共和国领域和中华人民共和国管辖的其他海域开发应税资源的单位和个人。

中外合作开采陆上、海上石油资源的企业依法缴纳资源税。

2011年11月1日前已依法订立中外合作开采陆上、海上石油资源合同的，在该合同有效期内，继续依照国家有关规定缴纳矿区使用费，不缴纳资源税；合同期满后，依法缴纳资源税。

三、纳税义务发生时间

纳税人销售应税产品，纳税义务发生时间为收讫销售款或者取得索取销售款凭据的当日；自用应税产品的，纳税义务发生时间为移送应税产品的当日。

第三节 税基与税率

一、税基

资源税按照《税目税率表》实行从价计征或者从量计征。

《税目税率表》中规定可以选择实行从价计征或者从量计征的,具体计征方式由省、自治区、直辖市人民政府提出,报同级人民代表大会常务委员会决定,并报全国人民代表大会常务委员会和国务院备案。

(一) 从价计征的税基

实行从价计征资源税的应税资源产品(简称应税产品),税基为应税产品的销售额。

1.销售额的基本规定

应税产品的销售额,按照纳税人销售应税产品向购买方收取的全部价款确定,不包括增值税税款。

计入销售额中的相关运杂费用,凡取得增值税发票或者其他合法有效凭据的,准予从销售额中扣除。相关运杂费用是指应税产品从坑口或者洗选(加工)地到车站、码头或者购买方指定地点的运输费用、建设基金以及随运销产生的装卸、仓储、港杂费用。

应税产品为矿产品的,包括原矿和选矿产品。

2.核定销售额

在确定销售额时,对于纳税人申报的应税产品销售额明显偏低且无正当理由的,或者有自用应税产品行为而无销售额的,由主管税务机关按下列方法和顺序确定其应税产品销售额:

①按纳税人最近时期同类产品的平均销售价格确定。

②按其他纳税人最近时期同类产品的平均销售价格确定。

③按后续加工非应税产品销售价格,减去后续加工环节的成本利润后确定。

④按应税产品组成计税价格确定。

组成计税价格=成本×(1+成本利润率)÷(1-资源税税率)

上述公式中的成本利润率由省、自治区、直辖市税务机关确定。

⑤按其他合理方法确定。

(二) 从量计征的税基

实行从量计征资源税的应税产品,税基为应税产品的销售数量。

应税产品的销售数量，包括纳税人开采或者生产应税产品的实际销售数量和自用于应当缴纳资源税情形的应税产品数量。

应税产品为矿产品的，包括原矿和选矿产品。

（三）从价计征与从量计征税基的特殊规定

1.纳税人外购应税产品与自采应税产品混合销售或者混合加工为应税产品销售的，在计算应税产品销售额或者销售数量时，准予扣减外购应税产品的购进金额或者购进数量；当期不足扣减的，可结转下期扣减。纳税人应当准确核算外购应税产品的购进金额或者购进数量，未准确核算的，一并计算缴纳资源税。

纳税人核算并扣减当期外购应税产品购进金额、购进数量，应当依据外购应税产品的增值税发票、海关进口增值税专用缴款书或者其他合法有效凭据。

2.纳税人以自采原矿（经过采矿过程采出后未进行选矿或者加工的矿石）直接销售，或者自用于应当缴纳资源税情形的，按照原矿计征资源税。

纳税人以自采原矿洗选加工为选矿产品（通过破碎、切割、洗选、筛分、磨矿、分级、提纯、脱水、干燥等过程形成的产品，包括富集的精矿和研磨成粉、粒级成型、切割成型的原矿加工品）销售，或者将选矿产品自用于应当缴纳资源税情形的，按照选矿产品计征资源税，在原矿移送环节不缴纳资源税。对于无法区分原生岩石矿种的粒级成型砂石颗粒，按照砂石税目征收资源税。

3.纳税人以外购原矿与自采原矿混合为原矿销售，或者以外购选矿产品与自产选矿产品混合为选矿产品销售的，在计算应税产品销售额或者销售数量时，直接扣减外购原矿或者外购选矿产品的购进金额或者购进数量。

纳税人以外购原矿与自采原矿混合洗选加工为选矿产品销售的，在计算应税产品销售额或者销售数量时，按照下列方法进行扣减：

$$\begin{array}{l} \text{准予扣减的外购应税} \\ \text{产品购进金额（数量）} \end{array} = \begin{array}{l} \text{外购原矿购进} \\ \text{金额（数量）} \end{array} \times \left(\begin{array}{l} \text{本地区原矿} \\ \text{适用税率} \end{array} \div \begin{array}{l} \text{本地区选矿} \\ \text{产品适用税率} \end{array} \right)$$

不能按照上述方法计算扣减的，按照主管税务机关确定的其他合理方法进行扣减。

二、税率

现行资源税采用比例税率和定额税率，应税产品具体适用税率按《税目税率表》执行。《税目税率表》中规定实行幅度税率的，其具体适用税率由省、自治区、直辖市人民政府统筹考虑该应税资源的品位、开采条件以及对生态环境的影响等情况，在《税目税率表》规定的税率幅度内提出，报同级人民代表大会常务委员会决定，并报全国人民代表大会常务委员会和国务院备案。《税目税率表》中规定征税对象为原矿或者选矿的，应当分别确定具体适用税率。资源税的《税目税率表》见表12-1。

表12-1 资源税税目税率表

税目		征税对象	税率
能源矿产	原油	原矿	6%
	天然气、页岩气、天然气水合物	原矿	6%
	煤	原矿或者选矿	2%～10%
	煤成（层）气	原矿	1%～2%
	铀、钍	原矿	4%
	油页岩、油砂、天然沥青、石煤	原矿或者选矿	1%～4%
	地热	原矿	1%～20%或者每立方米1～30元
金属矿产	黑色金属 铁、锰、铬、钒、钛	原矿或者选矿	1%～9%
	有色金属 铜、铅、锌、锡、镍、锑、镁、钴、铋、汞	原矿或者选矿	2%～10%
	铝土矿	原矿或者选矿	2%～9%
	钨	选矿	6.5%
	钼	选矿	8%
	金、银	原矿或者选矿	2%～6%
	铂、钯、钌、锇、铱、铑	原矿或者选矿	5%～10%
	轻稀土	选矿	7%～12%
	中重稀土	选矿	20%
	铍、锂、锆、锶、铷、铯、铌、钽、锗、镓、铟、铊、铪、铼、镉、硒、碲	原矿或者选矿	2%～10%
非金属矿产	矿物类 高岭土	原矿或者选矿	1%～6%
	石灰岩	原矿或者选矿	1%～6%或者每吨（或者每立方米）1～10元
	磷	原矿或者选矿	3%～8%
	石墨	原矿或者选矿	3%～12%
	萤石、硫铁矿、自然硫	原矿或者选矿	1%～8%

续表

税目			征税对象	税率
非金属矿产	矿物类	天然石英砂、脉石英、粉石英、水晶、工业用金刚石、冰洲石、蓝晶石、硅线石（矽线石）、长石、滑石、刚玉、菱镁矿、颜料矿物、天然碱、芒硝、钠硝石、明矾石、砷、硼、碘、溴、膨润土、硅藻土、陶瓷土、耐火粘土、铁矾土、凹凸棒石粘土、海泡石粘土、伊利石粘土、累托石粘土	原矿或者选矿	1%～12%
		叶蜡石、硅灰石、透辉石、珍珠岩、云母、沸石、重晶石、毒重石、方解石、蛭石、透闪石、工业用电气石、白垩、石棉、蓝石棉、红柱石、石榴子石、石膏	原矿或者选矿	2%～12%
		其他粘土（铸型用粘土、砖瓦用粘土、陶粒用粘土、水泥配料用粘土、水泥配料用红土、水泥配料用黄土、水泥配料用泥岩、保温材料用粘土）	原矿或者选矿	1%～5%或者每吨（或者每立方米）0.1～5元
	岩石类	大理岩、花岗岩、白云岩、石英岩、砂岩、辉绿岩、安山岩、闪长岩、板岩、玄武岩、片麻岩、角闪岩、页岩、浮石、凝灰岩、黑曜岩、霞石正长岩、蛇纹岩、麦饭石、泥灰岩、含钾岩石、含岩石类钾砂页岩、天然油石、橄榄岩、松脂岩、粗面岩、辉长岩、辉石岩、正长岩、火山灰、火山渣、泥炭	原矿或者选矿	1%～10%
		砂石	原矿或者选矿	1%～5%或者每吨（或者每立方米）0.1～5元
	宝玉石类	宝石、玉石、宝石级金刚石、玛瑙、黄玉、碧玺	原矿或者选矿	4%～20%
水气矿产	二氧化碳气、硫化氢气、氦气、氡气		原矿	2%～5%
	矿泉水		原矿	1%～20%或者每立方米1～30元
盐	钠盐、钾盐、镁盐、锂盐		选矿	3%～15%
	天然卤水		原矿	3%～15%或者每吨（或者每立方米）1～10元
	海盐			2%～5%

确定税率时，应按以下规则掌握：

（1）纳税人开采或者生产不同税目应税产品的，应当分别核算不同税目应税产品的销售额或者销售数量；未分别核算或者不能准确提供不同税目应税产品的销售额或者销售数量的，从高适用税率。

（2）纳税人开采或者生产同一税目下适用不同税率应税产品的，应当分别核算不同税率应税产品的销售额或者销售数量；未分别核算或者不能准确提供不同税率应税产品的销售额或者销售数量的，从高适用税率。

第四节 税收优惠

一、法定免税

为鼓励油气开采和煤炭企业安全生产，《资源税法》规定，有下列情形之一的，免征资源税：

1.开采原油以及在油田范围内运输原油过程中用于加热的原油、天然气。

2.煤炭开采企业因安全生产需要抽采的煤成（层）气。

二、法定减税

为鼓励油气开采，《资源税法》规定，有下列情形之一的，减征资源税：

1.从低丰度油气田开采的原油、天然气，减征20%资源税。

低丰度油气田，包括陆上低丰度油田、陆上低丰度气田、海上低丰度油田、海上低丰度气田。陆上低丰度油田是指每平方公里原油可开采储量丰度低于25万立方米的油田。陆上低丰度气田是指每平方公里天然气可开采储量丰度低于2.5亿立方米的气田。海上低丰度油田是指每平方公里原油可开采储量丰度低于60万立方米的油田。海上低丰度气田是指每平方公里天然气可开采储量丰度低于6亿立方米的气田。

2.高含硫天然气、三次采油和从深水油气田开采的原油、天然气，减征30%资源税。

高含硫天然气是指硫化氢含量在每立方米30克以上的天然气。三次采油是指二次采油后继续以聚合物驱、复合驱、泡沫驱、气水交替驱、二氧化碳驱、微生物驱等方式进行采油。深水油气田是指水深超过300米的油气田。

3.稠油、高凝油减征40%资源税。

稠油是指地层原油粘度大于或等于每秒50毫帕或原油密度大于或等于每立方厘米0.92克的原油。高凝油是指凝固点高于40摄氏度的原油。

4.从衰竭期矿山开采的矿产品，减征30%资源税。

衰竭期矿山是指设计开采年限超过15年，且剩余可开采储量下降到原设计可开采储量的20%以下或者剩余开采年限不超过5年的矿山。衰竭期矿山以开采企业下属的单个矿山为单位确定。

三、国务院规定的减免税

《资源税法》不可能穷尽所有的税收优惠政策，为加强宏观调控，给出台阶段性税收优惠政策留足空间，《资源税法》规定，根据国民经济和社会发展的需要，国务院对有利于促进资源节约集约、保护环境等情形，可以规定减征或免征资源税。主要的减免税包括：

1.对青藏铁路公司及其所属单位运营期间自采自用的砂、石等材料免征资源税。具体操作按《财政部 国家税务总局关于青藏铁路公司运营期间有关税收等政策问题的通知》（财税〔2007〕11号）第三条规定执行。

2.自2018年4月1日至2021年3月31日，对页岩气资源税减征30%。具体操作按《财政部 国家税务总局关于对页岩气减征资源税的通知》（财税〔2018〕26号）规定执行。依据《财政部 税务总局关于延长部分税收优惠政策执行期限的公告》（财政部 税务总局公告2021年第6号）规定，该项税收优惠政策执行期限延长至2023年12月31日。

3.依据《财政部 税务总局关于进一步实施小微企业"六税两费"减免政策的公告》（财政部 税务总局公告2022年第10号）规定，自2022年1月1日至2024年12月31日，对增值税小规模纳税人、小型微利企业和个体工商户可以在50%的税额幅度内减征资源税。

4.自2014年12月1日至2023年8月31日，对充填开采置换出来的煤炭，资源税减征50%。

四、省、自治区、直辖市规定的减免税

《资源税法》规定，有下列情形之一的，省、自治区、直辖市可以决定免征或者减征资源税：

1.纳税人开采或者生产应税产品过程中，因意外事故或者自然灾害等原因遭受重大损失。

2.纳税人开采共伴生矿、低品位矿、尾矿。

上述规定的免征或者减征资源税的具体办法，由省、自治区、直辖市人民政府提出，报同级人民代表大会常务委员会决定，并报全国人民代表大会常务委员会和国务院备案。

纳税人享受资源税税收优惠时，应注意以下问题：

第一，纳税人的免税、减税项目，应当单独核算销售额或者销售数量；未单独核算或者不能准确提供销售额或者销售数量的，不予免税或者减税。

第二，纳税人开采或者生产同一应税产品，其中既有享受减免税政策的，又有不享受减免税政策的，按照免税、减税项目的产量占比等方法分别核算确定免税、减税项目的销售额或者销售数量。

第三，纳税人开采或者生产同一应税产品同时符合两项或者两项以上减征资源税优惠政策的，除另有规定外，只能选择其中一项执行。

第四，纳税人享受资源税优惠政策，实行"自行判别、申报享受、有关资料留存备查"的办理方式，另有规定的除外。纳税人对资源税优惠事项留存材料的真实性和合法性承担法律责任。

第五节　税额计算

一、基本公式

（一）从价计征的应税产品应纳税额计算

实行从价计征资源税的应税产品，应纳税额按照应税产品的销售额乘以具体适用税率计算。

应纳税额计算的基本公式为：

应纳税额＝应税产品销售额×适用税率

（二）从量计征的应税产品应纳税额计算

实行从量计征资源税的应税产品，应纳税额按照应税产品的销售数量乘以具体适用税率计算。

应纳税额计算的基本公式为：

应纳税额＝应税产品销售数量×定额税率

二、例题

【例12-1】某油田2021年10月销售原油，开具增值税专用发票，发票上注明的销售额为5 000万元，增值税税额为650万元，按规定适用6%的资源税税率。计算该油田当月应缴纳的资源税。

解：

应纳税额＝5 000×6%＝300（万元）

【例12-2】某煤炭企业2021年12月销售原煤，取得不含增值税销售额1 000万元，当地煤炭原矿资源税税率为3%。计算该煤炭企业当月应缴纳的资源税。

解：

应纳税额=1 000×3%=30（万元）

【例12-3】甲企业是一家砂石开采企业，2022年6月份销售自采的砂石原矿500吨，销售收入5万元（不含增值税），已知砂石原矿适用的资源税税率为每吨5元。计算该企业当月应缴纳的资源税。

解：

应纳税额=500×5=2 500（元）

【例12-4】2022年5月，某煤炭企业将外购的100万元（不含增值税）原煤与自采200万元原煤混合洗选加工为选煤销售，选煤销售额为450万元（不含增值税），已知当地煤炭原矿资源税税率为5%、选矿税率为4%。计算该煤炭企业当月应缴纳的资源税。

解：

（1）计算应税产品销售额时，

$$\text{准予扣减的外购应税产品购进金额} = \text{外购原煤购进金额} \times \left(\frac{\text{本地区原煤适用税率}}{\text{本地区选煤适用税率}} \right)$$

$$=100 \times (5\% \div 4\%) = 125 \text{（万元）}$$

（2）应纳税额=（450-125）×4%=13（万元）

第六节　税款缴纳

一、纳税申报

资源税按月或者按季申报缴纳；不能按固定期限计算缴纳的，可以按次申报缴纳。

纳税人按月或者按季申报缴纳的，应当自月度或者季度终了之日起15日内，向税务机关办理纳税申报并缴纳税款；按次申报缴纳的，应当自纳税义务发生之日起15日内，向税务机关办理纳税申报并缴纳税款。

纳税人申报资源税时，应当填报"资源税纳税申报表"。

二、纳税地点

纳税人应当向应税产品开采地或者生产地的税务机关申报缴纳资源税。

纳税人应当在矿产品的开采地或者海盐的生产地缴纳资源税。

三、征收管理

资源税由税务机关依照《资源税法》和《税收征收管理法》的规定征收管理。海上开采的原油和天然气资源税由海洋石油税务管理机构征收管理。

税务机关与自然资源等相关部门应当建立工作配合机制,加强资源税征收管理。

纳税人、税务机关及其工作人员违反《资源税法》规定的,依照《税收征收管理法》和有关法律法规的规定追究法律责任。

第七节　水资源税试行办法

一、税种设置

我国水资源严重短缺,用水浪费现象突出,水环境污染和水生态损害严重,制约着我国经济社会的可持续发展。长期以来,我国对水资源主要采取收费形式,未将其纳入资源税征税范围。与征税相比,收费形式强制性与规范性较弱,有必要将取水行为由原来的缴费模式转为缴税模式。开征水资源税,可以利用税收刚性手段,有效调节用水需求,并与其他政策相互配合、形成合力,有效抑制地下水超采和不合理的用水需求,推进水资源节约利用,缓解水资源供需矛盾,推动形成节约与保护水资源的社会环境。鉴于取用水资源涉及面广、情况复杂,在全国范围统一征收资源税的条件尚不成熟,为确保改革平稳有序实施,宜选取特定地区先行开展试点工作。在总结水资源税改革试点经验基础上,财政部、国家税务总局将选择其他地区逐步扩大试点范围,条件成熟后在全国推开。

相对于全国其他地区而言,河北省水资源严重短缺,人均水资源量仅为全国平均水平的1/7,地下水超采总量及超采面积均占全国1/3,是超采最为严重的地区,由此造成的地下水位下降、地面沉降和地裂等问题,严重威胁当地生态环境和可持续发展,加大水资源保护力度迫在眉睫。2016年5月9日,财政部、国家税务总局和水利部联合下发《水资源税改革试点暂行办法》(财税〔2016〕55号),自2016年7月1日起率先在河北省实施水资源税改革试点。2016年12月1日,三部门又联合下发《关于河北省水资源税改革试点有关政策的通知》(财税〔2016〕130号),进一步明确水资源税改革试点有关政策问题。为了加强水资源管理和保护,促进水资源的节约与合理开发利用,财政部、税务总局、水利部于2017年11月24日颁发了《扩大水资源税改革试点实施办法的通知》(财税〔2017〕80号),决定自2017年12月1日起在北京、天津、山西、内蒙古、山东、河南、四川、陕西、宁夏等9

个省（自治区、直辖市）扩大水资源税改革试点。

目前，我国的水资源税改革正处于试点阶段，征税制度仍需通过试点探索和完善。为确保水资源税改革试点于法有据，2020年9月1日起施行的《资源税法》规定：水资源税试点实施办法由国务院规定，报全国人民代表大会常务委员会备案；国务院自《资源税法》施行之日起5年内，就征收水资源税试点情况向全国人民代表大会常务委员会报告，并及时提出修改法律的建议。

二、征税对象、纳税人与纳税义务发生时间

（一）征税对象

水资源税的征税对象为地表水和地下水。

地表水是陆地表面上动态水和静态水的总称，包括江、河、湖泊（含水库）等水资源。地下水是埋藏在地表以下各种形式的水资源。

（二）纳税人

根据《扩大水资源税改革试点实施办法》的规定，除特殊情形外，其他直接取用地表水、地下水的单位和个人，为水资源税的纳税人。

相关纳税人应按《中华人民共和国水法》《取水许可和水资源费征收管理条例》等规定申领取水许可证。

上述所称特殊情形是指以下几种情况，特殊情形不缴纳水资源税：

（1）农村集体经济组织及其成员从本集体经济组织的水塘、水库中取用水的；

（2）家庭生活和零星散养、圈养畜禽饮用等少量取用水的；

（3）水利工程管理单位为配置或者调度水资源取水的；

（4）为保障矿井等地下工程施工安全和生产安全必须进行临时应急取用（排）水的；

（5）为消除对公共安全或者公共利益的危害临时应急取水的；

（6）为农业抗旱和维护生态与环境必须临时应急取水的。

（三）纳税义务发生时间

水资源税的纳税义务发生时间为纳税人取用水资源的当日。

三、税基与税率

（一）税基

水资源税实行从量计征。其中，水力发电和火力发电贯流式（不含循环式）冷却取用水的税基，为纳税人的实际发电量。火力发电贯流式冷却取用水，是指火力发电企业从江河、湖泊（含水库）等水源取水，并对机组冷却后将水直接排入水源

的取用水方式。

除水力发电和火力发电贯流式冷却取用水外，城镇公共供水、疏干排水以及火力发电循环式冷却取用水等，税基均为纳税人的实际取用水量。城镇公共供水企业实际取用水量应当考虑合理损耗因素。疏干排水的实际取用水量按照排水量确定。疏干排水是指在采矿和工程建设过程中破坏地下水层、发生地下涌水的活动。火力发电循环式冷却取用水，是指火力发电企业从江河、湖泊（含水库）、地下等水源取水并引入自建冷却水塔，对机组冷却后返回冷却水塔循环利用的取用水方式。

纳税人应当安装取用水计量设施。纳税人未按规定安装取用水计量设施或者计量设施不能准确计量取用水量的，按照最大取水（排水）能力或者省级财政、税务、水行政主管部门确定的其他方法核定取用水量。

（二）税率

水资源税采用定额税率方式，税额标准区分类别、行业和地区等实行差别化税率。

1.分类别、分地区、分行业从高确定税额

（1）对取用地下水，从高确定税额。对同一类型取用水，地下水税额要高于地表水，水资源紧缺地区地下水税额要大幅高于地表水。

（2）对超采地区的地下水，从高确定税额。超采地区的地下水税额要高于非超采地区，严重超采地区的地下水税额要大幅高于非超采地区。在超采地区和严重超采地区取用地下水的具体适用税额，由试点省份省级人民政府按照非超采地区税额的 2 ~ 5 倍确定。

（3）对城镇公共供水管网覆盖地区的地下水，从高确定税额。在城镇公共供水管网覆盖地区取用地下水的，其税额要高于城镇公共供水管网未覆盖地区，原则上要高于当地同类用途的城镇公共供水价格。

（4）对特种行业取用水，从高确定税额。特种行业取用水，是指洗车、洗浴、高尔夫球场、滑雪场等取用水。

（5）对超计划（定额）取用水，从高确定税额。纳税人超过水行政主管部门规定的计划（定额）取用水量，在原税额基础上加征1~3倍，具体办法由试点省份省级人民政府确定。

（6）除特种行业和农业生产取用水外，对其他取用地下水的纳税人，原则上应当统一税额。试点省份可根据实际情况分步实施到位。

2.对农业生产取用水等特定取用水从低确定税额

（1）对超过规定限额的农业生产取用水，以及主要供农村人口生活用水的集中式饮水工程取用水，从低确定税额。农业生产取用水，是指种植业、畜牧业、水产养殖业、林业等取用水；供农村人口生活用水的集中式饮水工程，是指供水规模在

1 000立方米/天或者供水对象1万人以上，并由企事业单位运营的农村人口生活用水供水工程。

（2）对回收利用的疏干排水和地源热泵取用水，从低确定税额。

《扩大水资源税改革试点实施办法》中，对试点省份水资源税最低平均税额作了相关规定，具体标准见表12-2。

表12-2　　　　　　　　　试点省份水资源税最低平均税额表　　　　　　单位：元/立方米

省（区、市）	地表水最低平均税额	地下水最低平均税额
北京	1.6	4
天津	0.8	4
山西	0.5	2
内蒙古	0.5	2
山东	0.4	1.5
河南	0.4	1.5
四川	0.1	0.2
陕西	0.3	0.7
宁夏	0.3	0.7

各地确定水资源税税率水平时，应按以下规则掌握：

①除中央直属和跨省（区、市）水力发电取用水外，由试点省份省级人民政府统筹考虑本地区水资源状况、经济社会发展水平和水资源节约保护要求，在《试点省份水资源税最低平均税额表》规定的最低平均税额基础上，分类确定具体适用税额。

②试点省份的中央直属和跨省（区、市）水力发电取用水税额为每千瓦时0.005元。跨省（区、市）界河水电站水力发电取用水水资源税税额，与涉及的非试点省份水资源费征收标准不一致的，按较高一方标准执行。

四、税收优惠

下列情形，予以免征或者减征水资源税：

1.对规定限额内的农业生产取用水，免征水资源税。

2.取用污水处理再生水，免征水资源税。

3.除接入城镇公共供水管网以外，军队、武警部队通过其他方式取用水的，免征水资源税。

4.抽水蓄能发电取用水，免征水资源税。

5.采油排水经分离净化后在封闭管道回注的，免征水资源税。

6.财政部、税务总局规定的其他免征或者减征水资源税情形。

五、税额计算

（一）基本公式

水力发电和火力发电贯流式（不含循环式）冷却取用水，水资源税应纳税额的计算公式为：

应纳税额=实际发电量×适用税额

除水力发电和火力发电贯流式（不含循环式）冷却取用水外，水资源税应纳税额的计算公式为：

应纳税额=实际取用水量×适用税额

上述公式中所称适用税额，是指取水口所在地的适用税额。

（二）例题

【例12-5】位于河北省的某制药企业直接取用地下水，某月实际用水量为10 000立方米，适用税额标准为2.8元/立方米，计算该企业本月应缴纳的水资源税。

解：

应纳税额=10 000×2.8=28 000（元）

六、税款缴纳

（一）纳税申报

除农业生产取用水外，水资源税按季或者按月征收，由主管税务机关根据实际情况确定。对超过规定限额的农业生产取用水水资源税可按年征收。不能按固定期限计算纳税的，可以按次申报纳税。

纳税人应当自纳税期满或者纳税义务发生之日起15日内申报纳税。

（二）纳税地点

除特殊情形外，纳税人应当向生产经营所在地的税务机关申报缴纳水资源税。

在试点省份内取用水，其纳税地点需要调整的，由省级财政、税务部门决定。

跨省（区、市）调度的水资源，由调入区域所在地的税务机关征收水资源税。

跨省（区、市）水力发电取用水的水资源税在相关省份之间的分配比例，比照《财政部关于跨省区水电项目税收分配的指导意见》（财预〔2008〕84号）明确的增值税、企业所得税等税收分配办法确定。试点省份主管税务机关应当按照规定比例分配的水力发电量和税额，分别向跨省（区、市）水电站征收水资源税。

跨省（区、市）水力发电取用水涉及非试点省份水资源费征收和分配的，比照试点省份水资源税管理办法执行。

（三）征收管理

水资源税由税务机关依照《税收征收管理法》和《扩大水资源税改革试点实施办法》有关规定征收管理。

税务机关与水行政主管部门应建立协作征税机制。水行政主管部门应当将取用水单位和个人的取水许可、实际取用水量、超计划（定额）取用水量、违法取水处罚等水资源管理相关信息，定期送交税务机关。

纳税人根据水行政主管部门核定的实际取用水量向税务机关申报纳税。税务机关应当按照核定的实际取用水量征收水资源税，并将纳税人的申报纳税等信息定期送交水行政主管部门。

税务机关定期将纳税人申报信息与水行政主管部门送交的信息进行分析比对。征管过程中发现问题的，由税务机关与水行政主管部门联合进行核查。

□ 复习思考题

一、概念

资源税　特殊资源税　一般资源税　分类资源税　综合资源税　水资源税

二、问题

1.资源税的性质

2.资源税的特殊作用

3.资源税的发展演变

4.资源税的征税对象

5.资源税的纳税人

6.资源税的税基

7.资源税的税率

8.资源税的纳税地点

9.水资源税征税对象与纳税人

10.水资源税税基与税率

11.水资源税税收优惠

第十三章

土地增值税

主要内容
- 土地增值税的基本制度
- 土地增值税的税收优惠
- 土地增值税的计算与缴纳
- 土地增值税清算

第一节　税种设置

一、土地增值税的性质和类型

（一）土地增值税的性质

土地增值税是对土地价值按其增加额征收的一种税。土地作为一种特殊商品，随着社会经济的发展，生产和生活建设用地的扩大以及土地资源的相对紧缺，其价值会自然增值。一般包括土地（土地使用权）转移时发生的自然增值和未发生转移的土地自然增值。德国、英国、日本早期曾实施过的土地增值税，是对以上两种情况下的自然增值都征税。意大利的不动产增值税征税对象也包括这两部分。中国大陆、中国台湾地区只对土地转移时的自然增值征税。韩国则是对闲置土地的自然增值额征税。

（二）土地增值税的类型

1.特定（国有）土地增值税与一般土地增值税

以征税范围为标准，可将土地增值税划分为特定（国有）土地增值税与一般土地增值税两种类型。特定（国有）土地增值税是对所有权属于国家的土地增加额征收的土地增值税。一般土地增值税是对所有权属于国家或私人的全部土地增加额征收的土地增值税。西方市场经济国家通常实行多重土地所有权制度，因此，征收土地增值税的国家主要采用一般土地增值税。中国现行土地增值税则属于特定（国有）土地增值税，征税对象仅为转让国有土地使用权及地上建筑物的行为。

2.定期土地增值税与转让土地增值税

以纳税环节为标准，可将土地增值税划分为定期土地增值税与转让土地增值税两种类型。定期土地增值税是对一定时期内土地价值上涨部分征收的土地增值税。这种类型的土地增值税，不考虑土地是否转让，每隔一定时期对土地实施评估，并对由此产生的土地增值额征税。如每经过10~15年，对土地价值重新评估，按新价格征税。转让土地增值税，是在土地所有权（使用权）发生转让时，对土地出售价格高于原购入价格的增值部分征收的土地增值税。西方典型国家，如意大利的土地增值税基本上属于定期土地增值税。中国现行土地增值税属于转让土地增值税，仅在土地发生转让，产生权利转移时征收。

3.全额土地增值税与超额土地增值税

以税基为标准，可将土地增值税划分为全额土地增值税与超额土地增值税两种类型。全额土地增值税是不考虑土地增值额的多少，只要有增值即对全部增值额按统一标准征收的土地增值税。超额土地增值税是根据土地增值额大小，实施不同的税率征收的土地增值税。典型国家，如韩国基本上属于全额土地增值税，税率采取一致的比例税率。中国现行土地增值税则属于超额土地增值税，依据土地增值额的不同，分别采用4档税率征收。

二、土地增值税的特殊作用

（一）有利于正确处理政府与土地所有者或使用者的利益关系，实现"地利共享"

土地增值收益是土地所有者或使用者投资经营的结果，与人口增加、经济发展、社会进步等社会经济因素有很大关系，也与政府提供的一般性公共服务有关。因此，对土地的自然增值收益应在政府与土地所有者或使用者之间合理地分配。征收土地增值税，是实现政府参与土地的增值收益分配的主要手段，既可以保证社会公共利益不受损害，又给予了土地经营者或使用者适当的利益。

（二）有利于土地资源的合理开发与利用，遏制投机行为

土地是国民生存之本。合理利用和开发土地资源，是造福于子孙后代，实现可持续发展的客观要求。开征土地增值税，有利于规范土地转让行为，合理配置土地

资源；同时，征收土地增值税，对土地增值收益实施税收调控，有利于从宏观上控制土地开发，抑制炒卖土地的投机行为。

（三）有利于控制地价，保持经济稳定

改革开放前，我国土地一直采取行政划拨的方式，不允许进行土地买卖。改革开放后，国家对土地使用管理制度逐步进行改革，确立了有偿使用、允许转让使用权的政策和制度。由于有关土地管理的各项制度滞后、不健全、不配套，以及行政管理上的偏差，近些年一些地区土地价格飞涨，这也是导致这些地区房价上涨、诱发房地产行业过热的主要因素。征收土地增值税，有利于抑制地价上涨，稳定房价，抑制房地产投资过热，保持经济稳定。

三、土地增值税的产生与发展

土地增值税的构想始于1871年约翰·穆勒起草的《土地改革纲领》，穆勒提出对不劳而获的土地增值应进行课税。19世纪末20世纪初，德国最早创立了地方与中央的土地增值税，英国和日本分别在1910年、1923年开征过土地增值税。之后，这些国家相继停征了土地增值税。

在中国，1930年，国民政府曾在其颁布的《土地法》中详细规定了土地增值税制度。

中华人民共和国成立后，曾于20世纪80年代后期，尝试土地制度的改革。1990年5月，国务院发布了《中华人民共和国城镇国有土地使用权的出让和转让暂行条例》，为土地使用权成为生产要素进入市场提供了法律保障。

目前，中国土地增值税的法律依据主要是1993年12月国务院颁布的《中华人民共和国土地增值税暂行条例》（简称《土地增值税条例》）和1995年1月财政部发布的《中华人民共和国土地增值税暂行条例实施细则》（简称《土地增值税实施细则》）。2011年1月8日《国务院关于废止和修改部分行政法规的决定》对《土地增值税条例》作了部分修订。

第二节 征税对象、纳税人与纳税义务发生时间

一、征税对象

《土地增值税条例》规定，土地增值税的征税对象为有偿转让国有土地使用权、地上建筑物及其附属物产权的行为（简称转让房地产）。其中，土地是指按国家法律规定属于国家所有的土地；地上建筑物是指建于土地上的一切建筑物，包括地上

地下的各种附属设施；附属物是附着于土地之上不能移动或一经移动即遭损坏的物品；国有土地使用权是指根据法律、合同等规定，对国家所有的土地享有的使用权利。地上建筑物及其附属物的所有权是公民和法人通过买卖、赠与、继承等各种合法方式享有的产权权利，包括占有、使用、收益和处分权利。转让国有土地使用权、地上建筑物及其附属物所有权是变更土地使用权的权属关系；有偿转让国有土地使用权、地上建筑物及其附属物产权是以出售、交换等形式转让土地使用权并取得收入。

二、纳税人

土地增值税的纳税人是转让国有土地使用权、地上的建筑物及其附属物并取得收入的单位和个人。这里所说的单位，是指各类企业单位、事业单位、国家机关和社会团体及其他组织。所说的个人，是指个体经营者及其他个人。外商投资企业、外国企业及外国驻华机构，以及外国公民、华侨、港澳台同胞等，均属纳税人之列。

知识拓展 13-1

有偿转让房地产行为判定

三、纳税义务发生时间

1.转让国有土地使用权、地上建筑物及附着物的，其纳税义务发生时间，为取得收入的当天。

2.以赊销或分期收款方式转让房地产的，其纳税义务发生时间，为本期收到价款的当天或合同约定本期应收价款日期的当天。

3.采用预收价款方式转让房地产的，其纳税义务发生时间，为收到预收价款的当天。

知识拓展 13-2

特殊行为土地增值税的税收处理

第三节 税基与税率

一、税基

土地增值税的税基是纳税人转让房地产实现的增值额，其计算公式为：

应税土地增值额=转让房地产所取得的收入-法定扣除项目金额

（一）收入额的确定

转让房地产取得的收入是土地使用权所有人、地上建筑物及其附属物的产权所有人将使用权、产权转移给他人所取得的全部价款，包括货币收入、实物收入和其他收入以及与之有关的经济利益。其中，货币收入是纳税人转让房地产取得的现金、银行存款、支票、银行本票、汇票等各种信用票据和国库券、金融债券、企业债券、股票等有价证券。实物收入是纳税人转让房地产取得的各种实物形态的收入，通过对这些财产进行估价来确定其价值。其他收入是纳税人转让房地产取得的无形资产收入等其他各种具有财产价值的权利，如专利权、商标权、著作权等，对该类收入需进行专门评估确定其价值。

纳税人转让房地产取得的收入为不含增值税收入。免征增值税的，转让房地产取得的收入不扣减增值税税额。

（二）法定扣除项目的确定

1.销售开发产品扣除项目的确定

纳税人销售开发产品的，法定扣除项目金额主要包括：

（1）取得土地使用权所支付的金额。它包括纳税人为取得土地使用权所支付的地价款和按国家统一规定缴纳的有关费用，具体为：以出让方式取得土地使用权的，为支付的土地出让金；以行政划拨方式取得土地使用权的，为转让土地使用权时按规定补交的出让金；以转让方式取得土地使用权的，为支付的地价款。

（2）开发土地和新建房及配套设施的成本（简称房地产开发成本）。它主要是纳税人房地产开发项目实际发生的成本，包括土地征收及拆迁补偿费、前期工程费、建筑安装工程费、基础设施费、公共设施配套费、开发间接费用等。这些成本允许凭合法有效凭证予以扣除。

土地征收及拆迁补偿费包括土地征收费，耕地占用税，劳动力安置费，有关地上、地下附属物拆迁补偿的净支出和安置动迁用房支出等。前期工程费，包括规划、设计、项目可行性研究和水文、地质、勘察、测绘、"三通一平"等支出。建筑安装工程费，包括以出包方式支付给承包单位的建筑安装工程费、以自营方式发生的建筑安装工程费。基础设施费，包括开发小区内道路、供水、供电、供气、排污、排洪、通信、照明、环卫、绿化等工程发生的支出。公共配套设施费，包括不能有偿转让的开发小区内公共配套设施发生的支出。开发间接费用，主要指直接组织、管理开发项目而发生的费用，包括工资、职工福利费、折旧费、修理费、办公费、水电费、劳动保护费、周转房摊销等。

（3）开发土地和新建房及配套设施的费用（简称房地产开发费用）。房地产开发费用包括销售费用、管理费用和财务费用。在确定法定扣除项目金额时，不按纳税人房地产开发项目实际发生的费用进行扣除，而应按《土地增值税实施细则》规定的标准进行扣除。

具体说来，房地产开发费用的扣除按以下方法确定：

①纳税人能够按转让房地产项目计算分摊利息支出并提供金融机构贷款证明的。

　　纳税人发生的利息支出，凡能够按转让房地产项目计算分摊，并提供金融机构证明的，其利息支出允许据实扣除，但最高不能超过按商业银行同类同期贷款利率计算的金额。其他房地产开发费用按取得土地使用权所支付的金额及房地产开发成本两项金额之和的5%以内计算扣除。具体比例，由各省、自治区、直辖市人民政府规定。

　　房地产开发费用=分摊的利息支出+（取得土地使用权所支付的金额+房地产开发成本）×5%（以内）

　　②纳税人不能按转让房地产项目计算分摊利息支出或不能提供金融机构贷款证明的。

　　纳税人不能按转让房地产项目计算分摊利息支出或不能提供金融机构贷款证明的，利息支出不能单独扣除，其房地产开发费用按取得土地使用权所支付的金额及房地产开发成本两项金额之和的10%以内计算扣除。具体比例，由各省、自治区、直辖市人民政府规定。

　　房地产开发费用=（取得土地使用权所支付的金额+房地产开发成本）×10%（以内）

　　（4）与转让房地产有关的税金。与转让房地产有关的税金是指在转让房地产时缴纳的城市维护建设税、印花税。因转让房地产缴纳的教育费附加，也可视同税金予以扣除。

　　（5）财政部确定的其他扣除项目。对从事房地产开发的纳税人，可按取得土地使用权支付的金额与房地产开发成本之和加计20%的比例扣除。但是，对取得土地使用权后，未进行开发即转让的，在计算应纳土地增值税时，不得加计扣除。

　　其他扣除项目金额=（取得土地使用权所支付的金额+房地产开发成本）×20%

　　需要注意的是，上述土地增值税扣除项目涉及的增值税进项税额，允许在销项税额中计算抵扣的，不计入扣除项目，不允许在销项税额中计算抵扣的，可以计入扣除项目。

　　2.转让旧房及建筑物扣除项目的确定

　　旧房是指已建成并办理房屋产权证或取得购房发票的房产以及虽未办理房屋产权证但已建成并交付使用的房产。转让旧房的扣除项目分三种情形：

　　（1）通过房地产评估机构确定旧房及建筑物评估价格的，扣除项目的确定

　　①取得土地使用权所支付的地价款和按国家统一规定缴纳的有关费用。但是，对取得土地使用权时未支付地价款或不能提供已支付的地价款凭据的，不允许扣除取得土地使用权支付的金额。

　　②旧房及建筑物的评估价格。旧房及建筑物的评估价格是在转让已使用的旧房及建筑物时，由政府批准设立的房地产评估机构评定的重置成本价乘以成新度折扣率后的价格。评估价格的计算公式为：

　　评估价格=重置成本价×成新度折扣率

　　③与转让旧房及建筑物有关的税金。它包括城市维护建设税、印花税，因转让

旧房及建筑物缴纳的教育费附加，也可视同税金予以扣除。

④旧房及建筑物的评估费用。

（2）不能取得评估价格，但能提供购房发票的，扣除项目的确定

纳税人转让旧房及建筑物的，凡不能取得评估价格，但能提供购房发票的，其扣除项目包括：按经税务机关确认的发票所载金额每年加计5%计算的金额、与转让房地产有关的税金。其中，"每年"的确定按购房发票所载日期起至售房发票开具之日止，每满12个月计1年；超过1年，未满12个月但超过6个月的，可以视同为1年。对纳税人购房时缴纳的契税，凡能提供契税完税凭证的，准予作为"与转让房地产有关的税金"予以扣除，但不作为加计5%的基数。

（3）既没有评估价格，又不能提供购房发票的，扣除项目的确定

纳税人转让旧房及建筑物的，既没有评估价格，又不能提供购房发票的，实行核定征收。

对纳税人在转让房地产过程中，隐瞒、虚报房地产成交价格的，应由评估机构参照同类房地产的市场交易价格进行评估，税务机关根据评估价格确定转让房地产的收入；对于提供扣除项目金额不实的，应由评估机构按照重置成本价乘以成新度折扣率计算的房屋成本价和取得土地使用权时的基准地价进行评估，税务机关根据评估价格确定扣除项目金额；转让房地产成交价格低于房地产评估价格，又无正当理由的，由税务机关参照房地产评估价格确定转让房地产的收入。

二、税率

土地增值税税率本着增值多的多征、增值少的少征、无增值的不征的原则，采用四级超率累进税率：

1.增值额未超过扣除项目金额50%的部分，税率为30%。

2.增值额超过扣除项目金额50%、未超过扣除项目金额100%的部分，税率为40%。

3.增值额超过扣除项目金额100%、未超过扣除项目金额200%的部分，税率为50%。

4.增值额超过扣除项目金额200%的部分，税率为60%。

第四节　税收优惠

一、对建造、销售住房的税收优惠

1.对建造普通标准住宅出售，增值额未超过扣除项目金额20%的，免征土地增

值税。

　　普通标准住宅是指按所在地一般民用住宅标准建造的居住用住宅。高级公寓、别墅、度假村以及超面积、超标准豪华装修的住宅，均不属于普通标准住宅。普通标准住宅的具体认定，由各省、自治区、直辖市人民政府根据国家相关规定确定。

　　纳税人既建普通标准住宅又搞其他房地产开发的，应分别核算增值额。不分别核算增值额或不能准确核算增值额的，其建造的普通标准住宅不能适用免税规定。

　　2.对个人销售住房，暂免征收土地增值税。

　　为适当减轻个人住房交易的税收负担，自 2008 年 11 月 1 日起，对个人销售住房，暂免征收土地增值税。

二、对转让旧房的税收优惠

　　1.对转让旧房作为经济适用住房以及改造安置住房房源，增值额未超过扣除项目金额 20% 的，免征土地增值税。

　　企事业单位、社会团体以及其他组织转让旧房作为经济适用住房以及改造安置住房房源且增值额未超过扣除项目金额 20% 的，免征土地增值税。经济适用住房通常是指由政府出资扶持的具有经济性和适用性两方面特点的社会保障住房。改造安置住房是指相关部门和单位与棚户区①被征收人签订的房屋征收（拆迁）补偿协议或棚户区改造合同（协议）中明确用于安置被征收人的住房或通过改建、扩建、翻建等方式实施改造的住房。

　　2.对企事业单位、社会团体以及其他组织转让旧房作为公共租赁住房房源，且增值额未超过扣除项目金额 20% 的，免征土地增值税。

三、对因国家建设需要依法征收、收回的房地产的税收优惠

　　因国家建设需要依法征收、收回的房地产，是指因城市实施规划、国家建设的需要而被政府批准征收的房地产或收回的土地使用权。对这类房地产，免征土地增值税。

知识拓展
13-3

企业改制重组
有关土地增值
税政策

第五节　税额计算

一、基本公式

　　土地增值税应纳税额的计算，可以采用分步计算法和速算扣除法两种方法。

---

　　①　棚户区是指简易结构房屋较多、建筑密度较大、房屋使用年限较长、使用功能不全、基础设施简陋的区域，具体包括城市棚户区、国有工矿（含煤矿）棚户区、国有林区棚户区和国有林场危旧房、国有垦区危房。

分步计算法是以增值额中属于每一税率级别部分的金额，乘以该级的税率，再将由此而得出的每一级的应纳税额相加。分步计算法的计算公式为：

应纳税额 = ∑(各级距的土地增值额 ×适用税率)

速算扣除法是按总的土地增值额乘以适用税率，减去扣除项目金额乘以速算扣除系数的简单方法。速算扣除法计算公式为：

应纳税额=土地增值额×适用税率−扣除项目金额×速算扣除系数

速算扣除系数依据增值额占扣除项目金额比率大小分别确定。增值额未超过扣除项目金额50%的，速算扣除系数为零；增值额超过扣除项目金额50%、未超过100%的，速算扣除系数为5%；增值额超过扣除项目金额100%、未超过200%的，速算扣除系数为15%；增值额超过扣除项目金额200%的，速算扣除系数为35%。

实际工作中，由于分步计算法比较烦琐，一般可以采用速算扣除法来计算。

二、例题

1.销售开发产品应纳税额计算

【例13-1】某房地产开发公司将其建造的一幢商品房出售，取得不含增值税收入1 850万元，转让商品房环节缴纳的税金及附加8万元，纳税人为建造该幢商品房支付地价款350万元，建造此商品房投入540万元的房地产开发成本，由于种种原因，不能提供准确的利息支出情况。计算该公司应纳的土地增值税。（当地政府规定允许扣除的房地产开发费用的计算比例为10%）

知识拓展
13-4
速算扣除系数

解：

（1）房地产转让收入总额为1 850万元。

（2）确定扣除项目金额：

①取得土地使用权所支付的地价款为350万元。

②房地产开发成本为540万元。

③房地产开发费用=（350+540）×10%=89（万元）

④转让商品房环节缴纳的税金及附加为8万元。

⑤其他扣除项目=（350+540）×20%=178（万元）

扣除项目金额合计=350+540+89+8+178=1 165（万元）

（3）土地增值额=1 850−1 165=685（万元）

（4）增值额与扣除项目金额之比=685÷1 165×100%=58.8%

由于增值额与扣除项目金额之比超过50%、未超过100%，因此应适用40%的税率，速算扣除系数为5%。

（5）应纳税额=685×40%−1 165×5%=215.75（万元）

2.转让旧房应纳税额计算

【例13-2】A公司位于X市，"营改增"后为增值税一般纳税人。2016年4月20日从B公司购买一处坐落于X市的房产，取得了相关发票，成交价1 000万元，缴纳契税30万元（该省规定契税税率为3%），取得契税完税凭证，并办理了过户手续。A公司于2022年7月15日与C公司签订房屋买卖合同，将此处房产销售给C公司，合同所列金额1 500万元（含增值税），选择了按简易征收缴纳增值税办法并开具了发票。计算A公司应缴纳的土地增值税。

解：

（1）A公司销售房屋时缴纳的税费

①应纳增值税=（1 500-1 000）÷（1+5%）×5%=23.81（万元）

②城市维护建设税=23.81×7%=1.67（万元）

③教育费附加=23.81×3%=0.71（万元）

④印花税=1 500×5‰=0.75（万元）

（2）A公司应缴纳的土地增值税

①收入额=1 500-23.81=1 476.19（万元）

②扣除项目金额=1 000×（1+6×5%）+30+1.67+0.71+0.75=1 333.13（万元）

说明：根据财税〔2006〕21号第2条，关于转让旧房及建筑物能提供购房发票的，经税务部门确认，购房原始成本金额可按发票所载金额并从购买年度起至转让年度止每年加计5%计算。每年指以12个月为1年，超1年不满12个月但超6个月可视为1年。缴纳的契税如果有完税凭证的，也可扣除，但不得作为加计扣除基数。

③土地增值额=1 476.19-1 333.13=143.06（万元）

④增值额与扣除项目金额之比=143.06÷1 333.13×100%=10.73%

由于增值额与扣除项目金额之比低于50%，因此应适用30%的税率，速算扣除系数为0。

⑤应纳税额=143.06×30%-1 333.13×0=42.92（万元）

第六节　税款缴纳

一、纳税申报

土地增值税纳税人应在转让房地产合同签订后的7日内，到房地产所在地主管税务机关办理纳税申报，并向税务机关提交房屋及建筑物产权、土地使用权证书，土地转让、房产买卖合同，房地产评估报告及其他与转让房地产有关的资料。纳税人因经常发生房地产转让而难以在每次转让后申报的，经税务机关审核同意后，可以定期进行纳税申报，具体期限由税务机关根据实际情况确定。

二、征收方式

纳税人转让旧房及建筑物，应按相关规定计算缴纳土地增值税。

纳税人在项目全部竣工结算前转让房地产的收入可以预征土地增值税。具体办法由各省、自治区、直辖市税务局根据当地情况制定。

对从事房地产开发的纳税人，应先按预售房地产所取得的收入预征土地增值税，待符合清算条件后，进行清算，多退少补。

纳税人转让旧房及建筑物，应按相关规定计算缴纳土地增值税。

各省、自治区、直辖市、计划单列市税务部门可根据本地实际情况，对房地产市场管理机构比较健全，且各项管理制度比较完善、具备土地增值税代征能力的地区，从有利于税收征管、减少税款流失出发，按照税务机关征收为主的原则，把一些不易于税务机关直接征收且应纳税款较易计算的纳税事项，委托房地产管理部门进行代征。具体办法由各省、自治区、直辖市、计划单列市税务局制定，报省、自治区、直辖市、计划单列市人民政府批准后执行，并报国家税务总局备案。

三、纳税地点

土地增值税的纳税地点是房地产所在地。房地产所在地是房地产的坐落地。纳税人转让房地产坐落在两个或两个以上地区的，应按房地产所在地分别申报纳税。

纳税人是法人的，当转让的房地产坐落地与其机构所在地或经营所在地一致时，在办理税务登记的原管辖税务机关申报纳税；如果转让的房地产坐落地与其机构所在地或经营所在地不一致时，在房地产坐落地管辖的税务机关申报纳税。

纳税人是自然人的，当转让的房地产坐落地与其居住所在地一致时，在住所所在地税务机关申报纳税；当转让的房地产坐落地与其居住所在地不一致时，在办理过户手续所在地的税务机关申报纳税。

第七节　土地增值税清算

土地增值税清算，是指纳税人在符合土地增值税清算条件后，依照税收法律、法规及土地增值税有关政策规定，计算房地产开发项目应缴纳的土地增值税税额，并填写"土地增值税清算申报表"，向主管税务机关提供有关资料，办理土地增值税清算手续，结清该房地产项目应缴纳土地增值税税款的行为。

一、清算单位

土地增值税以国家有关部门审批的房地产开发项目为单位进行清算，对于分期开发的项目，以分期项目为单位清算。

开发项目中同时包含普通住宅和非普通住宅的，应分别计算增值额。

二、清算条件和清算时应提供的资料

（一）清算条件

1.符合下列条件之一的，纳税人应当进行土地增值税清算：

（1）房地产开发项目全部竣工、完成销售的；

（2）整体转让未竣工决算房地产开发项目的；

（3）直接转让土地使用权的。

属于应进行土地增值税清算的项目，纳税人应当在满足条件之日起90日内到主管税务机关办理清算手续。

2.符合下列条件之一的，主管税务机关可以要求纳税人进行土地增值税清算：

（1）已竣工验收的房地产开发项目，已转让的房地产建筑面积占整个项目可售建筑面积的比例在85%以上，或该比例虽未超过85%，但剩余的可售建筑面积已经出租或自用的；

（2）取得销售（预售）许可证满3年仍未销售完毕的；

（3）纳税人申请注销税务登记但未办理土地增值税清算手续的（该情形应在办理注销登记前进行土地增值税清算）；

（4）省（自治区、直辖市、计划单列市）税务机关规定的其他情况。

属于税务机关可要求纳税人进行土地增值税清算的项目，由主管税务机关确定是否进行清算；对于确定需要进行清算的项目，由主管税务机关下达清算通知，纳税人应当在收到清算通知之日起90日内办理清算手续。

（二）清算时应提供的资料

（1）土地增值税清算表及其附表。

（2）房地产开发项目的清算说明。具体包括房地产开发项目的立项、用地、开发、销售、关联方交易、融资、税款缴纳等基本情况及主管税务机关需要了解的其他情况。

（3）与转让房地产的收入、成本和费用有关的证明资料。具体包括项目竣工决算报表、取得土地使用权所支付的地价款凭证、国有土地使用权出让合同、银行贷款利息结算通知单、项目工程合同结算单、商品房购销合同统计表、销售明细表、预售许可证等。主管税务机关需要相应项目记账凭证的，纳税人还应提供记账凭证复印件。

（4）清算税款鉴证报告。纳税人委托税务中介机构审核鉴证的清算项目，还应报送中介机构出具的"土地增值税清算税款鉴证报告"。

三、清算时的收入确认

（一）直接销售房地产的收入确定

土地增值税清算时，已全额开具商品房销售发票的，按照发票所载金额确认收入；未开具发票或未全额开具发票的，以交易双方签订的销售合同所载的售房金额及其他收益确认收入。销售合同所载商品房面积与有关部门实际测量面积不一致，在清算前已发生补、退房款的，应在计算土地增值税时予以调整。

（二）非直接销售和自用房地产的收入确定

房地产开发企业将开发产品用于职工福利、奖励、对外投资、分配给股东或投资人、抵偿债务、换取其他单位和个人的非货币性资产等，发生所有权转移时应视同销售房地产，其收入按下列方法和顺序确认：①按本企业在同一地区、同一年度销售的同类房地产的平均价格确定；②由主管税务机关参照当地当年、同类房地产的市场价格或评估价值确定。

房地产开发企业将开发的部分房地产转为企业自用或用于出租等商业用途时，如果产权未发生转移，不征收土地增值税，在税款清算时不列收入，不扣除相应的成本和费用。

四、与清算项目有关的扣除项目金额确定

与清算项目有关的扣除项目金额，须根据《土地增值税暂行条例》的有关规定执行。计算扣除项目金额时，应注意以下问题：实际发生的支出中应当取得但未取得合法凭据的不得扣除；扣除项目金额中所归集的各项成本和费用，必须是实际发生的；扣除项目金额应当准确地在各扣除项目中分别归集，不得混淆；扣除项目金额中所归集的各项成本和费用必须是在清算项目开发中直接发生的或应当分摊的；纳税人分期开发项目或者同时开发多个项目的，或者同一项目中建造不同类型房地产的，应按照受益对象，采用合理的分配方法，分摊共同的成本费用。

（一）取得土地使用权所支付的金额

取得土地使用权所支付的金额作为扣除项目，清算时应注意以下问题：

（1）同一宗土地有多个开发项目，是否予以分摊，分摊办法是否合理、合规，具体金额的计算是否正确。

（2）有无将房地产开发费用计入取得土地使用权支付金额的情形。

（3）开发企业为取得土地使用权所支付的契税，是否视同"按国家统一规定交纳的有关费用"，计入"取得土地使用权所支付的金额"进行扣除。

（二）房地产开发成本

1.土地征收及拆迁补偿费

对于土地征收及拆迁补偿费，清算时应注意以下问题：

（1）同一宗土地有多个开发项目，是否予以分摊，分摊金额的计算是否正确；

（2）有无将房地产开发费用计入土地征收及拆迁补偿费的情形；

（3）拆迁补偿费是否实际发生，尤其是支付给个人的拆迁补偿款、拆迁（回迁）合同和签收花名册或签收凭证是否一一对应。

房地产开发企业发生的拆迁安置费，按以下办法处理：

一是房地产企业用建造的本项目房地产安置回迁户的，安置用房视同销售处理，按《国家税务总局关于房地产开发企业土地增值税清算管理有关问题的通知》（国税发〔2006〕187号）第3条第一款规定确认收入，同时将此确认为房地产开发项目的拆迁补偿费。房地产开发企业支付给回迁户的补差价款，计入拆迁补偿费；回迁户支付给房地产开发企业的补差价款，应抵减本项目拆迁补偿费。

二是开发企业采取异地安置，异地安置的房屋属于自行开发建造的，房屋价值按《国家税务总局关于房地产开发企业土地增值税清算管理有关问题的通知》第3条第一款的规定计算，计入本项目的拆迁补偿费；异地安置的房屋属于购入的，以实际支付的购房支出计入拆迁补偿费。

三是货币安置拆迁的，房地产开发企业凭合法有效凭据计入拆迁补偿费。

2.前期工程费

对于前期工程费，清算时应注意以下问题：

（1）前期工程费是否真实发生，有无虚列的情形；

（2）有无将房地产开发费用计入前期工程费的情形；

（3）多个（或分期）项目共同发生的前期工程费，是否按项目进行合理分摊。

3.建筑安装工程费

对于建筑安装工程费，清算时应注意以下问题：

（1）发生的费用是否与决算报告、审计报告、工程结算报告、工程施工合同记载的内容相符；

（2）开发企业自购建筑材料时，自购建材费用有无重复计算扣除项目的情形；

（3）参照当地当期同类开发项目单位平均建安成本或当地建设部门公布的单位定额成本，检验建筑安装工程费支出是否存在异常情况；

（4）开发企业采用自营方式自行施工建设时，有无虚列、多列施工人工费、材料费、机械使用费等情况；

（5）建筑安装发票是否在项目所在地税务机关开具。

另外，清算时还应注意：房地产开发企业在工程竣工验收后，根据合同约定，扣留建筑安装施工企业一定比例的工程款，作为开发项目的质量保证金，在计算土地增值税时，建筑安装施工企业就质量保证金对房地产开发企业开具发票的，按发票所载金额予以扣除；未开具发票的，扣留的质保金不得计算扣除。

4.基础设施费

对于基础设施费，清算时应注意以下问题：

（1）基础设施费是否真实发生，有无虚列的情形；

（2）有无将房地产开发费用计入基础设施费的情形；

（3）多个（或分期）项目共同发生的基础设施费，是否按项目进行合理分摊。

5.公共配套设施费

对于公共配套设施费，清算时应注意以下问题：

（1）公共配套设施的界定是否准确，公共配套设施费是否真实发生，有无预提的公共配套设施费情况；

（2）有无将房地产开发费用计入公共配套设施费的情况；

（3）多个（或分期）项目共同发生的公共配套设施费，是否按项目合理分摊。

需要注意的是，房地产开发企业开发建造的与清算项目配套的居委会和派出所用房、会所、停车场（库）、物业管理场所、变电站、热力站、水厂、文体场馆、学校、幼儿园、托儿所、医院、邮电通信等公共设施，应按以下原则处理：

一是建成后产权属于全体业主所有的，其成本、费用可以扣除；

二是建成后无偿移交给政府、公用事业单位用于非营利性社会公共事业的，其成本、费用可以扣除；

三是建成后有偿转让的，应计算收入，并准予扣除成本、费用。

6.开发间接费用

对于开发间接费用，清算时应注意以下问题：

（1）有无将企业行政管理部门（总部）为组织和管理生产经营活动而发生的管理费用计入开发间接费用的情形；

（2）开发间接费用是否真实发生，有无预提开发间接费用的情况；

（3）取得的凭证是否合法有效；

（4）计算扣除项目（开发成本）金额时，是否将按照会计准则规定计入开发成本的借款利息支出，按照税收规定从"开发成本"中调整出来。

（三）房地产开发费用

房地产开发费用作为扣除项目，清算时应注意以下问题：

（1）是否将利息支出从房地产开发成本中调整至开发费用；

（2）分期开发项目或者同时开发多个项目的，其取得的一般性贷款的利息支出，是否按照项目合理分摊；

（3）利用闲置专项借款对外投资取得收益，其收益是否冲减利息支出。

（四）与转让房地产有关的税金

清算时，须按照房地产开发企业确认的收入额，核查应缴纳的与转让房地产有关的城市维护建设税、印花税、教育费附加等。

（五）国家规定的其他扣除项目

其他扣除项目，清算时应注意以下问题：

（1）按"取得土地使用权所支付的金额"和"房地产开发成本"两项金额之和实行加计扣除的比例是否符合相关规定；

（2）房地产开发企业在售房时按县级以上人民政府要求代收的各项费用，是否计入房价并向购买方一并收取；当代收费用计入房价时，有无将代收费用计入加计扣除计算基数的情形。

土地增值税清算时，对于扣除项目的确定还应注意以下问题：

除税收法律法规另有规定外，扣除取得土地使用权支付的金额、房地产开发成本、房地产开发费用及与转让房地产有关的税金，须提供合法有效凭证；不能提供合法有效凭证的，不予扣除。

房地产开发企业办理土地增值税清算所附送的前期工程费、建筑安装工程费、基础设施费、开发间接费用的凭证或资料不符合清算要求或不实的，税务机关可参照当地建设工程造价管理部门公布的建安造价定额资料，结合房屋结构、用途、区位等因素，核定上述四项开发成本的单位面积金额标准，并据以计算扣除。具体核定方法由省税务机关确定。

在确定扣除项目金额时，属于多个房地产项目共同的成本费用，应按清算项目可售建筑面积占多个项目可售总建筑面积的比例或其他合理的方法，计算确定清算项目的扣除金额。

五、核定征收

在土地增值税清算过程中，纳税人符合下列条件之一的，可实行核定征收：

（1）依照法律、行政法规的规定应当设置但未设置账簿的；

（2）擅自销毁账簿或者拒不提供纳税资料的；

（3）虽设置账簿，但账目混乱或者成本资料、收入凭证、费用凭证残缺不全，难以确定转让收入或扣除项目金额的；

（4）符合土地增值税清算条件，企业未按照规定的期限办理清算手续，经税务机关责令限期清算，逾期仍不清算的；

（5）申报的计税依据明显偏低，又无正当理由的。

符合核定征收条件的，由主管税务机关发出核定征收的税务事项告知书后，税务人员对房地产项目开展土地增值税核定征收核查，经主管税务机关审核合议，通知纳税人申报缴纳应补缴税款或办理退税。

六、清算后再转让房地产的处理

在土地增值税清算时未转让的房地产，清算后销售或有偿转让的，纳税人应按规定进行土地增值税的纳税申报，扣除项目金额按清算时的单位建筑面积成本费用乘以销售或转让面积计算。

单位建筑面积成本费用=清算时的扣除项目总金额÷清算的总建筑面积

七、清算后应补缴的土地增值税加收滞纳金问题

纳税人按规定预缴土地增值税后，清算补缴的土地增值税，在主管税务机关规定的期限内补缴的，不加收滞纳金。

☐ 复习思考题

一、概念

土地增值税 土地增值税清算

二、问题

1. 土地增值税的性质与类型
2. 土地增值税的特殊作用
3. 土地增值税的征税对象与纳税人
4. 土地增值税的税基与税率
5. 土地增值税的税收优惠
6. 土地增值税的清算管理

第十四章

耕地占用税与环境保护税

主要内容
- 耕地占用税的基本制度
- 耕地占用税的税收优惠
- 耕地占用税的计算与缴纳
- 环境保护税的基本制度
- 环境保护税的税收优惠
- 环境保护税的计算与缴纳

第一节　耕地占用税

一、税种设置

耕地占用税是对建房占用耕地或非农业建设占用耕地的行为征收的一种税。

征收耕地占用税的主要目的是限制非农业建设占用耕地的行为，保护农业用地。1987年，依据国务院颁布的《中华人民共和国耕地占用税暂行条例》，耕地占用税在我国正式设立。耕地占用税的实施，对保护耕地、促进合理利用土地资源起到了一定的积极作用。但随着经济的发展，耕地占用税的有关规定越来越不适应新形势的需要，保护耕地的作用日益弱化。为了进一步加大耕地保护力度，2007年12月国务院公布了新的《中华人民共和国耕地占用税暂行条例》（简称《耕地占用税暂行条例》），提高了税额标准，统一了内外资企业税负水平，进一步从严控制减免税，规范了征收管理。《耕地占用税暂行条例》施行以来运行比较平稳，对促进合理利用土地资源、加大耕地保护力度发挥着重要作用。2013年中共十八届三中全会明确提出"落实税收法定原则"的重大改革任务，根据2015年党中央审议通过的《贯彻落实税收法定原则的实施意见》对相关立法工作的安排，按照积极、稳妥、有序、先易后难的原则，2018年12月耕地占用税完成了立法工作，由税收暂行条例上升为税收法律。

目前，耕地占用税的法律依据是2018年12月29日第十三届全国人民代表大会常务委员会第七次会议通过、自2019年9月1日起施行的《中华人民共和国耕地占用税法》（简称《耕地占用税法》）。

二、征税对象、纳税人与纳税义务发生时间

（一）征税对象

耕地占用税的征税对象是建设建筑物、构筑物或者从事非农业建设占用的耕地。占用耕地建设农田水利设施的，不缴纳耕地占用税。所称耕地，是指用于种植农作物的土地。

纳税人因建设项目施工或者地质勘查临时占用耕地，应当按规定缴纳耕地占用税。纳税人在批准临时占用耕地期满之日起一年内依法复垦，恢复种植条件的，全额退还已经缴纳的耕地占用税。临时占用耕地，是指经自然资源主管部门批准，在一般不超过2年内临时使用耕地并且没有修建永久性建筑物的行为。依法复垦应由自然资源主管部门会同有关行业管理部门认定并出具验收合格确认书。

因挖损、采矿塌陷、压占、污染等损毁耕地属于税法所称的非农业建设，应依照税法规定缴纳耕地占用税；自自然资源、农业农村等相关部门认定损毁耕地之日起3年内依法复垦或修复，恢复种植条件的，按相关规定办理退税。

占用园地、林地、草地、农田水利用地、养殖水面、渔业水域滩涂以及其他农用地建设建筑物、构筑物或者从事非农业建设的，应按规定缴纳耕地占用税。园地，包括果园、茶园、橡胶园、其他园地，其中，其他园地包括种植桑树、可可、咖啡、油棕、胡椒、药材等其他多年生作物的园地。林地，包括乔木林地、竹林地、红树林地、森林沼泽、灌木林地、灌丛沼泽、其他林地，不包括城镇村庄范围内的绿化林木用地，铁路、公路征地范围内的林木用地，以及河流、沟渠的护堤林用地，其他林地包括疏林地、未成林地、迹地、苗圃等林地。草地，包括天然牧草地、沼泽草地、人工牧草地，以及用于农业生产并已由相关行政主管部门发放使用权证的草地。农田水利用地，包括农田排灌沟渠及相应附属设施用地。养殖水面，包括人工开挖或者天然形成的用于水产养殖的河流水面、湖泊水面、水库水面、坑塘水面及相应附属设施用地。渔业水域滩涂，包括专门用于种

植或者养殖水生动植物的海水潮浸地带和滩地，以及用于种植芦苇并定期进行人工养护管理的苇田。

占用园地、林地、草地、农田水利用地、养殖水面、渔业水域滩涂以及其他农用地建设直接为农业生产服务的生产设施的，不缴纳耕地占用税。直接为农业生产服务的生产设施，是指直接为农业生产而建设的建筑物和构筑物。具体包括：储存农用机具和种子、苗木、木材等农业产品的仓储设施；培育、生产种子、种苗的设施；畜禽养殖设施；木材集材道、运材道；农业科研、试验、示范基地；野生动植物保护、护林、森林病虫害防治、森林防火、木材检疫的设施；专为农业生产服务的灌溉排水、供水、供电、供热、供气、通讯基础设施；农业生产者从事农业生产必需的食宿和管理设施；其他直接为农业生产服务的生产设施。

耕地占用税实行一次课征制，已经缴纳耕地占用税的土地，不再缴纳耕地占用税。

（二）纳税人

耕地占用税的纳税人是在中华人民共和国境内占用耕地建设建筑物、构筑物或者从事非农业建设的单位和个人。

经批准占用耕地的，纳税人为农用地转用审批文件中标明的建设用地人；农用地转用审批文件中未标明建设用地人的，纳税人为用地申请人，其中用地申请人为各级人民政府的，由同级土地储备中心、自然资源主管部门或政府委托的其他部门、单位履行耕地占用税申报纳税义务。

未经批准占用耕地的，纳税人为实际用地人。

（三）纳税义务发生时间

耕地占用税的纳税义务发生时间为纳税人收到自然资源主管部门办理占用耕地手续的书面通知的当日。未经批准占用应税土地的纳税人，其纳税义务发生时间为自然资源主管部门认定其实际占用耕地的当日。

因挖损、采矿塌陷、压占、污染等损毁耕地的纳税义务发生时间为自然资源、农业农村等相关部门认定损毁耕地的当日。

纳税人占用的耕地按规定享受免征或者减征耕地占用税后，改变原占地用途，需要补缴耕地占用税的，其纳税义务发生时间为改变用途当日，具体为：经批准改变用途的，纳税义务发生时间为纳税人收到批准文件的当日；未经批准改变用途的，纳税义务发生时间为自然资源主管部门认定纳税人改变原占地用途的当日。

三、税基与税率

（一）税基

耕地占用税以纳税人实际占用的属于耕地占用税征税范围的土地（简称"应税土地"）面积为税基。应税土地面积包括经批准占用面积和未经批准占用面积，以平方米为单位。

（二）税率

为更好地保护农业用地，耕地占用税采用以县、自治县、不设区的市、市辖区为单位，以人均耕地面积为依据的地区差别幅度定额税率。税率规定如下：

1.一般规定

（1）人均耕地不超过1亩的地区（以县、自治县、不设区的市、市辖区为单位，下同），每平方米为10～50元；

（2）人均耕地超过1亩但不超过2亩的地区，每平方米为8～40元；

（3）人均耕地超过2亩但不超过3亩的地区，每平方米为6～30元；

（4）人均耕地超过3亩的地区，每平方米为5～25元。

各地区耕地占用税的适用税额，由省、自治区、直辖市人民政府根据人均耕地面积和经济发展等情况，在上述规定的税额幅度内提出，报同级人民代表大会常务委员会决定，并报全国人民代表大会常务委员会和国务院备案。各省、自治区、直辖市耕地占用税适用税额的平均水平，不得低于《各省、自治区、直辖市耕地占用税平均税额表》（见表14-1）规定的平均税额。

表14-1　　　　　各省、自治区、直辖市耕地占用税平均税额表

省、自治区、直辖市	平均税额（元/平方米）
上海	45
北京	40
天津	35
江苏、浙江、福建、广东	30
辽宁、湖北、湖南	25
河北、安徽、江西、山东、河南、重庆、四川	22.5
广西、海南、贵州、云南、陕西	20
山西、吉林、黑龙江	17.5
内蒙古、西藏、甘肃、青海、宁夏、新疆	12.5

2.特殊规定

（1）在人均耕地低于0.5亩的地区，省、自治区、直辖市可以根据当地经济发展情况，适当提高耕地占用税的适用税额，但提高的部分不得超过上述一般规定中第（1）条确定的适用税额的50%。

（2）占用基本农田的，应当按照上述一般规定的第（1）条或者特殊规定的第（1）条确定的当地适用税额，加按150%征收。基本农田，是指依据《基本农田保护条例》划定的基本农田保护区范围内的耕地。

四、税收优惠

（一）法定免税

《耕地占用税法》规定的免税情形包括：

1.军事设施、学校、幼儿园、社会福利机构、医疗机构占用耕地，免征耕地占用税。

免税的军事设施，是指《中华人民共和国军事设施保护法》第2条所列建筑物、场地和设备。具体包括：指挥机关，地面和地下的指挥工程、作战工程；军用机场、港口、码头；营区、训练场、试验场；军用洞库、仓库；军用通信、侦察、导航、观测台站，测量、导航、助航标志；军用公路、铁路专用线，军用通信、输电线路，军用输油、输水管道；边防、海防管控设施；国务院和中央军事委员会规定的其他军事设施。

免税的学校，是指县级以上人民政府教育行政部门批准成立的大学、中学、小学，学历性职业教育学校和特殊教育学校，以及经省级人民政府或其人力资源社会保障行政部门批准成立的技工院校。学校内经营性场所和教职工住房占用耕地的，按照当地适用税额缴纳耕地占用税。

免税的幼儿园，是指县级以上人民政府教育行政部门批准成立的幼儿园内专门用于幼儿保育、教育的场所。

免税的社会福利机构，是指依法登记的养老服务机构、残疾人服务机构、儿童福利机构及救助管理机构、未成年人救助保护机构内专门为老年人、残疾人、未成年人及生活无着的流浪乞讨人员提供养护、康复、托管等服务的场所。养老服务机构，是指为老年人提供养护、康复、托管等服务的老年人社会福利机构。具体包括老年社会福利院、养老院（或老人院）、老年公寓、护老院、护养院、敬老院、托老所、老年人服务中心等。残疾人服务机构，是指为残疾人提供养护、康复、托管等服务的社会福利机构。具体包括为肢体、智力、视力、听力、语言、精神方面有残疾的人员提供康复和功能补偿的辅助器具，进行康复治疗、康复训练，承担教育、养护和托管服务的社会福利机构。儿童福利机构，是指为孤、弃、残儿童提供养护、康复、医疗、教育、托管等服务的儿童社会福利服务机构。具体包括儿童福利院、社会福利院、SOS儿童村、孤儿学校、残疾儿童康复中心、社区特教班等。社会救助机构，是指为生活无着的流浪乞讨人员提供寻亲、医疗、未成年人教育、离站等服务的救助管理机构。具体包括县级以上人民政府设立的救助管理站、未成年人救助保护中心等专门机构。

免税的医疗机构，具体范围限于县级以上人民政府卫生健康行政部门批准设立的医疗机构内专门从事疾病诊断、治疗活动的场所及其配套设施。医疗机构内职工住房占用耕地的，按照当地适用税额缴纳耕地占用税。

另外，在农用地转用环节，用地申请人能证明建设用地人符合上述规定的免税情形的（军事设施、学校、幼儿园、社会福利机构、医疗机构占用耕地），免征用地申请人的耕地占用税；在供地环节，建设用地人使用耕地用途符合上述规定的免税情形的，由用地申请人和建设用地人共同申请，按退税管理的规定退还用地申请人已经缴纳的耕地占用税。

2.农村居民经批准搬迁，新建自用住宅占用耕地不超过原宅基地面积的部分，免征耕地占用税。

3.农村烈士遗属、因公牺牲军人遗属、残疾军人以及符合农村最低生活保障条件的农村居民，在规定用地标准以内新建自用住宅，免征耕地占用税。

（二）法定减税

《耕地占用税法》规定的减税情形包括：

1.铁路线路、公路线路、飞机场跑道、停机坪、港口、航道、水利工程占用耕地，减按每平方米2元的税额征收耕地占用税。

减税的铁路线路，是指铁路路基、桥梁、涵洞、隧道及其按照规定两侧留地、防火隔离带。专用铁路和铁路专用线占用耕地的，按照当地适用税额缴纳耕地占用税。

减税的公路线路，是指经批准建设的国道、省道、县道、乡道和属于农村公路的村道的主体工程以及两侧边沟或者截水沟。具体包括：高速公路、一级公路、二级公路、三级公路、四级公路和等外公路的主体工程及两侧边沟或者截水沟。专用公路和城区内机动车道占用耕地的，按照当地适用税额缴纳耕地占用税。

减税的飞机场跑道、停机坪，是指经批准建设的民用机场专门用于民用航空器起降、滑行、停放的场所。

减税的港口，是指经批准建设的港口内供船舶进出、停靠以及旅客上下、货物装卸的场所。

减税的航道，是指在江、河、湖泊、港湾等水域内供船舶安全航行的通道。

减税的水利工程，是指经县级以上人民政府水行政主管部门批准建设的防洪、排涝、灌溉、引（供）水、滩涂治理、水土保持、水资源保护等各类工程及其配套和附属工程的建筑物、构筑物占压地和经批准的管理范围用地。

2.农村居民在规定用地标准以内占用耕地新建自用住宅，按照当地适用税额减半征收耕地占用税。

需要注意的是，依照税法规定免征或者减征耕地占用税后，纳税人改变原占地用途，不再属于免征或者减征耕地占用税情形的，应自改变用途之日起30日内申报补缴税款，补缴税款按改变用途的实际占用耕地面积和改变用途时当地适用税额计算。

（三）国务院规定的减税

依据《财政部 税务总局关于进一步实施小微企业"六税两费"减免政策的公告》（财政部 税务总局公告2022年第10号）规定，自2022年1月1日至2024年12月31日，对增值税小规模纳税人、小型微利企业和个体工商户可以在50%的税额幅度内减征耕地占用税。增值税小规模纳税人、小型微利企业和个体工商户已依法享受耕地占用税其他优惠政策的，可叠加享受该项规定的优惠政策。

五、税额计算

（一）基本公式

耕地占用税以应税土地面积为税基，按应税土地当地适用税额计算应纳税款，实行一次性征收。

耕地占用税的基本计算公式为：

应纳税额＝应税土地面积×适用税额

当地适用税额是指省、自治区、直辖市人民代表大会常务委员会决定的应税土地所在地县级行政区的现行适用税额。

加按150%征收耕地占用税的计算公式为：

应纳税额＝应税土地面积×适用税额×150%

（二）例题

【例14-1】某市一家企业经批准新占用20 000平方米耕地（非基本农田）用于工业建设，所占耕地适用的税额标准为每平方米20元。计算该企业应缴纳的耕地占用税。

解：

应纳税额＝20 000×20＝400 000（元）

【例14-2】某农民经批准占用耕地（非基本农田）200平方米新建住房。当地耕地占用税税额标准为每平方米15元。计算该农民应缴纳的耕地占用税。

解：

应纳税额=200×15÷2=1 500（元）

六、税款缴纳

耕地占用税由税务机关负责征收。纳税人占用耕地，应当在耕地所在地申报纳税。纳税人应当自纳税义务发生之日起30日内申报缴纳耕地占用税。自然资源主管部门凭耕地占用税完税凭证或者免税凭证和其他有关文件发放建设用地批准书。

纳税人占地类型、占地面积和占地时间等纳税申报数据材料以自然资源等相关部门提供的相关材料为准；未提供相关材料或者材料信息不完整的，经主管税务机关提出申请，由自然资源等相关部门自收到申请之日起30日内出具认定意见。

税务机关发现纳税人的纳税申报数据资料异常或者纳税人未按照规定期限申报纳税的，可以提请相关部门进行复核，相关部门应当自收到税务机关复核申请之日起30日内向税务机关出具复核意见。

纳税人的纳税申报数据资料异常或者纳税人未按照规定期限申报纳税的，包括下列情形：

（1）纳税人改变原占地用途，不再属于免征或者减征耕地占用税情形，未按照规定进行申报的；

（2）纳税人已申请用地但尚未获得批准先行占地开工，未按照规定进行申报的；

（3）纳税人实际占用耕地面积大于批准占用耕地面积，未按照规定进行申报的；

（4）纳税人未履行报批程序擅自占用耕地，未按照规定进行申报的；

（5）其他应提请相关部门复核的情形。

税务机关应当与相关部门建立耕地占用税涉税信息共享机制和工作配合机制。县级以上地方人民政府自然资源、农业农村、水利、生态环境等相关部门应当定期向税务机关提供农用地转用、临时占地等信息，包括农用地转用信息、城市和村庄集镇按批次建设用地转而未供信息、经批准临时占地信息、改变原占地用途信息、未批先占农用地查处信息、土地损毁信息、土壤污染信息、土地复垦信息、草场使用和渔业养殖权证发放信息等，协助税务机关加强耕地占用税征收管理。

各省、自治区、直辖市人民政府应当建立健全本地区跨部门耕地占用税部门协作和信息交换工作机制。

耕地占用税的征收管理，依照《耕地占用税法》和《税收征收管理法》的规定执行。

纳税人、税务机关及其工作人员违反本法规定的，依照《税收征收管理法》和有关法律法规的规定追究法律责任。

第二节 环境保护税

一、税种设置

环境保护税是对直接向环境排放大气污染物、水污染物、固体废物和噪声等应税污染物的企业事业单位和其他生产经营者，按照污染当量数、排放量或分贝数征收的一种税。

我国的环境保护税是通过"清费立税"产生的，它的前身是排污费。1979年颁布的《中华人民共和国环境保护法（试行）》确立了排污费制度，对废气、污水、固体废物、噪声等4种污染源征收排污费。2003年国务院公布的《排污费征收使用管理条例》对排污费征收、使用的管理作了规定。多年来，排污收费制度对环境保护发挥了重要作用，但与税收制度相比，排污费制度存在着执法刚性不足、地方政府和部门干预等问题，一定程度上影响了环境保护政策的落实，因而有必要进行环境保护费改税。开征环境保护税，有利于保护和改善环境，减少污染物排放，推进生态文明建设。

环境保护税的法律依据主要是2016年12月25日第十二届全国人民代表大会常务委员会第二十五次会议通过、自2018年1月1日起施行的《中华人民共和国环境保护税法》（简称《环境保护税法》）和2017年12月25日国务院颁布的《中华人民共和国环境保护税法实施条例》（简称《环境保护税法实施条例》）。

二、征税对象、纳税人与纳税义务发生时间

（一）征税对象

环境保护税的征税对象为应税污染物。应税污染物是指《环境保护税法》所附《环境保护税税目税额表》和《应税污染物和当量值表》规定的大气污染物、水污染物、固体废物和噪声。

燃烧产生废气中的颗粒物，按照大气污染物中的烟尘征收环境保护税。排放的扬尘、工业粉尘等颗粒物，除可以确定为烟尘、石棉尘、玻璃棉尘、炭黑尘的外，按照一般性粉尘征收环境保护税。

以下情况，应当缴纳环境保护税：

第一，依法设立的城乡污水集中处理、生活垃圾集中处理场所超过国家和地方规定的排放标准向环境排放应税污染物的。城乡污水集中处理场所，是指为社会公众提供生活污水处理服务的场所，不包括为工业园区、开发区等工业聚集区域内的

企业事业单位和其他生产经营者提供污水处理服务的场所，以及企业事业单位和其他生产经营者自建自用的污水处理场所。

第二，企业事业单位和其他生产经营者贮存或者处置固体废物不符合国家和地方环境保护标准的。

第三，达到省级人民政府确定的规模标准并且有污染物排放口的畜禽养殖场，应当依法缴纳环境保护税。

（二）纳税人

环境保护税的纳税人是在中华人民共和国领域和中华人民共和国管辖的其他海域，直接向环境排放应税污染物的企业事业单位和其他生产经营者。

根据《环境保护税法》和《环境保护税法实施条例》规定，有下列情形之一的，不属于直接向环境排放污染物，不缴纳相应污染物的环境保护税：

（1）企业事业单位和其他生产经营者向依法设立的污水集中处理、生活垃圾集中处理场所排放应税污染物的。

（2）企业事业单位和其他生产经营者在符合国家和地方环境保护标准的设施、场所贮存或者处置固体废物的。

（3）畜禽养殖场依法对畜禽养殖废弃物进行综合利用和无害化处理的。

（三）纳税义务发生时间

环境保护税的纳税义务发生时间为纳税人排放应税污染物的当日。

三、税基与税率

（一）税基

1.应税污染物税基确定的基本方法

（1）应税大气污染物、应税水污染物的税基确定

应税大气污染物、应税水污染物的税基按照污染物排放量折合的污染当量数确定。应税大气污染物、水污染物的污染当量数，以该污染物的排放量除以该污染物的污染当量值计算。污染当量是指根据污染物或者污染排放活动对环境的有害程度以及处理的技术经济性，衡量不同污染物对环境污染的综合性指标或者计量单位。同一介质相同污染当量的不同污染物，其污染程度基本相当。

对于应税水污染物来说，其色度的污染当量数，以污水排放量乘以色度超标倍数再除以适用的污染当量值计算。畜禽养殖业水污染物的污染当量数，以该畜禽养殖场的月均存栏量除以适用的污染当量值计算。畜禽养殖场的月均存栏量按照月初存栏量和月末存栏量的平均数计算。

纳税人有下列情形之一的，以其当期应税大气污染物、水污染物的产生量作为

污染物的排放量：

①未依法安装使用污染物自动监测设备或者未将污染物自动监测设备与生态环境主管部门的监控设备联网；

②损毁或者擅自移动、改变污染物自动监测设备；

③篡改、伪造污染物监测数据；

④通过暗管、渗井、渗坑、灌注或者稀释排放以及不正常运行防治污染设施等方式违法排放应税污染物；

⑤进行虚假纳税申报。

（2）应税固体废物的税基确定

应税固体废物的税基按照固体废物的排放量确定。固体废物的排放量为当期应税固体废物的产生量减去当期应税固体废物的贮存量、处置量、综合利用量的余额。固体废物的贮存量、处置量，是指在符合国家和地方环境保护标准的设施、场所贮存或者处置的固体废物数量；固体废物的综合利用量，是指按照国务院发展改革、工业和信息化主管部门关于资源综合利用要求以及国家和地方环境保护标准进行综合利用的固体废物数量。

纳税人应当准确计量应税固体废物的贮存量、处置量和综合利用量，未准确计量的，不得从其应税固体废物的产生量中减去。纳税人依法将应税固体废物转移至其他单位和个人进行贮存、处置或者综合利用的，固体废物的转移量相应计入其当期应税固体废物的贮存量、处置量或者综合利用量；纳税人接收的应税固体废物转移量，不计入其当期应税固体废物的产生量。纳税人对应税固体废物进行综合利用的，应当符合工业和信息化部制定的工业固体废物综合利用评价管理规范。

纳税人有下列情形之一的，以其当期应税固体废物的产生量作为固体废物的排放量：

①非法倾倒应税固体废物；

②进行虚假纳税申报。

（3）应税噪声的税基确定

应税噪声按照超过国家规定标准的分贝数确定。

2.应税污染物污染当量值、排放量及分贝数的具体确定方法

（1）应税大气污染物、水污染物污染当量值的确定

知识拓展
14-1

每种应税大气污染物、水污染物的具体污染当量值，依照《环境保护税法》所附《应税污染物和当量值表》执行。

征收环境保护税时应注意以下问题：

《应税污染物和当量值表》

一是每一排放口或者没有排放口的应税大气污染物，按照污染当量数从大到小排序，对前三项污染物征收环境保护税。

二是每一排放口的应税水污染物，按照《应税污染物和当量值表》，区分第一类水污染物和其他类水污染物，按照污染当量数从大到小排序，对第一类水污染物按照前五项征收环境保护税，对其他类水污染物按照前三项征收环境保护税。

三是省、自治区、直辖市人民政府根据本地区污染物减排的特殊需要，可以增加同一排放口征收环境保护税的应税污染物项目数，报同级人民代表大会常务委员会决定，并报全国人民代表大会常务委员会和国务院备案。

四是从两个以上排放口排放应税污染物的，对每一排放口排放的应税污染物分别计算征收环境保护税；纳税人持有排污许可证的，其污染物排放口按照排污许可证载明的污染物排放口确定。

（2）应税大气污染物、水污染物、固体废物排放量和噪声分贝数的确定

应税大气污染物、水污染物、固体废物的排放量和噪声的分贝数，按照下列方法和顺序计算：

①纳税人安装使用符合国家规定和监测规范的污染物自动监测设备的，按照污染物自动监测数据计算。

纳税人按照规定须安装污染物自动监测设备并与生态环境主管部门联网的，当自动监测设备发生故障、设备维护、启停炉、停运等状态时，应当按照相关法律法规和《固定污染源烟气（SO2、NOX、颗粒物）排放连续监测技术规范》（HJ 75-2017）、《水污染源在线监测系统数据有效性判别技术规范》（HJ/T 356-2007）等规定，对数据状态进行标记，以及对数据缺失、无效时段的污染物排放量进行修约和替代处理，并按标记、处理后的自动监测数据计算应税污染物排放量。相关纳税人当月不能提供符合国家规定和监测规范的自动监测数据的，应当按照排污系数、物料衡算方法计算应税污染物排放量。纳入排污许可管理行业的纳税人，其应税污染物排放量的监测计算方法按照排污许可管理要求执行。

纳税人主动安装使用符合国家规定和监测规范的污染物自动监测设备，但未与生态环境主管部门联网的，可以按照自动监测数据计算应税污染物排放量；不能提供符合国家规定和监测规范的自动监测数据的，应当按照监测机构出具的符合监测规范的监测数据或者排污系数、物料衡算方法计算应税污染物排放量。

②纳税人未安装使用污染物自动监测设备的，按照监测机构出具的符合国家有关规定和监测规范的监测数据计算。属于该项规定情形的纳税人，自行对污染物进行监测所获取的监测数据，符合国家有关规定和监测规范的，视同监测机构出具的监测数据。

纳税人委托监测机构对应税大气污染物和水污染物排放量进行监测时，其当月同一个排放口排放的同一种污染物有多个监测数据的，应税大气污染物按照监测数据的平均值计算应税污染物的排放量；应税水污染物按照监测数据以流量为权的加权平均值计算应税污染物的排放量。在生态环境主管部门规定的监测时限内当月无

监测数据的，可以跨月沿用最近一次的监测数据计算应税污染物排放量，但不得跨季度沿用监测数据。纳入排污许可管理行业的纳税人，其应税污染物排放量的监测计算方法按照排污许可管理要求执行。

纳税人委托监测机构监测应税污染物排放量的，应当按照国家有关规定制定监测方案，并将监测数据资料及时报送生态环境主管部门。监测机构实施的监测项目、方法、时限和频次应当符合国家有关规定和监测规范要求。监测机构出具的监测报告应当包括应税水污染物种类、浓度值和污水流量；应税大气污染物种类、浓度值、排放速率和烟气量；执行的污染物排放标准和排放浓度限值等信息。监测机构对监测数据的真实性、合法性负责，凡发现监测数据弄虚作假的，依照相关法律法规的规定追究法律责任。

纳税人采用监测机构出具的监测数据申报减免环境保护税的，应当取得申报当月的监测数据；当月无监测数据的，不予减免环境保护税。有关污染物监测浓度值低于生态环境主管部门规定的污染物检出限的，除有特殊管理要求外，视同该污染物排放量为零。生态环境主管部门、计量主管部门发现委托监测数据失真或者弄虚作假的，税务机关应当按照同一纳税期内的监督性监测数据或者排污系数、物料衡算方法计算应税污染物排放量。

③因排放污染物种类多等原因不具备监测条件的，按照国务院生态环境主管部门规定的排污系数、物料衡算方法计算。所称排污系数，是指在正常技术经济和管理条件下，生产单位产品应排放的污染物量的统计平均值；所称物料衡算，是指根据物质质量守恒原理对生产过程中使用的原料、生产的产品和产生的废物等进行测算的一种方法。

自2021年5月1日起，对于大气污染物和水污染物因污染物排放种类多等原因不具备监测条件的，纳税人应当按照《关于发布计算环境保护税应税污染物排放量的排污系数和物料衡算方法的公告》（生态环境部 财政部 税务总局公告2021年第16号）的规定计算应税污染物排放量的排污系数和物料衡算方法。具体计算方法为：

第一，属于排污许可管理的排污单位，适用生态环境部发布的排污许可证申请与核发技术规范中规定的排（产）污系数、物料衡算方法计算应税污染物排放量；排污许可证申请与核发技术规范未规定相关排（产）污系数的，适用生态环境部发布的排放源统计调查制度规定的排（产）污系数方法计算应税污染物排放量。第二，不属于排污许可管理的排污单位，适用生态环境部发布的排放源统计调查制度规定的排（产）污系数方法计算应税污染物排放量。第三，上述情形中仍无相关计算方法的，由各省、自治区、直辖市生态环境主管部门结合本地实际情况，科学合理制定抽样测算方法。

④不能按照上述第①项至第③项规定的方法计算的，按照省、自治区、直辖市人

民政府生态环境主管部门规定的抽样测算的方法核定计算。按规定核定计算污染物排放量的，由税务机关会同生态环境主管部门核定污染物排放种类、数量和应纳税额。

需注意的是，在建筑施工、货物装卸和堆存过程中无组织排放应税大气污染物的，按照生态环境部规定的排污系数、物料衡算方法计算应税污染物排放量；不能按照生态环境部规定的排污系数、物料衡算方法计算的，按照省、自治区、直辖市生态环境主管部门规定的抽样测算的方法核定计算应税污染物排放量。纳税人因环境违法行为受到行政处罚的，应当依据相关法律法规和处罚信息计算违法行为所属期的应税污染物排放量。生态环境主管部门发现纳税人申报信息有误的，应当通知税务机关处理。

（二）税率

环境保护税采取定额税率方式，具体税目、税额，依照《环境保护税法》所附《环境保护税税目税额表》执行，见表14-2。

表14-2　　　　　　　　　　　　　**环境保护税税目税额表**

税目		计税单位	税额	备注
大气污染物		每污染当量	1.2元至12元	
水污染物		每污染当量	1.4元至14元	
固体废物	煤矸石	每吨	5元	
	尾矿	每吨	15元	
	危险废物	每吨	1 000元	
	冶炼渣、粉煤灰、炉渣、其他固体废物（含半固态、液态废物）	每吨	25元	
噪声	工业噪声	超标1~3分贝	每月350元	1.一个单位边界上有多处噪声超标，根据最高一处超标声级计算应纳税额；当沿边界长度超过100米有两处以上噪声超标，按照两个单位计算应纳税额
		超标4~6分贝	每月700元	2.一个单位有不同地点作业场所的，应当分别计算应纳税额，合并计征
		超标7~9分贝	每月1 400元	3.昼、夜均超标的环境噪声，昼、夜分别计算应纳税额，累计计征
		超标10~12分贝	每月2 800元	4.声源一个月内超标不足15天的，减半计算应纳税额
		超标13~15分贝	每月5 600元	5.夜间频繁突发和夜间偶然突发厂界超标噪声，按等效声级和峰值噪声两种指标中超标分贝值高的一项计算应纳税额
		超标16分贝以上	每月11 200元	

应税大气污染物和水污染物的具体适用税额的确定和调整，由省、自治区、直辖市人民政府统筹考虑本地区环境承载能力、污染物排放现状和经济社会生态发展目标要求，在《环境保护税税目税额表》规定的税额幅度内提出，报同级人民代表大会常务委员会决定，并报全国人民代表大会常务委员会和国务院备案。

四、税收优惠

依据《环境保护税法》有关规定，环境保护税税收优惠主要采取了暂予免征和减征等优惠形式。

（一）暂予免征环境保护税

1.农业生产（不包括规模化养殖）排放应税污染物的，免税。

2.机动车、铁路机车、非道路移动机械、船舶和航空器等流动污染源排放应税污染物的，免税。

3.依法设立的城乡污水集中处理、生活垃圾集中处理场所排放相应应税污染物，不超过国家和地方规定的排放标准的，免税。

4.纳税人综合利用的固体废物，符合国家和地方环境保护标准的，免税。

5.国务院批准免税的其他情形。

上述第5项免税规定，由国务院报全国人民代表大会常务委员会备案。

按照财政部、税务总局和生态环境部《关于明确环境保护税应税污染物适用等有关问题的通知》（财税〔2018〕117号）规定，依法设立的生活垃圾焚烧发电厂、生活垃圾填埋场、生活垃圾堆肥厂，属于生活垃圾集中处理场所，其排放应税污染物不超过国家和地方规定的排放标准的，依法予以免征环境保护税。纳税人任何一个排放口排放应税大气污染物、水污染物的浓度值，以及没有排放口排放应税大气污染物的浓度值，超过国家和地方规定的污染物排放标准的，依法不予减征环境保护税。

（二）减征环境保护税

纳税人排放应税大气污染物或者水污染物的浓度值低于国家和地方规定的污染物排放标准30%的，减按75%征收环境保护税。纳税人排放应税大气污染物或者水污染物的浓度值低于国家和地方规定的污染物排放标准50%的，减按50%征收环境保护税。

所称应税大气污染物或者水污染物的浓度值，是指纳税人安装使用的污染物自动监测设备当月自动监测的应税大气污染物浓度值的小时平均值再平均所得数值或者应税水污染物浓度值的日平均值再平均所得数值，或者监测机构当月监测的应税大气污染物、水污染物浓度值的平均值。

依照《环境保护税法》的规定减征环境保护税的，需要注意以下问题：

　　一是上述规定的应税大气污染物浓度值的小时平均值或者应税水污染物浓度值的日平均值，以及监测机构当月每次监测的应税大气污染物、水污染物的浓度值，均不得超过国家和地方规定的污染物排放标准。

　　二是应当对每一排放口排放的不同应税污染物分别计算。

五、税额计算

(一)基本公式

应税大气污染物、水污染物应纳税额=污染当量数×适用税额

应税固体废物应纳税额=排放量×适用税额

　　应税噪声应纳税额为超过国家规定标准的分贝数对应的具体适用税额。噪声超标分贝数不是整数值的，按四舍五入取整。一个单位的同一监测点当月有多个监测数据超标的，以最高一次超标声级计算应纳税额。声源一个月内累计昼间超标不足15昼或者累计夜间超标不足15夜的，分别减半计算应纳税额。

(二)例题

　　【例14-3】甲企业2022年3月向大气直接排放二氧化硫15千克，一氧化碳120千克，氯化氢100千克，氟化物10千克，当地大气污染物每污染当量税额按《环境保护税税目税额表》最高标准12元计算，该企业只有一个排放口。计算甲企业当月大气污染物应缴纳的环境保护税。

　　解：

　　(1)确定各大气污染物的污染当量值

　　根据《应税污染物和当量值表》可知，二氧化硫、一氧化碳、氯化氢、氟化物的污染当量值分别为0.95千克、16.7千克、10.75千克、0.87千克。

　　(2)计算各大气污染物的污染当量数

应税大气污染物的污染当量数=该大气污染物的排放量÷该大气污染物的污染当量值

二氧化硫的污染当量数=15千克÷0.95千克=15.79

一氧化碳的污染当量数=120千克÷16.7千克=7.19

氯化氢的污染当量数=100千克÷10.75千克=9.30

氟化物的污染当量数=10千克÷0.87千克=11.49

　　(3)对各大气污染物按污染当量数进行排序,确定征税的污染物

二氧化硫(15.79)>氟化物(11.49)>氯化氢(9.30)>一氧化碳(7.19)

　　依据环境保护税法规定:每一排放口或者没有排放口的应税大气污染物,对前三项污染物征收环境保护税。甲企业向大气直接排放的二氧化硫、氟化物和氯化氢应缴纳环境保护税。

　　(4)计算甲企业当月大气污染物应缴纳的环境保护税

应税大气污染物应纳税额=污染当量数×适用税额

应纳税额=（15.79+11.49+9.30）×12=438.96(元)

【例 14-4】乙企业 2022 年 5 月产生粉煤灰 150 吨，其中在符合国家和地方环境保护标准的设施贮存 50 吨，综合利用的粉煤灰 30 吨(符合国家和地方环境保护标准)。粉煤灰环境保护税税额为每吨 25 元。计算乙企业当月粉煤灰应缴纳的环境保护税。

解：

应税固体废物应纳税额=排放量×适用税额

排放量=当期固体废物的产生量-当期固体废物的贮存量-当期固体废物的综合利用量（免征）

应纳税额=（150-50-30）×25=1 750（元）

【例 14-5】丙工业企业只有一个生产场所，只在昼间（6：00-22：00的时段）生产，厂界外声环境功能区类型为0类，生产时产生噪声为58分贝，《工业企业厂界环境噪声排放标准》（GB 12348-2008）规定0类功能区昼间的噪声排放限值为50分贝，沿边界长度超100米只有一处噪声超标。该企业2022年6月共生产22天，生产的时候产生的噪声均为58分贝。计算丙企业当月噪声污染应缴纳的环境保护税。

解：

应税噪声应纳税额为超过国家规定标准的分贝数对应的具体适用税额。

丙企业工业噪声超标分贝数=58-50=8（分贝）

依据《环境保护税税目税额表》，超标7-9分贝的，每月税额为1 400元。

因此，丙企业当月噪声污染应缴纳环境保护税1 400元。

六、税款缴纳

（一）纳税申报

环境保护税按月计算，按季申报缴纳。不能按固定期限计算缴纳的，可以按次申报缴纳。纳税人按季申报缴纳的，应当自季度终了之日起15日内，向税务机关办理纳税申报并缴纳税款。纳税人按次申报缴纳的，应当自纳税义务发生之日起15日内，向税务机关办理纳税申报并缴纳税款。纳税人申报缴纳时，应当向税务机关报送所排放应税污染物的种类、数量，大气污染物、水污染物的浓度值，以及税务机关根据实际需要要求纳税人报送的其他纳税资料。纳税人应当依法如实办理纳税申报，对申报的真实性和完整性承担责任。

排放应税固体废物的纳税人申报纳税时，应当向税务机关报送应税固体废物的产生量、贮存量、处置量和综合利用量，同时报送能够证明固体废物流向和数量的纳税资料，包括固体废物处置利用委托合同、受委托方资质证明、固体废物转移联单、危险废物管理台账复印件等。有关纳税资料已在环境保护税基础信息采集表中采集且未发生变化的，纳税人不再报送。纳税人应当参照危险废物台账管理要求，建立其他应税固体废物管理台账，如实记录产生固体废物的种类、数量、流向以及贮存、处置、综合利用、接收转入等信息，并将应税固体废物管理台账和相关资料留存备查。

　　税务机关应当将纳税人的纳税申报数据资料与生态环境主管部门交送的相关数据资料进行比对。税务机关发现纳税人的纳税申报数据资料异常或者纳税人未按照规定期限办理纳税申报的，可以提请生态环境主管部门进行复核，生态环境主管部门应当自收到税务机关的数据资料之日起15日内向税务机关出具复核意见。税务机关应当按照生态环境主管部门复核的数据资料调整纳税人的应纳税额。上述所称纳税人的纳税申报数据资料异常，包括但不限于下列情形：（1）纳税人当期申报的应税污染物排放量与上一年同期相比明显偏低，且无正当理由；（2）纳税人单位产品污染物排放量与同类型纳税人相比明显偏低，且无正当理由。

　　纳税人从事海洋工程向中华人民共和国管辖海域排放应税大气污染物、水污染物或者固体废物，申报缴纳环境保护税的具体办法，由国务院税务主管部门会同国务院生态环境主管部门规定。

（二）纳税地点

　　纳税人应当向应税污染物排放地的税务机关申报缴纳环境保护税。所称应税污染物排放地是指：

　　（1）应税大气污染物、水污染物排放口所在地；

　　（2）应税固体废物产生地；

　　（3）应税噪声产生地。

　　纳税人跨区域排放应税污染物，税务机关对税收征收管辖有争议的，由争议各方按照有利于征收管理的原则协商解决；不能协商一致的，报请共同的上级税务机关决定。

（三）征收管理

　　1.基本规定

　　环境保护税由税务机关依照《税收征收管理法》和《环境保护税法》的有关规定征收管理。税务机关依法履行环境保护税纳税申报受理、涉税信息比对、组织税款入库等职责。生态环境主管部门依照《环境保护税法》和有关环境保护法律法规的规定负责应税污染物的监测管理，制定和完善污染物监测规范。

　　县级以上地方人民政府应当加强对环境保护税征收管理工作的领导，及时协调、解决环境保护税征收管理工作中的重大问题。

　　国务院税务、生态环境主管部门制定涉税信息共享平台技术标准以及数据采集、存储、传输、查询和使用规范。

　　2.生态环境主管部门和税务机关的协作配合机制

　　（1）生态环境主管部门应当向税务机关交送在环境保护监督管理中获取的信息

　　生态环境主管部门应当通过涉税信息共享平台向税务机关交送在环境保护监督

管理中获取的下列信息：

①排污单位的名称、统一社会信用代码以及污染物排放口、排放污染物种类等基本信息；

②排污单位的污染物排放数据（包括污染物排放量以及大气污染物、水污染物的浓度值等数据）；

③排污单位环境违法和受行政处罚情况；

④对税务机关提请复核的纳税人的纳税申报数据资料异常或者纳税人未按照规定期限办理纳税申报的复核意见；

⑤与税务机关商定交送的其他信息。

（2）税务机关应当向生态环境主管部门交送环境保护税涉税信息

税务机关应当通过涉税信息共享平台向生态环境主管部门交送下列环境保护税涉税信息：

①纳税人基本信息；

②纳税申报信息；

③税款入库、减免税额、欠缴税款以及风险疑点等信息；

④纳税人涉税违法和受行政处罚情况；

⑤纳税人的纳税申报数据资料异常或者纳税人未按照规定期限办理纳税申报的信息；

⑥与生态环境主管部门商定交送的其他信息。

（3）生态环境主管部门和税务机关的职责

税务机关应当依据生态环境主管部门交送的排污单位信息进行纳税人识别。

在生态环境主管部门交送的排污单位信息中没有对应信息的纳税人，由税务机关在纳税人首次办理环境保护税纳税申报时进行纳税人识别，并将相关信息交送生态环境主管部门。

生态环境主管部门发现纳税人申报的应税污染物排放信息或者适用的排污系数、物料衡算方法有误的，应当通知税务机关处理。

纳税人申报的污染物排放数据与生态环境主管部门交送的相关数据不一致的，按照生态环境主管部门交送的数据确定应税污染物的税基。

税务机关依法实施环境保护税的税务检查，生态环境主管部门予以配合。

七、违规处理

纳税人和税务机关、生态环境主管部门及其工作人员违反《环境保护税法》规定的，依照《税收征收管理法》、《环境保护税法》和有关法律法规的规定追究法律责任。

直接向环境排放应税污染物的企业事业单位和其他生产经营者，除依照《环境保护税法》规定缴纳环境保护税外，应当对所造成的损害依法承担责任。

□ 复习思考题

一、概念

耕地占用税　环境保护税　应税污染物　污染当量数　污染当量　排污系数

二、问题

1. 耕地占用税的征税对象与纳税人

2. 耕地占用税的税基与税率

3. 耕地占用税的税收优惠

4. 环境保护税的征税对象与纳税人

5. 环境保护税的税基与税率

6. 环境保护税的税收优惠

7. 环境保护税的征收管理

第十五章

印花税

主要内容

- 印花税的性质与类型
- 印花税的原理与特殊作用
- 印花税的基本制度
- 印花税的税收优惠
- 印花税的计算与缴纳

第一节　税种设置

一、印花税的性质与类型

（一）印花税的性质

印花税是对用以证明权利创设及变更的凭证以粘贴印花税票的方式课征的一种税。印花税票是在凭证上直接印有固定金额，专门用于征收印花税税款，并必须粘贴在应纳税凭证上的一种有价证券，粘贴在应纳税凭证上的印花税票起完税证明作用。印花税是税收制度中以征税手段命名的一个税种，也是一个无法归入商品税、所得税、财产税之中的税种。

（二）印花税的类型

1.商事凭证印花税和人事凭证印花税

以应税凭证的范围为标准，可将印花税划分为商事凭证印花税和人事凭证印花税两种类型。商事凭证印花税是对商事活动中所书立或使用的货票、银行收据、账单、货物运输合同、购销合同等各种经济类凭证征收的印花税。人事凭证印花税是对人事活动中所书立或使用的聘书、婚姻证书、毕业证书、护照等非经济类凭证征收的印花税。历史上，西方国家曾征收过人事凭证印花税，目前，世界典型国家的印花税基本上属于商事凭证印花税。中国现行印花税也属于商事凭证印花税，对所征税的凭证采用列举方式确定。

2.分类印花税和综合印花税

以计税方法为标准，可将印花税划分为分类印花税和综合印花税两种类型。分类印花税是对应税凭证按其不同性质或特点进行分类，对不同凭证采用不同的税率征税。综合印花税是对应税凭证不做具体分类，对各种凭证或各大类凭证按统一标准征收。目前，世界典型发达国家或地区的印花税，如英国、日本等基本上属于综合印花税。中国现行印花税则属于分类印花税，对各种合同、产权转移书据、营业账簿等采用不同标准分别征税。

二、印花税的原理与特殊作用

（一）印花税的原理

印花税的征收以凭证为根据，不考虑一种权利的创设及转移书立的是何种凭证，以及是否产生收益。印花税实行一证一税原则，凡已足额粘贴印花的凭证，不再缴纳印花税，只有未粘贴印花或粘贴印花不足的凭证，才需要缴纳印花税；印花税实行一票一用，用错不纠原则，凡已使用过的印花税票，不得重新使用，多粘贴税票的，不予退还。

（二）印花税的特殊作用

印花税征税面广，可以以积少成多、集腋成裘的方式取得数量可观的财政收入；在各种凭证上粘贴印花税票，是完备应税凭证法律手续的重要方面，粘贴印花的税票可以作为各类凭证设定人事、商事权利的要件，促使纳税人自行购花纳税。

三、印花税的产生与发展

印花税于1624年创立于荷兰，由于缴税时是在凭证上用刻花滚筒推出"印花"戳记，以示完税，因此被命名为"印花税"。由于此税的税源广泛，简便易行，欧美各国竞相效仿。丹麦在1660年、法国在1665年、美国在1671年、奥地利在1686年、英国在1694年先后开征了印花税，在不长的时间内，印花税成为世界上普遍采用的一个税种，在国际上盛行。

印花税是中国效仿西洋税制的第一个税种。从清光绪十五年（1889年）开始，大清帝国拟开征印花税20余年，虽先后印制了日本版和美国版印花税票，也拟定了《印花税则》15条，但终未能正式实施。中华民国成立后，北洋政府把推行印花税作为重要的聚财之举，于1912年10月公布了《印花税法》，并于次年正式实施。1927年，国民政府重新发布了《印花税暂行条例》，1934年经修改后正式制定了《印花税法》。

中华人民共和国成立后，中央人民政府政务院于1950年1月发布《全国税政实施要则》，规定在全国开征印花税。1950年4月，财政部颁发了《印花税暂行条例草案》，规定对30个税目的应税凭证，按其性质和不同特点，分别征税。1958年的工商税制改革中，印花税被并入了工商统一税中，此后一段时期未再单独征收印花税，直到1988年在全国又开始恢复征收印花税。1988年8月，国务院发布了《中华人民共和国印花税暂行条例》（简称《印花税暂行条例》）。1992年，国家统一对上海证券交易所、深圳证券交易所的股票交易征收印花税。2018年，国务院同意对存托凭证的出让方征收印花税。2013年中共十八届三中全会明确提出"落实税收法定原则"的重大改革任务，为贯彻落实党中央、国务院这一决策部署，推动完善税收法律制度，提高印花税规范化、法治化水平，减少自由裁量权，使税收征管更加科学规范，2021年6月印花税完成了立法工作，由税收暂行条例上升为税收法律。

现行印花税的法律依据是2021年6月10日第十三届全国人民代表大会常务委员会第二十九次会议通过、自2022年7月1日起施行的《中华人民共和国印花税法》（简称《印花税法》）。

第二节　征税对象、纳税人与纳税义务发生时间

一、征税对象

（一）境内书立的应税凭证和进行的证券交易

1.应税凭证

应税凭证，是指《印花税法》所附《印花税税目税率表》列明的合同、产权转移书据和营业账簿。

合同（指书面合同）包括：借款合同，指银行业金融机构、经国务院银行业监督管理机构批准设立的其他金融机构与借款人（不包括同业拆借）的借款合同；融资租赁合同；买卖合同，指动产买卖合同（不包括个人书立的动产买卖合同）；承揽合同；建设工程合同；运输合同，指货运合同和多式联运合同（不包括管道运输合同）；技术合同，不包括专利权、专有技术使用权转让书据；租赁合同；保管合同；仓储合同；财产保险合同，不包括再保险合同。

产权转移书据包括：土地使用权出让书据；土地使用权、房屋等建筑物和构筑

物所有权转让书据（不包括土地承包经营权和土地经营权转移）；股权转让书据（不包括应缴纳证券交易印花税的）；商标专用权、著作权、专利权、专有技术使用权转让书据。这里的转让包括买卖（出售）、继承、赠与、互换、分割。

2.证券交易

证券交易，是指转让在依法设立的证券交易所、国务院批准的其他全国性证券交易场所交易的股票和以股票为基础的存托凭证。

证券交易印花税对证券交易的出让方征收，不对受让方征收。

（二）境外书立在境内使用的应税凭证

境外书立在境内使用的应税凭证，应当按规定缴纳印花税。这包括以下几种情形：

（1）应税凭证的标的为不动产的，该不动产在境内；

（2）应税凭证的标的为股权的，该股权为中国居民企业的股权；

（3）应税凭证的标的为动产或者商标专用权、著作权、专利权、专有技术使用权的，其销售方或者购买方在境内，但不包括境外单位或者个人向境内单位或者个人销售完全在境外使用的动产或者商标专用权、著作权、专利权、专有技术使用权；

（4）应税凭证的标的为服务的，其提供方或者接受方在境内，但不包括境外单位或者个人向境内单位或者个人提供完全在境外发生的服务。

（三）其他特殊情形的应税凭证

（1）企业之间书立的确定买卖关系、明确买卖双方权利义务的订单、要货单等单据，且未另外书立买卖合同的，应当按规定缴纳印花税。

（2）发电厂与电网之间、电网与电网之间书立的购售电合同，应当按买卖合同税目缴纳印花税。

下列情形的凭证，不属于印花税征收对象：

（1）人民法院的生效法律文书，仲裁机构的仲裁文书，监察机关的监察文书。

（2）县级以上人民政府及其所属部门按照行政管理权限征收、收回或者补偿安置房地产书立的合同、协议或者行政类文书。

（3）总公司与分公司、分公司与分公司之间书立的作为执行计划使用的凭证。

二、纳税人

印花税的纳税人是在中华人民共和国境内书立应税凭证、进行证券交易的单位和个人。

在中华人民共和国境外书立在境内使用的应税凭证的单位和个人，应当依照印花税法规定缴纳印花税。

纳税人的具体情形包括：

（1）书立应税凭证的纳税人，为对应税凭证有直接权利义务关系的单位和

知识拓展
15-1

特殊凭证印花
税征收问题

个人。

（2）采用委托贷款方式书立的借款合同纳税人，为受托人和借款人，不包括委托人。

（3）按买卖合同或者产权转移书据税目缴纳印花税的拍卖成交确认书纳税人，为拍卖标的的产权人和买受人，不包括拍卖人。

纳税人为境外单位或者个人，在境内有代理人的，以其境内代理人为扣缴义务人；在境内没有代理人的，由纳税人自行申报缴纳印花税，具体办法由国务院税务主管部门规定。

证券登记结算机构为证券交易印花税的扣缴义务人。

三、纳税义务发生时间

印花税的纳税义务发生时间为纳税人书立应税凭证或者完成证券交易的当日。

证券交易印花税扣缴义务发生时间为证券交易完成的当日。

第三节　税基与税率

一、税基

（一）应税凭证税基的确定

（1）应税合同的税基，为合同所列的金额，不包括列明的增值税税款。如果应税合同未单独列明增值税，或仅约定了增值税税率的，需按应税合同所载金额计算缴纳印花税。

（2）应税产权转移书据的税基，为产权转移书据所列的金额，不包括列明的增值税税款。如果应税产权转移书据未单独列明增值税，或仅约定了增值税税率的，需按应税产权转移书据所载金额计算缴纳印花税。

（3）应税营业账簿的税基，为账簿记载的实收资本（股本）、资本公积合计金额。

应税合同、产权转移书据未列明金额的，税基按照实际结算的金额确定。

税基按照上述规定仍不能确定的，按照书立合同、产权转移书据时的市场价格确定；依法应当执行政府定价或者政府指导价的，按照国家有关规定确定。

（二）证券交易税基的确定

证券交易的税基，为成交金额。

证券交易无转让价格的，按照办理过户登记手续时该证券前一个交易日收盘价计算确定税基；无收盘价的，按照证券面值计算确定税基。

（三）税基确定的具体情形

（1）同一应税合同、应税产权转移书据中涉及两方以上纳税人，且未列明纳税人各自涉及金额的，以纳税人平均分摊的应税凭证所列金额（不包括列明的增值税税款）确定税基。

（2）应税合同、应税产权转移书据所列的金额与实际结算金额不一致，不变更应税凭证所列金额的，以所列金额为税基；变更应税凭证所列金额的，以变更后的所列金额为税基。

（3）纳税人因应税凭证列明的增值税税款计算错误导致应税凭证的税基减少或者增加的，纳税人应当按规定调整应税凭证列明的增值税税款，重新确定应税凭证税基。

（4）纳税人转让股权的印花税税基，按照产权转移书据所列的金额（不包括列明的认缴后尚未实际出资权益部分）确定。

（5）应税凭证金额为人民币以外的货币的，应当按照凭证书立当日的人民币汇率中间价折合人民币确定税基。

（6）境内的货物多式联运，采用在起运地统一结算全程运费的，以全程运费作为运输合同的税基，由起运地运费结算双方缴纳印花税；采用分程结算运费的，以分程的运费作为税基，分别由办理运费结算的各方缴纳印花税。

二、税率

印花税实行比例税率。为淡化税收负担的感觉，印花税税率水平设计得十分轻微。《印花税税目税率表》见表15-1。

表15-1　　　　　　　　　　　印花税税目税率表

税　目		税　率	备　注
合同（指书面合同）	借款合同	借款金额的0.5‰	指银行业金融机构、经国务院银行业监督管理机构批准设立的其他金融机构与借款人（不包括同业拆借）的借款合同
	融资租赁合同	租金的0.5‰	
	买卖合同	价款的3‰	指动产买卖合同（不包括个人书立的动产买卖合同）
	承揽合同	报酬的3‰	
	建设工程合同	价款的3‰	
	运输合同	运输费用的3‰	指货运合同和多式联运合同（不包括管道运输合同）

续表

税　　目	税　　率	备　　注
技术合同	价款、报酬或使用费的 3‰	不包括专利权、专有技术使用权转让书据
租赁合同	租金的 1‰	
保管合同	保管费的 1‰	
仓储合同	仓储费的 1‰	
财产保险合同	保险费的 1‰	不包括再保险合同
产权转移书据　土地使用权出让书据	价款的 5‰	转让包括买卖（出售）、继承、赠与、互换、分割
产权转移书据　土地使用权、房屋等建筑物和构筑物所有权转让书据（不包括土地承包经营权和土地经营权转移）	价款的 5‰	
产权转移书据　股权转让书据（不包括应缴纳证券交易印花税的）	价款的 5‰	
产权转移书据　商标专用权、著作权、专利权、专有技术使用权转让书据	价款的 3‰	
营业账簿	实收资本（股本）、资本公积合计金额的 2.5‰	
证券交易	成交金额的 1‰	

需要注意的是：同一应税凭证载有两个以上税目事项并分别列明金额的，按照各自适用的税目税率分别计算应纳税额；未分别列明金额的，从高适用税率。

第四节　税收优惠

一、法定免税

根据《印花税法》规定，下列凭证免征印花税：

1.应税凭证的副本或者抄本。

2.依照法律规定应当予以免税的外国驻华使馆、领事馆和国际组织驻华代表机构为获得馆舍书立的应税凭证。

3.中国人民解放军、中国人民武装警察部队书立的应税凭证。

4.农民、家庭农场、农民专业合作社、农村集体经济组织、村民委员会购买农业生产资料或者销售农产品书立的买卖合同和农业保险合同。家庭农场的具体范围，为以家庭为基本经营单元，以农场生产经营为主业，以农场经营收入为家庭主要收入来源，从事农业规模化、标准化、集约化生产经营，纳入全国家庭农场名录系统的家庭农场。

5.无息或者贴息借款合同、国际金融组织向中国提供优惠贷款书立的借款合同。

6.财产所有权人将财产赠与政府、学校、社会福利机构、慈善组织书立的产权转移书据。学校的具体范围，为经县级以上人民政府或者其教育行政部门批准成立的大学、中学、小学、幼儿园，实施学历教育的职业教育学校、特殊教育学校、专门学校，以及经省级人民政府或者其人力资源社会保障行政部门批准成立的技工院校。社会福利机构的具体范围，为依法登记的养老服务机构、残疾人服务机构、儿童福利机构、救助管理机构、未成年人救助保护机构。慈善组织的具体范围，为依法设立、符合《中华人民共和国慈善法》规定，以面向社会开展慈善活动为宗旨的非营利性组织。

7.非营利性医疗卫生机构采购药品或者卫生材料书立的买卖合同。非营利性医疗卫生机构的具体范围，为经县级以上人民政府卫生健康行政部门批准或者备案设立的非营利性医疗卫生机构。

8.个人与电子商务经营者订立的电子订单。电子商务经营者的具体范围，按《中华人民共和国电子商务法》有关规定执行。

对应税凭证适用印花税减免优惠的，书立该应税凭证的纳税人均可享受印花税减免政策，明确特定纳税人适用印花税减免优惠的除外。

二、国务院规定的减税

《印花税法》规定，根据国民经济和社会发展的需要，国务院对居民住房需求保障、企业改制重组、破产、支持小型微型企业发展等情形可以规定减征或者免征印花税，报全国人民代表大会常务委员会备案。

依据《财政部 税务总局关于进一步实施小微企业"六税两费"减免政策的公告》（财政部 税务总局公告 2022 年第 10 号）规定，自 2022 年 1 月 1 日至 2024 年 12 月 31 日，对增值税小规模纳税人、小型微利企业和个体工商户可以在 50% 的税额幅度内减征印花税（不含证券交易印花税）。

知识拓展
15-2

特殊行为涉及
的印花税征税
问题

第五节 税额计算

一、基本公式

印花税的应纳税额按照税基乘以适用税率计算。

应纳税额的计算公式为：

应税合同应纳税额=合同所列金额×适用税率

应税产权转移书据应纳税额=产权转移书据所列金额×适用税率

应税营业账簿应纳税额=账簿记载的实收资本（股本）、资本公积合计金额×适用税率

证券交易应纳税额=成交金额×适用税率

同一应税凭证由两方以上当事人书立的，按照各自涉及的金额分别计算应纳税额。

已缴纳印花税的营业账簿，以后年度记载的实收资本（股本）、资本公积合计金额比已缴纳印花税的实收资本（股本）、资本公积合计金额增加的，按照增加部分计算应纳税额。

二、例题

【例 15-1】 2022 年 7 月 15 日，甲单位向市工商银行申请 1 年期的周转性借款，经银行审核后，同意并签订了周转性借款合同，合同所列金额为 3 000 万元，印花税适用税率为 0.5‰。计算该借款合同甲单位和市工商银行各应缴纳的印花税。

解：

应纳税额=30 000 000×0.5‰=1 500（元）

甲单位与市工商银行各应缴纳 1 500 元印花税。

【例 15-2】 甲企业是增值税一般纳税人，2020、2021 年度企业所得税汇算清缴均为小微企业，当地对小微企业按最高上限（50%）减免印花税。甲企业 2022 年 8 月签订合同如下：8 月 5 日签订服装加工合同，约定加工费 320 000 元；8 月 10 日签订铁路运输合同，列明运输费用 800 000 元（含增值税）；8 月 15 日签订建筑工程承包合同，列明金额 7 500 000 元（增值税税率 9%）；8 月 20 日签订商标专用权转让合同，合同所载不含增值税金额 1 000 000 元，增值税 60 000 元。计算甲企业应申报缴纳 8 月所属期的印花税。

解：

（1）承揽合同应纳税额=320 000×3‰×50%=48（元）

（2）运输合同应纳税额=800 000×3‰×50%=120（元）

（3）建设工程合同应纳税额=7 500 000×3‰×50%=1125（元）

（4）产权转移书据（商标专用权转让）应纳税额=1 000 000×3‰×50%=150（元）

（5）甲企业8月所属期应纳税额=48+120+1125+150=1 443（元）

第六节　税款缴纳

一、纳税期限

印花税按季、按年或者按次计征。应税合同、产权转移书据印花税可以按季或者按次申报缴纳，应税营业账簿印花税可以按年或者按次申报缴纳，具体纳税期限由各省、自治区、直辖市、计划单列市税务局结合征管实际确定。境外单位或者个人的应税凭证印花税可以按季、按年或者按次申报缴纳，具体纳税期限由各省、自治区、直辖市、计划单列市税务局结合征管实际确定。

实行按季、按年计征的，纳税人应当自季度、年度终了之日起15日内申报缴纳税款；实行按次计征的，纳税人应当自纳税义务发生之日起15日内申报缴纳税款。

证券交易印花税按周解缴。证券交易印花税扣缴义务人应当自每周终了之日起5日内申报解缴税款以及银行结算的利息。

应税合同、产权转移书据未列明金额，在后续实际结算时确定金额的，纳税人应当于书立应税合同、产权转移书据的首个纳税申报期申报应税合同、产权转移书据书立情况，在实际结算后下一个纳税申报期，以实际结算金额计算申报缴纳印花税。

二、纳税地点

纳税人为单位的，应当向其机构所在地的主管税务机关申报缴纳印花税；纳税人为个人的，应当向应税凭证书立地或者纳税人居住地的主管税务机关申报缴纳印花税。

不动产产权发生转移的，纳税人应当向不动产所在地的主管税务机关申报缴纳印花税。

证券登记结算机构作为证券交易印花税的扣缴义务人，应当向其机构所在地的主管税务机关申报解缴税款以及银行结算的利息。

境外单位或者个人在境内有代理人的，其境内代理人作为扣缴义务人，按规定扣缴的印花税，向境内代理人机构所在地（居住地）主管税务机关申报解缴税款。

纳税人为境外单位或者个人，在境内没有代理人的，纳税人应当自行申报缴纳印花税。境外单位或者个人可以向资产交付地、境内服务提供方或者接受方所在地（居住地）、书立应税凭证境内书立人所在地（居住地）主管税务机关申报缴纳；涉及不动产产权转移的，应当向不动产所在地主管税务机关申报缴纳。

三、缴纳方式

印花税可以采用粘贴印花税票或者由税务机关依法开具其他完税凭证的方式缴纳。

印花税票粘贴在应税凭证上的，由纳税人在每枚税票的骑缝处盖戳注销或者画销。

四、补税和退税

应税合同、应税产权转移书据所列的金额与实际结算金额不一致，不变更应税凭证所列金额的，以所列金额为税基；变更应税凭证所列金额的，以变更后的所列金额为税基。已缴纳印花税的应税凭证，变更后所列金额增加的，纳税人应当就增加部分的金额补缴印花税；变更后所列金额减少的，纳税人可以就减少部分的金额向税务机关申请退还或者抵缴印花税。

纳税人因应税凭证列明的增值税税款计算错误导致应税凭证的税基减少或者增加的，纳税人应当按规定调整应税凭证列明的增值税税款，重新确定应税凭证税基。已缴纳印花税的应税凭证，调整后税基增加的，纳税人应当就增加部分的金额补缴印花税；调整后税基减少的，纳税人可以就减少部分的金额向税务机关申请退还或者抵缴印花税。

未履行的应税合同、产权转移书据，已缴纳的印花税不予退还及抵缴税款。

纳税人多贴的印花税票，不予退税及抵缴税款。

□ 复习思考题

一、概念

印花税　应税凭证　证券交易

二、问题

1. 印花税的性质
2. 印花税的类型
3. 印花税的征税对象
4. 印花税的纳税人
5. 印花税的税基
6. 印花税的税率
7. 印花税的税收优惠

第六篇 进出口税收

第十六章

关税

主要内容

- 关税的性质与类型
- 关税的特殊作用
- 关税的基本制度
- 关税应纳税额的计算
- 行邮物品进口税的基本制度

第一节 税种设置

一、关税的性质与类型

（一）关税的性质

关税是对进出关境的货物与物品征收的一种税。关境是一个国家海关法令全面实施的境域。其范围一般包括一国的领陆、领水和领空在内的全部国家领土。通常情况下，一个国家的关境与国境是一致的。当几个国家结成关税同盟、组成一个共同关境时，彼此之间的货物进出国境不征收关税，只对来自和运往非同盟成员国的货物进出共同关境征收关税，关境就大于成员国各自的国境；当一国在境内设立自由贸易港（区）、保税区等特殊监管区域或场所时，对进出自由贸易港（区）、保税区等特殊监管区域或场所的货物不征收关税，关境就小于该国的国境。货物通常指贸易性商品；物品通常指非贸易性物品，包括入境旅客或交通工具上的工作人员随身携带的物品及个人邮寄的自用品。

在整个税收体系中，关税是专为处理商品进出口中的税收问题设立的一个特殊税种。目前世界各国的关税大都归海关征收与管理，不归财政、税务部门征收与管理。

（二）关税的类型

1.进口关税、出口关税与过境关税

以应税货物或物品的流向为标准，可将关税划分为进口关税、出口关税与过境关税。进口关税是以输入关境的货物和物品为征税对象的关税，包括正税和附加税。正税是按照关税税则中规定的税目和税率征收的进口关税，具有相对的稳定性。附加税是政府出于某种目的在征收进口正税之外对进口货物和物品加征的关税，通常为临时税。出口关税是以输出关境的货物和物品为征税对象的关税。历史上，出口关税曾是一些国家财政收入的重要来源，目前，由于出口关税不利于商品输出和本国产业的发展，多数国家已不再征收出口关税。过境关税是以通过关境的货物和物品为征税对象的关税。在15、16世纪的欧洲，过境关税曾盛行一时，19世纪后半叶起，由于过境关税不仅妨碍国际贸易，而且不利于发展本国口岸经济，各国相继取消了过境关税。中国现行关税主要是对进口货物征收进口关税，对出口货物则大部分不征收出口关税，只对少数几种货物征收出口关税。

2.财政关税与保护关税

以征收关税的目的为标准，可将关税划分为财政关税与保护关税。财政关税是以取得财政收入为主要目的而征收的关税。其特点是征税范围大，税率形式与水平比较单一。工业社会前，各国关税基本上属于财政关税。进入工业社会后，国际市场上的竞争日益激烈，为了保护并促进本国经济的发展，各国开始推行保护贸易政策，财政关税亦逐步让位于保护关税。保护关税是以保护本国产业生存和发展为主要目的而征收的关税。重商主义时期，关税保护的重点是鼓励出口、限制进口。现代各国的关税保护，则是在自由贸易的基础上进行的保护，是在关税与贸易总协定和后来的世界贸易组织的框架下实施的有约束的保护，由于各国的比较优势不同，保护的重点也不同。中国的现行关税仍然属于保护关税。

3.从价关税、从量关税、复合关税、选择关税和滑准关税

以计税方法为标准，可将关税划分为从价关税、从量关税、复合关税、选择关税和滑准关税。从价关税是以货物或物品的价格为税基的关税，通常采用比例税

率，税额随进出口货物和物品的价格的变化而变化，有利于发挥关税的财政作用和保护作用。从量关税是以货物和物品的计量单位，如重量、数量、容量、长度、面积等为税基的关税，通常采用定额税率，税额不随进出口货物与物品价格的变化而变化，有利于抑制外国商品的低价倾销。复合关税是对同一税目的货物或物品同时采用从价和从量两种计税方法的关税，在进出口货物与物品价格波动较大的情况下，有利于维持关税的保护水平，缓解高价或低价商品的影响。选择关税是对同一税目的货物或物品规定从价和从量两种计税方法，由海关任选一种计征关税，在价格上涨时，可以选择从价计征，价格下跌时，可以选择从量计征，这样有利于更好地发挥关税的保护作用。滑准关税是根据国内市场商品价格的涨落，提高或降低相关商品税率的关税。通常是对某一税目的商品，规定其价格的上下限，分别采用高低不等的税率。当国内某种货物市场价格超过上限时，减低同种商品的进口关税税率，以鼓励其进口；当国内某种商品市场价格低于下限时，提高同种商品的进口关税税率，以限制其进口。

二、关税的特殊作用

历史上，关税曾是政府收入的重要来源，对保证政府执行职能的物质需要发挥了重要作用。现代各国的关税大都属于保护关税。其特殊作用主要有以下几个方面：

（一）保护本国产业

关税是实行贸易保护的合法手段。征收进口关税，可以提高进口商品在国内市场的销售价格，削弱其在本国市场的竞争力。随着进口商品国内销售价格的提高，国内同类商品的市场价格也会适当提高，对本国的产业起到一定的保护作用。

（二）调节国内市场的商品供求关系

在开放经济中，商品的进口与出口对国内市场的商品供求关系具有显著影响。关税是调节商品进出口的重要手段。在国内市场商品供求失衡的情况下，通过降低或提高关税，可以扩大或减少商品的进出口，缓解国内市场商品供求的矛盾，平衡国内市场的商品供求关系。

（三）调节商品的进出口总量，维护国际收支平衡

在开放经济中，商品的进出口总量对一个国家的国际收支平衡具有显著影响。关税是调节商品进出口总量的重要手段。在国际收支出现不平衡时，通过调整关税政策，扩大或减少商品的进口或出口，可以缩小国际收支差额，缓解国际收支矛盾。

（四）贯彻互利原则，谋取对等待遇

关税是引发贸易战的导火线，也是各国进行贸易战的锐利武器，同时是各国相

互之间通过谈判谋取对等待遇的重要砝码。在各国各自采取关税保护政策的情况下，通过关税谈判，可以在平等互利的基础上谋取对等的优惠待遇，保护并扩大对外贸易。

三、关税的产生与发展

关税是一个历史悠久的税种。在古希腊，公元前5世纪，雅典就以使用港口的报酬为名，对输出入的货物征收2%~5%的使用费。公元前3世纪到5世纪，古罗马的关税已相当完善，并开始实行分类税率。16—18世纪中叶，欧洲进入资本原始积累和工场手工业时期，国际贸易不断发展，关税成为政府收入的重要来源。18世纪产业革命以后，关税的财政作用逐渐削弱，保护作用不断增强。20世纪以来，国际市场的竞争更加激烈，关税的保护作用更加突出，除关税保护外，各国还广泛采取了一些非关税的保护措施，如配额制、许可证制、外汇管制等，国际贸易矛盾日趋激化。为缓解各国之间的贸易矛盾，促进国际贸易发展，1947年，23个国家在日内瓦签订了关税及贸易总协定（General Agreement on Tariffs and Trade，GATT，简称关贸总协定）。关贸总协定是关于关税和贸易准则的多边国际协定和组织。1947—1994年，关贸总协定举行了八轮多边贸易谈判。1995年12月12日，关贸总协定的128个缔约方在日内瓦举行最后一次会议，宣告关贸总协定历史使命的完结。自1996年1月1日起，关贸总协定为世界贸易组织（World Trade Organization，WTO）所取代。

在中国，早在公元前11世纪—前771年，西周就对通过关卡和上市交易的商品征收关市之赋，其中的关赋就是一种内地关税。唐玄宗时期，为了适应对外贸易发展的需要，曾在广州设置市舶使，负责海关征税及其他事务，由此创立了中国的国境关税，以后各代，也一直征收国境关税。1840年鸦片战争后，中国丧失了关税主权，关税主权操纵在帝国主义列强手中，一直到1930年，民国政府与日本签订《中日关税协定》，中国收回关税自主权。中华人民共和国成立后，保留并继续征收关税，海关与关税的制度不断完善。目前，关税的法律依据主要是全国人民代表大会常务委员会于2000年颁布的《中华人民共和国海关法》（简称《海关法》）和国务院于2003年发布的《中华人民共和国进出口关税条例》（根据2017年3月1日《国务院关于修改和废止部分行政法规的决定》第四次修订）。

第二节　征税对象与纳税人

一、征税对象

关税的征税对象为准许进出口的货物与物品。货物被定义为贸易性商品，即具有使用价值与价值并用于国际交换的物品。物品指入境旅客随身携带的行李物品、个人邮寄物品、各种运输工具上的服务人员携带进口的自用物品、馈赠物品以及以其他方式进境的个人物品。对物品征收的行邮物品进口税详见本章第六节。跨境电子商务零售进口商品按照货物征收关税和进口环节增值税、消费税，详见第十七章第一节。

关税征税对象的具体品目由《海关进出口税则》的商品分类目录规定。中国现行商品分类目录是以国际通行的《商品名称及编码协调制度》（简称《协调制度》）为基础制定的。《协调制度》是在海关合作理事会的主持下编制并作为《协调商品名称及编码制度公约》的附件确定下来的一种商品分类目录，主要包括3部分内容：（1）归类总规则，共3条，阐明整个商品分类协调的总原则；（2）各类、章、项目和子目的注释，说明它们各自所包括和不应包括的商品，以及对一些商品的说明；（3）按系统次序排列的项目表（或称税目表）。目前，中国关税的应税进口货物覆盖了商品分类目录的21类97章5 019目的货物。为适应科学技术进步、产业结构调整、贸易结构优化、加强进出口管理的需要，在符合世界海关组织有关列目原则的前提下，我国每年都对进出口税则中部分税目进行调整，经调整后，税目逐年增加。2022年《中华人民共和国进出口税则》中"进口税则"涉及8 930个税目，"出口税则"涉及102个税目。应税出口货物主要是国际市场容量有限、竞争性又比较强的商品以及需要限制出口的极少数原料、材料和半制成品。

知识拓展16-1

进口或出口关税货物范围界定问题

二、纳税人

进口货物的纳税人为进口货物的收货人，出口货物的纳税人为出口货物的发货人，入境物品的纳税人为物品的所有人。

第三节 税基与税率

一、税基

（一）概述

关税有从价关税、从量关税、复合关税、选择关税4种类型。从价关税的税基是货物与物品的价格；从量关税的税基为货物与物品的数量；复合关税的税基是对同一货物与物品同时采用从价与从量两种形式；选择关税的税基是对同一货物与物品同时规定从价与从量两种税基，由海关选择一种税基计税。中国现行关税有从价关税、从量关税、复合关税3种类型，税基有从价、从量、从价与从量相结合3种形式。确定关税税基主要是确定从价关税的税基，即进出口货物与物品的完税价格。

（二）进口货物的完税价格

1.一般规定：以成交价格为基础的完税价格

自 2014 年 2 月 1 日起施行的《中华人民共和国海关审定进出口货物完税价格办法》（简称《进出口货物完税价格办法》）规定，进口货物的完税价格，由海关以该货物的成交价格为基础审查确定，并且应当包括货物运抵中华人民共和国境内输入地点起卸前的运输及其相关费用、保险费。其中：

（1）进口货物的成交价格，是指卖方向中华人民共和国境内销售该货物时买方为进口该货物向卖方实付、应付的，并且按照规定调整后的价款总额，包括直接支付的价款和间接支付的价款。

（2）进口货物的运输及其相关费用，应当按照由买方实际支付或者应当支付的费用计算。如果进口货物的运输及其相关费用无法确定的，海关应当按照该货物进口同期的正常运输成本审查确定。运输工具作为进口货物，利用自身动力进境的，海关在审查确定完税价格时，不再另行计入运输及其相关费用。

进口货物的保险费，应当按照实际支付的费用计算。如果进口货物的保险费无法确定或者未实际发生，海关应当按照"货价加运费"两者总额的 3‰ 计算保险费。其计算公式如下：

保险费 =（货价 + 运费）× 3‰

邮运进口的货物，应当以邮费作为运输及其相关费用、保险费。

（3）以成交价格为基础审查确定进口货物的完税价格时，未包括在该货物实付、应付价格中的下列费用或者价值应当计入完税价格：第一，由买方负担的下列费用：除购货佣金以外的佣金和经纪费；与该货物视为一体的容器费用；包装材料费用和包装劳务费用。第二，与进口货物的生产和向中华人民共和国境内销售有关的，由买方以免费或者以低于成本的方式提供，并且可以按适当比例分摊的下列货物或者服务的价值：进口货物包含的材料、部件、零件和类似货物；在生产进口货物过程中使用的工具、模具和类似货物；在生产进口货物过程中消耗的材料；在境外进行的为生产进口货物所需的工程设计、技术研发、工艺及制图等相关服务。第三，买方需向卖方或者有关方直接或者间接支付的特许权使用费，但是符合下列情形之一的除外：特许权使用费与该货物无关；特许权使用费的支付不构成该货物向中华人民共和国境内销售的条件。第四，卖方直接或者间接从买方对该货物进口后销售、处置或者使用所得中获得的收益。

（4）进口货物的价款中单独列明的下列税收、费用，不计入该货物的完税价格：厂房、机械或者设备等货物进口后发生的建设、安装、装配、维修或者技术援助费用，但是保修费用除外；进口货物运抵中华人民共和国境内输入地点起卸后发生的运输及其相关费用、保险费；进口关税、进口环节海关代征税及其他国内税；为在境内复制进口货物而支付的费用；境内外技术培训及境外考察费用。

同时符合下列条件的利息费用不计入完税价格：利息费用是买方为购买进口货物而融资所产生的；有书面的融资协议的；利息费用单独列明的；纳税义务人可以证明有关利率不高于在融资当时当地此类交易通常应当具有的利率水平，且没有融资安排的相同或者类似进口货物的价格与进口货物的实付、应付价格非常接近的。

2.一般规定：海关估定完税价格

进口货物的成交价格不符合规定条件的，或者成交价格不能确定的，海关经了解有关情况，并且与纳税义务人进行价格磋商后，依次以下列方法审查确定该货物的完税价格：相同货物成交价格估价方法；类似货物成交价格估价方法；倒扣价格估价方法；计算价格估价方法；合理方法。

（1）相同货物成交价格估价方法，是指海关以与进口货物同时或者大约同时向中华人民共和国境内销售的相同货物的成交价格为基础，审查确定进口货物的完税价格的估价方法。

（2）类似货物成交价格估价方法，是指海关以与进口货物同时或者大约同时向中华人民共和国境内销售的类似货物的成交价格为基础，审查确定进口货物的完税价格的估价方法。

按照相同或者类似货物成交价格估价方法的规定审查确定进口货物的完税价格时，应当使用与该货物具有相同商业水平且进口数量基本一致的相同或者类似货物的成交价格。使用上述价格时，应当以客观量化的数据资料，对该货物与相同或者类似货物之间由于运输距离和运输方式不同而在成本和其他费用方面产生的差异进行调整。

在没有上述的相同或者类似货物的成交价格的情况下，可以使用不同商业水平或者不同进口数量的相同或者类似货物的成交价格。使用上述价格时，应当以客观量化的数据资料，对因商业水平、进口数量、运输距离和运输方式不同而在价格、成本和其他费用方面产生的差异作出调整。

按照相同或者类似货物成交价格估价方法审查确定进口货物的完税价格时，应当首先使用同一生产商生产的相同或者类似货物的成交价格。没有同一生产商生产的相同或者类似货物的成交价格的，可以使用同一生产国或者地区其他生产商生产的相同或者类似货物的成交价格。如果有多个相同或者类似货物的成交价格，应当以最低的成交价格为基础审查确定进口货物的完税价格。

（3）倒扣价格估价方法，是指海关以进口货物、相同或者类似进口货物在境内的销售价格为基础，扣除境内发生的有关费用后，审查确定进口货物完税价格的估价方法。该销售价格应当同时符合下列条件：是在该货物进口的同时或者大约同时，将该货物、相同或者类似进口货物在境内销售的价格；是按照货物进口时的状态销售的价格；是在境内第一销售环节销售的价格；是向境内无特殊关系方销售的价格；按照该价格销售的货物合计销售总量最大。

按照倒扣价格估价方法审查确定进口货物完税价格的，下列各项应当扣除：同等级或者同种类货物在境内第一销售环节销售时，通常的利润和一般费用（包括直接费用和间接费用）以及通常支付的佣金；货物运抵境内输入地点起卸后的运输及其相关费用、保险费；进口关税、进口环节海关代征税及其他国内税。

（4）计算价格估价方法，是指海关以下列各项的总和为基础，审查确定进口货物完税价格的估价方法：生产该货物所使用的料件成本和加工费用；向境内销售同等级或者同种类货物通常的利润和一般费用（包括直接费用和间接费用）；该货物运抵境内输入地点起卸前的运输及相关费用、保险费。

（5）合理方法，是指当海关不能根据成交价格估价方法、相同货物成交价格估价方法、类似货物成交价格估价方法、倒扣价格估价方法和计算价格估价方法确定完税价格时，海关根据《中华人民共和国海关审定进出口货物完税价格办法》第2条规定的原则，以客观量化的数据资料为基础审查确定进口货物完税价格的估价方法。

海关在采用合理方法确定进口货物的完税价格时，不得使用以下价格：境内生产的货物在境内的销售价格；可供选择的价格中较高的价格；货物在出口地市场的销售价格；以计算价格估价方法之外的价值或者费用计算的相同或者类似货物的价格；出口到第三国或者地区的货物的销售价格；最低限价或者武断、虚构的价格。

纳税义务人向海关提供有关资料后，可以提出申请，颠倒第（3）和第（4）项的适用次序。

3.特殊规定

（1）运往境外修理的机械器具、运输工具或者其他货物，出境时已向海关报明，并且在海关规定的期限内复运进境的，应当以境外修理费和料件费为基础审查确定完税价格。

（2）运往境外加工的货物，出境时已向海关报明，并且在海关规定期限内复运进境的，应当以境外加工费和料件费以及该货物复运进境的运输及其相关费用、保险费为基础审查确定完税价格。

（3）租赁方式进口的货物，按照下列方法审查确定完税价格：以租金方式对外支付的租赁货物，在租赁期间以海关审查确定的租金作为完税价格，利息应当予以计入；留购的租赁货物以海关审查确定的留购价格作为完税价格；纳税义务人申请一次性缴纳税款的，可以选择申请按照海关估定完税价格列明的方法确定完税价格，或者按照海关审查确定的租金总额作为完税价格。

（4）减税或者免税进口的货物应当补税时，应当以海关审查确定的该货物原进口时的价格，扣除折旧部分价值作为完税价格。其计算公式如下：

完税价格=海关审查确定的该货物原进口时的价格×（1 - $\dfrac{\text{补税时实际已进口的时间}}{\text{监管年限}}$×12）

上述计算公式中，"补税时实际已进口的时间"按月计算，不足1个月但是超过15日的，按照1个月计算；不超过15日的，不予计算。

（5）易货贸易、寄售、捐赠、赠送等不存在成交价格的进口货物，海关与纳税义务人进行价格磋商后，按照海关估定完税价格列明的方法审查确定完税价格。

（6）进口载有专供数据处理设备用软件的介质，具有下列情形之一的，应当以介质本身的价值或者成本为基础审查确定完税价格：介质本身的价值或者成本与所载软件的价值分列；介质本身的价值或者成本与所载软件的价值虽未分列，但是纳税义务人能够提供介质本身的价值或者成本的证明文件，或者能提供所载软件价值的证明文件。含有美术、摄影、声音、图像、影视、游戏、电子出版物的介质不适用上述规定。

（三）出口货物的完税价格

1.以成交价格为基础的完税价格

出口货物的完税价格由海关以该货物的成交价格为基础审查确定，并且应当包括货物运至中华人民共和国境内输出地点装载前的运输及其相关费用、保险费。

出口货物的成交价格，是指该货物出口销售时，卖方为出口该货物应当向买方直接收取和间接收取的价款总额。

下列税收、费用不计入出口货物的完税价格：出口关税；在货物价款中单独列明的货物运至中华人民共和国境内输出地点装载后的运输及其相关费用、保险费。

2.海关估定完税价格

出口货物的成交价格不能确定的，海关经了解有关情况，并且与纳税义务人进行价格磋商后，依次以下列价格审查确定该货物的完税价格：①同时或者大约同时向同一国家或者地区出口的相同货物的成交价格；②同时或者大约同时向同一国家或者地区出口的类似货物的成交价格；③根据境内生产相同或者类似货物的成本、利润和一般费用（包括直接费用和间接费用）、境内发生的运输及其相关费用、保险费计算所得的价格；④按照合理方法估定的价格。

二、税率

（一）进口关税的税率

1.固定税率

对不同种类的货物，为保护本国产业，调节市场供求关系，根据国内的供给能力与需求情况，规定了不同的税率。总的原则是：对国内不能生产或供应不足的商品，予以免税；对国内短期内不能迅速生产的商品，实行低税率；对国内已能生产的非国计民生所急需的商品，采用较高的税率；对国内已能生产且需要保护的商品，采用更高的税率。

对同一进口货物，为贯彻平等互利原则，根据货物的来源地，我国进口税则规定了不同的税率。加入WTO之后，我国为履行在加入WTO关税减让谈判中承诺的有关义务，享有WTO成员应有的权利，自2002年1月1日起，我国进口税则设有以下税率：

最惠国税率，适用于原产于共同适用最惠国待遇条款的世界贸易组织成员的进口货物，原产于与我国签订含有相互给予最惠国待遇条款的双边贸易协定的国家或者地区的进口货物，以及原产于我国境内的进口货物。

协定税率，适用于原产于与我国签订含有关税优惠条款的区域性贸易协定的国家或者地区的进口货物。

特惠税率，适用于原产于与我国签订含有特殊关税优惠条款的贸易协定的国家或者地区的进口货物。

普通税率，适用于原产于上述以外的国家或者地区的进口货物，以及原产地不明的进口货物。

适用最惠国税率的进口货物有暂定税率的，应当适用暂定税率；适用协定税率、特惠税率的进口货物有暂定税率的，应当从低适用税率；适用普通税率的进口货物，不适用暂定税率。

2.变动税率

对来源于违反贸易协定对我国采取禁止、限制、加征关税等非正常贸易措施的国家或地区的进口货物，可以征收报复性关税。任何国家或者地区违反与我国签订或者共同参加的贸易协定及相关协定，对我国在贸易方面采取禁止、限制、加征关税或者其他影响正常贸易的措施的，对原产于该国家或者地区的进口货物可以征收报复性关税，适用报复性关税税率。

对构成倾销、补贴的进口货物，可以征收反倾销税、反补贴税、保障性关税。反倾销税、反补贴税的纳税人，为倾销或补贴产品的进口经营者。进口产品经初裁确定倾销或者补贴成立，并由此对国内产业造成损害的，可以采取临时反倾销或反补贴措施，实施期限为自决定公告规定实施之日起，不超过4个月。采取临时反补贴措施在特殊情形下，可以延长至9个月。自反倾销立案调查决定公告之日起60天内，不得采取临时反倾销措施。经终裁确定倾销或者补贴成立，并由此对国内产业造成损害的，可以征收反倾销税和反补贴税。反倾销税的征收期限和价格承诺的履行期限不超过5年；但是，经复审确定终止征收反倾销税有可能导致倾销和损害的继续或者再度发生的，反倾销税的征收期限可以适当延长。保障性关税是当某类商品进口量剧增，对我国相关产业带来巨大威胁或损害时，按照WTO有关规则，可以启动一般保障措施，即在与有实质利益的国家或地区进行磋商后，在一定时期内提高该项商品的进口关税或采取数量限制措施，以保护国内相关产业不受损害。

3. 税率水平与结构

1992年我国关税总水平（优惠税率的算术平均水平）约为42%，普通税率平均为56%。之后对关税总水平进行了几次较大幅度的调整，2021年我国关税总水平已降至7.4%（见表16-1）。

表16-1　　　　　　　　　　　1992—2021年中国关税总水平

年度	关税总水平（%）	年度	关税总水平（%）
1992	42	2009	9.8
1996	23	2010	9.8
1997	17	2011	9.8
2001	15.3	2012	9.8
2002	12	2013	9.8
2003	11	2014	9.8
2004	10.4	2015	9.8
2005	10	2016	9.8
2006	9.9	2017	9.8
2007	9.8	2018	7.5[①]
2008	9.8	2021	7.4

4. 适用税率的确定

在根据进口货物原产地确定进口关税适用税率时，中国采用了国际通用的全部产地生产标准和实质性加工标准。全部产地生产标准是指进口货物完全在一个国家内生产或制造，生产或制造国即为该货物的原产国。实质性加工标准是适用于确定有两个或两个以上国家参与生产的产品的原产国的标准，其基本含义是经过几个国家加工、制造的进口货物，以最后一个对货物进行经济上可以视为实质性加工的国家作为有关货物的原产国。实质性加工是指产品加工后，在进出口税则中四位数税号一级的税则归类已经有了改变；或者加工增值部分所占新产品总值的比例已超过30%及以上的。

---

① 从2018年11月1日起，中国降低1 585个税目工业品等商品进口关税税率，将部分国内市场需求大的工程机械、仪器仪表等机电设备平均税率由12.2%降至8.8%，纺织品、建材等商品平均税率由11.5%降至8.4%，纸制品等部分资源性商品及初级加工品平均税率由6.6%降至5.4%，并对同类或相似商品减并税级。中国平均关税税率从9.8%降至7.5%。

（二）出口关税的税率

为鼓励商品出口，现行关税对绝大部分出口商品不征税。根据《国务院关税税则委员会关于2022年关税调整方案的通知》（税委会〔2021〕18号）所附《2022年关税调整方案》及出口商品税率表规定，对国际市场容量有限且竞争性较强的商品以及需要限制出口的商品，按20%、25%、30%、40%四档税率，征收少量的出口关税。

第四节　税收优惠

一、法定减免税

依照《海关法》和《进出口关税条例》规定，下列进出口货物，免征关税：

1.关税税额在人民币50元以下的一票货物；

2.无商业价值的广告品和货样；

3.外国政府、国际组织无偿赠送的物资；

4.在海关放行前损失的货物（可以根据海关认定的受损程度减征关税）；

5.进出境运输工具装载的途中必需的燃料、物料和饮食用品；

6.法律规定减征、免征关税的其他货物、物品；

7.我国缔结或者参加的国际条约规定减征、免征关税的货物、物品，按照规定予以减免关税。

二、法定暂时免税

依照《海关法》和《进出口关税条例》规定，暂时进境或者暂时出境的下列货物，在进境或者出境时纳税义务人向海关缴纳相当于应纳税款的保证金或者提供其他担保的，可以暂不缴纳关税，并应当自进境或者出境之日起6个月内复运出境或者复运进境；需要延长复运出境或者复运进境期限的，纳税义务人应当根据海关总署的规定向海关办理延期手续：

1.在展览会、交易会、会议及类似活动中展示或者使用的货物；

2.文化、体育交流活动中使用的表演、比赛用品；

3.进行新闻报道或者摄制电影、电视节目使用的仪器、设备及用品；

4.开展科研、教学、医疗活动使用的仪器、设备及用品；

5.在上述第1项至第4项所列活动中使用的交通工具及特种车辆；

6.货样；

7.供安装、调试、检测设备时使用的仪器、工具；

8.盛装货物的容器；

9.其他用于非商业目的的货物。

上述第 1 项所列暂时进境货物在规定的期限内未复运出境的，或者暂时出境货物在规定的期限内未复运进境的，海关应当依法征收关税；所列可以暂时免征关税范围以外的其他暂时进境货物，应当按照该货物的完税价格和其在境内滞留时间与折旧时间的比例计算征收进口关税。

三、国务院规定的免税或减税

国务院针对某个单位、某个项目、某类商品专门批准的免税或减税。主要减免政策有：

1.自 2021 年 1 月 1 日至 2025 年 12 月 31 日，对科学研究机构、技术开发机构、学校、党校（行政学院）、图书馆等单位进口国内不能生产或者性能不能满足需要的科学研究、科技开发和教学用品，免征进口关税和进口环节增值税、消费税。对出版物进口单位为科研院所、学校、党校（行政学院）、图书馆进口用于科研、教学的图书、资料等，免征进口环节增值税。

2.自 2021 年 1 月 1 日至 2030 年 12 月 31 日，对新型显示器件（即薄膜晶体管液晶显示器件、有源矩阵有机发光二极管显示器件、Micro-LED 显示器件，下同）生产企业进口国内不能生产或性能不能满足需求的自用生产性（含研发用，下同）原材料、消耗品和净化室配套系统、生产设备（包括进口设备和国产设备）零配件，对新型显示产业的关键原材料、零配件（即靶材、光刻胶、掩模版、偏光片、彩色滤光膜）生产企业进口国内不能生产或性能不能满足需求的自用生产性原材料、消耗品，免征进口关税。

3.自 2021 年 1 月 1 日至 2030 年 12 月 31 日，对卫生健康委员会委托进口的抗艾滋病病毒药物，免征进口关税和进口环节增值税。

4.为贯彻落实《国务院关于印发新时期促进集成电路产业和软件产业高质量发展若干政策的通知》（国发〔2020〕8 号），自 2020 年 7 月 27 日至 2030 年 12 月 31 日，对下列情形，免征进口关税：

（1）集成电路线宽小于 65 纳米（含，下同）的逻辑电路、存储器生产企业，以及线宽小于 0.25 微米的特色工艺（即模拟、数模混合、高压、射频、功率、光电集成、图像传感、微机电系统、绝缘体上硅工艺）集成电路生产企业，进口国内不能生产或性能不能满足需求的自用生产性（含研发用，下同）原材料、消耗品，净化室专用建筑材料、配套系统和集成电路生产设备（包括进口设备和国产设备）零配件。

（2）集成电路线宽小于 0.5 微米的化合物集成电路生产企业和先进封装测试企

业，进口国内不能生产或性能不能满足需求的自用生产性原材料、消耗品。

（3）集成电路产业的关键原材料、零配件（即靶材、光刻胶、掩模版、封装载板、抛光垫、抛光液、8英寸及以上硅单晶、8英寸及以上硅片）生产企业，进口国内不能生产或性能不能满足需求的自用生产性原材料、消耗品。

（4）集成电路用光刻胶、掩模版、8英寸及以上硅片生产企业，进口国内不能生产或性能不能满足需求的净化室专用建筑材料、配套系统和生产设备（包括进口设备和国产设备）零配件。

（5）国家鼓励的重点集成电路设计企业和软件企业，以及符合上述第（1）、（2）项的企业（集成电路生产企业和先进封装测试企业）进口自用设备，及按照合同随设备进口的技术（含软件）及配套件、备件，但《国内投资项目不予免税的进口商品目录》、《外商投资项目不予免税的进口商品目录》和《进口不予免税的重大技术装备和产品目录》所列商品除外。上述进口商品不占用投资总额，相关项目不需出具项目确认书。

5. 自2021年1月1日至2025年12月31日，为完善能源产供储销体系，加强国内油气勘探开发，支持天然气进口利用，实行下列进口税收政策：

（1）对在我国陆上特定地区（具体区域见附件）进行石油（天然气）勘探开发作业的自营项目，进口国内不能生产或性能不能满足需求的，并直接用于勘探开发作业的设备（包括按照合同随设备进口的技术资料）、仪器、零附件、专用工具，免征进口关税；在经国家批准的陆上石油（天然气）中标区块（对外谈判的合作区块视为中标区块）内进行石油（天然气）勘探开发作业的中外合作项目，进口国内不能生产或性能不能满足需求的，并直接用于勘探开发作业的设备（包括按照合同随设备进口的技术资料）、仪器、零附件、专用工具，免征进口关税和进口环节增值税。

（2）对在我国海洋（指我国内海、领海、大陆架以及其他海洋资源管辖海域，包括浅海滩涂，下同）进行石油（天然气）勘探开发作业的项目（包括1994年12月31日之前批准的对外合作"老项目"），以及海上油气管道应急救援项目，进口国内不能生产或性能不能满足需求的，并直接用于勘探开发作业或应急救援的设备（包括按照合同随设备进口的技术资料）、仪器、零附件、专用工具，免征进口关税和进口环节增值税。

（3）对在我国境内进行煤层气勘探开发作业的项目，进口国内不能生产或性能不能满足需求的，并直接用于勘探开发作业的设备（包括按照合同随设备进口的技术资料）、仪器、零附件、专用工具，免征进口关税和进口环节增值税。

自2021年3月1日起，进出口货物减征或者免征关税、进口环节海关代征税事务，除法律、行政法规另有规定外，海关依照《中华人民共和国海关进出口货物减免税管理办法》（2021年12月11日，海关总署令第245号）实施管理。

第五节　税额计算与税款缴纳

一、税额计算

（一）基本公式

从价计征的货物：

应纳税额=完税价格×税率

从量计征的货物：

应纳税额=货物数量×税率

（二）例题

1.按照以成交价格为基础的完税价格计算进口关税的应纳税额

【例16-1】某进出口公司2022年10月进口货物一批，成交价格折合人民币1 990万元（含该货物运抵我国关境内输入地点起卸前的运费、保险费20万元），另支付与货物有关的境外开发设计费用210万元。已知该货物进口关税税率50%。

要求：根据上述资料，计算该公司应缴纳的进口关税。

解：

关税完税价格=1 990+210=2 200（万元）

应纳关税税额=2 200×50%=1 100（万元）

2.按照海关估定的完税价格计算进口关税的应纳税额

【例16-2】某进出口公司2022年10月进口应税消费品一批，成交价格不能确定，由海关估定完税价格。按当月向中国境内销售相同货物的成交价格计算，该批应税消费品成交价折合人民币1 085万元。在进口时该公司还支付如下款项：

（1）货物运抵我国关境内输入地点起卸前、后的运费分别为35万元、2万元，保险费分别为5万元、0.4万元。

（2）包装材料费用和包装劳务费10万元。

（3）与货物视为一体的容器的费用15万元。

（4）与该货物有关的特许权使用费50万元。

已知：该应税消费品关税税率10%，消费税税率15%，增值税税率13%。

要求：根据上述资料，回答下列问题：

（1）该公司在进口环节应缴纳的关税是多少？

（2）该公司在进口环节应缴纳的消费税是多少？

（3）该公司在进口环节应缴纳的增值税是多少？

解：

（1）计算进口环节应缴纳的关税：

关税完税价格=1 085+35+5+10+15+50=1 200（万元）

应纳关税税额=1 200×10%=120（万元）

（2）计算进口环节应缴纳的消费税：

应纳消费税税额=（1 200+120）÷（1-15%）×15%=232.94（万元）

（3）计算进口环节应缴纳的增值税：

应纳增值税税额=（1 200+120）÷（1-15%）×13%=201.88（万元）

或　　　　　=（1 200+120+201.88）×13%=197.84（万元）

3.出口关税的税额计算

【例16-3】A外贸进出口公司，向某国出口应税货物一批，贸易合同的结汇价为人民币300 000元。已知该货物出口关税税率为20%。计算该外贸进出口公司应缴纳的出口关税。

解：

（1）出口产品完税价格=300 000÷（1+20%）=250 000（元）

（2）应纳出口关税税额=250 000×20%=50 000（元）

二、税款的缴纳

（一）纳税期限

进口货物自运输工具申报进境之日起14日内，出口货物在货物运抵海关监管区后、装货的24小时前，向货物进出境海关申报纳税，并自海关填发税收缴款书之日起15日内，向指定银行缴纳税款。

（二）纳税地点

进出口货物向进出境海关申报纳税，向指定银行缴纳税款。

第六节　行邮物品进口税

一、征税对象与纳税人

行邮物品进口税，是行李和邮递物品进口税的简称，亦称进境物品进口税，是海关对入境旅客行李物品和个人邮递物品征收的进口税。所称的进口税，包括进口环节的关税和增值税、消费税。

课税对象包括：入境旅客、运输工具服务人员携带的应税行李物品、个人邮递物品、馈赠物品以及以其他方式入境的个人物品等。应税的入境物品主要是饮食用品、文化用品、家用电器产品、高档消费品等。

行邮物品进口税的纳税人是：携有应税个人自用物品的入境旅客及运输工具服务人员，进口邮递物品的收件人，以及以其他方式进口应税个人自用物品的收件人。纳税义务人可以自行办理纳税手续，也可以委托他人办理纳税手续。

二、税基与税率

1.进境物品的完税价格

自2019年4月9日起，进境物品的完税价格依照《中华人民共和国进境物品归类表》和《中华人民共和国进境物品完税价格表》（简称《完税价格表》）执行。进境物品的完税价格由海关依法遵循以下原则确定：《完税价格表》已列明完税价格的物品，按照《完税价格表》确定；《完税价格表》未列明完税价格的物品，按照相同物品相同来源地最近时间的主要市场零售价格确定其完税价格。

知识拓展 16-2

《中华人民共和国进境物品归类表》

知识拓展 16-3

《中华人民共和国进境物品完税价格表》

2.进境物品的税率

根据国务院关税税则委员会关于调整进境物品进口税有关问题的通知（税委会〔2019〕17号），自2019年4月9日起，进境物品适用税率见表16-2。

表16-2　　　　　　　　　　进境物品进口税率表

税号	税率（%）	物品名称
1	13	书报、刊物、教育用影视资料；计算机、视频摄录一体机、数字照相机等信息技术产品；食品、饮料；金银；家具；玩具、游戏品、节日或其他娱乐用品；药品[①]
2	20	运动用品（不含高尔夫球及球具）、钓鱼用品；纺织品及其制成品；电视摄像机及其他电器用具；自行车；税目1、3中未包含的其他商品
3[②]	50	烟、酒；贵重首饰及珠宝玉石；高尔夫球及球具；高档手表；高档化妆品

注：①对国家规定减按3%征收进口环节增值税的进口药品，按照货物税率征税。
②税目3所列商品的具体范围与消费税征收范围一致。

三、税收优惠

海关总署规定数额以内的个人自用进境物品免税。具体规定如下：

1.自2010年9月1日起，进境居民旅客携带在境外获取的个人自用进境物品，总值在5000元人民币以内（含5000元）的；非居民旅客携带拟留在中国境内的个人自用进境物品，总值在2000元人民币以内（含2000元）的，海关予以免税放行，单一品种限自用、合理数量，但烟草制品、酒精制品以及国家规定应当征税的

20 种商品等另按有关规定办理。

　　2. 自 2010 年 9 月 1 日起，个人邮寄进境物品应征进口税税额在 50 元人民币（含 50 元）以下的，海关予以免征。个人寄自或寄往港、澳、台地区的物品，每次限值为 800 元人民币；寄自或寄往其他国家和地区的物品，每次限值为 1 000 元人民币。超出上述规定限值的，应办理退运手续或者按照货物规定办理通关手续。

四、税额计算与税款缴纳

（一）税额计算

　　行邮物品进口税税额为完税价格乘以进口税税率。其计算公式为：

应纳税额＝完税价格×进口税税率

（二）税款缴纳

　　准许应税进口的旅客行李物品、个人邮递物品以及其他个人自用物品，除另有规定的以外，均由海关按照有关规定征收进口税。纳税义务人应当在海关放行应税个人自用物品之前缴纳税款。

　　应税个人自用物品放行后，海关发现少征税款，应当自开出税款缴纳证之日起 1 年内，向纳税义务人补征；海关发现漏征税款，应当自物品放行之日起 1 年内向纳税义务人补征。因纳税义务人违反规定而造成的少征或者漏征，海关可自违反规定行为发生之日起 3 年以内向纳税义务人追征。海关发现或确认多征的税款，海关应当立即退还，纳税义务人也可自缴纳税款之日起 1 年内，要求海关退还。

　　纳税义务人同海关发生纳税争议时，应当先按海关核定的税额缴纳税款，然后自海关填发税款缴纳证之日起 30 日内向海关书面申请复议。逾期申请的，海关不予受理。海关应当自收到复议申请之日起 15 日内作出复议决定，并通知纳税义务人。纳税义务人对复议决定不服，可以自接到海关通知之日起 15 日内向海关总署申请复议。海关总署在接到复议申请后，应当在 30 日内作出复议决定，并通知纳税义务人。纳税义务人对海关总署的复议决定仍然不服的，可以自收到复议决定之日起 15 日内，向人民法院起诉。

□ 复习思考题

一、概念

　　关税　关境　贸易性商品　非贸易性物品　进口关税　出口关税　过境关税　财政关税　保护关税　商品名称及编码协调制度　从价关税　从量关税　选择关税　复合关税　完税价格　成交价格　到岸价格　离岸价格　海关估定完税价格

最惠国税率　协定税率　特惠税率　普通税率　报复性关税　反倾销税　反补贴税　保障性关税　原产地标准　全部产地生产标准　实质性加工标准　行邮物品进口税

二、问题

1.关税的性质与作用

2.世界贸易组织（WTO）

3.进口货物的完税价格

4.进口货物的税率

5.行邮物品进口税的基本制度

第十七章

其他进出口税收

主要内容
- 进口环节增值税
- 进口环节消费税
- 离境退税
- 船舶吨税的基本制度

第一节　进出口环节商品税

一、进口环节国内商品税

进口环节国内商品税是在报关进口环节由海关代征的国内商品税，包括增值税和消费税。根据《增值税条例》和《消费税条例》的有关规定，申报进入中华人民共和国海关境内的货物，应缴纳增值税；若进口货物属于规定应税消费品的，应缴纳消费税。上述进口环节增值税、消费税的征税对象范围、纳税人、税率等规定，参见第三章、第四章第二至第三节有关内容。进境物品进口税包括进口关税及国内增值税、消费税，参见第十六章第六节有关内容。适用跨境电子商务零售进口增值税政策的跨境电子商务零售进口商品，按照货物征收关税和进口环节增值税、消费税。上述进口环节的国内增值税、消费税由海关代征。

（一）进口确认

1.一般贸易进口货物的确认

确定一项货物是否属于进口，必须首先看其是否有报关进口手续。一般来说，境外产品要输入境内，都必须向我国海关申报进口，并办理有关报关手续。只要是报关进口的应税货物，不论其是国外产制还是我国已出口而转销国内的货物，是进口者自行采购还是国外捐赠的货物，是进口者自用还是作为贸易或其他用途等，除另有规定外，均应按照规定缴纳进口环节的增值税、消费税。

2.跨境电子商务零售进口商品的确认

自2022年3月1日起，从其他国家或地区进口《跨境电子商务零售进口商品清单（2019年版）》《跨境电子商务零售进口商品清单调整表（2022年）》所列范围内的以下商品适用于跨境电子商务零售进口增值税税收政策：

（1）所有通过与海关联网的电子商务交易平台交易，能够实现交易、支付、物流电子信息"三单"比对的跨境电子商务零售进口商品；

（2）未通过与海关联网的电子商务交易平台交易，但快递、邮政企业能够统一提供交易、支付、物流等电子信息，并承诺承担相应法律责任进境的跨境电子商务零售进口商品。

不属于跨境电子商务零售进口的个人物品以及无法提供交易、支付、物流等电子信息的跨境电子商务零售进口商品，按现行有关规定执行。

（二）计税价格确认

1.一般贸易进口货物计税价格确认

一般贸易进口货物以组成计税价格为税基，计征进口环节增值税和消费税。

若进口货物不属于消费税应税消费品，则：

组成计税价格＝关税完税价格＋关税

式中，关税完税价格是海关对货物征收进口关税的税基。一般以成交价格为基础再加上货物运抵中国境内输入地点起卸前的运输费及相关费用和保险费。关税完税价格及确认详见第十六章第三节。

若进口货物属于消费税应税消费品，则组成计税价格中应包括消费税税额。其公式为：

组成计税价格＝关税完税价格＋关税＋消费税

或　组成计税价格＝（关税完税价格＋关税）÷（1－消费税税率）

出口货物一般实行目的地原则或称消费地原则，即对出口货物原则上在实际消费地征收商品或货物税。对进口货物而言，出口这些货物的出口国在出口时并没有征出口关税和增值税、消费税，到我国口岸时货物的价格基本就是到岸价格，即所谓的关税完税价格。如果此时不征关税和其他税收则与国内同等商品的税负差异就会很大，税负不公平。因此在进口时首先要对进口货物征进口关税，若属于应征消费税的商品则要同时征收消费税。在此基础上才形成了增值税、消费税的计税价

知识拓展
17-1

《跨境电子商务零售进口商品清单（2019年版）》及《跨境电子商务零售进口商品清单调整表（2022年）》

格，即组成计税价格。

2.跨境电子商务零售进口商品计税价格的确认

跨境电子商务零售进口商品按照货物征收关税和进口环节增值税、消费税，以实际交易价格（包括货物零售价格、运费和保险费）作为完税价格。

跨境电子商务零售进口商品的进口环节增值税、消费税取消免征税额，暂按法定应纳税额的70%征收。完税价格超过5 000元单次交易限值但低于26 000元年度交易限值，且订单下仅一件商品时，可以自跨境电商零售渠道进口，按照货物税率全额征收关税和进口环节增值税、消费税，交易额计入年度交易总额，但年度交易总额超过年度交易限值的，应按一般贸易管理。

（三）应纳税额的计算

1.一般贸易进口货物应纳税额的计算

（1）基本公式

若进口货物不属于消费税应税消费品的：

应纳增值税税额=组成计税价格×增值税税率

若进口货物属于消费税应税消费品的：

应纳消费税税额=组成计税价格×消费税税率

（2）例题

【例17-1】某外贸进出口公司2022年9月从某国进口小轿车100辆，每辆货价为71 200元，运抵我国输入口岸前的包装费、运费、保险费和其他劳务费共计360 000元。计算该进出口贸易公司应纳的增值税（小轿车进口关税税率为15%，消费税税率为12%）。

解：

（1）①到岸价格=100×71 200+360 000=7 480 000（元）

②应纳关税税额=7 480 000×15%=1 122 000（元）

（2）应纳消费税税额=（7 480 000+1 122 000）÷（1−12%）×12%=1 173 000（元）

（3）应纳增值税税额=（7 480 000+1 122 000+1 173 000）×13%=1 270 750（元）

或　　　　　　　　=（7 480 000+1 122 000）÷（1−12%）×13%=1 270 750（元）

2.跨境电子商务零售进口商品应纳税额的计算

自2019年1月1日起，跨境电子商务零售进口商品的进口环节增值税、消费税取消免征税额，暂按法定应纳税额的70%征收。完税价格超过5 000元单次交易限值但低于26 000元年度交易限值，且订单下仅一件商品时，可以自跨境电商零售渠道进口，按照货物税率全额征收关税和进口环节增值税、消费税，交易额计入年度交易总额，但年度交易总额超过年度交易限值的，应按一般贸易管理。

（1）按一般贸易管理征税的应纳税额的计算

应纳关税税额=完税价格×关税税率

应纳增值税税额=完税价格×增值税税率

应纳消费税税额=完税价格×消费税税率

（2）按跨境电子商务零售进口商品征税应纳税额的计算

应纳关税税额=完税价格×关税税率（关税税率为0）

应纳增值税税额=完税价格×增值税税率×70%

应纳消费税税额=完税价格×消费税税率×70%

二、出口环节国内商品税

出口环节国内商品税主要涉及两个方面：一是对出口商出口货物、劳务和跨境应税行为退（免）国内商品税（不符合退免税规定条件的应缴纳或补缴国内商品税）；二是境外旅客在离境口岸离境时，对其在境内退税商店购买的退税物品退还增值税。

出口货物、劳务和跨境应税行为退（免）税是国际贸易中通常采用的一项旨在鼓励各国出口货物公平竞争的税收政策。即对出口货物、劳务和跨境应税行为已承担或应承担的增值税和消费税等国内商品税实行退还或者免征。对出口货物、劳务和跨境应税行为实行退（免）税较为公平合理，已成为世界各国和地区国际贸易中通行的惯例。我国的出口货物、劳务和跨境应税行为退（免）税是指在报关出口环节，对报关出口的货物、劳务和跨境应税行为退还或免征其在国内各生产和流转环节按税法规定缴纳的增值税和消费税。

对出口货物、劳务和跨境应税行为退（免）增值税、消费税，应在规定的增值税、消费税纳税申报期内向主管税务机关申报受理，详见第三章第七节、第四章第六节。在此，主要介绍离境退税政策内容。

（一）出口确认

1.离境退税的含义

境外旅客购物离境退税（简称离境退税），是指境外旅客在离境口岸离境时，对其在退税商店购买的退税物品退还增值税的政策。

上述所称境外旅客，是指在我国境内连续居住不超过183天的外国人和港澳台同胞。离境口岸，是指实施离境退税政策的地区正式对外开放并设有退税代理机构的口岸，包括航空口岸、水运口岸和陆地口岸。退税商店，是指报省、自治区、直辖市和计划单列市税务局（简称省税务局）备案、境外旅客从其购买退税物品离境可申请退税的企业。符合以下条件的企业，经省税务局备案后即可成为退税商店：具有增值税一般纳税人资格；纳税信用等级在B级以上；同意安装、使用离境退税管理系统，并保证系统应当具备的运行条件，能够及时、准确地向主管税务机关报送相关信息；已经安装并使用增值税发票系统升级版；同意单独设置退税物品销售明细账，并准确核算。退税物品，是指由境外旅客本人在退税商店购买且符合退税条件的个人物品，但不包括下列物品：《中华人民共和国禁止、限制进出境物品表》所列的禁止、限制出境物品；退税商店销售的适用增值税免税政策的物品；财政部、海关总署、国家税务总局规定的其他物品。

离境退税体现了增值税消费地征税原则，是国际上征收增值税国家和地区的通行做法。为探索建立离境退税制度，自2011年1月1日起，我国在海南省率先开展了离境退税政策试点。为落实《国务院关于促进旅游业改革发展的若干意见》关于"研究完善境外旅客购物离境退税政策，将实施范围扩大至全国符合条件的地区"的要求，经商海关总署和国家税务总局，财政部于2015年1月16日发布了《关于实施境外旅客购物离境退税政策的公告》，自发布之日起实施。2015年6月2日，国家税务总局发布《境外旅客购物离境退税管理办法（试行）》，自发布之日起执行。自2015年7月1日起，北京市和上海市首批实施境外旅客购物离境退税政策。此后，中国陆续扩大实施境外旅客购物离境退税政策的地区范围。截至2018年底，实施离境退税政策的地区共有26个，实施地区和开始实施日期见表17-1。

表17-1　　　　　　中国实施离境退税政策的地区和开始实施日期

开始实施日期		实施地区
2011年	1月1日	海南省
2015年	7月1日	北京市、上海市
2016年	1月1日	天津市、辽宁省、安徽省、福建省、厦门市、四川省
	4月1日	江苏省、青岛市、深圳市、陕西省、云南省
	7月1日	广东省（不含深圳）
	8月1日	黑龙江
	10月1日	山东省
2017年	1月1日	新疆维吾尔自治区
	3月1日	河南省
	8月1日	宁夏回族自治区
	9月1日	湖南省
	12月1日	甘肃省
2018年	3月1日	重庆市
	5月1日	河北省
	12月11日	广西壮族自治区
	12月25日	江西省

2.离境退税的条件

境外旅客申请退税，应当同时符合以下条件：

（1）同一境外旅客同一日在同一退税商店购买的退税物品金额达到500元人民币；

（2）退税物品尚未启用或消费；

（3）离境日距退税物品购买日不超过90天；

（4）所购退税物品由境外旅客本人随身携带或随行托运出境。

3.退税物品购买

境外旅客在退税商店购买退税物品后，需要申请退税的，应当在离境前凭本人的有效身份证件及购买退税物品的增值税普通发票（由增值税发票系统升级版开具），向退税商店索取离境退税申请单。

离境退税申请单由退税商店通过离境退税管理系统开具，加盖发票专用章，交境外旅客。退税商店开具离境退税申请单时，要核对境外旅客有效身份证件（标注或能够采集境外旅客最后入境日期的护照、港澳居民来往内地通行证、台湾居民来往大陆通行证等），同时将以下信息采集到离境退税管理系统：境外旅客有效身份证件信息以及其上标注或能够采集的最后入境日期；境外旅客购买的退税物品信息以及对应的增值税普通发票号码。

具有以下情形之一的，退税商店不得开具离境退税申请单：境外旅客不能出示本人有效身份证件；凭有效身份证件不能确定境外旅客最后入境日期的；购买日距境外旅客最后入境日超过183天；退税物品销售发票开具日期早于境外旅客最后入境日；销售给境外旅客的货物不属于退税物品范围；境外旅客不能出示购买退税物品的增值税普通发票（由增值税发票系统升级版开具）；同一境外旅客同一日在同一退税商店内购买退税物品的金额未达到500元人民币。

退税商店在向境外旅客开具离境退税申请单后，如发生境外旅客退货等需作废销售发票或红字冲销等情形的，在作废销售发票的同时，需将作废或冲销发票对应的离境退税申请单同时作废。已办理离境退税的销售发票，退税商店不得作废或对该发票开具红字发票冲销。

4.海关验核确认

境外旅客在离境口岸离境时，应当主动持退税物品、境外旅客购物离境退税申请单、退税物品销售发票向海关申报并接受海关监管。海关验核无误后，在境外旅客购物离境退税申请单上签章。

有下列情形之一的，海关不予办理境外旅客购物离境退税签章手续：出境旅客交验物品的名称与申请单所列物品不符的；申请单所列购物人员信息与出境旅客信息不符的；其他不符合离境退税规定的。

（二）计税价格及退税率的确认

1.计税价格确认

离境应退增值税税额的计算，以离境的退税物品的增值税普通发票金额（含增值税）为依据。

2.退税率适用规定

自2019年4月1日起，适用13%税率的境外旅客购物离境退税物品，退税率为11%；适用9%税率的境外旅客购物离境退税物品，退税率为8%。为了最大限度保证境外旅客权益，退税率调整设置了3个月的过渡期。过渡期内，即2019年6月30日前，境外旅客购买的退税物品，如果已经按照调整前税率征收增值税的，仍然按照调整前11%的退税率计算退税。

（三）应退税额的计算

1.计算公式

离境应退增值税计算公式为：

应退增值税税额＝离境的退税物品销售发票金额（含增值税）×退税率

实退增值税税额＝应退增值税税额－退税代理机构办理退税手续费

2.离境退税的办理流程

（1）代理机构退税

无论是本地购物本地离境还是本地购物异地离境，离境退税均由设在办理境外旅客离境手续的离境口岸隔离区内的退税代理机构统一办理。境外旅客凭护照等本人有效身份证件、海关验核签章的境外旅客购物离境退税申请单、退税物品销售发票向退税代理机构申请办理增值税退税。

退税代理机构对相关信息审核无误后，为境外旅客办理增值税退税，并先行垫付退税资金。退税代理机构可在增值税退税款中扣减必要的退税手续费。

（2）税务部门结算

退税代理机构应定期向省级（即省、自治区、直辖市、计划单列市，下同）税务部门申请办理增值税退税结算。省级税务部门对退税代理机构提交的材料审核无误后，按规定向退税代理机构退付其垫付的增值税退税款，并将退付情况通报省级财政部门。

离境旅客购物所退增值税税款，由中央与实际办理退税地按现行出口退税负担机制共同负担。

（3）退税币种与方式

退税币种为人民币。退税方式包括现金退税和银行转账退税两种。退税金额超过10 000元人民币的，退税代理机构应以银行转账方式退税。退税金额未超过10 000元人民币的，根据境外旅客选择，退税代理机构采用现金退税或银行转账方式退税。

第二节　船舶吨税

一、税种设置

船舶吨税是对进出我国港口的外国籍船舶征收的一种税，简称吨税。由于外籍船舶使用了我国的港口和助航设备，应缴纳一定的费用。吨税实质上是一种具有使用费性质的税收。

征收吨税的特殊作用是：有利于对往来我国港口的国际航行船舶进行严格管理，保护我国远洋运输业的发展；为我国的港口建设、海上干线公用航标的建设和维护筹集资金。

吨税是一个古老的税种。在西方，船舶吨税创始于重商主义时代的法国，原是一种差别税，征收目的是限制外国航运业的利益，扶持本国航运业的发展。在中国，元、明、清各代对商船征收的水饷、船钞等就是一种类似吨税的税收。自第二次鸦片战争后，帝国主义控制了中国海关，对外国进港的船只征船钞，并改按吨位计算，遂称吨税。1931年，国民政府裁厘加税，撤销常关，停止船钞。1943年以后，对外国商船按吨位计征吨税。中华人民共和国成立初期，船舶吨税划入财政部税务总局主管的车船使用牌照税范围，对于中国籍船舶，不论是国际航行还是国内航行，一律征收使用牌照税；对外籍及外商租用的中国籍船舶，仍由海关征收船舶吨税。1952年9月29日海关总署发布施行了《船舶吨税暂行办法》，一直到1986年9月为止，吨税始终由海关负责征收和管理。从1986年10月开始，船舶吨税划归交通运输部管理，但仍由海关代征。凡征收了吨税的船舶，不再缴纳车船使用牌照税。经国务院批准，分别于1987年、1991年和1994年对船舶吨税的税率作了调整。自2012年1月1日起实施《中华人民共和国船舶吨税暂行条例》（2011年12月5日国务院令第610号公布）。2013年中共十八届三中全会明确提出"落实税收法定原则"的重大改革任务，根据2015年党中央审议通过的《贯彻落实税收法定原则的实施意见》对相关立法工作的安排，按照积极、稳妥、有序、先易后难的原则，2017年12月船舶吨税完成了立法工作，由暂行条例上升为税收法律。

目前，吨税的法律依据主要是2017年12月27日第十二届全国人民代表大会常务委员会第三十一次会议通过的《中华人民共和国船舶吨税法》（2017年12月27日中华人民共和国主席令第85号发布，简称《吨税法》），自2018年7月1日起施行。2011年12月5日国务院公布的《中华人民共和国船舶吨税暂行条例》同时废止。

二、征税对象与纳税人

《吨税法》规定，吨税的征税对象范围是：自中华人民共和国境外港口进入境内港口的船舶。

吨税的纳税人为应税船舶的负责人。

三、税基与税率

吨税以应税船舶的净吨位为税基。净吨位是指由船籍国（地区）政府授权签发的船舶吨位证明书上标明的净吨位。

吨税采用定额税率。吨税税率见表17-2。

表17-2　　　　　　　　　　　　　　船舶吨税税率表

税目 （按船舶净吨位划分）	税率（元/净吨）						备注
	普通税率 （按执照期限划分）			优惠税率 （按执照期限划分）			
	1年	90日	30日	1年	90日	30日	
不超过2 000净吨	12.6	4.2	2.1	9.0	3.0	1.5	1.拖船按照发动机功率每千瓦折合净吨位0.67吨
超过2 000净吨，但不超过10 000净吨	24.0	8.0	4.0	17.4	5.8	2.9	2.无法提供净吨位证明文件的游艇，按照发动机功率每千瓦折合净吨位0.05吨
超过10 000净吨，但不超过50 000净吨	27.6	9.2	4.6	19.8	6.6	3.3	3.拖船和非机动驳船分别按相同净吨位船舶税率的50%计征税款
超过50 000净吨	31.8	10.6	5.3	22.8	7.6	3.8	

吨税税率是按照船舶吨位大小，以吨为计税单位采用固定税额形式，船舶吨位越大，每一吨位的吨税税额越高。具体确定的办法是将船舶按净吨位划分为若干级，对每一级分别规定不同的税率。每一等级又都分为普通税率和优惠税率。中华人民共和国籍的应税船舶、船籍国（地区）与中华人民共和国签订含有相互给予船舶税费最惠国待遇条款的条约或者协定的应税船舶，适用优惠税率。其他应税船舶，适用普通税率。

无论是普通税率还是优惠税率，又分别按1年、90日和30日三种执照期限制定吨税税率。吨税执照期限，是指按照公历年、日计算的期间。凡申请1年期吨税执照的船舶，均按1年期的吨税税额纳税；凡申请90天期吨税执照的船舶，均按90天期的吨税税额纳税；凡申请30天期吨税执照的船舶，均按30天期的吨税税额纳税。

四、税收优惠

《吨税法》规定，下列船舶免征吨税：

1. 应纳税额在人民币 50 元以下的船舶。

2. 自境外以购买、受赠、继承等方式取得船舶所有权的初次进口到港的空载船舶。

3. 吨税执照期满后 24 小时内不上下客货的船舶。

4. 非机动船舶（不包括非机动驳船）。非机动船舶是指自身没有动力装置，依靠外力驱动的船舶。

5. 捕捞、养殖渔船。捕捞、养殖渔船是指在中华人民共和国渔业船舶管理部门登记为捕捞船或者养殖船的船舶。

6. 避难、防疫隔离、修理、改造、终止运营或者拆解，并不上下客货的船舶。

7. 军队、武装警察部队专用或者征用的船舶。

8. 警用船舶。

9. 依照法律规定应当予以免税的外国驻华使领馆、国际组织驻华代表机构及其有关人员的船舶。

10. 国务院规定的其他船舶。需由国务院报全国人民代表大会常务委员会备案。

五、税额计算

吨税的应纳税额按照船舶净吨位乘以适用税率计算。

应纳税额＝净吨位数×适用税率

拖船和非机动驳船分别按相同净吨位船舶税率的 50% 计征税款。其计算公式为：

应纳税额＝净吨位数×适用税率×50%

拖船，是指专门用于拖（推）动运输船舶的专业作业船舶。拖船按照发动机功率每 1 千瓦折合净吨位 0.67 吨。非机动驳船，是指在船舶管理部门登记为驳船的非机动船舶。

六、税款缴纳

吨税由海关负责征收。海关征收吨税应当制发缴款凭证。

吨税纳税义务发生时间为应税船舶进入港口的当日。

吨税按照船舶净吨位和吨税执照期限征收。吨税的执照期限分为 1 年、90 日和 30 日三种期限。缴纳期限由应税船舶负责人自行选择。应税船舶负责人在每次申报纳税时，可以按照《吨税税目税率表》选择申领一种期限的吨税执照。

应税船舶负责人缴纳吨税或者提供担保后，海关按照其申领的执照期限填发吨税执照。

应税船舶在进入港口办理入境手续时，应当向海关申报纳税领取吨税执照，或者交验吨税执照（或者申请核验吨税执照电子信息）。应税船舶在离开港口办理出境手续时，应当交验吨税执照（或者申请核验吨税执照电子信息）。自2018年7月1日起签发的船舶吨税执照电子信息由海关系统进行自动比对。应税船舶负责人申领吨税执照时，应当向海关提供下列文件：船舶国籍证书或者海事部门签发的船舶国籍证书收存证明；船舶吨位证明。应税船舶为拖船或无法提供净吨位证明文件的游艇的，应税船舶负责人还应提供发动机功率（千瓦）等相关材料。

在吨税执照期限内，应税船舶发生下列情形之一的，海关按照实际发生的天数批注延长吨税执照期限：避难、防疫隔离、修理，并不上下客货；军队、武装警察部队征用。

应税船舶因不可抗力在未设立海关地点停泊的，船舶负责人应当立即向附近海关报告，并在不可抗力原因消除后，依照规定向海关申报纳税。

应税船舶在吨税执照期满后尚未离开港口的，应当申领新的吨税执照，自上一次执照期满的次日起续缴吨税。

应税船舶在吨税执照期限内，因修理导致净吨位变化的，吨税执照继续有效。应税船舶办理出入境手续时，应当提供船舶经过修理的证明文件。

应税船舶在吨税执照期限内，因税目税率调整或者船籍改变而导致适用税率变化的，吨税执照继续有效。因船籍改变而导致适用税率变化的，应税船舶在办理出入境手续时，应当提供船籍改变的证明文件。

吨税执照在期满前毁损或者遗失的，应当向原发照海关书面申请核发吨税执照副本，不再补税。

应税船舶到达港口前，经海关核准先行申报并办结出入境手续的，应税船舶负责人应当向海关提供与其依法履行吨税缴纳义务相适应的担保；应税船舶到达港口后，依照规定向海关申报纳税。下列财产、权利可以用于担保：人民币、可自由兑换货币；汇票、本票、支票、债券、存单；银行、非银行金融机构的保函；海关依法认可的其他财产、权利。

船舶吨税担保期限一般不超过6个月，特殊情况需要延期的，应当经主管海关核准。应税船舶负责人应当在海关核准的船舶吨税担保期限内履行纳税义务。

应税船舶负责人应当自海关填发吨税缴款凭证之日起15日内向指定银行缴清税款。未按期缴清税款的，自滞纳税款之日起，按日加收滞纳税款0.5‰的滞纳金。

应税船舶负责人选择柜台支付方式缴纳船舶吨税的，应将加盖银行已收讫税款业务印章的缴款书第一联交海关。应税船舶负责人选择电子支付方式缴纳船舶吨税的，应根据海关总署公告2014年第6号的要求完成船舶吨税电子支付备案。

海关发现少征或者漏征税款的，应当自应税船舶应当缴纳税款之日起1年内，补征税款。但因应税船舶违反规定造成少征或者漏征税款的，海关可以自应当缴纳税款之日起3年内追征税款，并自应当缴纳税款之日起按日加征少征或者漏征税款0.5‰的滞纳金。

海关发现多征税款的，应当在24小时内通知应税船舶办理退还手续，并加算银行同期活期存款利息。

应税船舶发现多缴税款的，可以自缴纳税款之日起3年内以书面形式要求海关退还多缴的税款并加算银行同期活期存款利息；海关应当自受理退税申请之日起30日内查实并通知应税船舶办理退还手续。

应税船舶有下列行为之一的，由海关责令限期改正，处2 000元以上3万元以下罚款；不缴或者少缴应纳税款的，处不缴或者少缴税款50%以上5倍以下的罚款，但罚款不得低于2 000元：未按照规定申报纳税、领取吨税执照的；未按照规定交验吨税执照及其他证明文件的。

吨税税款、滞纳金、罚款均以人民币计算。

复习思考题

一、概念

进口环节增值税　进口环节消费税　跨境电子商务零售进口商品　离境退税离境口岸　退税商店　退税物品　船舶吨税

二、问题

1.进口环节国内商品税制度与征管

2.出口环节国内商品税制度与征管

3.离境退税的条件、退税率及退税额计算

4.船舶吨税的基本制度

第十八章

保税制度

主要内容

- 保税制度的性质与类型
- 保税制度的特殊作用
- 保税制度的基本内容

第一节　保税制度的基本理论

一、保税制度的性质与类型

（一）保税制度的性质

保税制度（bonded system）是对特定的进口货物在入关进境后由海关监管，暂缓征缴关税和其他国内税的一种制度。它是关税制度的一个重要组成部分，同时也是一项重要的海关制度。

保税制度所指向的货物称保税货物（bonded goods）。它是在入境后经海关批准未办理纳税手续而在境内储存、加工、装配后复运出境的货物。保税货物属于海关监管的货物，要在海关的监管下于指定或许可的场所或区域储存、中转、加工或制造。未经海关许可并补缴关税，不得擅自出售保税货物，也不得擅自开拆、提取、交付、发运、调换、改装、抵押、转让货物或者更换保税货物的标记。

（二）保税制度的类型

1.保税仓储监管制度与保税加工监管制度

按保税的基本形式与目的，保税制度可以分为保税仓储监管制度与保税加工监管制度。

（1）保税仓储监管制度，是以国际商品贸易服务为目的的保税制度。其主要形式有：保税仓库、保税区、免税品商店等。保税仓库是经海关批准，进口货物可以不办理进口手续和较长时间储存的场所。进口货物再出口不必纳税，便于货主把握交易时机出售货物，有利于业务的顺利进行和转口贸易的发展。保税区是经海关批准专门划定的实行保税制度的特定地区。进口货物进入保税区内可以免征关税，如再出口，也免纳出口税，运入保税区的商品可进行储存、改装、分类、混合、展览、加工和制造等。海关对保税区的监管主要是控制和限制运入保税区内的保税货物销往国内。保税区一般设在港口或邻近港口、国际机场等地方。设立保税区的目的是吸引外商投资、扩大加工工业和出口加工业的发展，增加外汇收入，因此，国家对保税区除了在关税等税收方面给予优惠外，一般还在仓储、厂房等基本设施方面提供便利。免税品商店是指在国际机场、出入境车站、港口的隔离区内设立的专门销售免税品的商店。

（2）保税加工监管制度，是以加工制造服务为目的的保税制度。其主要形式有：包括对来料加工、进料加工，对加工贸易保税工厂、保税集团进出口货物监管制度；加工贸易进口料件银行保证金台账制度；出口加工区保税货物监管制度等。来料加工是指由外商提供全部或部分原材料、零部件、元器件、配套件、包装物料及辅料等，必要时提供加工设备，由国内加工单位按照外商的要求进行加工装配，全部成品交由外商在境外销售，国内加工单位只收取加工费（外商提供的设备，由加工单位用工缴费偿还）的贸易及生产方式。来料加工保税制度是指为了鼓励出口创汇，支持来料加工贸易的开展，对经营来料加工业务的企业实行的一种保税制度。根据这项制度，海关对来料加工项下进口的由外商提供的用于加工返销出口的原材料、辅料、零部件、元器件、配套件和包装物料，以及提供的用于加工装配项目所直接需要的机器设备、品质检验设备、防止污染设备和装卸设备等予以暂时免征进口关税和增值税（原料返销出口后经海关核销不再征税；设备超过海关监管年限的，或在加工项目结束后复运出境的，也不再征税；使用一定年限，经海关同意作内销处理的，由海关折旧后征税内销）。进料加工是指国内企业购买进口原材料、元器件、零部件、配套件辅料及包装物料等，在国内加工成成品、半成品外销出口的业务活动。进料加工保税制度是指海关对经营进料加工业务的企业，进口加工料件时，凭海关事先发给的登记手册报送，海关准予暂时免缴进口关税和增值税（但收取一定的保证金，或不收保证金，但在银行设保证金台账），待加工成品或半成品复出口，经海关核销，即不征税（收取的保证金予以退还，所设的保证金台账予以核销），如经批准部分产品内销，则仅对内销部分予以补税的制度。保税工厂是指经海关批准对专为生产出口而进口的物料进行保税加工、装配的工厂或企业。这些进口的原材料、元器件、零部件、配套件、辅料和包装物料等在进口加工期间免征进口税，加工成品必须返销境外。特殊情况需部分内销的，须经海关批准并补征关税。这些物料必须在保税工厂内存放和使用，未经海关许可不得随意移出厂外或移作他用。保税集团是指经海关批准由多数企业组成承接进口保税的料件进行多次保税加工生产的保税管理形式，即对经批准为加工出口产品而进口的物料，海关免征关税。这些保税货物被准许在境内加工成初级产品或半成品，然后再转厂进行深度加工，如此反复多次转厂深加工，直至产品最终出口，对每一次的加工和转厂深加工，海关均予保税。保税集团的特点是海关对转厂加工、多层次深加工、多道生产工序的进口料件实行多次保税，从而有利于鼓励和促进深加工出口，扩大出口创汇，提高出口商品的档次，增加外汇收入。

2.保税审批（备案）制度、保税通关制度与保税核销制度

按海关保税监管作业程序，保税制度可以分为保税审批（备案）制度、保税通关制度与保税核销制度。保税审批（备案）制度包括保税仓库审批制度、保税工厂审批制度、保税集团审批制度、加工贸易合同备案制度（含加工贸易进口料件银行保证金台账制度）、区域保税备案制度等。保税通关制度包括保税货物进口通关制度、保税货物出口通关制度、加工贸易深加工结转通关制度、保税仓库货物进出库通关制度、特殊监管区域保税货物进出区通关制度和进出境通关制度等。保税核销制度包括保税仓库货物核销制度、加工贸易货物核销制度、区域保税货物核销制度等。

二、保税制度的特殊作用

保税制度是为促进和鼓励本国对外贸易特别是出口贸易的发展而创立的。现代保税制度的作用主要是：

（一）简化货物通关手续，加快通关速度

由于保税区、保税仓库、保税工厂等多设置在港口、机场等水陆空交通十分便捷的边境地区，作为豁免关税区，它们在土地、税收和管理上实行特别的优惠政策，管理环节最大限度地简化。

（二）增强产品在国际市场上的竞争能力

实施保税制度，最大限度地实施税收优惠政策，资金盈利率高，减少了流动资金的占用，减轻企业资金负担，加快资金周转。降低出口成本，给进口保税货物的收货人、储存人、加工人带来直接的经济效益；各种保税形式借助优越的地理环境、丰富迅捷的信息容量，成为我国市场与国外市场最为简捷的联系渠道，我国商品可以从此拓展国际市场，扩大出口，并以低廉的成本增强其在国际市场上的竞争能力。

（三）吸引外资，促进对外经济技术合作的交流

实施保税制度，能够形成更加符合国际标准的投资环境，外商可以通过保税区顺利取得国内充足的生产资料，国内产品亦可借保税区之门更快地打入国际市场。引进国外先进技术，发展高、精、尖新产业，推动我国的科技水平向高层次发展，为国家的科技事业注入新的生机和活力。

（四）增加外汇收入

实施保税制度，设立保税区域，可以凭借优越的地理位置和齐全的基础设施，为国际贸易提供运输、仓储、展销、寄售、简单加工、维修服务等方便条件。同时，由于许可证、税收、现汇管理等方面的优惠政策，鼓励商品的进出口，所以会增加国家的外汇收入。

三、保税制度的产生与发展

保税制度最早形成于16世纪的欧洲。16世纪中期，意大利的里窝那成为世界上第一个实行保税制度的城市，产生了最初的保税形式——保税储存制度。19世纪中后期，在西方一些发达的资本主义国家为发展本国对外贸易，鼓励出口，对生产出口产品的工厂和企业所进口的原材料实行了保税制度。20世纪，世界各国为促进和鼓励本国对外贸易，特别是出口贸易的发展，竞相建立保税制度，其范围也从单纯加工生产的保税扩大到包括商业性质的保税（如转口贸易货物的保税）和进口寄售商品的保税等。

在中国，保税制度是随着19世纪资本主义国家对中国的殖民扩张和经济侵略而发展起来的。1880年后就陆续建立了各种类型的保税仓库，但对海关主权掌握在帝国主义手中、对外贸易也被洋行洋商所操纵的半封建半殖民地的当时的中国来说，保税仓库制度不仅未能起到促进民族工商业发展、维护国家经济利益的作用，反而起到了相反作用。民国政府初期继续接受与列强签订的不平等条约，包括允许列强在通商口岸设立保税仓库。在海关管理权方面实际上没有自主权，这一阶段的保税仓库仍主要服务于洋商，成为列强扼杀民族工商业的手段。中华人民共和国成立初期，仍有少量的保税业务和若干保税仓库，但在当时国际上对我国实行封锁和国内僵化的外贸体制所形成的国际、国内环境只能使保税业务失去其存在和发展的基础。

实行对外开放以后，对外贸易突破了进口买断和出口卖断的简单模式。外贸经营权逐步下放，"三来一补"和"以进养出"业务率先得到发展，保税业务迅速复苏。我国海关于1981年制定发布了《中华人民共和国海关对保税货物和保税仓库监管暂行办法》，建立和完善了有中国特点又比较接近国际通行作业规范的保税制度，它包括保税仓库制度、保税工厂制度、加工贸易货物保税监管办法、进料加工集团保税制度、保税生产资料市场管理办法、保税区管理办法制度等。这大致经历

了以下几个阶段：

第一阶段，兴办保税仓库和保税工厂。1981年制定发布了《中华人民共和国海关对保税货物和保税仓库监管暂行办法》，1988年，海关总署依据《海关法》有关规定，制定了《中华人民共和国海关对加工贸易保税工厂的管理办法》和《中华人民共和国海关对保税仓库及所存货物的管理办法》，完善了我国的保税制度。到1990年全国建有保税仓库1 200多家，保税工厂近400家。

第二阶段，建立保税区。1990年，中国决定开发和开放上海浦东新区，决定在上海外高桥设立第一个保税区。1992年开始，国务院又相继批准了大连，天津港，广州，深圳的福田、沙头角和盐田，海口，张家港，福州，宁波，青岛，厦门的象屿，汕头，珠海共14个保税区和1个享有保税区优惠政策的经济开发区，即海南洋浦经济开发区。其经济功能为进出口加工、国际贸易、保税仓储、商品展示四大功能。

第三阶段，设立出口加工区。出口加工区是继保税区之后又一个国家级特殊对外开放区域。中国自2000年开始设立出口加工区，目前共设立国家级出口加工区57个。

第四阶段，设置保税物流园区、保税港区、保税物流中心。随着国内经济的发展以及对外贸易规模的急剧扩大，对物流服务需求增加。提高物流服务水平，发展现代国际物流业变得尤为迫切和重要。中国加入WTO后，出口加工区的政策吸引力大大减小，且有悖于国民待遇原则。世界经济一体化潮流以及我国加入WTO，使得保税区的发展环境发生了巨大变化。为此，国务院、海关总署等有关部门在我国某些区域相继设置了保税物流园区、保税港区、保税物流中心等海关监管区域或场所。目前我国共设立综合保税区14个：苏州工业园综合保税区、天津滨海新区综合保税区、北京天竺综合保税区、广西凭祥综合保税区、海南海口综合保税区、黑龙江绥芬河综合保税区、上海浦东机场综合保税区、江苏昆山综合保税区、重庆西永综合保税区、广州白云机场综合保税区、苏州高新区综合保税区、四川成都高新综合保税区、河南郑州新郑综合保税区、潍坊综合保税区。保税物流园区9个：上海外高桥保税物流园区、青岛保税物流园区、宁波保税物流园区、大连保税物流园区、张家港保税物流园区、厦门象屿保税物流园区、深圳盐田港保税物流园区、天津保税物流园区、福州保税物流园区。保税港区14个：上海洋山保税港区、天津东疆保税港区、大连大窑湾保税港区、海南洋浦保税港区、宁波梅山保税港区、广西钦州保税港区、厦门海沧保税港区、青岛前湾保税港区、深圳前海湾保税港区、广州南沙保税港区、重庆两路寸滩保税港区、江苏张家港保税港区、烟台保税港区、福州保税港区。保税港区的"区港联动"是保税区向自由贸易区转型的第一步，即保税区与临近的港区合作，在港区划出部分区域作保税区（不包含码头泊位），实行保税区政策。保税港区是"区港联动"的升级模式，国家将按照国际枢纽港、自由港及自由贸易区的运作模式和惯例赋予优惠政策。保税港区的经济功能为发展国际中转、国际配送、国际采购、国际转口贸易和出口加工等业务。

第五阶段，设立中国自由贸易试验区。自由贸易试验区是指在国境内关外设立的、以优惠税收和海关特殊监管政策为主要手段，以贸易自由化、便利化为主要目的的多功能经济性特区。其核心是营造一个符合国际惯例的，对内外资的投资都具有国际竞争力的国际商业环境。2013年9月—2018年4月，国务院先后批复设立中国（上海）自由贸易试验区；中国（广东）自由贸易试验区、中国（天津）自由贸易试验区、中国（福建）自由贸易试验区；中国（辽宁）自由贸易试验区、中国（浙江）自由贸易试验区、中国（河南）自由贸易试验区、中国（湖北）自由贸易试验区、中国（重庆）自由贸易试验区、中国（四川）自由贸易试验区、中国（陕西）自由贸易试验区、中国（海南）自由贸易试验区。至此，中国已形成"1+3+7+1"共计12个自由贸易试验区的格局。12个自贸试验区主要是围绕着制度创新这个核心，按照中央赋予的特色战略定位，在深化改革、扩大开放上进行差别化的探索试验。2018年4月，中共中央决定支持海南逐步探索、稳步推进中国特色自由贸易港建设。2019年8月，《国务院关于同意新设6个自由贸易试验区的批复》印发，同意设立中国（山东）自由贸易试验区、中国（江苏）自由贸易试验区、中国（广西）自由贸易试验区、中国（河北）自由贸易试验区、中国（云南）自由贸易试验区、中国（黑龙江）自由贸易试验区。2020年9月，《国务院关于印发北京、湖南、安徽自由贸易试验区总体方案及浙江自由贸易试验区扩展区域方案的通知》发布，设立中国（北京）自由贸易试验区、中国（湖南）自由贸易试验区、中国（安徽）自由贸易试验区。至此，中国设立自由贸易试验区数量达到21个。

各项保税制度尽管名目繁多，但核心问题都是对不同特点的保税货物如何进行监管。《海关法》第23条规定："经营保税货物的储存、加工、装配、寄售业务，须经海关批准，并办理注册手续。"第43条规定："经海关批准暂时进口或者暂时出口的货物，以及特准进口的保税货物，在货物收发货人向海关缴纳相当于税款的保证金或提供担保后，准予暂时免纳关税。"这是海关对各类保税货物实施关税减免和监管的基本法律依据。

第二节　保税制度

一、特殊监管区域保税制度

（一）保税区监管制度

1997年6月10日经国务院批准，8月1日海关总署发布《保税区海关监管办法》，自1997年8月1起施行。2011年1月8日，根据《国务院关于废止和修改部分行政法规的决定》修订。

保税区是海关监管的特定区域。海关对进出保税区的货物、运输工具、个人携带物品实施监管。保税区与中华人民共和国境内的其他地区（简称非保税区）之间，设置符合海关监管要求的隔离设施。保税区内仅设置保税区行政管理机构和企业。除安全保卫人员外，其他人员不得在保税区内居住。在保税区内设立的企业（简称区内企业）应当向海关办理注册手续。

海关对保税区与境外之间进出的货物，实施简便、有效的监管。从境外进入保税区的货物，其进口关税和进口环节税收，按照下列规定办理：区内生产性的基础设施建设项目所需的机器、设备和其他基建物资，予以免税；区内企业自用的生产、管理设备和自用合理数量的办公用品及其所需的维修零配件，生产用燃料，建设生产厂房、仓储设施所需的物资、设备，予以免税；保税区行政管理机构自用合理数据的管理设备和办公用品及其所需的维修零配件，予以免税；区内企业为加工出口产品所需的原材料、零部件、元器件、包装物件，予以保税。上述规定范围以外的货物或者物品从境外进入保税区，应当依法纳税。

海关对保税区与非保税区之间进出的货物，按照国家有关进出口管理的规定实施监管。从保税区进入非保税区的货物，按照进口货物办理手续；从非保税区进入保税区的货物，按照出口货物办理手续，出口退税按照国家有关规定办理。从非保税区进入保税区供区内使用的机器、设备、基建物资和物品，使用单位应当向海关提供上述货物或者物品的清单，经海关查验后放行。货物或者物品，已经缴纳进口关税和进口环节税收的，已纳税款不予退还。

保税区的货物可以在区内企业之间转让、转移；双方当事人应当就转让、转移事项向海关备案。保税区内的转口货物可以在区内仓库或者区内其他场所进行分级、挑选、刷贴标志、改换包装形式等简单加工。区内企业在保税区内举办境外商品和非保税区商品的展示活动，展示的商品接受海关监管。

区内加工企业应当向海关办理所需料、件进出保税区备案手续。区内加工企业加工的制成品及其在加工过程中产生的边角余料运往境外时，应当按照国家有关规定向海关办理手续，免征出口关税。区内加工企业将区内加工的制成品、副次品或者在加工过程中产生的边角余料运往非保税区时，按照国家有关规定向海关办理进口报关手续，并依法纳税。区内加工企业全部用境外运入料、件加工的制成品销往非保税区时，海关按照进口制成品征税。用含有境外运入料、件加工的制成品销往非保税区时，海关对其制成品按照所含境外运入料、件征税；对所含境外运入料、件的品名、数量、价值申报不实的，海关按照进口制成品征税。

（二）出口加工区监管制度

2000年4月27日经国务院批准，2000年5月24日海关总署发布《中华人民共和国海关对出口加工区监管的暂行办法》。2003年9月，海关总署根据国务院决定对该办法部分条款进行了修订，自2003年11月1日起施行。2011年海关总署对该办法部分条款进行了再次修订。

在中华人民共和国境内设立的出口加工区（简称加工区）是海关监管的特定区域。海关在加工区内设立机构，对进、出加工区的货物及区内相关场所实行24小时监管。

对加工区运往区外的货物，海关按照对进口货物的有关规定办理报关手续，并按照制成品征税。如属许可证件管理商品，还应向海关出具有效的进口许可证件。区内企业的加工产品和在加工生产过程中产生的边角料、残次品、废品等应复运出境。因特殊情况需要运往区外时，由企业申请，经主管海关核准后，按内销时的状态确定归类并征税。如属进口许可证件管理商品，免领进口许可证件。如属《限制进口类可用作原料的废物目录》所列商品，应按现行规定向环保部门申领进口许可证件。对无商业价值的边角料和废品，需运往区外销毁的，应凭加工区管理委员会和环保部门的批件，向主管海关办理出区手续，海关予以免进口许可证件、免税。

运往区外维修、测试或检验的机器、设备、模具和办公用品等，应自运出之日起2个月内运回加工区。因特殊情况不能如期运回的，区内企业应于期限届满前7天内，向主管海关说明情况，并申请延期。申请延期以1次为限，延长期限不得超过1个月。从区外进入加工区的货物视同出口，办理出口报关手续。

区内企业进、出加工区的货物须向其主管海关如实申报，海关依据备案清单及有关单证，对区内企业进、出加工区的货物进行查验、放行和核销。进入加工区的货物，在加工、储存期间，因不可抗力造成短少、损毁的，区内加工企业或仓储企业应自发现之日起10日内报告主管海关，并说明理由。经海关核实确认后，准予其在账册内减除。

（三）保税物流园区监管制度

2005年11月28日，海关总署发布《中华人民共和国海关对保税物流园区的管理办法》，自2006年1月1日起施行。2018年5月29日，根据海关总署令第243号修改并重新公布，自2018年7月1日起施行。2022年1月1日海关总署发布《中华人民共和国海关综合保税区管理办法》，自2022年4月1日起施行。《中华人民共和国海关对保税物流园区的管理办法》同时废止。

保税物流园区（简称园区）是指经国务院批准，在保税区规划面积或者毗邻保税区的特定港区内设立的、专门发展现代国际物流业的海关特殊监管区域。海关在园区派驻机构，对进出园区的货物、运输工具、个人携带物品及园区内相关场所实行24小时监管。园区货物不设存储期限。

园区可以开展下列业务：存储进出口货物及其他未办结海关手续货物；对所存

货物开展流通性简单加工和增值服务；进出口贸易，包括转口贸易；国际采购、分销和配送；国际中转；检测、维修；商品展示；经海关批准的其他国际物流业务。

园区与其他海关特殊监管区域、保税监管场所之间的货物交易、流转，不征收进出口环节和国内流通环节的有关税收。从园区运往境外的货物免征出口关税。

（四）保税港区监管制度

2007年9月23日，海关总署发布《中华人民共和国海关保税港区管理暂行办法》，自2007年10月3日起施行。2018年11月23日，根据海关总署令第243号修改并重新公布，自修订发布之日起施行。为了规范海关对综合保税区的管理，促进综合保税区高水平开放、高质量发展，2022年1月1日海关总署发布《中华人民共和国海关综合保税区管理办法》，自2022年4月1日起施行。《中华人民共和国海关保税港区管理暂行办法》同时废止。

保税港区是指经国务院批准设立在国家对外开放的口岸港区和与之相连的特定区域内，具有口岸、物流、加工等功能的海关特殊监管区域。海关对进出保税港区的运输工具、货物、物品以及保税港区内企业、场所进行监管。保税港区实行封闭式管理。保税港区与中华人民共和国关境内的其他地区（简称区外）之间，应当设置符合海关监管要求的卡口、围网、视频监控系统以及海关监管所需的其他设施。保税港区内不得居住人员。除保障保税港区内人员正常工作、生活需要的非营利性设施外，保税港区内不得建立商业性生活消费设施和开展商业零售业务。

保税港区内可以开展下列业务：存储进出口货物和其他未办结海关手续的货物；对外贸易，包括国际转口贸易；国际采购、分销和配送；国际中转；检测和售后服务维修；商品展示；研发、加工、制造；港口作业；经海关批准的其他业务。

下列货物从境外进入保税港区，海关免征进口关税和进口环节海关代征税：区内生产性的基础设施建设项目所需的机器、设备和建设生产厂房、仓储设施所需的基建物资；区内企业生产所需的机器、设备、模具及其维修用零配件；区内企业和行政管理机构自用合理数量的办公用品。

从境外进入保税港区，供区内企业和行政管理机构自用的交通运输工具、生活消费用品，按进口货物的有关规定办理报关手续，海关按照有关规定征收进口关税和进口环节海关代征税。从保税港区运往境外的货物免征出口关税。

区内企业在加工生产过程中产生的边角料、废品，以及加工生产、储存、运输等过程中产生的包装物料，区内企业提出书面申请并且经海关批准的，可以运往区外，海关按出区时的实际状态征税。

保税港区与其他海关特殊监管区域或者保税监管场所之间的流转货物，不征收进出口环节的有关税收。

二、保税监管场所保税制度

2008 年 1 月 4 日，海关总署发布《中华人民共和国海关监管场所管理办法》，自 2008 年 3 月 1 日起施行。2015 年 5 月，根据海关总署令第 227 号修改并重新发布。监管场所是指进出境运输工具或者境内承运海关监管货物的运输工具进出、停靠，以及从事进出境货物装卸、储存、交付、发运等活动，办理海关监管业务，符合海关设置标准的特定区域。海关采取视频监控、实地核查等方式对进出监管场所的运输工具、货物等实施监管。监管场所内只能存放海关监管货物。目前我国海关监管场所主要有：保税物流中心（A、B 型）、保税仓库、出口监管仓库。

（一）保税物流中心监管制度

2005 年 6 月 23 日，海关总署发布《中华人民共和国海关对保税物流中心（A型）的暂行管理办法》和《中华人民共和国海关对保税物流中心（B 型）的暂行管理办法》，自 2005 年 7 月 1 日起施行。2018 年 11 月 23 日，根据海关总署令第 243 号对上述两个暂行管理办法修改并重新公布，自修订发布之日起施行。

保税物流中心（A 型）（简称物流中心）是指经海关批准，由中国境内企业法人经营、专门从事保税仓储物流业务的海关监管场所。按照服务范围分为公用型物流中心和自用型物流中心。公用型物流中心是指由专门从事仓储物流业务的中国境内企业法人经营，向社会提供保税仓储物流综合服务的海关监管场所。自用型物流中心是指中国境内企业法人经营，仅向本企业或者本企业集团内部成员提供保税仓储物流服务的海关监管场所。保税物流中心（B 型）（简称物流中心）是指经海关批准，由中国境内一家企业法人经营，多家企业进入并从事保税仓储物流业务的海关集中监管场所。

物流中心经营企业可以开展以下业务：保税存储进出口货物及其他未办结海关手续货物；对所存货物开展流通性简单加工和增值服务；全球采购和国际分拨、配送；转口贸易和国际中转业务；经海关批准的其他国际物流业务。

下列货物，经海关批准可以存入物流中心：国内出口货物；转口货物和国际中转货物；外商暂存货物；加工贸易进出口货物；供应国际航行船舶和航空器的物料、维修用零部件；供维修外国产品所进口寄售的零配件；未办结海关手续的一般贸易进口货物；经海关批准的其他未办结海关手续的货物。从境外进入物流中心内的上述货物，予以保税。

下列货物从物流中心进入境内时依法免征关税和进口环节海关代征税：用于在保修期限内免费维修有关外国产品并符合无代价抵偿货物有关规定的零部件；用于国际航行船舶和航空器的物料；国家规定免税的其他货物。

（二）保税仓库监管制度

2003 年 12 月 5 日，海关总署发布《中华人民共和国海关对保税仓库及所存货物的管理办法》，自 2004 年 2 月 1 日起实施。2018 年 5 月 29 日，根据海关总署令第 240 号修改并重新公布，自 2018 年 7 月 1 日起施行。

保税仓库是指经海关批准设立的专门存放保税货物及其他未办结海关手续货物的仓库。按照使用对象不同分为公用型保税仓库、自用型保税仓库。公用型保税仓库由主营仓储业务的中国境内独立企业法人经营，专门向社会提供保税仓储服务。自用型保税仓库由特定的中国境内独立企业法人经营，仅存储供本企业自用的保税货物。

保税仓库中专门用来存储具有特定用途或特殊种类商品的称为专用型保税仓库。专用型保税仓库包括液体危险品保税仓库、备料保税仓库、寄售维修保税仓库和其他专用型保税仓库。液体危险品保税仓库是指符合国家关于危险化学品仓储规定的，专门提供石油、成品油或者其他散装液体危险化学品保税仓储服务的保税仓库。备料保税仓库是指加工贸易企业存储为加工复出口产品所进口的原材料、设备及其零部件的保税仓库，所存保税货物仅限于供应本企业。寄售维修保税仓库是指专门存储为维修外国产品所进口寄售零配件的保税仓库。

保税仓库不得转租、转借给他人经营，不得下设分库。保税仓储货物可以进行包装、分级分类、加刷唛码、分拆、拼装等简单加工，不得进行实质性加工。未经海关批准，不得擅自出售、转让、抵押、质押、留置、移作他用或者进行其他处置。

下列货物，经海关批准可以存入保税仓库：加工贸易进口货物；转口货物；供应国际航行船舶和航空器的油料、物料和维修用零部件；供维修外国产品所进口寄售的零配件；外商暂存货物；未办结海关手续的一般贸易货物；经海关批准的其他未办结海关手续的货物。

下列保税仓储货物出库时依法免征关税和进口环节代征税：用于在保修期限内免费维修有关外国产品并符合无代价抵偿货物有关规定的零部件；用于国际航行船舶和航空器的油料、物料；国家规定免税的其他货物。

保税仓储货物存储期限为 1 年。确有正当理由的，经海关同意可予以延期；除特殊情况外，延期不得超过 1 年。

（三）出口监管仓库监管制度

2005 年 11 月 28 日，海关总署发布《中华人民共和国海关对出口监管仓库及所存货物的管理办法》，自 2006 年 1 月 1 日起实施。2018 年 5 月 29 日，根据海关总署令第 243 号对上述暂行管理办法修改并重新公布，自 2018 年 7 月 1 日起施行。

出口监管仓库是指经海关批准设立，对已办结海关出口手续的货物进行存储、保税物流配送、提供流通性增值服务的海关专用监管仓库。它分为出口配送型仓库和国内结转型仓库。出口配送型仓库是指存储以实际离境为目的的出口货物的仓库。国内结转型仓库是指存储用于国内结转的出口货物的仓库。

经海关批准，出口监管仓库可以存入下列货物：一般贸易出口货物；加工贸易出口货物；从其他海关特殊监管区域、场所转入的出口货物；出口配送型仓库可以存放为拼装出口货物而进口的货物，以及为改换出口监管仓库货物包装而进口的包装物料；其他已办结海关出口手续的货物。

出口监管仓库必须专库专用，不得转租、转借给他人经营，不得下设分库。海关对出口监管仓库实施计算机联网管理。海关可以随时派员进入出口监管仓库检查货物的进、出、转、存情况及有关账册、记录。海关可以会同出口监管仓库经营企业共同对出口监管仓库加锁或者直接派员驻库监管。海关对出口监管仓库实行分类管理及延期审查制度。

出口监管仓库所存货物存储期限为6个月。经主管海关同意可以延期，但延期不得超过6个月。货物存储期满前，仓库经营企业应当通知发货人或者其代理人办理货物的出境或者进口手续。

三、加工贸易货物监管保税制度

2004年2月26日，海关总署发布《中华人民共和国海关对加工贸易货物监管办法》。2014年3月12日，海关总署对该办法进行了修改；2018年11月23日，根据海关总署令第243号修改并重新公布，自修订发布之日起施行。

加工贸易是指经营企业进口全部或者部分原辅材料、零部件、元器件、包装物料（简称料件），经加工或者装配后，将制成品复出口的经营活动，包括来料加工和进料加工。来料加工是指进口料件由境外企业提供，经营企业不需要付汇进口，按照境外企业的要求进行加工或者装配，只收取加工费，制成品由境外企业销售的经营活动。进料加工是指进口料件由经营企业付汇进口，制成品由经营企业外销出口的经营活动。加工贸易货物是指加工贸易项下的进口料件、加工成品以及加工过程中产生的边角料、残次品、副产品等。加工贸易企业包括经海关注册登记的经营企业和加工企业。经营企业是指负责对外签订加工贸易进出口合同的各类进出口企业和外商投资企业，以及经批准获得来料加工经营许可的对外加工装配服务公司。加工企业是指接受经营企业委托，负责对进口料件进行加工或者装配，且具有法人资格的生产企业，以及由经营企业设立的虽不具有法人资格，但实行相对独立核算并已经办理营业执照的工厂。深加工结转是指加工贸易企业将保税进口料件加工的产品转至另一加工贸易企业进一步加工后复出口的经营活动。承揽企业是指与经营企业签订加工合同，承接经营企业委托的外发加工业务的生产企业。承揽企业须经海关注册登记，具有相应的加工生产能力。外发加工是指经营企业因受自身生产特点和条件限制，经海关批准并办理有关手续，委托承揽企业对加工贸易货物进行加工，在规定期限内将加工后的产品运回本企业并最终复出口的行为。

加工贸易项下进口料件实行保税监管的，待加工成品出口后，海关根据核定的实际加工复出口的数量予以核销；对按照规定进口时先征收税款的，待加工成品出口后，海关根据核定的实际加工复出口的数量退还已征收的税款。加工贸易项下的出口产品属于应当征收出口关税的，海关按照有关规定征收出口关税。

海关按照国家规定对加工贸易货物实行担保制度。加工贸易货物不得抵押、质押、留置。经营企业与加工企业不在同一直属海关管辖的区域范围的，应当按照海关对异地加工贸易的管理规定办理货物备案手续。

经营企业进口加工贸易货物，可以从境外或者海关特殊监管区域、保税仓库进口，也可以通过深加工结转方式转入。经营企业出口加工贸易货物，可以向境外或者海关特殊监管区域、出口监管仓库出口，也可以通过深加工结转方式转出。

因加工出口产品急需，经海关核准，经营企业保税料件与非保税料件之间可以进行串换。保税料件与非保税料件之间的串换限于同一企业，并应当遵循同品种、同规格、同数量、不牟利的原则。来料加工保税进口料件不得串换。

经营企业应当在规定的期限内将进口料件加工复出口，并自加工贸易手册项下最后一批成品出口或者加工贸易手册到期之日起30日内向海关报核。经营企业对外签订的合同因故提前终止的，应当自合同终止之日起30日内向海关报核。加工贸易保税进口料件或者成品因故转为内销的，海关凭主管部门准予内销的有效批准文件，对保税进口料件依法征收税款并加征缓税利息。

四、中国各自由贸易试验区及关税相关政策

按照国务院提出的"打造制度创新高地"而非"政策洼地"的要求，各自贸试验区均没有制定大幅度的区域性税收优惠政策。自贸区现行税收政策，从促进资本运作和对外贸易发展的角度，归纳起来主要包括鼓励非货币性资产投资、股权激励等六个方面的共性政策。由于各自贸区的实施范围中均包括一定范围的海关特殊监管区域（保税港区、出口加工区等），不同的海关特殊监管区域实行属地政策，因此各自贸区的税收政策也不可避免地存在一定程度的差异性。与关税相关方面的政策主要有：

1.对设立在试验区内的企业生产、加工并经"二线"销往内地的货物照章征收进口环节增值税、消费税。根据企业申请，试行对该内销货物按其对应进口料件或按实际报验状态征收关税的政策。该项政策已于2011年在福建平潭综合试验区试行，2012年扩展到珠海横琴新区，目前适用于四大自贸试验区。

2.进口机器设备免税政策。在现行政策框架下，对试验区内生产企业和生产性服务企业进口所需的机器、设备等货物予以免税，但生活性服务业等企业进口的货

物以及法律、行政法规和相关规定明确不予免税的货物除外。该项政策是将2013年在横琴和平潭进出口货物适用的免税政策扩展到上海自贸试验区后，又进一步扩展到其他自贸试验区实行。

3.启运港退税政策。从启运港发往自贸试验区中转至境外的货物，只要经确认离开启运港，即被视为出口，可办理退税。该项政策2012年在上海洋山保税港区试行，是上海自贸试验区可复制和推广的一项政策。2014年9月起，在全国范围内扩大启运港退税政策试点城市。

除了上述共性的税收政策外，粤、闽、津三个自贸试验区还保留着部分原有的特殊税收政策。

□ 复习思考题

一、概念

保税制度　保税货物　保税仓库　保税工厂　保税集团　出口加工区　保税区　保税物流中心　保税物流园区　保税港区　自由贸易试验区　保税审批（备案）制度　保税通关制度　保税核销制度

二、问题

1.保税制度的类型

2.保税制度的建立与发展过程

3.保税仓库监管制度

4.出口加工区监管制度

5.保税区监管制度

6.保税物流中心监管制度

7.保税港区监管制度

8.加工贸易货物监管保税制度

9.中国自由贸易试验区关税相关政策

第七篇　税收管理

第十九章

税收征收管理

主要内容
- 税务登记
- 账簿凭证管理
- 纳税申报
- 税款征收
- 税务检查
- 税务行政处罚
- 纳税服务
- 税收管理信息系统

第一节　税收征管基础

一、税务登记制度

税务登记又称纳税登记，是税务机关对纳税人的设立、变更、歇业以及生产、经营活动情况进行登记管理的一项基本制度，也是纳税人已经纳入税务机关监控范围的一种证明。税务登记包括基本税务登记和其他税务登记两大类。

基本税务登记包括设立税务登记、变更税务登记和注销税务登记。设立税务登记也称开业税务登记，是税务机关对新设立的纳税人进行登记管理的一种税务登记；变更税务登记，是指纳税人办理税务登记后，因登记内容发生了变化，需要对原登记内容进行更改，而向税务机关申报办理的一种税务登记；注销税务登记，是指纳税人发生纳税义务终止或者作为纳税主体资格消亡，或者涉及改变税务登记机关等情形时，依法向原税务登记机关申报办理的一种税务登记。

其他税务登记包括扣缴税款登记、跨区域涉税事项报验管理和停业、复业登记。

（一）基本税务登记的类型与程序

1. 企业税务登记

（1）企业税务登记的基本制度

各类企业适用"多证合一、一照一码"登记制度。

2015年6月23日，国务院办公厅发布《关于加快推进"三证合一"登记制度改革的意见》（国办发〔2015〕50号），决定全面推行"三证合一"登记制度改革。"三证合一"登记制度是指将企业登记时依次申请，分别由市场监督管理部门（原工商行政管理部门，以下同）核发营业执照、质量技术监督部门核发组织机构代码证、税务部门核发税务登记证，改为一次申请、由市场监督管理部门核发一个营业执照的登记制度。

2016年6月30日，国务院办公厅发布《关于加快推进"五证合一、一照一码"登记制度改革的通知》（国办发〔2016〕53号），从2016年10月1日起正式实施"五证合一、一照一码"。在全面实施"三证合一"登记制度改革的基础上，再整合社会保险登记证和统计登记证，实现"五证合一、一照一码"。

2017年5月5日，国务院办公厅发布《关于加快推进"多证合一"改革的指导意见》（国办发〔2017〕41号），在"五证合一"的基础上，将涉及企业登记、备案等有关事项和各类证照进一步整合到营业执照上，实现"多证合一、一照一码"。

（2）企业税务登记的适用范围

企业税务登记适用于依法由市场监管部门登记的除个体工商户以外所有市场主体，包括各类企业、农民专业合作社（以下均简称企业）及其分支机构。具体而言，企业税务登记的适用范围包括：内资公司及其分公司；内资非公司企业法人及其分支机构；个人独资企业及其分支机构；合伙企业及其分支机构；内资非法人企业；外商投资公司及其分公司；非公司外商投资企业及其分支机构；外商投资合伙企业及其分支机构；外国（地区）企业在中国境内从事生产经营活动；农民专业合作社及其分支机构；外国（地区）企业常驻代表机构。

（3）企业税务登记的程序

①企业设立税务登记。新设立的企业，企业在外地设立的分支机构和从事生产、经营的场所，均应依法办理设立税务登记。市场监管登记"一个窗口"统一受理申请后，申请材料和登记信息在部门间共享，各部门数据互换、档案互认。对于市场监管登记已采集信息，税务机关不再重复采集。新设立企业领取由市场监督管理部门核发加载法人和其他组织统一社会信用代码的营业执照后，无需再次进行税务登记，不再领取税务登记证。企业首次办理涉税事宜时，对税务机关依据市场监督管理等部门共享信息制作的"'多证合一'登记信息确认表"进行确认，对其中不全的信息进行补充，对不准确的信息进行更正。在完成补充信息采集后，凭加载统一代码的营业执照可代替税务登记证使用。

②企业变更税务登记。企业办理税务登记后，因登记内容发生了变化，需要对原登记内容进行更改，应申报办理变更税务登记。市场监管部门核准企业、农民专业合作社变更登记（备案）后，应当将其变更登记（备案）信息即时共享到省（自治区、直辖市、计划单列市，下同）级信息共享交换平台（简称交换平台）。生产经营地、财务负责人、核算方式由市场监管部门在新设时采集。在税务管理过程中，上述信息发生变化的，由企业向税务主管机关申请变更。上述以外的其他必要涉税基础信息发生变化的，由企业直接向税务机关申报变更，税务机关及时更新税务系统中的企业信息。

③企业注销税务登记。企业发生纳税义务终止或者作为纳税主体资格消亡，或者涉及改变税务登记机关等情形时，应依法向原税务登记机关申报办理注销税务登记。企业在办理注销税务登记前，应先向税务机关提交相关证明文件和资料，结清应纳税款、多退（免）税款、滞纳金和罚款，缴销发票、税务登记证件和其他税务证件；经税务机关核准后，再办理注销税务登记手续。值得注意的是，符合容缺即时办理条件的企业，税务部门实行清税手续免办服务，对未办理过涉税事宜，或者办理过涉税事宜但未领用发票、无欠税（滞纳金）及罚款的纳税人，免予到税务机关办理清税手续，直接向市场监管部门申请简易注销。

2.个体工商户税务登记

个体工商户适用"两证整合"登记制度。"两证整合"登记制度，是指将个体工商户登记时依次申请，分别由市场监督管理部门核发营业执照、税务部门核发税务登记证，改为一次申请、由市场监督管理部门核发一个营业执照的登记制度。

（1）个体工商户设立税务登记

实行"两证整合"登记模式的个体工商户，首次办理涉税事宜时，对税务机关依据外部信息交换系统获取的登记表单信息及其他税务管理信息进行确认。

（2）个体工商户变更税务登记

实行"两证整合"登记模式的个体工商户信息发生变化的，应向市场监督管理部门申报信息变更，税务机关接收市场监管部门变更信息，经纳税人确认后更新系统内的对应信息；经纳税人申请，也可由税务机关发起变更。其中，纳税人名称、纳税人识别号、业主姓名、经营范围不能由税务机关发起。

（3）个体工商户注销税务登记

实行"两证整合"登记模式的个体工商户向市场监督管理部门申请办理注销登记前，应当先向税务机关申报清税。清税完毕后，税务机关向纳税人出具《清税证明》，纳税人持《清税证明》到原登记机关办理注销。

值得注意的是，营业执照和税务登记证"两证整合"改革实施后设立登记的个体工商户，向市场监管部门申请简易注销，符合下列条件之一的，可免于到税务机关办理清税证明：未办理过涉税事宜的；办理过涉税事宜但没有领用、没有申请代开过发票，且没有欠税和没有其他未办结事项的。经人民法院裁定强制清算的市场主体，持人民法院终结强制清算程序的裁定向税务机关申请开具清税文书的，税务机关即时开具。

3.其他纳税人税务登记

企业、个体工商户以外的其他纳税人（简称其他纳税人），适用原税务登记制度。

（1）其他纳税人设立税务登记

其他纳税人经有关部门批准设立，不需要办理营业执照的，凭有关部门核准执业的证件等有关资料，向主管税务机关办理税务登记。

境外企业在中国境内承包建筑、安装、装配、勘探工程和提供劳务的，应当自项目合同或协议签订之日起30日内，向项目所在地税务机关申报办理税务登记。

（2）其他纳税人变更税务登记

其他纳税人办理税务登记后，如果登记内容发生了变化，需要对原登记内容进行更改，应向税务机关申报办理变更税务登记。

其他纳税人提交的有关变更登记的证件、资料齐全的，应如实填写税务登记变更表，符合规定的，税务机关应当日办理；不符合规定的，税务机关应通知其补正。

税务机关应当于受理当日办理变更税务登记。纳税人税务登记表和税务登记证中的内容都发生变更的，税务机关按变更后的内容重新发放税务登记证件；纳税人税务登记表的内容发生变更而税务登记证中的内容未发生变更的，税务机关不重新发放税务登记证件。

（3）其他纳税人注销税务登记

其他纳税人发生纳税义务终止或者作为纳税主体资格消亡等情形时，应依法向原税务登记机关申报办理注销登记。

境外企业在中国境内承包建筑、安装、装配、勘探工程和提供劳务的，应当在项目完工、离开中国前15日内，持有关证件和资料，向原税务登记机关申报办理注销税务登记。

上述纳税人应在规定的期限内，向主管税务机关提出书面申请，填报"注销税务登记申请审批表"，并提供下列资料："税务登记证"正、副本；上级主管部门批复文件或董事会注销决议及复印件等。

其他纳税人在办理注销税务登记前，应当向税务机关提交相关证明文件和资料，结清应纳税款、多退（免）税款、滞纳金和罚款，缴销发票、税务登记证件和其他税务证件，经税务机关核准后，办理注销税务登记手续。

（二）其他税务登记的类型与程序

1.扣缴税款登记

扣缴税款登记是税务机关对扣缴义务人的税款扣缴情况进行登记管理的一种活动。

扣缴税款登记的基本要求为：扣缴义务人应当自扣缴义务发生之日起30日内，向所在地的主管税务机关申报办理扣缴税款登记，领取扣缴税款登记证件；税务机关对已办理税务登记的扣缴义务人，可以只在其税务登记证件上登记扣缴税款事项，不再发给其扣缴税款登记证件。

2.跨区域涉税事项报验管理

跨区域涉税事项报验管理是税务机关对纳税人外出经营情况进行登记管理的一种活动。

跨区域涉税事项报验管理的基本要求为：纳税人跨省（自治区、直辖市和计划单列市）临时从事生产经营活动的，由纳税人首次在经营地办理涉税事宜时，向经营地的税务机关报验。纳税人在省（自治区、直辖市和计划单列市）内跨县（市）临时从事生产经营活动的，是否实施跨区域涉税事项报验管理由各省（自治区、直辖市和计划单列市）税务机关自行确定。

3.停业、复业登记

停业、复业登记是税务机关对纳税人的停业、复业情况进行登记管理的一种活动。

实行定期定额征收方式的个体工商户需要停业的，应当在停业前向税务机关申报办理停业登记。纳税人的停业期限不得超过一年。停业期限将满，应于恢复生产、经营之前，办理复业登记，以便纳入正常管理。

值得注意的是，市场主体因自然灾害、事故灾难、公共卫生事件、社会安全事件等原因造成经营困难，按照《中华人民共和国市场主体登记管理条例》第30条规定办理歇业的，不需要另行向税务机关报告。

（三）税务登记管理的部门配合

税务登记管理部门配合的主要内容是：

1.市场监管部门的配合

各级市场监管部门应当向同级税务局定期通报办理开业、变更、注销登记以及吊销营业执照的情况。

2.金融部门的配合

银行和其他金融机构应当在从事生产、经营的纳税人的账号中登录税务登记证件号码，并在税务登记证件中登录从事生产经营的纳税人的账户账号。税务机关依法查询从事生产、经营的纳税人开立账户的情况时，有关银行和其他金融机构应当予以协助。

二、账簿凭证管理制度

知识拓展
19-1

账簿是纳税人连续记录经济业务的账册或簿籍。凭证是纳税人用来记录经济业务、明确经济责任并据以登记账簿的书面证明。账簿、凭证所记录的经济业务是计算各项税收应纳税额的重要依据。建立账簿、凭证管理制度是实施税源监控的有效手段。

中国行政登记
制度改革

（一）账簿设置

1.账簿设置的方式

账簿设置的方式包括：

（1）自行建账。从事生产经营的纳税人，应当自领取营业执照或发生纳税义务之日起15日内设置账簿。扣缴义务人应当自税收法律、行政法规规定的扣缴义务发生之日起10日内，按照所代扣或代收的税种，分别设置代扣代缴、代收代缴税款账簿。

（2）代理建账。生产经营规模小又确无建账能力的纳税人，可以聘请经批准从事会计代理记账业务的专业机构或经税务机关认可的财会人员代为建账和办理账务。

2.账簿设置的种类

账簿设置的种类包括：

（1）设置纸质账簿。账簿，包括总账、明细账、日记账以及其他辅助性账簿。其中，总账、日记账应当采用订本式。

（2）设置电子账簿。纳税人、扣缴义务人会计制度健全，能够通过计算机正确、完整计算其收入和所得或者代扣代缴、代收代缴税款情况的，计算机输出的完整的书面会计记录，可视同会计账簿。

（3）设置替代性账簿。生产经营规模小又确无建账能力的纳税人，聘请经批准从事会计代理记账业务的专业机构或经税务机关认可的财会人员代为建账和办理账务有实际困难的，经县以上税务机关批准，可以按照税务机关的规定，建立收支凭证粘贴簿、进货销货登记簿或使用税控装置。

（二）账务管理

1.账务处理方法

纳税人、扣缴义务人设置账簿后，必须根据合法、有效的凭证进行账务处理。纳税人、扣缴义务人的财务、会计处理办法与税收规定相抵触的，依照税收规定计算应纳税款、代扣代缴和代收代缴税款。

2.财务备案管理

从事生产经营的纳税人，自领取税务登记证件之日起15日内，将其财务、会计处理办法报送主管税务机关备案。纳税人使用计算机记账的，应在使用前将会计电算化系统的会计核算软件、使用说明书及有关资料报送主管税务机关备案。

3.账簿凭证保管

从事生产经营的纳税人、扣缴义务人必须按照国务院财政、税务主管部门规定的期限保管账簿凭证和其他有关资料。除法律、行政法规另有规定外，会计账簿、凭证、报表、完税凭证及其他有关纳税资料应当保存10年。

（三）发票与税控管理

1.发票管理

发票是指单位或个人在购销商品、提供或者接受经营服务以及从事其他经营活动中，开具、取得的用以记载经济业务活动并具有税源监控功能的收付款（商事）凭证。

发票是进行会计核算和税源管理的重要资料。建立发票管理制度，对于加强税源监控、防止税收流失，具有特别重要的意义。

单位、个人在购销商品、提供或者接受经营服务以及从事其他经营活动中，应当按照规定开具、使用、取得发票。

2.税控管理

税控装置是以税源监控为目的，具有登记、计价、计税、发票打印、存储和数据备份等功能的专用器具及其管理系统，主要适用于各项交易收入的控制管理。

通过推广和使用税控装置，税务机关可以充分地实现以机控税，从而对纳税人（尤其是对财务核算不健全的纳税人）的交易收入实施有效的监控，保证税收收入。

符合安装税控装置的纳税人，应当按照税务机关的规定安装使用税控装置，且不得毁损或擅自改动。

三、纳税申报制度

纳税申报是纳税人发生纳税义务后就有关纳税事项向税务机关提交书面报告的制度。实行纳税申报制度,有利于明确征纳双方的法律责任,强化纳税人的纳税意识,促使纳税人依法纳税。

(一) 纳税申报的适用对象

纳税申报的适用对象包括:

1.纳税人

纳税人即依法负有纳税义务的单位和个人。具体包括:从事生产、经营活动,负有纳税义务的企业、事业单位、其他组织和个人;临时取得应税收入或发生应税行为,以及其他不从事生产、经营活动但依照税法规定负有纳税义务的单位和个人。

纳税人在纳税期内没有应纳税款的,也应按照规定办理纳税申报。纳税人享受减税、免税待遇的,在减税、免税期间应按照规定办理纳税申报。

2.扣缴义务人

扣缴义务人即依法负有代扣代缴、代收代缴义务的单位和个人。

(二) 纳税申报的内容

纳税人、扣缴义务人在办理纳税申报时,应向税务机关报送以下资料:

1.纳税申报表

纳税人、扣缴义务人的纳税申报或者代扣代缴、代收代缴税款报告表的主要内容包括:税种、税目,应纳税项目或者应代扣代缴、代收代缴税款项目,计税依据,扣除项目及标准,适用税率或者单位税额,应退税项目及税额、应减免税项目及税额,应纳税额或者应代扣代缴、代收代缴税额,税款所属期限、延期缴纳税款、欠税、滞纳金等。

2.有关证件、资料

纳税人办理纳税申报时,应当如实填写纳税申报表,并根据不同的情况相应报送下列有关证件、资料:财务报表及其说明材料;与纳税有关的合同、协议书及凭证;税控装置的电子报税资料;外出经营活动税收管理证明和异地完税凭证;境内或者境外公证机构出具的有关证明文件;税务机关规定应当报送的其他有关证件、资料。

(三) 纳税申报的类型

根据纳税申报的期限,可将纳税申报划分为以下两种类型:

1.如期申报

纳税人必须依照法律、行政法规规定或者税务机关依照法律、行政法规的规定确定的申报期限、申报内容，如实办理纳税申报，报送纳税申报表、财务报表以及税务机关根据实际需要要求纳税人报送的其他纳税资料。

扣缴义务人必须依照法律、行政法规规定或者税务机关依照法律、行政法规规定确定的申报期限、申报内容，如实报送代扣代缴、代收代缴税款报告表以及税务机关根据实际需要要求扣缴义务人报送的其他有关资料。

2.延期申报

纳税人、扣缴义务人按照规定的期限办理纳税申报或者报送代扣代缴、代收代缴税款报告表确有困难需要延期的，应当在规定的期限内向税务机关提出书面延期申请；经税务机关核准，在核准的期限内办理。

纳税人、扣缴义务人因不可抗力，不能按期办理纳税申报或者报送代扣代缴、代收代缴税款报告表的，可以延期办理；但是，应当在不可抗力情形消除后立即向税务机关报告。税务机关应当查明事实，予以核准。

（四）纳税申报的方式

纳税申报方式主要有以下几种：

1.直接申报

直接申报是指纳税人、扣缴义务人在规定的申报期限内，直接到税务机关办理纳税申报或税款扣缴申报。

2.邮寄申报

邮寄申报是指经税务机关批准，纳税人、扣缴义务人在规定的申报期限内，通过邮寄的方式向主管税务机关办理纳税申报或税款扣缴申报。邮寄申报应使用统一的纳税申报专用信封，以邮政部门的收据作为申报凭据，以寄出的邮戳日期为实际申报日期。

3.数据电文申报

数据电文申报，也称电子申报，是指纳税人、扣缴义务人通过税务机关确定的电话语音、电子数据交换和网络传输等电子方式向主管税务机关办理纳税申报或税款扣缴申报。纳税人采取电子方式办理纳税申报的，应当按照税务机关规定的期限和要求保存有关资料，并定期书面报送主管税务机关。

第二节　税款征收

一、税额确定制度

税额确定是税务机关对纳税人无法核算或核算失当的税额予以核定或调整的一

种管理措施。实施税额确定制度，有利于纳税人准确地履行纳税义务。

（一）税额核定措施

1.税额核定的适用范围

纳税人有下列情形之一的，税务机关有权核定其应纳税额：

（1）纳税人依照法律、行政法规的规定可以不设置账簿的；

（2）纳税人依照法律、行政法规的规定应当设置账簿但未设置的；

（3）纳税人擅自销毁账簿或者拒不提供纳税资料的；

（4）纳税人虽设置账簿，但账目混乱或者成本资料、收入凭证、费用凭证残缺不全，难以查账的；

（5）纳税人发生纳税义务，未按照规定的期限办理纳税申报，经税务机关责令限期申报，逾期仍不申报的；

（6）纳税人申报的计税依据明显偏低，又无正当理由的。

2.税额核定的具体方法

纳税人符合税额核定适用范围的，税务机关有权采用下列任何一种方法核定其应纳税额：

（1）参照当地同类行业或者类似行业中经营规模和收入水平相近的纳税人的税负水平核定；

（2）按照营业收入或者成本加合理的费用和利润的方法核定；

（3）按照耗用的原材料、燃料、动力等推算或者测算核定；

（4）按照其他合理方法核定。

采用上述一种方法不足以正确核定应纳税额时，税务机关可以同时采用两种以上的方法核定。

（二）纳税调整措施

1.纳税调整的适用对象

中国现阶段的纳税调整措施适用于关联企业交易。

关联企业是指与企业有下列关系之一的公司、企业或其他组织：在资金、经营、购销等方面，存在直接或者间接的拥有或者控制关系；直接或者间接地同为第三者所拥有或者控制；其他在利益上具有相关联的关系。

企业或者外国企业在中国境内设立的从事生产、经营的机构、场所与其关联企业之间的业务往来，应当按照独立企业之间的业务往来收取或者支付价款、费用；不按照独立企业之间的业务往来收取或者支付价款、费用，而减少其应纳税的收入或者所得额的，税务机关有权进行合理调整。

2.纳税调整的事项

纳税调整的具体事项包括：

（1）购销业务未按照独立企业之间的业务往来作价；

（2）融通资金所支付或者收取的利息超过或者低于没有关联关系的企业之间所能同意的数额，或者利率超过或者低于同类业务的正常利率；

（3）提供劳务，未按照独立企业之间业务往来收取或者支付劳务费用；

（4）转让财产、提供财产使用权等业务往来，未按照独立企业之间业务往来作价或者收取、支付费用；

（5）未按照独立企业之间业务往来作价的其他情形。

3.纳税调整的方法

纳税调整的具体方法包括：

（1）按照独立企业之间进行的相同或类似业务活动的价格调整计税收入额或所得额；

（2）按照再销售给无关联关系的第三者的价格所应取得的收入和利润水平调整计税收入额或所得额；

（3）按照成本加合理的费用和利润调整计税收入额或所得额；

（4）按照其他合理的方法调整计税收入额或所得额。

4.纳税调整的期限

纳税人与其关联企业未按照独立企业之间的业务往来支付价款、费用的，税务机关自该业务往来发生的纳税年度起3年内进行调整；有特殊情况的，可以自该业务往来发生的纳税年度起10年内进行调整。

二、税收保障制度

税收保障是为促使纳税人及时、完整地履行纳税义务而采取的制约措施。实施税收保障制度，增强税收法律、法规的强制力，有利于促进纳税人依法纳税。

（一）税收代征措施

1.税款扣缴

税款扣缴包括代扣代缴和代收代缴。

代扣代缴是负有代扣代缴税款义务的单位和个人在向纳税人支付款项时依法从支付款额中扣收纳税人应缴纳的税款并按照规定的期限申报解缴的一种方式。代收代缴是负有代收代缴税款义务的单位和个人在向纳税人收取款项的同时依法收取纳税人应缴纳的税款并按照规定的期限申报解缴的一种方式。

法律、行政法规规定负有代扣代缴、代收代缴税款义务的单位和个人为扣缴义务人。扣缴义务人必须依照法律、行政法规的规定缴纳代扣代缴、代收代缴税款，并按照国家有关规定如实向税务机关提供与代扣代缴、代收代缴税款有关的信息。扣缴义务人依法履行代扣、代收税款义务时，纳税人不得拒绝。纳税人拒绝的，扣缴义务人应当及时报告税务机关处理。

2.委托代征

委托代征是指税务机关委托有关单位或个人，以税务机关的名义向纳税人依法征收税款的一种方式。它主要适用于零星分散和异地缴纳的税收。

税务机关根据有利于税收控管和方便纳税的原则，可以按照国家有关规定委托有关单位和人员代征零星分散和异地缴纳的税收，并发给委托代征证书。受托代理单位和人员按照代征证书的要求，以税务机关的名义依法征收税款，纳税人不得拒绝；纳税人拒绝的，受托代征单位和人员应当及时报告税务机关。

（二）纳税担保措施

纳税担保是指经税务机关同意或确认，纳税人或其他自然人、法人、经济组织以保证、抵押、质押的方式，为纳税人应缴纳的税款及滞纳金提供担保的行为。

1.纳税担保的对象

纳税人有下列情况之一的，适用纳税担保：

（1）税务机关有根据认为从事生产、经营的纳税人有逃避纳税义务行为，在规定的纳税期之前经责令其限期缴纳应纳税款，在限期内发现纳税人有明显的转移、隐匿其应纳税的商品、货物以及其他财产或应纳税收入的迹象，责成纳税人提供纳税担保的；

（2）欠缴税款、滞纳金的纳税人或其法定代表人需要出境的；

（3）纳税人同税务机关在纳税上发生争议而未缴清税款，需要申请行政复议的；

（4）税收法律、行政法规规定可以提供纳税担保的其他情形。

2.纳税担保的形式

纳税担保包括经税务机关认可的纳税保证人为纳税人提供的纳税保证，以及纳税人或者第三人以其未设置或者未全部设置担保物权的财产提供的担保。

其中，纳税保证人是指在中国境内具有纳税担保能力的自然人、法人或者其他经济组织。法律、行政法规规定的没有担保资格的单位和个人，不得作为纳税担保人。

3.纳税担保的实施

纳税担保人同意为纳税人提供纳税担保的，应当填写纳税担保书，写明担保对象、担保范围、担保期限和担保责任以及其他有关事项。担保书须经纳税人、纳税担保人签字盖章并经税务机关同意，方为有效。纳税人或者第三人以其财产提供纳税担保的，应当填写财产清单，并写明财产价值以及其他有关事项。纳税担保财产清单须经纳税人、第三人签字盖章并经税务机关确认，方为有效。

（三）税收保全措施

税收保全措施是指税务机关在纳税人的某些行为将导致税款难以保证的情况下，于规定的纳税期之前采取的限制性措施。

1.税收保全措施的适用条件

税务机关有根据认为从事生产、经营的纳税人有逃避纳税义务行为的，可以在规定的纳税期之前，责令限期缴纳应纳税款。在限期内发现纳税人有明显的转移、隐匿其应纳税的商品、货物以及其他财产或者应纳税的收入的迹象的，税务机关可以责成纳税人提供纳税担保。如果纳税人不提供纳税担保，经县以上税务局（分局）局长批准，税务机关可以采取税收保全措施。

2.税收保全措施的实施

对符合税收保全适用条件的纳税人，税务机关可以采取下列具体措施：

（1）冻结存款，即书面通知纳税人开户银行或者其他金融机构冻结纳税人的金额相当于应纳税款的存款。

（2）扣押、查封财产，即扣押、查封纳税人的价值相当于应纳税款的商品、货物或者其他财产。

税务机关在确定应扣押、查封的商品、货物或者其他财产的价值时，除考虑应纳税款外，还应包括滞纳金和拍卖、变卖发生的费用。

对价值超过应纳税额且不可分割的商品、货物或者其他财产，税务机关在纳税人、扣缴义务人或者纳税担保人无其他可供强制执行的财产的情况下，可以整体扣押、查封、拍卖，以拍卖所得抵缴税款、滞纳金、罚款以及拍卖等费用。

税务机关在采取税收保全措施时，不得查封、扣押纳税人个人及其所扶养家属（指与纳税人共同居住生活的配偶、直系亲属以及无生活来源并由纳税人扶养的其他亲属）维持生活必需的住房和用品。但是，机动车辆、金银饰品、古玩字画、豪华住宅或者一处以外的住房不属于个人及其所扶养家属维持生活必需的住房和用品。此外，税务机关对单价5 000元以下的其他生活用品，不采取税收保全措施。

3.税收保全措施的终止

纳税人在税务机关采取税收保全措施后，按照税务机关规定的期限缴纳税款的，税务机关应当自收到税款或者银行转回的完税凭证之日起1日内解除税收保全。纳税人在限期期满后仍未缴纳税款的，经县以上税务局（分局）局长批准，税务机关可以采取强制执行措施：书面通知纳税人开户银行或者其他金融机构从其冻结的存款中扣缴税款，或者依法拍卖或者变卖扣押、查封的商品、货物或者其他财产，以拍卖或者变卖所得抵缴税款。

4.税收保全措施的法律责任

采取税收保全措施的权力，不得由法定的税务机关以外的单位和个人行使。

纳税人在限期内已缴纳税款，税务机关未立即解除税收保全措施，或由于税务机关滥用职权违法采取税收保全措施，致使纳税人、扣缴义务人或者纳税担保人的合法利益遭受损失的，税务机关依法承担赔偿责任。

（四）税收强制执行措施

税收强制执行措施是指税务机关对未按规定期限履行纳税义务、扣缴义务或担保义务的纳税人、扣缴义务人或纳税担保人依法采取的强制性的税款收缴措施。

1.税收强制执行措施的适用条件

从事生产、经营的纳税人、扣缴义务人未按照规定的期限缴纳或者解缴税款，纳税担保人未按照规定的期限缴纳所担保的税款，由税务机关责令限期缴纳，逾期仍未缴纳的，经县以上税务局（分局）局长批准，税务机关可以采取强制执行措施。

2.税收强制执行措施的实施

对符合强制执行适用条件的纳税人、扣缴义务人和纳税担保人，税务机关可以采取下列具体措施：

（1）扣缴税款，即书面通知其开户银行或者其他金融机构从其存款中扣缴税款；

（2）拍卖或变卖财产，即扣押、查封、依法拍卖或者变卖其价值相当于应纳税款的商品、货物或者其他财产。

在税收强制执行措施中，税务机关可以扣押或查封的商品、货物及其他财产的范围，以及扣押、查封的执行要求，与税收保全措施的相关规定相同。

税务机关将扣押、查封的商品、货物或者其他财产变价抵缴税款时，应交由依法成立的拍卖机构拍卖；无法委托拍卖或者不适于拍卖的，可以交由当地商业企业代为销售，也可以责令纳税人限期处理；无法委托商业企业销售，纳税人也无法处理的，可以由税务机关变价处理。国家禁止自由买卖的商品，应交由有关单位按照国家规定的价格收购。

3.税收强制执行措施的终止

税务机关在将拍卖或者变卖所得抵缴税款、滞纳金、罚款以及拍卖、变卖等费用后，剩余部分应在3日内退还被执行人。

4.税收强制执行措施的法律责任

采取强制执行措施的权力，不得由法定的税务机关以外的单位和个人行使。

税务机关滥用职权违法采取强制执行措施，或者采取强制执行措施不当，使纳税人、扣缴义务人或者纳税担保人的合法权益遭受损失的，税务机关依法承担赔偿责任。

三、税款结算制度

税款结算是为促进纳税人依法纳税而采取的清缴措施。实施税款结算制度，有利于提高税收的规范性和强制性，促进纳税人及时、完整地缴纳税款。

（一）延期缴纳

纳税人应按照法律、行政法规规定的期限缴纳税款。因有特殊困难，不能按期缴纳税款的，经省、自治区、直辖市税务局批准，纳税人可以延期缴纳税款，但最长不得超过3个月。

特殊困难，是指因不可抗力，导致纳税人发生较大损失，正常生产经营活动受到较大影响；当期货币资金在扣除应付职工工资、社会保险费后，不足以缴纳税款。

（二）欠税清缴

欠税是纳税人未按照规定期限缴纳税款、扣缴义务人未按照规定期限解缴税款的行为。为保证税款及时足额入库，税务机关应当实行欠税清缴。其主要方式为：

1.欠税公告

欠税公告是县级以上税务机关在办税场所或广播、电视、报纸、期刊、网络等新闻媒体上定期公告纳税人的欠税情况。欠税公告可以督促纳税人补缴欠税。

2.税款优先

税款优先是指在纳税人有欠缴税款的情况下，优先保证税款征收，确保税收安全。其具体内容为：

（1）税务机关征收税款，税收优先于无担保债权，法律另有规定的除外；

（2）纳税人欠缴的税款发生在纳税人以其财产设定抵押、质押或纳税人的财产被留置之前的，税收应先于抵押权、质权、留置权执行；

（3）纳税人欠缴税款，同时又被行政机关决定处以罚款、没收违法所得的，税收优先于罚款、没收违法所得。

3.行使代位权和撤销权

欠缴税款的纳税人因怠于行使到期债权，或者放弃到期债权，或者无偿转让财产，或者以明显不合理的低价转让财产而受让人知道该情形，对国家税收造成损害的，税务机关可以依照合同法的有关规定行使代位权、撤销权。税务机关依法行使代位权、撤销权的，不免除欠缴税款的纳税人尚未履行的纳税义务和应承担的法律责任。

4.离境清税

欠缴税款的纳税人或者其法定代表人需要出境的，应在出境前向税务机关结清应纳税款、滞纳金或者提供担保。未结清税款、滞纳金，又不提供担保的，税务机关可以通知出境管理机关阻止其出境。

5.合并分立清税

纳税人有合并、分立情形的，应向税务机关报告，并依法缴清税款。纳税人合并时未缴清税款的，应由合并后的纳税人继续履行未履行的纳税义务；纳税人分立时未缴清税款的，分立后的纳税人对未履行的纳税义务应承担连带责任。

6.加收滞纳金

纳税人未按照规定期限缴纳税款，扣缴义务人未按照规定期限解缴税款的，税务机关除责令限期缴纳外，从滞纳税款之日起，按日加收滞纳税款万分之五的滞纳金。加收滞纳金的起止时间，为税款缴纳期限届满次日起至实际缴纳或解缴税款之日止。

（三）税款的补缴与追征

纳税人未缴或少缴的税款，税务机关应要求其补缴或予以追征。

1.税款的补缴

因税务机关适用税收法律、行政法规不当或执法行为违法，致使纳税人、扣缴义务人未缴或少缴税款的，税务机关在3年内可以要求纳税人、扣缴义务人补缴税款，但是不得加收滞纳金。补缴税款的期限，自纳税人、扣缴义务人应缴未缴或少缴税款之日起计算。

2.税款的追征

因纳税人、扣缴义务人计算错误等失误（指非主观故意的计算公式运用错误以及明显的笔误），未缴或少缴税款的，税务机关在3年内可以追征税款、滞纳金；纳税人或扣缴义务人因计算错误等失误，未缴或少缴、未扣或少扣、未收或少收税款，累计数额在10万元以上的，追征期可以延长到5年。对偷税、抗税、骗税的，税务机关追征其未缴或者少缴的税款、滞纳金或者所骗取的税款，不受上述规定期限的限制。补缴和追征税款、滞纳金的期限，自纳税人、扣缴义务人应缴未缴或少缴税款之日起计算。

（四）税款的退还

纳税人多缴的税款，税务机关应予以退还。

1.税款退还的条件与范围

纳税人缴纳的税款超过应纳税额的，税务机关发现后应当立即退还。纳税人自结算缴纳税款之日起3年内发现的，可以向税务机关要求退还多缴的税款并加算银行同期存款利息，税务机关及时查实后应当立即退还。加算银行同期存款利息的多缴税款退税，不包括依法预缴税款形成的结算退税、出口退税和各种减免退税。

2.税款退还的方法

税务机关发现纳税人多缴税款的，自发现之日起10日内办理退还手续；纳税人发现多缴税款，要求退还的，税务机关自接到纳税人退还申请之日起30日内查实并办理退还手续。涉及从国库中退库的，依照法律、行政法规有关国库管理的规定退还。退税利息按照税务机关办理退税手续当天中国人民银行规定的活期存款利率计算。

纳税人既有应退税款又有欠缴税款的，税务机关可以将应退税款和利息先抵扣欠缴税款；抵扣后有余额的，退还纳税人。

第三节　税务检查与行政处罚

一、税务检查

税务检查是指税务机关依法对纳税人、扣缴义务人履行纳税义务、扣缴义务的情况进行检验查实的一种管理措施。实施税务检查，有利于揭露税收违法行为，处理税收违法案件，促使纳税人依法纳税。

（一）税务检查基本权限

在税务检查中，税务机关具有以下权限：

1.查账权

税务机关有权检查纳税人的账簿、记账凭证、报表和有关资料，检查扣缴义务人代扣代缴、代收代缴税款的账簿、记账凭证和有关资料。

2.场地检查权

税务机关有权到纳税人的生产、经营场所和货物存放地，检查纳税人应纳税的商品、货物或者其他财产，检查扣缴义务人与代扣代缴、代收代缴税款有关的经营情况。

3.责成提供资料权

税务机关有权责成纳税人、扣缴义务人提供与纳税或者代扣代缴、代收代缴税款有关的文件、证明材料和有关资料。

4.询问权

税务机关有权询问纳税人、扣缴义务人与纳税或者代扣代缴、代收代缴税款有关的问题和情况。

5.查证权

税务机关有权到车站、码头、机场、邮政企业及其分支机构检查纳税人托运、邮寄应纳税商品、货物或者其他财产的有关单据、凭证和有关资料。

6.存款账户核查权

经县以上税务局（分局）局长批准，凭全国统一格式的检查存款账户许可证明，查询从事生产、经营的纳税人、扣缴义务人在银行或者其他金融机构的存款账户。税务机关在调查税收违法案件时，经设区的市、自治州以上税务局（分局）局长批准，可以查询案件涉嫌人员的储蓄存款。

（二）违法行为处理权限

在税务检查中，税务机关对于存在违法行为的纳税人，具有以下处理权限：

1.行政强制权

税务机关对从事生产经营的纳税人以前纳税期的纳税情况依法进行税务检查时，发现纳税人有逃避纳税义务行为，并有明显的转移、隐匿其应纳税的商品、货物以及其他财产或应纳税收入的迹象的，可以按照《税收征收管理法》规定的批准权限采取税收保全措施或强制执行措施。

2.行政处罚权

对税收违法行为，税务机关有权按照规定权限行使行政处罚权。对构成犯罪的，移交司法机关，依法追究刑事责任。

知识拓展
19-2

税务机关调取被查对象的账证资料、存款账户或储蓄存款进行检查时应注意的问题

二、税务行政处罚

税务行政处罚是为促使纳税人依法纳税而采用的制裁措施。实施税务行政处罚，增强税收法律、法规的威慑力，有利于提高纳税人依法纳税的自觉性。

（一）税务行政处罚的手段、时效与权限

1.税务行政处罚的手段

税务行政处罚的手段包括：罚款、没收违法所得或财产、停止出口退税权等。其中，罚款是税务行政处罚的主要手段。

2.税务行政处罚的追溯时效

中国现阶段一般性行政处罚的法律追溯时效为2年。但考虑到税收管理的特殊性，税务行政处罚的法律追溯时效为5年，即违反税收法律、行政法规应当给予行政处罚的行为，在5年内未被发现的，不再给予行政处罚。

3.税务行政处罚的权限

行政处罚由县级以上税务机关实施，具体是指县以上各级税务局、税务分局和稽查局。罚款额在2 000元（含本数）以下的罚款，可以由税务所实施。

当事人对税务机关的处罚决定不服的，可以依法申请行政复议，也可以依法向人民法院起诉。当事人对税务机关的处罚决定逾期不申请行政复议也不向人民法院起诉、又不履行的，作出处罚决定的税务机关可以采取强制执行措施，或者申请人民法院强制执行。

（二）税务行政处罚的标准

1.违反税务登记制度的处罚标准

（1）纳税人未按照规定的期限申报办理税务登记、变更或注销登记的，由税务机关责令其限期改正，可以处2 000元以下的罚款；情节严重的，处2 000元以上10 000元以下的罚款。

（2）纳税人不办理税务登记的，由税务机关责令其限期改正，可以处2 000元以下的罚款；情节严重的，处2 000元以上10 000元以下的罚款。逾期不改正的，经税务机关提请市场监督管理部门可吊销其营业执照。

2.违反账簿凭证管理制度的处罚标准

（1）纳税人未按照规定设置、保管账簿或者保管记账凭证和有关资料的，或未按照规定将财务、会计制度或者财务、会计处理办法和会计核算软件报送税务机关备查的，由税务机关责令限期改正，可以处2 000元以下的罚款；情节严重的，处2 000元以上10 000元以下的罚款。

（2）扣缴义务人未按照规定设置、保管代扣代缴、代收代缴税款账簿或者保管代扣代缴、代收代缴税款记账凭证及有关资料的，由税务机关责令限期改正，可以处2 000元以下的罚款；情节严重的，处2 000元以上5 000元以下的罚款。

（3）非法印制发票的，由税务机关销毁非法印制的发票，没收违法所得和作案工具，并处10 000元以上50 000元以下的罚款；构成犯罪的，依法追究刑事责任。

（4）非法印制、转借、倒卖、变造或者伪造完税凭证的，由税务机关责令改正，处2 000元以上10 000元以下的罚款；情节严重的，处10 000元以上50 000元以下的罚款；构成犯罪的，依法追究刑事责任。

（5）未按照规定安装、使用税控装置，或者损毁或擅自改动税控装置的，由税务机关责令限期改正，可以处2 000元以下的罚款；情节严重的，处2 000元以上10 000元以下的罚款。

（6）纳税人未按照规定将其全部银行账号向税务机关报告的，由税务机关责令限期改正，可以处2 000元以下的罚款；情节严重的，处2 000元以上10 000元以下的罚款。

（7）银行和其他金融机构未依照《税收征收管理法》的规定在从事生产、经营的纳税人的账户中登录税务登记证件号码，或者未按规定在税务登记证件中登录从事生产、经营的纳税人的账户账号的，由税务机关责令其限期改正，处2 000元以上20 000元以下的罚款；情节严重的，处20 000元以上50 000元以下的罚款。

（8）纳税人、扣缴义务人的开户银行或者其他金融机构拒绝接受税务机关依法检查纳税人、扣缴义务人存款账户，或者拒绝执行税务机关作出的冻结存款或者扣缴税款的决定，或者在接到税务机关的书面通知后帮助纳税人、扣缴义务人转移存款，导致税款流失的，由税务机关处10万元以上50万元以下的罚款，对直接负责的主管人员和其他直接责任人员处1 000元以上10 000元以下的罚款。

（9）为纳税人、扣缴义务人非法提供银行账户、发票、证明或者其他方便，导致未缴、少缴税款或者骗取国家出口退税款的，税务机关除没收其违法所得外，可以处未缴、少缴或者骗取的税款1倍以下的罚款。

3.违反纳税申报制度的处罚标准

（1）纳税人未按照规定的期限办理纳税申报和报送纳税资料的，或者扣缴义务人未按照规定的期限向税务机关报送代扣代缴、代收代缴税款报告表和有关资料的，由税务机关责令限期改正，可以处2 000元以下的罚款；情节严重的，可以处2 000元以上10 000元以下的罚款。

（2）纳税人、扣缴义务人编造虚假计税依据的，由税务机关责令限期改正，并处50 000元以下的罚款。纳税人不进行纳税申报，不缴或者少缴应纳税款的，由税务机关追缴其不缴或者少缴的税款、滞纳金，并处不缴或者少缴的税款50%以上5倍以下的罚款。

4.违反税款征收制度的处罚标准

（1）不缴、少缴税款等行为的处罚标准。纳税人、扣缴义务人在规定期限内不缴或者少缴应纳或者应解缴的税款，经税务机关责令限期缴纳，逾期仍未缴纳的，税务机关除依法采取强制执行措施追缴其不缴或者少缴的税款外，可以处不缴或者少缴的税款50%以上5倍以下的罚款。

（2）偷税的处罚标准。偷税是指纳税人伪造、变造、隐匿、擅自销毁账簿、记账凭证，或者在账簿上多列支出或者不列、少列收入，或者经税务机关通知申报而拒不申报或者进行虚假的纳税申报，不缴或者少缴应纳税款的行为。对纳税人偷税的，由税务机关追缴其不缴或者少缴的税款、滞纳金，并处不缴或者少缴的税款50%以上5倍以下的罚款；构成犯罪的，依法追究刑事责任。扣缴义务人采取上述手段，不缴或者少缴已扣、已收税款，由税务机关追缴其不缴或者少缴的税款、滞纳金，并处不缴或者少缴的税款50%以上5倍以下的罚款；构成犯罪的，依法追究刑事责任。

（3）逃避追缴欠税的处罚标准。纳税人欠缴应纳税款，采取转移或者隐匿财产的手段，妨碍税务机关追缴欠缴的税款的，由税务机关追缴欠缴的税款、滞纳金，并处欠缴税款50%以上5倍以下的罚款；构成犯罪的，依法追究刑事责任。

（4）骗税的处罚标准。以假报出口或者其他欺骗手段，骗取国家出口退税款，由税务机关追缴其骗取的退税款，并处骗取税款1倍以上5倍以下的罚款；构成犯罪的，依法追究刑事责任。对骗取国家出口退税款的，税务机关可以在规定期间内停止为其办理出口退税。

（5）抗税的处罚标准。以暴力、威胁方法拒不缴纳税款的，是抗税，除由税务机关追缴其拒缴的税款、滞纳金外，依法追究刑事责任。情节轻微，未构成犯罪的，由税务机关追缴其拒缴的税款、滞纳金，并处拒缴税款1倍以上5倍以下的罚款。

（6）扣缴义务人及纳税人未依法扣缴税款的处罚标准。扣缴义务人应扣未扣、应收而不收税款的，由税务机关向纳税人追缴税款，对扣缴义务人处应扣未扣、应收未收税款50%以上3倍以下的罚款。纳税人拒绝代扣、代收税款的，扣缴义务人应当向税务机关报告，由税务机关直接向纳税人追缴税款、滞纳金；纳税人拒不缴纳的，税务机关除依法采取强制执行措施追缴其不缴或者少缴的税款外，可以处不缴或者少缴的税款50%以上5倍以下的罚款。

（7）税务代理人违法不缴、少缴税款的处罚标准。税务代理人违反税收法律、行政法规，造成纳税人未缴或者少缴税款的，除由纳税人缴纳或者补缴应纳税款、滞纳金外，对税务代理人处纳税人未缴或者少缴税款50%以上3倍以下的罚款。

5.违反税务检查制度的处罚标准

纳税人、扣缴义务人逃避、拒绝或者以其他方式阻挠税务机关检查的，如提供虚假资料，不如实反映情况，或者拒绝提供有关资料的，拒绝或者阻止税务机关记录、录音、录像、照相和复制与案件有关的情况和资料的，在检查期间转移、隐匿、销毁有关资料的，以及有不依法接受税务检查的其他情形的，由税务机关责令改正，可以处10 000元以下的罚款；情节严重的，处10 000元以上50 000元以下的罚款。

第四节　纳税服务

纳税服务是税务机关为解决纳税人及其他当事人的税收困惑而进行的管理活动。在税收管理实践中，有些纳税人虽然能够准确地理解税收法律与法规，却可能由于不能正确认识税收的性质与作用，因而不愿意自觉地履行纳税义务；有些纳税人虽然能够正确认识税收的性质与作用，愿意自觉地履行纳税义务，却可能由于不能准确地理解税收法律与法规，因而无力准确、及时地履行纳税义务。因此，纳税服务的目的是促使纳税人依法纳税，即通过实施纳税服务，让纳税人能够正确认识税收的性质与作用，准确理解税收法律与法规，从而准确、及时地履行纳税义务。

一、纳税服务的内容

纳税服务的内容包括税收宣传和税收咨询。

（一）税收宣传

税收宣传是税务机关向纳税人传播税收知识的一种管理活动。其主要内容有：

1.实施税收教育

通过向纳税人传播税收知识，帮助纳税人认清税收的性质与作用，准确理解税收法律与法规，树立正确的税收观念，增强纳税意识。

2.开展税法宣传

通过向纳税人宣传税法，让纳税人了解应当纳什么税、纳多少税、怎样纳税、不纳税会产生什么后果。

（二）税收咨询

税收咨询是税务机关解决纳税人税收疑问的一种管理活动。其主要内容有：

1.进行税收答疑

通过直接接触、信函往来、电话联系及网络问答等方式，及时、准确地回答纳税人提出的问题。

2.推行税收公开

通过建立税收信息网站，将税收制度、纳税程序等税收信息向纳税人公开，供纳税人随时查阅。

二、纳税服务措施

中国纳税服务始于20世纪90年代中期。随着税收征管改革不断深化和现代科学技术的发展，中国纳税服务手段不断改进、相关法规制度日臻完善。现阶段纳税服务措施主要有：

（一）办税服务厅

办税服务厅是税务机关依职责为纳税人、缴费人、扣缴义务人（简称纳税人）集中办理涉税事项以及社会保险费和非税收入缴纳事项的场所。

办税服务厅是20世纪90年代为适应新税收征管模式"集中征收"需要而产生的。办税服务厅作为一种机构，最早可追溯到2003年。2005年国家税务总局印发的《纳税服务工作规范（试行）》中明确："办税服务厅是税务机关为纳税人办理涉税事项，提供纳税服务的机构或场所。税务机关应当根据税收征管工作需要和便利纳税人的原则，合理设置办税服务厅，并加强办税服务厅与其他部门和单位的业务衔接。"2018年8月，国家税务总局发出《通知》，要求在2018年年底前，在全国范围内推出统一规范的电子税务局，提供功能更加强大、办税更加便捷的网上办税服务厅。目前，全国税务系统已100%开通网上办税服务厅，实现涉税信息采集、申报缴税等90%以上涉税事项网上受理。

随着税收征管改革的深入和税务信息化水平的提高，办税服务厅已逐渐发展成为涵盖税务登记、纳税申报、税款征收、涉税审核（批）文书受理、发票发售、缴销、代理开具以及税收咨询、办税辅导、税法宣传、税收资料发放等各类事项的综合性服务载体。目前，办税服务厅以便利纳税人和服务高效为原则设置窗口，合理配备窗口服务人员。其主要功能有：办理纳税缴费事项，引导、辅导纳税人、缴费人办理税费事项，宣传税费法律法规和政策，收集纳税人、缴费人意见建议等。

（二）自助办税终端

自助办税终端是指为纳税人提供自助办理涉税事项以及社会保险费和非税收入缴纳事项的专用终端设备或装置。自助办税终端按照流程清晰、操作便利、安全可控的要求进行业务功能设计。具有方便、快捷、灵活的特点，能够为纳税人提供发票办理、申报缴纳、证明办理、信息查询等功能。

为持续优化税收营商环境，为纳税人提供多元化、便捷化办税渠道，2019年8月，国家税务总局发布了《自助办税终端管理办法》和《自助办税终端业务规范（1.0版）》，自2019年11月1日起施行。近年来，税务机关强化自助办税终端的规范管理，通过24小时自助办税厅建设，自助办税终端入驻商圈、银行、社区等工作，极大便利了纳税人、缴费人就近办税缴费。

（三）税务网站

税务网站是纳税服务的重要网络平台。按照国家电子政务总体框架和税收信息化建设总体要求，税务网站的主要功能是推进政务公开，开展税收宣传，进行咨询辅导，方便公众参与，实施网上办税事务等。税务网站根据纳税人的需求设置网站栏目，重点开设有税法宣传、纳税咨询、办税服务和权益保护等基本服务功能，并在此基础上，逐步拓展疑难问题在线咨询、意见建议在线收集、投诉举报在线受理等网上互动功能。

（四）12366纳税服务平台

12366纳税服务热线是国家税务总局为适应加强和改进纳税服务工作的需要，于2001年向国家信息产业部申请核批的全国税务机关统一的特种服务电话号码。12366纳税服务平台是国家税务总局为适应加强和改进纳税服务工作的需要而建立的专门用于纳税服务的信息化平台。目前其主要服务功能包括纳税咨询、办税指南、涉税举报、投诉监督等，并已逐步开通发票、待办事项等信息查询和电话申报、满意度随机调查等功能。通过人工与自动语音相结合方式，为纳税人提供24

小时多功能语音服务。

第五节　税收管理信息系统

一、中国税收管理信息系统发展历程

中国税收管理信息系统（China Taxation Administration Information System，CTAIS），亦称"金税工程"，是经国务院批准的国家级电子政务工程，是国家电子政务"十二金"工程之一。自1994年开始，历经金税一期工程、金税二期工程、金税三期工程建设而成。

（一）金税一期工程

为适应实施增值税发票抵扣管理制度的需要，1994年2月，国务院指示要尽快建设以加强增值税发票管理为主要目标的"金税工程"。据此，原航天工业部和电子工业部各自开发了相互独立运行的防伪税控系统和交叉稽核系统，即"金税一期工程"。下半年，两个系统开始在部分地区试点运行。试运行发现交叉稽核系统存在一些缺陷，主要是专用发票数据靠人工录入存在大量采集错误，计算机产生的稽核结果多为垃圾信息，由于试点范围有限，只在部分城市建立了稽核网络，对其他地区的专用发票无法进行交叉稽核，导致运行结果与预期目标相差甚远，影响了系统功能的发挥，金税一期工程遂停止运行。

（二）金税二期工程

1998年6月，经国务院批准，原国家计委对金税二期工程正式立项。2000年8月，国务院正式批准金税二期工程总体设计方案和推行方案，明确金税工程二期由4个子系统组成，即在增值税一般纳税人范围内全面推行防伪税控开票子系统，在税务部门建立发票认证、计算机稽核和发票协查3个子系统。2001年1月1日起金税二期4个系统在辽宁、江苏、浙江、山东、广东和北京、天津、上海、重庆等"五省四市"开通运行。2001年7月1日在其他22省区开通运行，国家税务总局到省、市、县国税局的四级网络全部联通，金税工程覆盖到全国所有省市县。2003年7月底，防伪税控开票子系统全面覆盖全国所有约140万增值税一般纳税人，从2003年8月1日起，一般纳税人使用手写版专用发票的历史宣告结束。此后，国家税务总局对金税二期工程进行了延伸，进一步完善增值税防伪税控系统，实现了在增值税申报环节对增值税专用发票和申报表的有关数据项进行票表比对，采取措施加强农副产品收购发票、货运发票、废旧物资收购发票、海关代征增值税完税凭证

（简称"四小票"）和其他增值税凭证的管理，推行"一机多票"系统，使增值税防伪税控系统能够开具和监控增值税普通发票；开发"四小票"核查功能；逐步实现对"四小票"的"电子采集、网络传输和电脑比对"和自动票表比对。在此期间，以省级数据集中处理方式推行总局综合征管软件，基本实现对国税系统的覆盖；开发或升级出口退税、个人所得税管理、税收执法管理、财务管理、公文处理等系统；推进信息资源整合，进行信息资源一户式储存，增值税发票管理、综合征管、出口退税等三大系统之间的数据整合，初步形成了以计算机网络为依托的税收征管新格局。

（三）金税三期工程

1994年，国家税务总局启动了世界银行税收征管改革技术援助项目，完成了新征管业务规程的设计和征管软件原型系统。在此基础上，利用日元贷款项目进行了税收征管信息系统（原CTAIS）的开发与试点应用，自此中国开始了开发推广统一的综合征管软件的历程。1998年，在世界银行贷款项目和日元贷款项目的支持下，国家税务总局进行了综合征管软件的开发设计工作。1999年10月，在辽宁省沈阳市、浙江省萧山市试运行。2000年综合征管软件（原CTAIS 1.0版）发布并在19个城市推广使用。2001年12月，国家税务总局部署一些地区开展了以信息化支持下的税收专业化管理为核心内容的征管体制改革试点，作为配套措施，综合征管软件在山东、河南、浙江和深圳等地和其他省选取一个市国税局试点推广。随着时间的推移、业务需求的变化、推广策略和技术要求的变化，对综合征管软件进行了持续的维护和版本更新，形成了国家税务总局综合征管软件1.1版和2.0版，这两个版本都支持省级集中处理数据的方式，均适用于国税系统。截至2002年1月，全国在18个省市的69个城市成功上线并运行综合征管软件。这一时期，各地也积极开发税收征管软件，支持机构分设后税收工作的需要，税务系统网络化和全局化应用开始起步。

为实现"业务一体化、技术一体化、系统一体化"，在金税二期工程取得成功的基础上，国家税务总局提出了功能更多、范围更广的金税三期工程立项申请。2005年，金税三期工程项目建议书获国务院批准。2007年4月，国家发改委批准金税三期工程可行性研究报告。2008年9月，金税三期工程第一阶段中央投资部分初步设计和投资概算获得国家发改委的批准，金税三期工程正式启动。按照规划，金税三期工程建设分三个阶段进行：第一阶段为试点阶段（2009—2014年底）；第二阶段为推广阶段（2015—2017年底）；第三阶段为完善验收阶段（2018年以后）。

2013年，金税三期工程总局集中版率先在重庆市、山东省、山西省等地区国税局、地税局系统试点单轨上线运行。2015年1月8日，金税三期工程优化版应用系统（简称省局优化版）在广东省、内蒙古自治区、河南省等国税局、地税局试点单轨上线运行，之后分6批逐步扩大推广至其他省（自治区、直辖市、计划单列市）。2016年10月，金税三期工程全面上线并平稳运行，实现了全国税收数据大集中，建成了规范执法、优化服务、管控风险、信息共享的"大平台"。

二、中国现行税收管理信息系统

（一）税收管理信息系统内容

中国现行税收管理信息系统即金税三期工程确定了"一个平台、两级处理、三个覆盖、四类系统"的工作目标。其具体内容如下：

"一个平台"：建立一个包含网络硬件和基础软件的统一的技术基础平台。实现覆盖国家税务总局、各级税务机关以及与其他政府部门的网络互联；逐步建成基于因特网的纳税服务平台。

"两级处理"：依托统一的技术基础平台，建立国家税务总局、省局两级数据处理中心和以省局为主、国家税务总局为辅的数据处理机制，逐步实现税务系统的数据信息在国家税务总局和省局集中处理，实现涉税电子数据在国家税务总局、省局两级的集中存储、集中处理和集中管理，使业务流程更加简化，管理和监控更加严密，纳税服务更加简便，系统维护更加便捷，系统运行更加安全。支持数据总体分析，实现宏观分析与微观分析相结合、全局分析与局部透视相结合，全面提升数据综合利用水平，提高决策支持能力。

"三个覆盖"：应用信息系统逐步覆盖所有税种，覆盖税务管理的重要工作环节，覆盖各级税务机关，并与有关部门联网。

"四类系统"：通过业务的重组、优化和规范，逐步形成一个以征收管理和外部信息为主，包括行政管理和决策支持等辅助业务在内的四个信息管理应用系统。重点建立以税收业务为主要处理对象的征收管理系统、以外部信息交换和为纳税人服务为主要处理对象的外部信息系统，并配套建设以税务系统内部行政管理事务为处理对象的行政管理系统和面向各级税务机关税收经济分析、监控和预测的决策支持系统。

（二）税收管理信息系统的特点

1.实现先进税收管理理念和信息技术有机融合

从管理角度来看，建立基于信息管税的税收管理模式，以纳税人关系管理为核心，把纳税人价值获取作为建设和发展方向。以"减轻纳税人不必要的办税负担、减轻基层税务机关额外的工作负担"为原则，简并了涉税事项、流程和表单。从技术角度来看，遵循"顶层设计"、业务导向、架构驱动的建设模式，紧紧围绕税务业务发展方向，从全局角度

知识拓展
19-5

金税三期全国
试点与推广应
用上线时间

知识拓展
19-6

金税三期系统
应用架构
示意图

审视、设计工程体系框架。以简捷高效为目标，优化重组业务，明确受理即办事项，精简处理环节，实现税务事项的多业务处理模式。以流程管理为导向，实现"工作找人"。将执法结果监督转变为过程控制，规范统一执法。

2.实现业务规范统一化、税收管理规范化和制度化

金税三期系统通过统一税务标准代码体系，实现税务事项及类型的规范统一；通过统一表单文书标准，实现全国范围内的数据采集和利用；通过统一业务需求规范，统一编写业务工作手册，形成体系相对完整、逻辑相对严谨、覆盖面广的业务需求，并按照业务需求开发金税三期优化系统，使税收管理更加规范化和制度化。

3.实现征管数据大集中、信息共享和外部涉税信息管理

金税三期系统采用"应用省级集中，生产数据在省局落地，然后集中至总局"的模式，并建立第三方信息共享机制，实时、完整、准确地掌握纳税人涉税信息和税务机构、人员情况，实现全国征管数据大集中。金税三期优化系统通过建设国税、地税统一标准的核心征管应用系统，实现国地税业务交互、信息实时共享，加强共管户的管理，实现联合登记、联合双定户核定、联合信用等级评定、申报信息共享，提高双方信息采集准确率，达到强化税源管理、提高税源管理水平的目的。并通过双方信息的共享共用，优化办税程序，减轻纳税人的税收负担，提高纳税服务水平。以外部涉税信息交互为基础，充分利用现代信息技术手段，构建全国统一的外部信息管理系统和信息交换通道，形成以涉税信息的采集、整理、应用为主线的管理体系，为强化税源管理提供外部信息保障。

4.实现业务全覆盖，统一了税收征管应用系统版本

金税三期系统业务框架实现了全覆盖：覆盖各层级税务机关征管的全部税（费）种，覆盖对纳税人税务管理的各个工作环节。面向税收业务、行政管理、外部交换和决策支持四类应用，设计并搭建一体化技术和应用环境，实现全国征管应用系统的版本统一。

5.实现外部信息交换和纳税服务系统规范统一

金税三期系统引入以纳税人为中心的业务理念，突出个性化服务，建设能提供多种渠道组合的、协同服务的信息化服务平台。为纳税人提供多样化的服务手段和统一的服务内容，能够提供网上、电话等多种办税服务渠道以及提供涉税事项处理、信息查询、推送与发布、双向交流互动等全方位的服务，从而满足纳税人多方位的纳税服务需求。金税三期优化系统构建全国统一的外部信息管理系统和交换通道，形成以涉税信息的采集、整理和应用为主线的管理体系，为风险管理提供外部信息保障。

6.引入先进管理理念，实行遵从风险管理

金税三期系统引入先进管理理念，将提高纳税遵从度作为税收管理的战略目

标：一是构建分类分级管理和技术框架，对纳税人实行分类、分级管理。二是按风险分析、排序、应对、评价的流程，建立一体化遵从风险管理平台。

7.加强管理决策，为税收决策提供依据

金税三期系统实现税收数据的查询、监控以及深层次、多方位地分析和挖掘、督促、检查、监控税务人员服务、管理和执法全过程，为各级税务机关税收决策提供依据。

8.支持个人税收管理，实现全员建档管理模式

金税三期系统通过扩展构建自然人征管信息系统，运用云计算、大数据等先进技术，涵盖自然人税收征管服务全流程和各个方面，实现与公安、银行等部门信息共享，既为上千万扣缴义务人和数以亿计的自然人提供纳税申报等服务，也为税务部门提供海量真实、动态的涉税数据信息。建立承担纳税（费）义务的自然人信息库，覆盖个人所得税及社保费的核心业务，实现全员建档、数据全国集中和信息共享。金税三期优化系统针对所有办理涉税（费）事项的组织和自然人建立税收档案，确认组织和自然人唯一有效身份证明，并在各级税务机关通用，改变了以往基于税务登记制度的税收建档模式，实现税收全员建档。将全员建档管理模式全面应用于各业务流程的业务处理过程中，为管理决策系统实现一户式电子档案查询奠定基础。此外，全国统一的个人税收管理系统，基于现行税制和对个人税收管理的实践探索，实现了对自然人的建档管理和信息共享，增加财产登记与投资管理、纳税信用等级管理、一户式档案查询等自然人税收管理的内容，实现了跨税种、跨纳税环节的信息共享，深化了税收管理的颗粒度，为个人所得税、财产税管理提供手段支撑。

（三）税收管理信息系统的实施及影响

根据税收征管体制改革和税制改革要求，2018年以来，金税三期系统持续优化完善。按照国家税务总局统一部署，2019年3月1日起，金税三期（并库版）正式上线，实现原国税、地税两套金税三期系统并库运行。对税收征管流程和岗位责任体系进行梳理和配置，实现了岗位设置、工作流程及参数配置的统一。在我国税收发展史上首次实现了基础平台、应用软件、业务标准等方面的统一，实现各级税务机关业务、流程、服务、数据的四个统一，使税务系统的软件基础、数据资源、技术条件发生跨越式变化。

金税三期系统为税收征管服务和税制改革提供了强大的信息化支撑。金税三期工程每年可支持处理涉税业务超过100亿笔，为6 000万法人纳税人、3亿自然人纳税人提供7×24小时不间断涉税服务。2018年以来，根据税收征管体制改革和税制改革要求，金税三期系统持续优化完善：在全国范围内推广使用增值税发票管理新系统，打造智慧税务生态系统。建立风险监控平台，形成了增值税发票管理新系

统。成功构建自然人征管信息系统。运用云计算、大数据等先进技术，涵盖自然人税收征管服务全流程和各个方面，实现与公安、银行等部门信息共享，既为上千万扣缴义务人和数以亿计的自然人提供纳税申报等服务，也为税务部门提供海量真实、动态的涉税数据信息。同时，该系统提供覆盖手机、互联网、扣缴客户端和办税服务厅的多元办税渠道，纳税人可以方便快捷地进行信息填报、纳税申报、税款缴纳。建成全国统一规范的电子税务局，全力建设办税服务网络。基于纳税人需求和税收改革要求，2018年国家税务总局研究编制了全国统一的电子税务局建设规划、方案和规范，指导各地税务机关实现网上办税系统渠道、界面、登录"三整合"，于2018年12月建成全国统一规范的电子税务局，实现界面标准统一、业务标准统一、数据标准统一、关键创新事项统一。通过电子税务局，可以实现涉税事项的跨区域远程办理、跨层级联动办理、跨部门协同办理，为纳税人提供足不出户、如影随形的办税新体验，逐步建成了基于互联网的纳税服务平台，有效提高了纳税人的便利度和获得感。统计数据显示，全国税务系统已100%开通网上办税服务厅，实现涉税信息采集、申报缴税等90%以上涉税事项网上受理。截至2017年底，全国范围内电子税务局共受理网上申报1 527.67万户次，占纳税申报总数的95.83%，"网路"正逐渐成为纳税人办税的"主路"。这标志着中国税收征管进入了以大数据税收管理信息系统为依托的现代化税收征管新时代。

当今世界，信息技术创新日新月异，数字化、网络化、智能化深入发展，在推动经济社会发展、促进国家治理体系和治理能力现代化方面发挥着越来越重要的作用。2021年3月，中共中央办公厅、国务院办公厅印发《关于进一步深化税收征管改革的意见》提出到2025年，深化税收征管制度改革取得显著成效，基本建成功能强大的智慧税务，形成国内一流的智能化行政应用系统，全方位提高税务执法、服务、监管能力。随着国税、地税征管体制和税收征管改革深入推进，中国正在进行1994年分税制后最为宏大的一场税收征管改革，税收征管开始迈入"智慧税务"的新阶段。金税四期重点围绕智慧税务建设，以服务纳税人缴费人为中心、以发票电子化改革为突破口、以税收大数据为驱动，推动构建具有高集成功能、高安全性能、高应用效能的智慧税务。云计算、大数据、物联网、移动互联网等主要的新一代互联网信息技术的快速推广和应用，特别是区块链、大数据、人工智能等技术在税收征管中的应用，将极大地加快中国税收征管现代化建设步伐。

□ 复习思考题

一、概念

税务登记　账簿凭证管理　纳税申报　纳税担保　税收保全　税收强制执行税款优先　税款追征　税务检查　税务行政处罚　偷税　逃避追缴欠税　骗税　抗税　税收管理信息系统　金税三期系统

二、问题

1.税务登记的种类

2.税务登记的流程

3.账簿的设置

4.纳税申报的方式

5.税额核定的方法

6.税收保全的要求

7.税收强制执行的实施

8.欠税清缴的手段

9.税务检查的权限

10.税务行政处罚的标准

11.纳税服务的内容

12.税收管理信息系统的内容

第二十章

税收救济

主要内容
- 税务行政复议
- 税务行政赔偿
- 税务行政诉讼

第一节 税务行政复议

税务行政复议是税务机关对纳税人及其他当事人提出的复议事项进行审理并作出行政裁决的执法活动。实行税务行政复议制度，对保障和监督税务机关依法行使职权，保护纳税人及其他当事人的合法权益，维护引导性遵从、挟持性遵从和威慑性遵从具有重要意义。

一、税务行政复议的基本规定

（一）税务行政复议的调整对象

税务行政复议的调整对象是税务争议。税收工作中，由于利益关系、道德观念、知识结构、政策水平、执法能力等各种因素的影响，征纳双方在对同一涉税事项的处理上，往往会发生争议。税务行政复议就是为解决税务争议而设立的程序制度。

（二）税务行政复议的产生条件

税务行政复议以当事人不服税务具体行政行为为前提，因当事人的申请而产生。如果当事人对税务机关的具体行政行为没有意见，或者虽然有意见但没有提出复议申请，就不会产生税务行政复议，当事人就不可能通过行政复议形式获得救济。

（三）税务行政复议的程序

为了有针对性地解决税务争议，税务行政复议设定必经复议和选择复议两种程序。必经复议是指对某些事项必须先经过复议程序，对复议决定不服的，才可以向人民法院提起行政诉讼。选择复议是指对某些事项，当事人可以选择行政复议程序，也可以不通过行政复议，直接向人民法院提起行政诉讼。

行政复议并非解决税务争议的终极程序，为了提高复议效率，税务行政复议实行一级复议制度。当事人对各级税务机关的具体行政行为不服，向其上一级税务机关申请复议。如果对上一级税务机关作出的复议决定不服，只能向人民法院起诉，不能再申请复议。

二、税务行政复议的事项

纳税人及其他当事人对税务机关作出的以下具体行政行为不服的，可以申请行政复议：

（一）征税行为

征税行为包括：确认纳税主体、征税对象、征税范围、减税、免税、退税、抵扣税款、适用税率、计税依据、纳税环节、纳税期限、纳税地点和税款征收方式等具体行政行为；征收税款、加收滞纳金；扣缴义务人、受税务机关委托的单位和个人作出的代扣代缴、代收代缴、代征行为等。

（二）行政许可、行政审批行为

行政许可、行政审批行为包括：行政许可行为和非行政许可类审批行为。行政许可行为包括：企业印制发票审批、对纳税人延期缴纳税款的核准、对纳税人延期申报的核准、对纳税人变更纳税定额的核准、增值税专用发票最高开票限额审批等；非行政许可类审批行为包括：对增值税一般纳税人资格认定的审批、对申请开具红字增值税专用发票的审核、对企业汇总缴纳增值税的审批、增值税即征即退审批等。

（三）基础管理行为

基础管理行为包括：发票管理行为和资格认定行为。发票管理行为包括：发售、收缴、代开发票等；资格认定行为包括：纳税人征收方式认定、出口退（免）税资格认定以及税收优惠政策资格认定等。

（四）税收强制及处罚行为

税收强制及处罚行为包括：行政强制行为和行政处罚行为。行政强制行为包括：税收保全措施、强制执行措施；行政处罚行为包括：罚款、没收财物和违法所得和停止出口退税权。

（五）不依法履行相关职责的行为

不依法履行相关职责的行为包括：税务登记；开具、出具完税凭证；行政赔偿；行政奖励；不依法确认纳税担保行为；其他不依法履行职责的行为。

（六）其他行政行为

其他行政行为包括：政府信息公开工作中的具体行政行为；纳税信用等级评定行为；通知出入境管理机关阻止出境行为等。

上述复议事项中，税务机关作出的征税行为属于必经复议事项；税务机关作出的其他具体行政行为属于选择复议事项。

纳税人及其他当事人认为税务机关的具体行政行为所依据的国家税务总局和国务院其他部门的规定、其他各级税务机关的规定、地方各级人民政府的规定以及地方人民政府工作部门的规定（不含规章和具有规章效力的规范性文件）等不合法，对具体行政行为申请行政复议时，可以一并向行政复议机关提出对有关规定的审查申请；对具体行政行为提出行政复议时不知道该具体行政行为所依据的规定的，可以在行政复议机关作出行政复议决定以前，提出对该规定的审查申请。

三、税务行政复议的申请与管辖

（一）税务行政复议的申请

1.申请人

依法提起行政复议的纳税人及其他当事人为税务行政复议申请人，具体是指纳税人、扣缴义务人、纳税担保人和其他当事人。

申请人以外的公民、法人或者其他组织与被审查的税务具体行政行为有利害关系的，可以向行政复议机关申请作为第三人参加行政复议。第三人不参加行政复议，不影响行政复议案件的审理。

2.申请期限

（1）必经复议的申请期限。申请人对征税行为申请行政复议的，必须依照税务机关根据法律、法规确定的税额、期限，先行缴纳或者解缴税款和滞纳金，或者提供相应的担保，才可以在缴清税款和滞纳金以后或者所提供的担保得到作出具体行政行为的税务机关确认之日起60日内，提出行政复议申请。

（2）选择复议的申请期限。申请人对征税行为以外的其他具体行政行为不服的，可以申请行政复议，也可以直接向人民法院提起行政诉讼。申请人对税务机关作出逾期不缴纳罚款加处罚款的决定不服的，应当先缴纳罚款和加处罚款，再申请行政复议。申请人可以在知道税务机关作出具体行政行为之日起60日内，提出行政复议申请。因不可抗力或者被申请人设置障碍等原因耽误申请时间的，申请期限的计算应当扣除被耽误时间。

3. 申请方式

税务行政复议的申请方式包括书面申请和口头申请。申请人申请行政复议，可以书面申请，也可以口头申请。

申请人书面申请行政复议的，可以采取当面递交、邮寄或者传真等方式提出行政复议申请。有条件的行政复议机构可以接受以电子邮件形式提出的行政复议申请。

（二）税务行政复议的管辖

税务行政复议管辖是在税务系统内部确定复议案件的管理权限，明确申请人应向什么机关提出复议申请，由哪个机关受理税务行政复议的制度。

1. 一般管辖

我国税务行政复议，原则上实行一级复议制度。纳税人及其他当事人对各级税务机关的具体行政行为不服，原则上向其上一级税务机关申请复议。

（1）对各级税务局的具体行政行为不服的，向其上一级税务局申请行政复议。

（2）对计划单列市税务局的具体行政行为不服的，向国家税务总局申请行政复议。

（3）对税务所（分局）、各级税务局的稽查局的具体行政行为不服的，向其所属税务局申请行政复议。

（4）对国家税务总局的具体行政行为不服的，向国家税务总局申请行政复议。对行政复议决定不服的，申请人可以向人民法院提起行政诉讼，也可以向国务院申请裁决。国务院的裁决为最终裁决。

2. 特殊管辖

对一般管辖以外的税务行政主体作出的具体行政行为，实行特殊管辖。在特殊管辖的行政复议案件中，申请人既可以向具有管辖权的复议机构直接申请复议，也可以向具体行政行为发生地的县级地方人民政府提出行政复议申请，由接受申请的县级地方人民政府依法转送。具体为：

（1）对两个以上税务机关以共同的名义作出的具体行政行为不服的，向共同上一级税务机关申请行政复议；对税务机关与其他行政机关以共同的名义作出的具体行政行为不服的，向其共同上一级行政机关申请行政复议。

（2）对被撤销的税务机关在撤销以前所作出的具体行政行为不服的，向继续行使其职权的税务机关的上一级税务机关申请行政复议。

（3）对税务机关作出逾期不缴纳罚款加处罚款的决定不服的，向作出行政处罚决定的税务机关申请行政复议。对已处罚款和加处罚款都不服的，一并向作出行政处罚决定的税务机关的上一级税务机关申请行政复议。

申请人向具体行政行为发生地的县级地方人民政府提交行政复议申请的，由接受申请的县级地方人民政府依照《行政复议法》第15条、第18条的规定予以转送。

四、税务行政复议的决定

（一）复议决定的时限与种类

复议机构经过受理、审查，在法定时限内对被申请人的具体行政行为作出行政复议决定。

1.复议决定的时限

行政复议机关自受理申请之日起60日内，作出行政复议决定。情况复杂，不能在规定期限内作出行政复议决定的，经行政复议机关负责人批准，可以适当延期，并告知申请人和被申请人，但延期不得超过30日。

2.复议决定的种类

复议决定的种类包括：

（1）决定维持。具体行政行为认定事实清楚、证据确凿、适用依据正确、程序合法、内容适当的，决定维持。

（2）决定限期履行。被申请人不履行法定职责的，决定其在一定期限内履行。

（3）撤销、变更或者确认行为违法。具体行政行为有下列情形之一的，决定撤销、变更或者确认该具体行政行为违法：主要事实不清、证据不足的；适用依据错误的；违反法定程序的；超越职权或者滥用职权的；具体行政行为明显不当的。决定撤销或者确认该具体行政行为违法的，可以责令被申请人在一定期限内重新作出具体行政行为。

（二）行政赔偿决定

申请人在申请行政复议时，可以一并提出行政赔偿请求。复议机关对符合《中华人民共和国国家赔偿法》的规定应当赔偿的，在决定撤销、变更具体行政行为或者确认具体行政行为违法时，同时决定被申请人依法赔偿。

申请人在申请行政复议时，没有提出行政赔偿请求的，复议机关在依法决定撤销、变更原具体行政行为确定的税款、滞纳金、罚款和对财产的扣押、查封等强制措施时，同时责令被申请人退还税款、滞纳金和罚款，解除对财产的扣押、查封等强制措施，或者赔偿相应的价款。

（三）复议决定的执行

1.被申请人履行复议决定

被申请人应当履行行政复议决定。被申请人不履行、无正当理由拖延履行行政复议决定的，行政复议机关或者有关上级税务机关责令其限期履行。

行政复议机关责令被申请人重新作出具体行政行为的，被申请人应当在60日内重新作出具体行政行为；情况复杂，不能在规定期限内重新作出具体行政行为的，经行政复议机关批准，可以适当延期，但是延期不得超过30日。

公民、法人或者其他组织对被申请人重新作出的具体行政行为不服的，可以依法申请行政复议或者提起行政诉讼。

2.申请人和第三人履行复议决定

申请人和第三人应当履行复议决定。申请人和第三人逾期不起诉又不履行行政复议决定的，或者不履行最终裁决的行政复议决定的，按照下列规定分别处理：

（1）维持决定的，由作出具体行政行为的税务机关依法强制执行，或者申请人民法院强制执行。

（2）变更决定的，由行政复议机关依法强制执行，或者申请人民法院强制执行。

五、税务行政复议的和解与调解

为有效地解决申请人和被申请人之间的税务争议，在行政复议过程中，申请人和被申请人之间可以按照自愿、合法的原则达成和解，行政复议机关也可以对双方进行调解。

（一）准予达成和解或调解的事项

对下列行政复议事项，申请人和被申请人在行政复议机关作出行政复议决定以前，准予达成和解或由复议机关调解：

（1）行使自由裁量权作出的具体行政行为，如行政处罚、核定税额、确定应税所得率等；

（2）行政赔偿；

（3）行政奖励；

（4）存在其他合理性问题的具体行政行为。

（二）调解的基本要求和程序

1.调解的基本要求

调解应当符合下列要求：

（1）尊重申请人和被申请人的意愿；

（2）在查明案件事实的基础上进行；

（3）遵循客观、公正和合理原则；

（4）不得损害社会公共利益和他人合法权益。

2.调解的基本程序

行政复议机关按照下列程序调解：

知识拓展
20-1

税务行政复议
或诉讼问题

（1）征得申请人和被申请人同意；

（2）听取申请人和被申请人的意见；

（3）提出调解方案；

（4）达成调解协议；

（5）制作行政复议调解书。

第二节　税务行政赔偿

税务行政赔偿是因税务机关及其工作人员在行使行政职权时发生违法行为，给纳税人及其他当事人的合法权益造成直接损害时，由税务机关负责赔偿的一种制度。税务行政赔偿是税收救济体系的重要组成部分。实行税务行政赔偿制度，对于约束税务机关行为，保护纳税人及其他当事人的合法权益，减少因伤害纳税人情感而诱发的对抗性不遵从具有重要意义。

一、税务行政赔偿的特征

在中国现阶段，税务行政赔偿具有以下特征：

（一）以国家为赔偿的责任主体

行政职权属于国家权力。税务机关及其工作人员行使行政职权时，是代表国家在行使国家权力。这样，从性质上看，税务行政赔偿属于国家赔偿。国家赔偿是指国家机关及其工作人员违法行使职权对公民、法人和其他组织的合法权益造成损害，由国家承担赔偿责任的制度。因此，国家是税务行政赔偿的责任主体。

（二）以税务机关为赔偿的义务主体

尽管税务行政赔偿的责任主体是国家，但国家是一个抽象的主体，国家本身无法履行赔偿义务，只能是谁侵权谁代表国家履行赔偿义务。税务行政赔偿，实质上是税务机关对其职务违法行为对当事人合法权益造成的损害，代表国家给予的行政赔偿。因此，税务行政赔偿的义务主体是税务机关。

（三）以职务违法为核心要件

职务违法行为是指税务机关及其工作人员在行使行政职权时发生的违法行为，

这是构成税务行政赔偿的核心要件。如果税务机关及其工作人员作出的具体行政行为是合法的，即使给纳税人及其他当事人的合法权益造成了损害，也无须承担行政赔偿责任。此外，即使税务机关及其工作人员存在违法行为，且该行为已对纳税人及其他当事人合法权益造成了损害，但如果该违法行为并不构成职务违法，仅属于民事违法行为，也不能引起税务行政赔偿，而只能引起民事赔偿。

（四）以损害与职务违法之间的因果关系为必备要件

职务违法行为对纳税人及其他当事人的合法利益造成了直接损害，这是构成税务行政赔偿的必备要件。即使税务机关及其人员发生了职务违法行为，纳税人及其他当事人的合法利益也受到了损害，但如果该损害并非由该职务违法行为直接造成，即该损害与该职务违法行为之间不具备直接的因果关系，则税务机关也无须承担行政赔偿责任。

二、税务行政赔偿的事项

税务行政赔偿事项是税务机关及其工作人员侵犯纳税人及其他当事人合法权益的各种职务违法行为。

（一）侵犯人身权利的职务违法行为

侵犯人身权利的职务违法行为具体包括：

（1）非法拘禁纳税人及其他当事人或以其他方式剥夺纳税人及其他当事人的人身自由的；

（2）以殴打、虐待等行为或者唆使、放纵他人以殴打、虐待等行为造成纳税人及其他当事人身体伤害或者死亡的；

（3）造成纳税人及其他当事人身体伤害或者死亡的其他违法行为。

（二）侵犯财产权的职务违法行为

侵犯财产权的职务违法行为具体包括：

（1）违法向纳税人及其他当事人征收税款或滞纳金的；

（2）违法对纳税人及其他当事人实施罚款、没收非法所得或财物等行政处罚的；

（3）违法对纳税人及其他当事人的商品、货物或者其他财产采取税收保全措施或者税收强制执行措施的；

（4）违法向纳税人及其他当事人征收、征用财产的；

（5）造成纳税人及其他当事人财产损害的其他违法行为。

但是，对于税务机关工作人员作出的与行使职权无关的个人行为，或因纳税人及其他当事人自己的行为致使损害发生的，国家不承担赔偿责任。

三、赔偿请求人和赔偿义务机关

（一）赔偿请求人

受税务机关及其工作人员的违法行为损害的纳税人及其他当事人，为赔偿请求人。受害的纳税人及其他当事人死亡，其继承人和其他有扶养关系的亲属有权要求赔偿。受害的法人或者其他组织终止，其权利承受人有权要求赔偿。

（二）赔偿义务机关

一般情况下，税务机关和税务机关工作人员在行使行政职权时，侵犯纳税人及其他当事人的合法权益造成损害的，该税务机关为赔偿义务机关。

下列情形，按照以下规定确认赔偿义务机关：

（1）两个以上税务机关共同行使行政职权时，侵犯纳税人及其他当事人的合法权益造成损害的，共同行使行政职权的税务机关为共同赔偿义务机关。

（2）税收法律、行政法规授权的组织在行使被授予的行政权力时，侵犯纳税人及其他当事人的合法权益造成损害的，被授权的组织为赔偿义务机关。

（3）受税务机关委托的组织或者个人在行使受委托的行政权力时，侵犯纳税人及其他当事人的合法权益造成损害的，委托的税务机关为赔偿义务机关。

（4）赔偿义务机关被撤销的，继续行使其职权的税务机关为赔偿义务机关；没有继续行使其职权的税务机关的，撤销该赔偿义务机关的税务机关为赔偿义务机关。

（5）经税务行政复议机关复议的，最初造成侵权行为的税务机关为赔偿义务机关，但复议机关的复议决定加重损害的，复议机关对加重的部分履行赔偿义务。

四、税务行政赔偿程序

（一）赔偿请求

因税务机关作出的具体行政行为侵犯赔偿请求人，造成损失时，可先向赔偿义务机关提出赔偿申请，也可在申请行政复议和提起行政诉讼时一并提出。两个以上税务机关共同行使行政职权时，侵犯纳税人及其他当事人的合法权益造成损害的，赔偿请求人可以向共同赔偿义务机关中的任何一个赔偿义务机关要求赔偿，该赔偿义务机关应当先予赔偿。

赔偿请求人请求国家赔偿的时效为2年，自其知道或者应当知道国家机关及其工作人员行使职权时的行为侵犯其人身权、财产权之日起计算，但被羁押等限制人身自由期间不计算在内。赔偿请求人在赔偿请求时效的最后6个月内，因不可抗力或者其他障碍不能行使请求权的，时效中止。从中止时效的原因消除之日起，赔偿请求时效期间继续计算。

（二）赔偿决定

赔偿义务机关自收到申请之日起2个月内，作出是否赔偿的决定。赔偿义务机关作出赔偿决定时，应当充分听取赔偿请求人的意见，并可以与赔偿请求人就赔偿方式、赔偿项目和赔偿数额依法进行协商。

赔偿义务机关决定赔偿的，制作赔偿决定书，并自作出决定之日起10日内送达赔偿请求人。赔偿义务机关决定不予赔偿的，自作出决定之日起10日内书面通知赔偿请求人，并说明不予赔偿的理由。

（三）赔偿起诉

赔偿义务机关在规定期限内未作出是否赔偿的决定，赔偿请求人可以自期限届满之日起3个月内，向人民法院提起诉讼。

赔偿请求人对赔偿的方式、项目、数额有异议的，或者赔偿义务机关作出不予赔偿决定的，赔偿请求人可以自赔偿义务机关作出赔偿或者不予赔偿决定之日起3个月内，向人民法院提起诉讼。

（四）赔偿支付

赔偿费用列入各级财政预算。赔偿请求人要求国家赔偿的，赔偿义务机关、复议机关和人民法院不得向赔偿请求人收取任何费用。

赔偿义务机关应当依照《中华人民共和国国家赔偿法》的规定，责令有关工作人员、受委托的组织或者个人承担或者向有关工作人员追偿部分或者全部国家赔偿费用。有关工作人员、受委托的组织或者个人应当依照财政收入收缴的规定，上缴应当承担或者被追偿的国家赔偿费用。

五、税务行政赔偿方式

（一）支付赔偿金

税务行政赔偿以支付赔偿金为主要方式。具体为：

（1）侵犯人身自由的，每日的赔偿金按照国家上年度职工日平均工资计算。

（2）侵犯生命健康权的，赔偿金按照下列规定计算：造成身体伤害的，支付医疗费、护理费，以及赔偿因误工减少的收入。造成部分或者全部丧失劳动能力的，支付医疗费、护理费、残疾生活辅助具费、康复费等因残疾而增加的必要支出和继续治疗所必需的费用，以及残疾赔偿金。造成死亡的，支付死亡赔偿金、丧葬费，总额为国家上年度职工年平均工资的20倍。

（3）致人精神损害的，在侵权行为影响的范围内，为受害人消除影响，恢复名誉，赔礼道歉；造成严重后果的，支付相应的精神损害抚慰金。

（二）返还财产

侵犯财产权造成损害的，按照下列规定处理：

（1）处罚款、追缴、没收财产或者违法征收、征用财产的，返还财产。

（2）查封、扣押、冻结财产的，解除对财产的查封、扣押、冻结。

（3）应当返还的财产损坏的，能够恢复原状的恢复原状；不能恢复原状的，按照损害程度给付相应的赔偿金。

（4）应当返还的财产灭失的，给付相应的赔偿金。

（5）应当返还的财产已经拍卖或者变卖的，给付拍卖或者变卖所得的价款；变卖的价款明显低于财产价值的，支付相应的赔偿金。

（6）返还执行的罚款、追缴或者没收的金钱，解除冻结的存款或者汇款的，应当支付银行同期存款利息。

第三节　税务行政诉讼

税务行政诉讼是指纳税人及其他当事人请求人民法院对税务机关作出的具体行政行为或复议决定进行审理和裁决的司法活动。通过司法程序对税务具体行政行为的合法性和适当性进行审理并作出裁决，一方面有利于维护纳税人及其他当事人的合法权益，保证社会稳定；另一方面有利于维护和监督税务机关依法行使行政职权，维护税法的权威性和严肃性。

一、税务行政诉讼的事项

纳税人或其他当事人可以就下列事项向人民法院提起行政诉讼：

（一）必经复议事项

纳税人或其他当事人对税务机关作出的征税行为不服，属于必经复议事项。对于必经复议事项，纳税人或其他当事人必须先向税务复议机关申请复议；对复议决定不服的，方可向人民法院提起行政诉讼。

（二）选择复议事项

纳税人或其他当事人对税务机关作出的征税行为以外的其他行政行为不服，属于选择复议事项。对于选择复议事项，纳税人或其他当事人既可以选择向税务复议机关申请复议，也可以不通过行政复议，直接向人民法院提起行政诉讼。

无论是必经复议事项，还是选择复议事项，纳税人或其他当事人对税务行政复议机关作出的复议决定不服，均可以直接向人民法院提起行政诉讼。

二、税务行政诉讼的管辖

税务行政诉讼的管辖，是指人民法院之间受理第一审税务行政诉讼案件的分工和权限。

（一）级别管辖

基层人民法院管辖第一审税务行政诉讼案件；中级人民法院管辖对国家税务总局所作的具体行政行为提起诉讼的案件和本辖区内重大、复杂的税务行政诉讼案件；高级人民法院管辖本辖区内重大、复杂的第一审税务行政诉讼案件；最高人民法院管辖全国范围内重大、复杂的第一审税务行政诉讼案件。

（二）地域管辖

税务行政诉讼案件由最初作出具体行政行为的税务机关所在地人民法院管辖。经复议的案件，也可以由复议机关所在地人民法院管辖。经最高人民法院批准，高级人民法院可以根据审判工作的实际情况，确定若干人民法院跨行政区域管辖的税务行政诉讼案件。

三、税务行政诉讼的程序

税务行政诉讼的程序包括第一审程序和第二审程序。

（一）第一审程序

税务行政诉讼的第一审程序包括第一审普通程序和简易程序。

1.第一审普通程序

第一审普通程序包括起诉、受理、审理和判决等环节。

（1）起诉

纳税人及其他当事人对税务机关作出的征税行为不服，应先向复议机关申请行政复议，对行政复议决定不服，可以在接到复议决定书之日起15日内向人民法院起诉。

对税务机关作出的其他行政行为不服的，可以向复议机关申请行政复议，也可以在知道或者应当知道税务机关作出行政行为之日起6个月内直接向人民法院起诉。

纳税人及其他当事人在提起税务行政诉讼时，必须符合下列条件：

①原告是税务机关行政行为的相对人以及其他与税务机关行政行为有利害关系的公民、法人或者其他组织；

②有明确的被告；

③有具体的诉讼请求和事实根据；

④属于人民法院的受案范围和受诉人民法院管辖。

（2）受理

人民法院在接到起诉状时对符合行政诉讼法规定的起诉条件的，应当登记立案。

对当场不能判定是否符合行政诉讼法规定的起诉条件的，应当接收起诉状，出具注明收到日期的书面凭证，并在7日内决定是否立案。不符合起诉条件的，作出不予立案的裁定。裁定书应当载明不予立案的理由。原告对裁定不服的，可以提起上诉。起诉状内容欠缺或者有其他错误的，应当给予指导和释明，并一次性告知纳税人及其他当事人需要补正的内容。不得未经指导和释明即以起诉不符合条件为由不接收起诉状。

人民法院既不立案，又不作出不予立案裁定的，当事人可以向上一级人民法院起诉。上一级人民法院认为符合起诉条件的，应当立案、审理，也可以指定其他下级人民法院立案、审理。

纳税人及其他当事人认为行政行为所依据的国务院部门和地方人民政府及其部门制定的规范性文件（不含规章）不合法，在对行政行为提起诉讼时，可以一并请求对该规范性文件进行审查。

（3）审理

人民法院公开审理行政案件，但涉及国家秘密、个人隐私和法律另有规定的除外。涉及商业秘密的案件，当事人申请不公开审理的，可以不公开审理。

人民法院审理行政案件，不适用调解。但是，行政赔偿、补偿以及税务机关行使法律、法规规定的自由裁量权的案件可以调解。调解应当遵循自愿、合法原则，不得损害国家利益、社会公共利益和他人合法权益。

诉讼期间，不停止行政行为的执行。但有下列情形之一的，裁定停止执行：

①被告认为需要停止执行的；

②原告或者利害关系人申请停止执行，人民法院认为该行政行为的执行会造成难以弥补的损失，并且停止执行不损害国家利益、社会公共利益的；

③人民法院认为该行政行为的执行会给国家利益、社会公共利益造成重大损害的；

④法律、法规规定停止执行的。

纳税人及其他当事人对停止执行或者不停止执行的裁定不服的，可以申请复议一次。

（4）判决

人民法院经过审理，根据不同情况，分别作出以下判决：

①行政行为证据确凿，适用法律、法规正确，符合法定程序的，或者原告申请被告履行法定职责或者给付义务理由不成立的，人民法院判决驳回原告的诉讼

请求。

②行政行为有下列情形之一的，判决撤销或者部分撤销，并可以判决被告重新作出具体行政行为：主要证据不足的；适用法律、行政法规错误的；违反法定程序的；超越职权的；滥用职权的；明显不当的。

③查明被告不履行法定职责的，判决被告在一定期限内履行。

④查明被告依法负有给付义务的，判决被告履行给付义务。

⑤行政行为有下列情形之一的，人民法院判决确认违法，但不撤销行政行为：行政行为依法应当撤销，但撤销会给国家利益、社会公共利益造成重大损害的；行政行为程序轻微违法，但对原告权利不产生实际影响的。

⑥行政行为有下列情形之一，不需要撤销或者判决履行的，人民法院判决确认违法：行政行为违法，但不具有可撤销内容的；被告改变原违法行政行为，原告仍要求确认原行政行为违法的；被告不履行或者拖延履行法定职责，判决履行没有意义的。

⑦行政行为有实施主体不具有行政主体资格或者没有依据等重大且明显违法情形，原告申请确认行政行为无效的，人民法院判决确认无效。

⑧行政处罚明显不当，或者其他行政行为涉及对款额的确定、认定确有错误的，人民法院可以判决变更。

当事人对已经发生法律效力的判决、裁定，认为确有错误的，可以向上一级人民法院申请再审，但判决、裁定不停止执行。

2.简易程序

（1）简易程序的适用条件

人民法院审理下列第一审行政案件，认为事实清楚、权利义务关系明确、争议不大的，可以适用简易程序：

①被诉行政行为是依法当场作出的；

②案件涉及款额2 000元以下的；

③属于政府信息公开案件的。

除前款规定以外的第一审行政案件，当事人各方同意适用简易程序的，可以适用简易程序。发回重审、按照审判监督程序再审的案件不适用简易程序。

（2）简易程序案件的审理

适用简易程序审理的行政案件，由审判员一人独任审理，并应当在立案之日起45日内审结。

人民法院在审理过程中，发现案件不宜适用简易程序的，裁定转为普通程序。

（二）第二审程序

当事人不服人民法院第一审判决的，有权在判决书送达之日起15日内向上一级人民法院提起上诉。当事人不服人民法院第一审裁定的，有权在裁定书送达之日起10日内向上一级人民法院提起上诉。逾期不提起上诉的，人民法院的第一审判决或者裁定发生法律效力。

人民法院审理上诉案件，应当在收到上诉状之日起3个月内作出终审判决。有特殊情况需要延长的，由高级人民法院批准，高级人民法院审理上诉案件需要延长的，由最高人民法院批准。

人民法院审理上诉案件，按照下列情形，分别处理：

（1）原判决、裁定认定事实清楚，适用法律、法规正确的，判决或者裁定驳回上诉，维持原判决、裁定；

（2）原判决、裁定认定事实错误或者适用法律、法规错误的，依法改判、撤销或者变更；

（3）原判决认定基本事实不清、证据不足的，发回原审人民法院重审，或者查清事实后改判；

（4）原判决遗漏当事人或者违法缺席判决等严重违反法定程序的，裁定撤销原判决，发回原审人民法院重审。

原审人民法院对发回重审的案件作出判决后，当事人提起上诉的，第二审人民法院不得再次发回重审。

人民法院审理上诉案件，需要改变原审判决的，应当同时对被诉行政行为作出判决。

□ 复习思考题

一、概念
税务行政复议　必经复议　选择复议　税务行政赔偿　税务行政诉讼
二、问题
1.税务行政复议的事项

2.税务行政复议的管辖

3.税务行政复议决定的执行

4.税务行政赔偿的特征

5.税务行政赔偿的事项

6.税务行政赔偿的请求

7.税务行政赔偿的方式

8.税务行政诉讼的事项

9.税务行政诉讼的管辖

10.税务行政诉讼的程序

11.税务行政诉讼的执行

主要参考文献

［1］马国强. 税收概论［M］. 北京：中国财政经济出版社，1995.

［2］中国注册会计师教育教材编审委员会. 税法［M］. 2版. 大连：东北财经大学出版社，1999.

［3］中国注册会计师协会. 税法［M］. 北京：中国财经出版传媒集团，中国财政经济出版社，2019.

［4］《中华人民共和国增值税暂行条例》，1993年12月13日国务院令第134号发布，2008年11月5日国务院第34次常务会议修订通过.

［5］《中华人民共和国消费税暂行条例》，1993年12月13日国务院令第135号发布，2008年11月5日国务院第34次常务会议修订通过.

［6］《中华人民共和国税收征收管理法》，中华人民共和国第九届全国人民代表大会常务委员会第二十一次会议修订，2001年4月28日中华人民共和国主席令第49号发布.

［7］《中华人民共和国企业所得税法》，中华人民共和国第十届全国人民代表大会第五次会议通过，2007年3月16日中华人民共和国主席令第63号发布.

［8］《中华人民共和国个人所得税法》，中华人民共和国第十三届全国人民代表大会常务委员会第五次会议修订通过，2018年8月31日中华人民共和国主席令第9号发布.

［9］《中华人民共和国车船税法》，中华人民共和国第十一届全国人民代表大会常务委员会第十九次会议通过，2011年2月25日中华人民共和国主席令第43号发布.

［10］《中华人民共和国环境保护税法》，中华人民共和国第十二届全国人民代表大会常务委员会第二十五次会议通过，2016年12月25日中华人民共和国主席令第61号发布.

［11］《中华人民共和国烟叶税法》，中华人民共和国第十二届全国人民代表大会常务委员会第三十一次会议通过，2017年12月27日中华人民共和国主席令第84号发布.

［12］《中华人民共和国船舶吨税税法》，中华人民共和国第十二届全国人民代表大会常务委员会第三十一次会议通过，2017年12月27日中华人民共和国主席令

第85号发布.

[13]《中华人民共和国耕地占用税法》，中华人民共和国第十三届全国人民代表大会常务委员会第七次会议通过，2018年12月29日中华人民共和国主席令第18号发布.

[14]《中华人民共和国车辆购置税法》，中华人民共和国第十三届全国人民代表大会常务委员会第七次会议通过，2018年12月29日中华人民共和国主席令第19号发布.

[15]《中华人民共和国资源税法》，中华人民共和国第十三届全国人民代表大会常务委员会第十二次会议通过，2019年8月26日中华人民共和国主席令第33号发布.

[16]《中华人民共和国城市维护建设税法》，中华人民共和国第十三届全国人民代表大会常务委员会第二十一次会议通过，2020年8月11日中华人民共和国主席令第51号发布.

[17]《中华人民共和国契税法》，中华人民共和国第十三届全国人民代表大会常务委员会第二十一次会议通过，2020年8月11日中华人民共和国主席令第52号发布.

[18]《中华人民共和国印花税法》，中华人民共和国第十三届全国人民代表大会常务委员会第二十九次会议通过，2021年6月10日中华人民共和国主席令第89号发布.

[19]国家税务总局网站：http：//www.chinatax.gov.cn.

[20]中华人民共和国财政部网站：http：//www.mof.gov.cn/index.htm.

[21]中华人民共和国海关总署网站：http：//www.customs.gov.cn.